KB140017

공동국경, 역내안보, 경찰사법민사협력과 이민망명난민

유럽연합의
자유안전사법지대:
거버넌스와 정책

Area of Freedom, Security and Justice
(AFSJ) of the European Union:
Governance and Policies

공동국경, 역내안보, 경찰사법민사협력과 이민망명난민

유럽연합의 자유안전사법지대: 거버넌스와 정책

Area of Freedom, Security and Justice (AFSJ) of the European Union: Governance and Policies

송병준 지음

본 저서는 2018년 정부(교육부)의 재원으로 한국연구재단의 지원을 받아 수행된 연구임
(2018년 저술출판지원사업, 과제번호 20182137001)

머리말

자유안전사법지대는 1999년 암스테르담조약 발효를 분기점으로 유럽연합의 공동정책 중 가장 빠르게 초국가화가 진행되는 정책이다. 동시에 자유안전사법지대는 역내국경 철폐에서 시작하여 민사협력과 개인정보 보호까지 속성이 상이한 다수의 정책을 포괄하며 수정입법을 포함하여 2차 입법(secondary legislation) 제정과 세부 프로그램이 가장 활발히 진행되는 정책영역이다. 이 결과 자유안전사법지대의 여러 정책은 규제적 성격이 강하지만 2021-2027 다년예산계획(MFF)에서 전체 유럽연합 예산의 2.1%를 소요할 정도로 중요한 정책이 되었다.

유럽연합의 자유안전사법지대는 세부정책이 방대하고, 매년 다수의 프로그램과 2차 입법이 제정되어 한권의 저작으로 담기가 쉽지 않다. 또한 자유안전사법지대는 쉥겐과 같은 규제적 속성에서부터 국가간 조정을 꾀하는 사법협력까지 정책 속성이 상이하고, 이에 따라 정책과정 역시 매우 세분화되어 있다. 또한 본 정책의 의사결정과 실행에 참여하는 행위자는 유럽연합의 정책결정기구는 물론이고 회원국 정부와 다수의 규제기구

(regulatory agencies)를 망라한다.

이러한 정책의 특성을 반영하여 본 책의 내용구성은 몇 가지 원칙에 따라 집필하였다.

첫째, 본 책은 크게 두 개 부분으로 나누어 1부에서는 거버넌스로 연역, 정책과정, 참여 행위자 및 구조적 조건 등을 집중적으로 다루었다. 둘째, 2부에서는 자유안전사법지대를 구성하는 세부 이슈를 쉥겐, 공동국경관리, 테러대응을 위시한 역내안보, 경찰사법협력, 민사협력과 기본권 그리고 이민망명 및 난민정책 등으로 범주화하여 각각의 정책과 프로그램을 기술하였다.

둘째, 자유안전사법지대의 방대한 정책영역을 다루되, 단행본과 논문 등 2차 자료는 시기적으로 2017년까지 출판된 내용을 인용하였다. 또한 빠르게 변화하는 정책내용을 최대한 수용키 위해 유럽연합의 2차 입법과 주요 문서 등 1차 자료는 2021년 자료까지 최대한 활용하였다.

셋째, 자유안전사법지대를 구성하는 주요 정책영역인 이민, 망명 및 난민정책은 지속적으로 프로그램이 증가하고, 2차 입법 등 제도화가 빠르게 진척되어 매우 방대한 내용을 담는다. 따라서 이민, 망명 및 난민정책은 핵심적인 사안들만 정리하였고, 추후 본 분야는 새로운 책으로 보다 상세한 내용을 다룰 예정이다.

넷째, 내용의 구성과 편집에 있어 본문에 언급된 고유한 용어는 독해의 편의를 위해 약어로 표기하고, 책머리에 용어를 정리하였다.

본 책은 빠르게 변화하고 새로운 내용이 추가되는 자유안전사법지대를 종합하고 정리하여 용이하게 이해하는데 초점을 두어, 분석적 내용이 취약하다. 또한 시기적으로는 2018년 이후 새롭게 변화하고 있는 내용과 이슈를 다루지 못한 아쉬움이 있다. 추후 이러한 미비점은 개별 정책에 대한 심화된 연구로 보충할 계획이다.

목 차

1장

정책발전과 시스템

1 정책배경

■ 정책성립 배경

자유안전사법지대(AFSJ)는 유럽통합 과정에서 가장 최근에 생성되어 가장 빠른 속도로 초국가화가 진행되고 있는 정책영역이다. 로마조약 (Treaty of Rome) 체결 이후 1980년대까지 유럽연합은 시장통합에 주력 하였다. 이후 1992년 마스트리히트조약(The Maastricht Treaty) 체결로 유 럽연합 차원에서 외교안보 및 사회적 결속을 위한 정책이 본격적으로 실 행되었다. 동시에 마스트리히트조약을 통해 자유안전사법지대의 전신인 내무사법협력(JHA) 역시 정부간 조정에 위치한 유럽연합조약(TEU)에 최 초로 명기되었다.[1]

1997년 암스테르담조약(Treaty of Amsterdam)을 통해 내무사법협력은 자유안전사법지대(AFSJ)로 재명명되고, 정책영역 확대와 정책과정의 변화 가 이루어졌다. 더불어 유럽연합조약에 위치한 자유안전사법지대 일부 이 슈가 유럽공동체설립조약(TEC)으로 이관되어 공동체화(communitaiized) 가 진척되었다. 최종적으로 2007년 리스본조약 체결로 자유안전사법지대 는 역내시장(internal market), 경제통화동맹(EMU) 그리고 공동외교안보 정책(CFSP)과 함께 유럽조약(European Treaties)의 기본 목적으로 명기되 었다.[2]

정책영역과 거버넌스 측면에서 자유안전사법지대는 유럽시민의 자유이 동과 공동국경 관리로부터 시작되어 불법이민, 테러와 국경을 넘은 범죄 에 대한 대응을 포함한 역내안보 그리고 유럽시민의 기본권 보호, 민사와 경찰사법협력 등 기존에 유럽연합이 다루지 않았던 주권적 영역으로 정책영역이 확장되었다. 이와 같이 자유안전사법지대는 데이터 보호에서부터 국경관리, 민사협력에서 테러대응까지 유럽연합이 시장통합에 주력하면서 제외되어 왔던 많은 정책영역을 포괄한다.[3]

이러한 점에서 자유안전사법지대는 유럽연합의 기능과 거버넌스의 외연적 확장을 가져왔다고 할 수 있다. 다만 이러한 정책들은 회원국의 국내정치에 민감한 영향을 미치므로 정책과정과 실행구조는 공동체화와 정부간 제도화(intergovernmental institutional)가 혼재된 형태의 거버넌스 구조를 갖는다.[4]

자유안전사법지대가 유럽연합의 공동정책 중 가장 최근에 성립된 연유는 본 정책이 국민국가의 주권영역에 깊숙이 자리 잡은 이슈들을 포함하기 때문이다. 자유안전사법지대를 구성하는 대부분의 정책은 시민의 자유와 기본권 증진을 도모하며, 사회적 안정과 질서유지를 목적으로 한다. 따라서 자유안전사법지대의 세부 정책은 통합의 근본적 가치와 적법성 문제를 함유한다. 특별히 이민망명과 민사사법협력에서 유럽적 대응은 국가와 유럽시민에 대한 법적, 정치적 구속을 넘어 윤리(moral)의 영역까지 영향을 미친다. 단적으로 역내안보를 위한 불법이민 통제는 망명신청자의 인권 및 사법적 권리 그리고 역내시민에 대한 정보보호와 대립될 수밖에 없다.[5]

한편으로 자유안전사법지대는 회원국의 주권제약과 함께 민주주의, 법치 그리고 유럽적 가치에 있어 회원국과 유럽연합간 합의가 요구된다.[6] 그러므로 자유안전사법지대의 유럽화는 회원국간 지속적인 정치적 타협과 이해조정 그리고 사회적 동의를 요하므로 정책결정과 실행에 높은 비용을 요한다.[7] 극단적인 경우 덴마크와 같은 특정 회원국은 테러와 범죄에 대한 사법협력의 일부 이슈에서는 타 회원국 사법부에 대한 불신으로 협력을 거부하기도 한다.[8]

이러한 정책의 성격에 기인하여 자유안전사법지대는 1999년 탐페레 유럽이사회(Tampere European Council)에서부터 정상회담을 통해 합의한 장단기 정치적 가이드라인(guideline)에 따라 정책이 실행된다. 이사회와 유럽위원회 역시 전략(strategies), 실행계획(action plans), 포괄적 계획(comprehensive plans) 및 글로벌 접근(global approaches) 등을 통해 4-5년의 실행기한을 둔 단기 및 중기계획을 수립하여 정책을 실행한다. 이러한 계획들은 유럽연합 차원의 정책과 입법조치 이외에도 회원국에서 취해야 할 조치와 회원국간 제도적 조정을 망라한다.[9]

결론적으로 자유안전사법지대는 유럽연합 차원에서 중앙집중화된 의사결정이 제약되고 유럽적 조치를 회원국에게 수직적으로 부과하기 어려운 정책이다. 본 영역에서는 유럽연합 차원에서 실행목적을 설정하되 회원국 내부에서는 고유한 법적질서와 조화를 이루어야 한다. 이러한 복잡한 정책속성으로 자유안전사법지대는 수평적 연방주의(horizontal federalism) 혹은 집중적 정부간 네트워크(intense transgovernmental network)라 할 정도로 유럽연합 차원의 조치와 정부간 수평적 협력이 구조화되어 있다. 특별히 시민의 이해가 걸린 민사, 기본권, 기업간 법률적 분쟁 등에 있어서는 유럽적 단일조치가 극도로 제약되고, 이사회 내 해당 정책을 다루는 실무그룹(working groups)과 유럽연합의 규제기구(regulatory agencies) 등 정부간 성격을 내포한 독립적 행위자가 핵심적 기능을 갖는다.[10]

■ 정책속성

자유안전사법지대는 시장과 경제통합 위주의 전통적인 유럽연합의 공동정책과 여러 측면에서 상이한 성격을 갖는다. 이러한 차별성은 기존의 공동정책과 비교하여 정책영역의 범위, 발전경로, 세부 정책간 연계, 정책과정과 실행방식 그리고 초국가 제도화의 정도 등으로 확인 할 수 있다.

첫째, 자유안전사법지대는 광범위하고 이질적인 세부 혹은 하위이슈를 포함한다. 자유안전사법지대는 시민의 자유이동, 이민망명, 비자, 유럽시민의 기본권, 테러대응, 범죄에 대한 경찰사법협력(PJCCM), 민사협력 및 정보보호 등 광대한 정책영역을 포함한다.[11] 본 정책영역에 포함된 유럽시민의 기본권 보호를 위한 민사협력과 개인정보 보호 그리고 역내안전을 위한 근린외교정책(ENP) 대상국과의 협력은 공통점을 찾기 어려울 정도로 상이한 정책속성과 내용을 함유한다.

둘째, 제도적 맥락에서 자유안전사법지대의 여러 정책은 기존 유럽연합이 실행하는 전통적인 규제정책(regulatory policy)과 상이한 경로로 발전하였다. 대표적인 규제정책인 통상, 경쟁 및 환경정책에서는 유럽위원회가 단일의 유럽적 규제로 시장에서 조화(harmonization)를 이끌어내는데 초점이 맞추어져 있다. 반면에 자유안전사법지대의 여러 이슈에서는 유럽연합이 전략을 달리하여 회원국간 상호인증(mutual recognition)을 고무하여 국내법의 조정(coordination)에 주력한다. 특별히 공통의 문제점을 인식하면서도 이해관계 폭이 넓은 사법분야에서는 유럽연합이 관련 규제기구를 통해 회원국간 정보교환을 촉진하고, 최소한의 공통규범과 절차를 마련하여 국가간 제도와 정책조정을 꾀한다. 범죄에 관한 경찰사법협력에서 회원국의 사법당국간 수평적 협력 그리고 망명심사 절차와 요건에 대한 최소한의 기준은 대표적 예이다.[12]

한편 규제정책의 경우 회원국간 합의와 사회적 행위자의 요구를 반영하여 점진적으로 정책이 확대되어 왔다. 그러나 자유안전사법지대는 유럽연합 차원에서의 장기적이며 정교한 계획과 회원국의 의지보다는, 예기치 못한 돌발적 사건이 정책발전의 동인이 되었다. 1972년 뮌헨올림픽 테러에 영향 받아 1975년에 출범한 트레비그룹(TREVI Group) 그리고 2001년 9.11 테러와 2015년 이후 빈번한 테러발생과 대규모 난민유입에 따른

역내안전 조치의 확대는 이를 실증한다.[13]

셋째, 자유안전사법지대는 정책의 포괄성으로 성격이 다른 여러 이슈를 망라하면서 일부 이슈는 정책결정과 실행에서 상호 밀접한 연계전략을 요한다. 자유안전사법지대는 정보보호와 민사협력 등 시민의 기본권 보호부터 이민망명정책, 외부국경관리, 국제적 범죄와 테러에 대한 회원국간 사법과 경찰협력까지 방대한 정책을 포괄한다. 이중 민사협력을 제외한 타 이슈는 역내안보를 위한 정책과 조치와 상호 밀접히 연계되어 있다.[14] 이러한 정책의 중첩성으로 쉥겐지역(Schengen Area) 내 유럽시민의 자유이동을 위해서는 외부국경 통제가 요구되고, 고숙련 역내노동 인력의 자유이동을 위해서는 불법이민에 대한 차단조치와 함께 단일화된 비자와 망명시스템과의 연계가 요청된다.[15]

자유안전사법지대는 전형적인 역내정책(internal policy)이지만 사안의 중요성으로 대외정책과도 깊숙이 연계된다. 2000년대 이후 빈발하는 유럽내 테러와 불법이민자의 증가에 따라 자유안전사법지대는 제 3국가에 대한 재정지원과 공동조치 실행을 포함한 대외정책의 성격까지 함유하게 되었다. 국제사회에서 테러대응을 위한 미국을 위시한 주요 역외국가와의 협력 그리고 제 3세계에서 분쟁개입과 민간부분 위기관리는 전통적으로 외교안보정책에 위치한 이슈이다. 따라서 본 정책에서는 외교안보정책고위대표(HR)과 대외관계이사회(FAC)에서 외무장관간 합의를 통해 정책과 조치가 실행되었다.

그러나 상황은 변화하여 테러대응, 분쟁지역으로 부터의 난민유입 및 역외국경통제 등은 자유안전사법지대 정책의 일환으로 시행되고 있다. 따라서 본 정책의 의사결정과 조치의 핵심 행위자는 회원국의 내무 혹은 법무장관 그리고 사법 및 경찰기구의 고위급 대표이다.[16]

넷째, 자유안전사법지대의 여러 정책은 국가주권에 미치는 영향의 정도와 회원국의 수용의지가 상이하므로 세부 이슈마다 초국가화 정도와 실행 방식이 차별화된다. 리스본조약 이후 대부분의 자유안전사법지대 이슈는 정책의 초국가화가 진척되어 가장 보편적인 의사결정 방식인 일반입법절차(OLP)가 적용된다. 그러나 동일대우와 비차별, 불법마약과 약물거래, 인신매매와 사이버 범죄 등 시민의 기본권 보호조치와 일부 경찰사법 분야는 여타 자유안전사법지대 이슈와 달리 초국가 기구의 개입이 최소화된다. 즉, 본 이슈에서는 회원국간 정책목표를 공유하면서 비입법화를 배경으로 유럽연합 차원의 전략과 회원국간 우수사례에 대한 벤치마킹 전략을 통한 정책실행이 일반적이다. 더불어 일부 사안에 한해 유럽연합 차원의 규제적 조치가 부가된다.17)

이러한 정책 속성으로 유럽연합이 실행하는 자유안전사법지대의 여러 정책은 국내정책의 대치가 아니라 부가적 혹은 추가적 공공재의 공급의 성격을 갖는다. 본 정책영역은 국내정책과 사법시스템에 미치는 영향이 크고 거의 모든 이슈가 국가주권의 제약을 야기할 수 있다. 따라서 역내 안전과 사법협력 등 일부 유럽적 조치에서는 유럽연합이 추가적인 공공재 공급자로 위치하여 국민국가와 수평적으로 권한을 공유하며, 운영과정에서는 국민국가의 보완적 행위자로 위치한다고 할 수 있다.18)

다섯째, 자유안전사법지대는 유럽연합이 실행하는 여러 공동정책에 비해 상대적으로 짧은 연원과 국가주권에 깊숙이 위치한 정책들로 이루어졌다. 이에 필연적으로 자유안전사법지대는 유럽연합의 공동정책 중 상대적으로 제도화 정도가 낮고 단일화된 유럽적 조치가 제약된다. 특별히 기본권과 범죄에 관한 경찰사법협력 등 단일화된 유럽적 조치가 어려운 정책의 경우 유럽연합의 모토인 다양성 속의 조화(Unity in Diversity)를 배경으로 유럽적 정책가이드라인 제시와 회원국간 상호인증을 통한 제도적 조정으로 한정된다.19)

다만 자유안전사법지대의 여러 정책 중 높은 비용을 요하는 일부 사안에 한해 회원국간 재정연대 원칙이 구축되어 있고 공동실행이 이루어지고 있다. 이민망명정책, 국경통제 및 범죄에 대한 대응은 철저하게 회원국 간 연대(solidarity)에 근거한다. 따라서 본 정책에서는 보다 큰 부담을 갖는 회원국에게 유럽연합 차원에서 재정투여와 인력 및 기술지원이 이루어진다.[20]

자유안전사법지대의 여러 정책이 회원국 정부에 지대한 영향을 미친다는 점에서 본 정책에서는 회원국간 정책적용과 수용에 차등을 둔 이른바 가변적 지역(variable geometry) 개념과 선택적 거부권(opt-outs)이 활발히 적용된다. 쉥겐협정은 이러한 두 가지 양상을 모두 함유한다. 또한 자유안전사법지대에서는 이사회 내에서 각료급 회합 이외에도 이사회위원회 (Council Committees)와 이사회사무국(Secretariat-General of the Council) 등 고위급 혹은 실무급에서의 의사결정 역시 활발하다.[21]

■ 이론적 시각

정책과정과 실행시스템을 고려할 때 자유안전사법지대는 전통적인 신기능주의(neofunctionalism) 시각에서 이탈한 새로운 통합과정이라고 할 수 있다. 그럼에도 쉥겐과 더블린협정(Dublin Convention)의 사례를 통해 자유안전사법지대의 발전과정에서는 신기능주의식의 파급효과(spill-over)의 단면을 확인 할 수 있다. 따라서 자유안전사법지대는 단일시장 프로젝트에 따른 역내국경 철폐로 야기된 파급효과로 이해할 수도 있다. 그러나 역내국경 철폐와 유럽시민의 자유이동은 유럽연합의 구조 밖에서 정부간 협력으로 진행된 쉥겐에서 유래한 것이다. 이에 따라 쉥겐시스템 운영을 위한 쉥겐정보시스템(SIS)과 망명시스템 등 쉥겐협정(Schengen Agreement)에 담긴 내용이 유럽적 정책으로 흡수되었다. 이러한 점에서 자유안전사법지대는 신기능주의에서 제기하는 점진적, 혹은 정책간 파급과는 다른 양상

의 파급과정이라 할 수 있다.[22]

자유안전사법지대는 유럽차원에서 조치가 필요함에도 국민국가 영역에 위치한 정책의 성격으로 오랫동안 정책의 유럽화가 미진하였던 분야들로 구성된다. 그러나 1990년대 시장통합계획으로 상황은 변화하였다. 자유안전사법지대는 노동의 자유이동을 통한 시장기제 활성화라는 오래된 유럽적 목표를 위한 선결조건이 되었다. 1990년대 이후 유럽위원회가 중점을 둔 유럽연합 차원의 운송정책, 관세협력, 유럽내 연구자의 자유이동 및 디지털 단일시장 등은 모두 역내에서 노동의 자유이동을 위한 역내국경 철폐와 동시에 역외국경 강화를 전제한다.[23]

문제는 역내국경 철폐시 노동의 자유이동과 함께 국경을 넘은 조직범죄, 불법이민, 인신매매 등 역내안전을 위협하는 요인 역시 동반 될 수밖에 없다. 따라서 역내국경 철폐를 위해서는 쉥겐을 통한 공동국경 관리 및 경찰협력과 함께 회원국간 사법절차 조화와 주요 법률적 문제에서 상호인증 등 경찰사법협력을 통한 역내안전 조치가 부수되어야 한다. 따라서 2000년대 이후 역내안전을 위한 제 조치의 배경에는 노동의 자유이동에 수반되는 국경을 넘은 범죄와 불법이민 유입 차단이라는 목적이 내재한다.[24]

한편 시장통합계획으로 노동의 자유이동을 촉진한 결과 회원국 시민의 기본권 보호와 민사협력의 필요성 역시 확대되었다. 단일시장 내 노동의 자유이동이 본격화되면서 역내 시민간 혼인과 이혼, 노동시장에서 비차별과 소수자 보호 등의 인권문제를 포함하여 민사와 기본권에 관한 분쟁이 급증하면서 해결책으로 정책의 유럽화 혹은 유럽적 개입이 점진적으로 진행되었다.[25]

이와 같이 자유안전사법지대의 여러 이슈들은 시장통합이라는 오래된 통합의 목표를 달성하면서 야기된 파생적 혹은 전제적 성격의 정책이다. 따라서 자유안전사법지대는 전통적인 신기능주의 시각의 파급효과가 일정부분 적용된다. 또한 본 정책에서는 정부간 성격의 규제기구를 중심으로 정책이 운영된다는 점에서 국가이익 구현을 위한 정부간 수평적 협력을 제기한 정부간 협상이론(intergovernmentalism)으로도 설명 할 수 있다. 시각에 따라 단일시장의 발전과 동반하여 주권영역에 위치한 이슈의 초국가화는 공동정책의 발전에 있어 경로의존성(path-dependency)으로 파악할 수도 있다. 이러한 점에서 자유안전사법지대는 역사적 제도주의(historical institutionalism) 시각에서도 분석이 가능하다.

■ 제도적 기반

자유안전사법지대는 복합적인 제도적 기반을 통해 운영된다. 본 정책은 회원국의 국내제도와 국제적 규범과 조약 그리고 또 다른 축은 설립조약(European Treaties)을 통해 제도적 기반을 형성한다.[26] 다만 정책실행과 2차 입법의 근거는 설립조약이라는 점에서 보다 중요성을 갖는다고 할 수 있다. 자유안전사법지대의 목적과 정책내용 및 실행시스템은 유럽연합조약(TEU)과 유럽연합운영조약(TFEU)에 나누어 명기되어 있다. 유럽연합조약 3조 2항(TEU Art.3.2)에 '연합은 외부국경통제, 망명, 이민 그리고 범죄예방과 대응에 적절한 조치를 취해 역내시민의 자유이동을 위한 국경없는 자유안전사법지대를 구축한다'라는 내용이 명기되어 있다. 본 유럽연합조약의 조항은 자유안전사법지대가 역내시장 및 경제통화동맹(EMU)의 완성과 함께 유럽연합의 기본적 목적임을 적시한 것이다.[27]

한편 유럽연합조약 6조(TEU Art. 6)에는 2000년에 회원국이 서명한 유럽연합기본권헌장(Charter of Fundamental Rights of the EU)과 1950년 유럽평의회(Council of Europe)에서 체결한 유럽인권협약(ECHR)은 자유안전사법지대와 밀접하게 연계된다는 내용이 명기되어 있다. 유럽연합기본권헌장은 2개의 설립조약(founding treaties)과 동등한 법적 효력을 갖고 유럽인권협약 역시 유럽연합법의 일반원칙(general principle of EU law)을 구성하여 자유안전사법지대의 법적기반을 형성한다.28)

자유안전사법지대의 실행영역, 의사결정과 회원국간 협력은 유럽연합운 영조약 5편 67-89조(TFEU Title Ⅴ, Art. 67-89)에 명기되어 있다. 본 조항 은 일반규정(General Provisions)과 함께 국경검문, 망명과 이민(Policies on Border Checks, Asylum and Immigration), 민사부분 사법협력(Judical Cooperation in Civil Matters), 형사부분 사법협력(Judical Cooperation in Criminal Matters) 그리고 경찰협력(Police Cooperaton) 등 4가지 사안으로 구성된다.

이외에도 유럽연합운영조약 2부(TFEU Part Two)에 명기된 비차별과 연합의 시민권 그리고 동 조약 8조(Art. 8)의 남녀불평등 일소 및 평등촉 진, 15조 3항(Art. 15.3)의 유럽연합 시민의 유럽연합 문서 접근권 그리고 16조(Art. 16)의 개인정보 보호에 관한 조항 역시 간접적으로 자유안전사 법지대를 구성하는 법적기반이다.29) 이외에 유럽연합운영조약 부속의정 서를 통해 회원국의회는 보충성(subsidiarity)과 비례성(proportionality) 원 칙의 수호자로서 내무사법협력 관련 기관 및 규제기구의 평가에 개입한 다고 명기되어 있다.30)

(표) 자유안전사법지대(AFSJ) 제도적 기반

법적 기반	내용
유럽연합조약(TEU)	
3조 2항(TEU Art.3.2)	• 외부국경통제, 망명, 이민, 범죄예방과 대응을 위한 조치 • 역내시민에게 국경 없는 자유안전사법지대(AFSJ) 제공
6조(Art. 6)	• 유럽연합기본권헌장(Charter of Fundamental Rights of the EU)과 유럽인권협약(ECHR)의 법률적 효력
유럽연합운영조약 5편(TFEU Title V)	
1장 / 67-76조 (Chapter 1 / Art. 67-76)	• 일반규정(General Provisions) - 연합의 자유안전사법지대 형성 의무 - 유럽이사회, 이사회, 유럽위원회의 기능, 회원국간 행정협력 - 실무추진을 위한 상설위원회 설치 - 테러대응을 위한 자본이동과 지급에 관한 행정조치
2장 / 77-80조 (Chapter 2 / Art. 77-80)	• 국경검사, 망명, 이민정책 (Policies on Border Checks, Asylum & Immigration)
3장 / 81조 (Chapter 3 / Art. 81)	• 민사부분 사법협력(Judical Cooperation in Civil Matters)
4장 / 82-86조 (Chapter 4 / 82-86)	• 형사부분 사법협력(Judical Cooperation in Criminal Matters)
5장 / 87-89조 (chapter 5 / 87-89)	• 경찰협력(Police Cooperaton)
유럽연합운영조약 2부(TFEU Part Two)	
18-25조(Art. 18-25)	• 비차별과 연합의 시민권 (Non-discrimination and Citizenship of the Union)
유럽연합운영조약(TFEU)	
8조(Art. 8)	• 남녀불평등 제거 및 평등촉진
15조 3항(Art. 15.3)	• 연합 시민의 유럽연합 문서 접근권
16조(Art. 16)	• 개인정보 보호

출처) European Parliament (2018b), Fact Sheets on the European Union, An area of freedom, security and justice: general aspects, pp 1-2; 채형복 옮김 (2010), Treaty of LIsbon 리스본조약, 서울, 국제환경규제 기업지원센터.

② 정책연역

■ **마스트리히트조약 이전 내무사법협력(JHA)**

▶ 유럽연합 차원의 정책부재

자유안전사법지대의 연원은 로마조약 48조(TEEC Art. 48)에 명기된 단일시장의 노동의 자유이동에서 찾을 수 있다. 본 조약에는 단일시장내 4대 자유이동 중 하나로 노동의 자유이동이 명기되었다. 노동 혹은 사람의 자유이동을 위해서는 역내 시민들이 타 회원국에서도 모국과 동일한 법적, 사회, 경제적 권리를 누릴 수 있어야 한다. 따라서 로마조약에 명기된 노동의 자유이동 개념은 유럽경제공동체 회원국 시민은 동반가족을 포함하여 타 회원국에서 자국과 동등한 법률적, 사회경제적 권리를 누린다는 취지이다.[31]

그러나 본 조항에 언급된 유럽시민의 역내 자유이동은 경제적, 그리고 역내시장의 운영 관점에서 노동자의 자유이동을 언급한 것으로 유럽시민의 기본권으로 이해할 수는 없다.[32] 또 다른 문제는 조약에 명기된 노동의 자유이동을 구현하기 위해서는 역내국경 철폐와 함께 범죄자의 이동을 통제하기 위한 회원국간 사법협력 역시 요구된다는 점이다. 이와 같이 역내시민의 자유이동은 국경통제, 사법협력, 이민망명 나아가 테러대응 등과도 연계된 이슈이다.[33] 따라서 내무사법협력은 역내안전을 위한 일체의 정책과 조치를 포함하며, 회원국간 이민망명정책 조정과 경찰사법협력은 각별히 중요한 사안이다.[34]

그럼에도 로마조약에는 내무사법 이슈에서 회원국간 형사협력 내용이 명기되지 않았다. 이에 따라 1960년대까지 당시 유럽공동체 회원국간 논의된 내무사법 이슈는 경제적 목적에서 노동의 자유이동으로 한정되었다. 이에 따라 유럽공동체에서는 노동의 자유이동과 동반하여 국경을 넘은 조직범죄, 마약, 불법이민 및 테러 등의 문제점이 야기되었다. 그러나 1970년대까지 유럽공동체에서는 관세동맹(customs union) 완성과 공동시장(common market) 창출에 주력하여 내무사법을 포함한 사회정책은 주 의제로 거론되지 않았다.

다만 유럽공동체는 회원국간 관련 분야에서 간헐적 협력은 모색하였다. 1967년 당시 유럽공동체 6개 회원국의 관세당국은 경찰과 관세당국으로부터 범죄혐의로 의심이 되는 무역거래 감독과 정보교환을 위해 나폴리 협정(Naples Convention)을 체결하였다. 그러나 나폴리 협정은 공동체 밖에서 진행한 정부간 협력으로 유럽적 정책으로 발전하지 못하였다. 이후 본 협정은 1997년 암스테르담조약 체결로 내무사법분야의 초국가화가 진척되면서 유럽연합 차원에서 회원국 관세당국간 상호지원과 협력을 담은 나폴리 협정 II(Naples Convention II)으로 발전하였다.[35]

통합과정에서 분수령이 되었던 1969년 헤이그 정상회담(Hague Summit)에서도 회원국간 외교안보정책 공조가 논의된 반면 내무사법 이슈는 의제로 채택되지 않았다. 이후 1975년 더블린 유럽이사회에서 최초로 국경을 넘은 테러가 중심적 의제로 제기되었지만 구체적인 조치는 강구되지 않았다.[36] 이외에도 1977년 12월 브뤼셀에서 개최된 유럽이사회에서 프랑스 대통령 지스카르 데스탱(Giscard d'Eastaing)은 의장성명을 통해 회원국간 제도화된 협력을 담은 유럽사법지대(European Judical Area)를 제안하였으나, 역시 후속논의는 전무하였다.

이와 같이 1970년대에는 자유안전사법지대의 몇몇 이슈가 주요한 정책의제로 간간히 다루어졌지만 회원국간 집단적 협력시스템은 강구되지 않았다. 결국 1970년대에 유럽연합 차원의 정책부재로 내무사법협력은 유럽평의회(Council of Europe)와 UN을 통해 사법협력과 정보교환 형태로 진행되었다. 1970년대까지 유럽평의회는 범 유럽 차원에서 국가간 범죄에 대한 대응, 인권과 이민정책 등 당시 유럽공동체가 다루지 못한 이슈를 논의하는 유일한 국제기구였다.[37]

1980년대에도 회원국간 내무사법분야에서 제도화된 협력이 논의되었지만 구체적 실행으로 옮겨지지는 못하였다. 1984년 6월 폰테인블루 유럽이사회의 합의에 따라 이듬해 1985년에 출범한 두기위원회(Dooge Committee)와 아도니노위원회(Adonnino Committee)를 통한 제안은 1980년대 내무사법분야에서 회원국간 논의를 집결한다. 두기위원회에서는 역내시장 준비작업을 위한 위원회로 노동의 자유이동에 관한 조치가 주로 논의되었다.[38]

한편 아도니노위원회에서는 역내시장 완성에 따라 이른바 시민의 유럽(Europe of the Citizens)을 표방하며 유럽시민의 역내 자유이동을 위한 국경관리 조치 등의 구체적 방안이 다루어졌다. 1985년에 유럽이사회에 제출된 아도니노보고서(Adonnino Report)에서는 유럽시민의 권리로서 역내 국경 철폐와 회원국간 경찰 및 관세협력의 제도화 내용을 담아 이후 마스트리히트조약을 통한 내무사법협력 출범에 영향을 미쳤다.[39]

이와 같이 1993년 마스트리히트조약 체결이전까지 내무사법 이슈는 회원국간 비공식적이며 구속력 없는 느슨한 정부간 구조로 협력이 이루어지고, 일부 주요 사안에서는 국제적 협정(international convention)을 통해 합의가 진행되었다. 다만 범죄에 관한 사법협력의 경우 외교안보 이슈와 밀접한 연관성으로 유럽공동체 외무장관의 상설 회합인 유럽정치협력(EPC)을 통해 일부 사안이 논의 되었다.[40]

▶ 트레비그룹(TREVI Group)

1970년대 이후 트레비그룹(TREVI Group)과 쉥겐협정(Schengen Agreement)

으로 대표되는 두 건의 정부간 협력은 1990년대 이후 내무사법협력의 초국가화와 이슈영역의 확대에 결정적 영향을 미쳤다. 동시에 트레비그룹과 솅겐이행협정(SIC)에 동반된 조치는 유럽연합의 테러대응정책의 기원이 되었다.[41] 1971년 당시 유럽공동체 6개 회원국은 마약과 약물범죄에 대한 정보공유를 위해 프랑스 대통령 퐁피두(Georges Pompidou)의 이름을 딴 퐁피두그룹(Pompidou Group)을 결성하여 이후 트레비그룹(TREVI Group)의 모태가 되었다.[42]

1975년 출범한 트레비그룹은 당시 조약 밖에서 진행된 회원국간 내무사법분야의 최초의 정부간 협력이다. 서유럽에서 테러리즘은 1970년대 북아일랜드의 아일랜드공화국군(Irish Republican Army)과 서독의 바더-마인호프단(Baader-Meinhof Gang)의 무력투쟁으로부터 기원한다. 당시 북아일랜드의 소요는 일국 내 문제로 치부되어 유럽적 이슈가 되지는 못했다. 그러나 1972년 뮌헨 올림픽 테러를 계기로 테러대응은 유럽공동체의 주요한 정치적 의제로 등장하였다. 이에 따라 당시 유럽공동체 회원국은 물론이고 유럽평의회(Council of Europe)에서도 내무사법협력을 모색하여 1975년 유럽공동체 회원국의 내무 및 법무장관들의 정례회합인 트레비그룹이 출범하였다.[43]

트레비그룹은 1975년부터 진행된 회원국의 내무사법분야의 장관 혹은 고위급 관료 그리고 경찰과 정보기관의 고위관료들이 비공식적이며 비공개를 원칙으로 한 정부간 회합이다.[44] 트레비그룹은 1969년 12월 헤이그 정상회담에서의 합의로 출범한 유럽정치협력(EPC)의 한축으로 유럽공동체 밖에서 진행되는 회원국간 비공식적 회합의 성격을 내포하였다. 당시 트레비그룹에서는 마약밀매, 무기거래 및 다양한 유형의 테러 및 국경을 넘어 이루어지는 범죄에 대한 공동대응이 논의되었다.[45]

이후 트레비그룹은 1984년부터 6개월을 주기로 회원국의 내무사법장관들의 정례회합으로 발전하여 1985년부터는 역내안전 이외에 비자, 불법이민, 마약, 조직범죄, 경찰사법협력, 관세, 공공질서 및 시민의 자유이동 등 내무사법 전반으로 의제가 확대되었다. 또한 시간이 경과하면서 회원국간에는 경찰훈련, 경찰장비와 기술적 부분에서 협력 및 범죄에 대한 공동연구 등 보다 구체적인 협력시스템이 모색되었다. 그러나 1993년 마스트리히트조약이 체결되어 내무사법협력이 도입되면서 트레비그룹은 공식적으로 해체되었다.[46]

트레비그룹은 해체되었지만 지원 협력체인 트레비조정관그룹(TREVI Group Coordinators)은 유럽연합의 구조로 편입되어 조정위원회(Coordinating Committee)로 개편되었다. 또한 법률협력그룹(Judical Cooperation Group), 관세부분 상호지원그룹(Customs Mutual Assistance Group), 이민과 조직범죄 특별그룹(Ad Hoc Groups on Immigration and Organized Crime) 등 여러 트레비그룹 내 실무그룹은 이사회 실무그룹(Council Working Group)으로 흡수되었다.[47]

트레비그룹은 철저하게 설립조약(founding treaties) 밖에서 진행된 정부간 협력으로 진행된 시스템으로 1970년대 전반에 걸쳐 국가간 정보교환 수준에 머물렀다. 따라서 트레비 그룹은 회원국간 느슨한 네트워크로 본 회합에서 합의된 사안은 회원국에 대한 권고 정도의 정책방향 제시로 법적 구속력을 갖지 않았다. 또한 본 그룹은 장관급 혹은 정부고위 관료 및 전문가간 정보교환과 현안논의를 목적으로한 회합수준에 머물러 상설화된 기구도 설립되지 않았다.[48] 이와 같이 트레비그룹은 1970년대부터 1990년대 초까지 진행된 유럽연합 회원국간 정부간 협력으로 이어져 오면서 특정한 구조적 틀과 조치를 실행하지는 못하였다. 그러나 여기에서 논의된 다양한 이슈들은 이후 내무사법협력의 기반이 되었다는 점에서 의미를 찾을 수 있다.[49]

▶ 쉥겐협정(Schengen Agreement)

1985년 독일, 프랑스와 베네룩스 3국간 조약 밖에서 정부간 협력으로 출범한 쉥겐협정(Schengen Agreement)은 이후 유럽연합이 진행하는 역내 안전과 역외공동국경 운영에 결정적 토대가 되었다. 쉥겐협정은 단일시장 계획을 앞두고 일부 회원국들이 시장통합 효과를 극대화하기 위한 조치였다. 쉥겐협정을 통해 유럽 5개국은 자유이동을 저해하는 역내국경 폐지를 결정하고 1990년 협정이행 내용을 담은 쉥겐이행협정(SIC)을 체결하였다. 쉥겐이행협정을 통해 상설사무국의 지원을 받는 정책실행기구 성격을 갖는 실행위원회(Executive Committee)가 결성되었다. 이후 본 위원회의 준비작업과 1995년 쉥겐이행협정 발효로 쉥겐지역(Schengen Area)이 공식적으로 출범하였다.[50]

쉥겐협정은 암스테르담조약 체결 이전인 1999년까지 유럽연합조약 밖에서 진행되는 일부 국가간 정부간 협력이었지만 자유안전사법지대의 발전과정에서 1970년대의 트레비그룹과 비교할 수 없을 정도로 많은 영향을 미쳤다. 유럽 5개국은 쉥겐협정 체결을 계기로 외부국경관리, 국경통제를 위한 경찰과 사법협력, 역내안전을 위한 비자, 망명 및 이민정책조정 그리고 불법이민 관리 등 방대한 이슈에 걸쳐 보충적 조치(compensatory measures)를 취하였다. 본 조치를 통해 망명심사절차, 각국 경찰과 연락관(liaison)과 치안판사(magistrates)간 교류 등 쉥겐의 유산(Schengen acquis)으로 불리는 약 3,000 페이지에 달하는 상세한 운영원칙이 제정되었다. 이러한 쉥겐의 유산은 1999년 암스테르담조약 체결로 부속의정서(protocol)를 통해 자유안전사법지대에 모두 흡수되었다.[51]

쉥겐협정이 유럽연합의 자유안전사법지대 발전의 전환점이 된 또 다른 요인은 국경통제를 위한 회원국간 통합된 IT 시스템으로 쉥겐정보시스템(SIS)의 구축이다.[52] 쉥겐정보시스템은 이후 유럽연합 차원에서 후속으로 구축한 비자정보시스템(VIS) 및 유럽지문데이터베이스(Eurodac)와 함께 외부공동국경 관리를 위한 핵심적 인프라로 자리 잡았다. 이와 같이 쉥겐협정은 유럽연합 밖에서 일부 국가간 진행된 정부간 협력이 유럽연합의 역내정책으로 전환된 사례이다. 이점에서 쉥겐협정은 자유안전사법지대에서는 이해를 같이하고 유사한 능력을 같는 회원국간 정부간 협력이 보다 효과적 일 수 있다는 선례를 보여주었다.[53]

한편 1990년 쉥겐이행협정 체결과 더불어 당시 유럽연합 12개 회원국은 제 3국인 망명신청자의 이른바 비자쇼핑(visa shopping) 차단을 위해 망명신청절차에 대한 협력을 담은 더블린협정(Dublin Convention)을 체결하였다. 그러나 더블린협정에 담긴 여러 사안은 1990년대 유럽연합 차원의 내무사법협력의 취약성으로 후속조치가 결여되었다가 이후 2003년 더블린규정(Dublin Regulation (EC) No 343/2003) 입법으로 제도화되었다.[54]

이와 같이 단일시장 출범은 쉥겐협정과 쉥겐이행협정(SIC) 그리고 더블린협정 체결의 동인으로 작용하였다. 또한 쉥겐협정 및 이행협정을 통한 공동국경관리시스템과 국경을 넘은 범죄 및 조직범죄 대응 등 역내안전 조치는 유럽연합의 제도적 구조로 이관되어 자유안전사법지대 실행을 위한 물리적 기반이 되었다.[55]

■ 마스트리히트조약(The Maastricht Treaty)

1986년 단일유럽의정서(SEA) 출범에 따른 1993년 시장통합계획은 이후 내무사법협력의 도입과 확대에 결정적 동인이 되었다. 유럽위원회는 역내시장 출범을 앞두고 노동이동에 저해가 되는 회원국간 물리적 장벽 제거를 위한 여러 입법과 조치를 취하였다. 문제는 역내시장에서 노동의 자유이동과 동반하여 국경을 넘어 진행되는 범죄 역시 가시화된다는 점이다. 이러한 고려에서 시장통합계획에 동반하여 유럽연합 차원에서 사법협력이 본격적으로 논의되었다. 그러나 당시 사법협력은 쉥겐국가간 협력과는 별개의 조치로 모색되어 제도화 부재 및 회원국간 이견으로 큰 실효를 거두지 못하였다.[56]

한편 1980년대 말 탈냉전에 따른 동유럽 사회주의 정권의 붕괴에 뒤이어 발칸분쟁 발발로 유럽 차원에서 안보공백을 가져왔다. 여러한 상황에서 유럽연합 일부 국가들이 체결한 쉥겐협정으로 역내에서 사람의 자유이동이 본격화 될 경우 불법이민과 국경을 넘은 범죄가 동반될 것으로 예상되었다.[57] 결국 급변한 정세를 반영하여 1991년 마스트리히트조약 체결을 위한 정부간 회담(IGC)에서 회원국들은 내무사법협력 도입에 전적으로 의견을 같이하였다. 문제는 내무사법 이슈가 국가주권에 가장 깊숙이 위치한 정책이라는 점이다. 이에 따라 초국가 통합을 경계하는 일부 회원국의 강경한 입장으로 본 이슈는 유럽조약(European Treaties)에 위치하되 새로운 형태의 정부간 조정방식을 통한 정책진행이라는 모호한 정책실행 구조가 형성되었다.

마스트리히트조약 체결을 위한 1991-92년 정부간 회담에서 회원국들은 내무사법협력 출범에 상반된 이해를 가졌다. 전통적으로 친통합 성향에 선 베네룩스국가와 이탈리아 및 스페인은 내무사법협력의 완전한 공동체화(commumitarisation)를 주장하였다. 독일과 프랑스 역시 유럽공동체의 제도적 구조 내에서 내무사법의 실행을 주장하였다. 그러나 대부분의 회원국은 이슈에 따라 선호를 달리하였다. 대표적으로 이민자 유입이 집중된 독일의 경우 이민과 망명정책에서는 정부간 협력을 고수하였다.[58]

반면에 영국, 아일랜드, 덴마크 및 그리스는 내무사법은 정부간 조정에 위치한다는 입장을 내세웠고, 덴마크의 경우 설립조약 밖에서 정부간 협력으로 한정한다는 보다 강경한 입장을 취하였다. 특별히 영국과 여타 3개국은 정부간 회담 과정에서 연대를 통해 독일이 주장하는 이민망명정책의 공동체화에 강력히 저항하였다.[59] 또한 이들 4개국은 정부간 조정을 통한 내무사법협력 진행을 고수하여 이사회 결론(conclusion), 권고(recommendation) 및 결의안(resolution) 채택 등의 구속력을 갖지 않는 합의방식 도입을 주장하였다. 결국 상대적으로 영향력이 큰 프랑스와 독일의 주도로 내무사법은 새로운 방식의 정부간 조정에 위치하되, 점진적으로 공동체화를 취한다는 중도적인 해결로 일단락되었다.

이에 따라 망명, 이민, 역외국경관리 및 민형사에 대한 경찰사법협력을 포함한 내무사법협력은 마스트리히트조약 체결시 유럽연합조약(TEU)이 적용되는 제3지주(Pillar III)에 공동의 이해(common interest)로 명기되었다. 그러나 내무사법협력이 정부간 조정을 취하는 제3지주에 위치하면서 2차 입법 제정을 통한 정책실행이 배제되었다. 대신 정부간 방식으로 이사회 내에서 공동입장(joint position)과 이사회결정(Council decision JHA) 등의 새로운 의사결정시스템이 도입되었다.[60] 더불어 기존에 정부간 협력의 기반이 되었던 여러 관련 위원회와 네트워크가 공식화되어 유럽적 구조로 편입되었다. 이와 같이 마스트리히트조약을 통해 생성된 실행구조에 대해서는 논쟁의 여지가 있지만, 내무사법협력이 조약에 명기된 것은 본 분야가 더 이상 국내정치로 한정할 수 없다는데 회원국이 의견을 같이 한 것이다.[61]

마스트리히트조약 체결로 유럽연합조약 6편(TEU Title VI) 사법과 내무협력(cooperation in fields of justice and home affairs)에는 회원국간 공동의 이해(common interests)로 명명한 9개의 이슈가 포함되었다. 이에 따라 유럽연합 차원에서 공식적으로 자유안전사법지대를 구성하는 세부이슈에서 미약한 수준이지만 유럽화가 진행되었다.[62]

- 망명정책(asylum policy)
- 국경통제(crossing of external borders)

- 이민(immigration)
- 약물남용 대응(combating drug addiction)
- 국제적 사기범죄 대응(combating international fraud)
- 민사협력(judical cooperation in civil matters)
- 범죄에 관한 사법협력(judical cooperation in criminal matters)
- 관세협력(customs cooperation)
- 경찰협력(policy cooperation)

설립조약을 통해 내무사법협력이 도입되었지만 본 정책은 명확한 제도적 실행방안과 위계적 실행구조가 결여되었다. 이에 따라 대부분의 정책은 이전의 트레비그룹과 유사하게 회원국간 정부간 협력을 통해 진행되었고, 일부 사안에 한정하여 유럽연합 차원의 공동실행이 이루어졌다.[63] 당시 내무사법의 모든 결정은 내무사법이사회(JHA Council)에서 내무장관간 회합 그리고 실무급에서는 경찰기구의 고위급간 회합을 통해 이루어졌다. 이 결과 구속력이 결여된 정부간 협력에 기인하여 정책실행 효과는 미비하였다. 이러한 정부간 협력마저도 최종합의에서는 만장일치 표결이 적용되어 결정사항은 최소한 수준에서의 합의에 머물렀다.

유럽위원회는 내무사법분야에서 이사회와 의제제안권을 공유하므로 사실상 고유한 입법기능이 제약되었고, 유럽의회 역시 내무사법협력이 위치한 제3지주의 이슈에서는 권한을 갖지 않아 개입할 수 없었다. 사법재판소 역시 제3지주에 대해서는 사법적 판단과 판결이 완전히 배제되었다. 이러한 구조로 자유안전사법지대는 1990년대 전반에 걸쳐 유럽연합의 민주적 결핍(democratic democracy)의 주요한 원인으로 지목되었다.[64]

내무사법은 이러한 지주구조에 따른 제도적 취약성과 실행방식 미비로 국가주권 영역에 위치한 시민보호, 범죄에 관한 사법협력 및 공공안전 등의 민감한 이슈는 큰 실효를 거두지 못하였다. 이외에도 약물남용은 제1지주의 공공보건정책의 일환으로 관련 조치가 실행되면서, 동시에 제3

지주에 공동의 이해로서 회원국간 협력이 또 다시 명기되어 정책실행의 혼란을 야기하였다.[65] 국경통제와 이민정책 역시 유럽연합조약 6장(TEU Title VI)에 명기된 반면, 본 정책의 실행을 위한 조치는 유럽공동체설립 조약 4장(TEC Title IV)에 명기되는 제도적 문제를 가졌다.[66]

무엇보다도 마스트리히트조약에 명기된 내무사법분야는 이사회가 중심이된 경직된 정부간 방식으로 회원국간 이해관계 조정과 합의에 높은 비용을 요하였다.[67] 1990년대에는 내무사법협력 분야의 규제기구도 많지 않았고, 이러한 규제기구는 유럽경찰국(Europol)의 예에서 확인 할 수 있듯 회원국간 정보교환 정도로 기능도 한정적 이었다. 이에 따라 암스테르담조약 체결 이전까지 내무사법협력의 성과는 유럽연합 밖에서 쉥겐을 통한 쉥겐정보시스템(SIS) 구축, 관세정보시스템 전산화 그리고 회원국 경찰기관간 정보교환 시스템 운영 등 물리적 기반확충에서 찾을 수 있다.[68]

이러한 요인들로 암스테르담조약 이전 내무사법협력은 베스트팔렌(Westphalian) 구조로 대표되는 민주주의, 시민의 자유와 역내안전 등 전통적인 국민국가의 기능을 초국가기구가 대치 혹은 보완할 수 있는가에 적지 않은 의문을 낳았다.[69] 또한 암스테르담조약 이전 내무사법협력은 역내시민의 자유이동 그리고 이민망명과 외부국경통제라는 상반된 목적을 갖는 정책을 어떻게 조화시키는가? 역시 해결과제로 대두되었다.

■ 암스테르담조약(Treaty of Amsterdam)

마스트리히트조약을 통해 내무사법협력이 유럽적 정책으로 도입되었지만 취약한 제도적 기반으로 관련 세부정책은 사실상 쉥겐조약을 통해 진행되었다. 암스테르담조약 이전 내무사법협력은 불완전한 제도적 기반으로 의제제안시 회원국간 논란이 빈번하였다. 또한 정책과정에서 유럽의회와 시민사회의 배제에 따른 민주적 적법성이 취약하고, 회원국에서 정책 실행시 명확한 제도적 근거와 실행방식이 결여된다는 문제점을 안고 있었다. 무엇보다도 중동부 유럽국가의 회원국 가입이 가시화되면서 만장일치에 기반한 내무사법협력의 정책과정은 사실상 공동정책의 실행을 불가능하게 한다는 의견이 지배적이었다.[70)]

1990년대에는 발칸분쟁에 따른 난민의 역내 대량 유입과 9.11 테러로 대표되는 안보위협으로 어느 때보다도 유럽적 대응이 요청되었던 시기였다. 또한 1990년대 전반에 걸쳐 통합이 진척되면서 특별히 회원국의 국내정책을 통해 진행되었던 이민망명정책에서 유럽적 대응이 요청되었다. 또한 단일시장이 활성화되면서 증가한 타 국적 시민간 결혼과 이혼에 따른 자녀양육권 문제와 같은 국경을 넘은 민사문제는 더 이상 일국차원에서 적절히 대응을 할 수 없는 상황에 이르렀다.[71)]

암스테르담조약을 통한 내무사법협력 개혁은 이러한 제도적 맹점을 시정하기 위한 시도이다. 암스테르담조약 체결을 위한 정부간 회담에서 회원국들은 유럽연합조약(TEU)에 위치한 이민망명, 비자 및 국경통제정책의 초국가화에 의견을 같이하였다.[72)] 자유안전사법지대 발전에 있어 암스테르담조약이 의미를 갖는 것은 회원국들이 집단적 의사결정의 필요성을 인식하고 회원국간 협력과 제도화를 결정하였다는 점이다. 다만 이러한 회원국간 공동대응은 단일시장과 유사하게 역외에서는 내무사법분야에서도 유럽 요새화(Frotress Europe)를 가져온다는 우려를 야기하였다.[73)]

먼저 암스테르담조약을 통해 회원국은 5년의 한시적 이행기를 두어 내무사법협력을 확대한 자유안전사법지대(AFSJ) 출범을 결정하였다. 본 합의에 따라 유럽연합조약 2조(TEU Art. 2)에 자유안전사법지대가 공식적으로 명기되었다. 또한 제 3지주에 위치한 이민망명, 비자, 국경통제 및 민사문제(civil law matters)는 제 1지주인 유럽공동체설립조약 4장(TEC Title

Ⅳ)으로 이관되어 공동체화의 길을 열었다.[74] 이에 따라 본 조약내용을 근거로 유럽연합 차원에서 공동비자정책(common visa policy), 공동망명시스템(common asylum system), 이민정책, 외부국경통제 및 민사협력 등에 공동조치 실행 근거가 마련되었다.[75] 또한 유럽연합 밖에서 진행된 쉥겐협정 역시 설립조약의 부속의정서(protocol)로 편입되어 사실상 공동체의 유산(Community Acquis)이 되었다.

내무사법과 쉥겐협정의 유럽공동체설립조약으로의 이관으로 시민에 관련된 민사, 국경통제와 이민과 망명에 관한 규제적 조치 등 여러 하위 이슈는 유럽위원회와 유럽의회가 개입하는 공동체 방식(Community metod)을 통한 정책결정과 실행이 가능해졌다. 이에 따라 이사회에서 본 이슈에는 가중다수결(QMV)이 도입되었다.[76]

그러나 범죄에 관한 경찰사법협력(PJCCM)은 자유안전사법 분야에서도 가장 민감한 부분으로 여전히 유럽연합조약 6장(TEU Title Ⅵ)에 명기되어 정책결정과 실행은 정부간 조정영역에 위치하되 5년의 이행기를 거쳐 공동체 방식 적용이 결정되었다. 이러한 제도적 공백을 메우기 위해 인종차별, 아동의 성적착취. 인신매매, 차량절도, 불법무기 및 약물거래, 사기와 테러 그리고 부정부패 등의 관련 이슈는 유럽경찰국(Europol)을 통한 회원국간 긴밀한 협력이 명기되었다.[77] 이후 5년의 이행기가 종료되어 2005년 1월부터 범죄에 관한 경찰사법협력(PJCCM)에 공동체 방식이 적용되었다. 다만 사안의 중요성으로 의제제안권은 유럽위원회와 회원국이 공유하였다.[78]

한편 암스테르담조약에서도 영국과 덴마크를 위시한 몇몇 회원국은 내무사법협력의 초국가화에 반대입장을 표명하였다. 특히 영국과 덴마크는 조약 체결을 위한 정부간 회담 마지막 주까지 이민망명 및 국경통제정책의 공동체화에 저항하였다.[79] 결국 암스테르담조약 체결을 위한 정부간 회담에서는 영국, 아일랜드 및 덴마크에 대하여 이민, 망명 및 사법협력

분야에서 선택적 거부권(opt-out) 부여를 결정하여 협상을 타결 지었다.[80]

직전의 마스트리히트조약이 시장통합 완성을 위한 노동의 자유이동이라는 경제적 관점에서 내무사법협력을 담았다면, 암스테르담조약은 시민의 자유이동, 사법적 지원과 역내안전 강화라는 유럽시민의 기본권 강화에 초점이 맞추어졌다.[81] 이 결과 암스테르담조약은 자유안전사법지대의 발전에 있어 이른바 변화된 정부간주의(modified intergovernmentalism)라고 칭할 정도로 획기적인 개혁내용을 담아 정책의 초국가화가 진척되었다.[82] 그러나 암스테르담과 니스조약을 통한 제도개혁에도 불구하고 내무사법협력은 여전히 정부간 결정이 지배하는 공동정책의 틀은 변하지 않았다.

암스테르담조약에 이어 체결된 니스조약은 회원국 확대를 앞두고 제도개혁에 중점을 두었기 때문에 내무사법분야의 제도적 개혁은 상대적으로 미비하였다. 또한 니스조약 체결을 위한 정부간 회담에서 영국은 유럽연합기본권헌장의 법적 구속력 부여에 강력하게 반대하여 본 사안마저 결론을 내리지 못하였다.[83] 이에 따라 니스조약을 통한 내무사법정책의 변화는 비차별 조치, 망명, 불법이민, 제 3국인의 역내 자유이동, 국경통제, 불법이민(본국송환) 조치 등에서 공동결정절차 적용과 이사회에서 가중다수결 표결 정도로 제도적 조정이 한정되었다.[84]

■ 탐페레 유럽이사회(Tampere European Council) 가이드라인

1999년 10월 15-16일 양일간 개최된 탐페레 특별유럽이사회(Tampere European Council)에서는 암스테르담조약을 근거로 자유안전사법지대(AFSJ) 출범을 결정하여 내무사법의 발전에 결정적인 전기가 마련되었다.[85] 회원국 정상은 준비조치로 국경통제, 불법이민, 국경을 넘어 이루어

지는 조직범죄와 테러대응 등 약 60개 항에 달하는 사안에 대한 가이드라인(guideline)을 설정하여 2004년 까지 입법과 조치를 완료키로 합의하였다. 탐페레 유럽이사회에서 설정한 가이드라인은 암스테르담조약 발효에 즈음하여 회원국 정상간 내무사법의 방향에 대한 폭넓은 합의진전이라는 점에서 의미가 깊다.[86]

본 유럽이사회에서 정상들은 자유안전사법지대 출범을 전제로 불법이민과 범죄에 대한 경찰사법협력에 대한 정치적 가이드라인에 합의를 이끌어 내었다. 구체적으로 회원국 정상들은 공동유럽망명시스템(CEAS)과 유럽경찰국을 통한 인신매매 대응, 자금세탁, 부정부패, 화폐위조 등의 금융범죄에 대한 협력 그리고 아동의 성적 착취, 환경과 하이테크 범죄에 대한 회원국간 형사법 조정 등에 의견을 같이하였다. 탐페레 유럽이사회에서는 민사협력 이슈도 다루어졌다. 민사판결과 법률적 의견에 대한 회원국간 상호인증(mutual recognition)과 관련 프로그램 실행이 결정되었고, 2000년 말까지 유럽위원회에게 관련 입법제안을 요청하였다.[87]

탐페레 유럽이사회의 또 다른 성과는 회원국 정상들이 이민망명문제에서 포괄적 접근(comprehensive approach) 필요성에 의견을 같이 하였다는 점이다. 난민문제는 제 3국에서의 빈곤과 정치, 경제적 불안정에 기인한다. 따라서 자유안전사법지대의 성공적 실행을 위해서는 제 3국에 대한 경제적 지원과 대외발전정책과의 공조가 필요하다. 이와 같이 탐페레 유럽이사회에서는 자유안전사법지대와 대외정책과의 조응 필요성이 제기되어, 이후 자유안전사법지대의 외연적 확장과 정책간 연계를 가져왔다.[88]

이외에도 탐페레 유럽이사회에서는 회원국간 국경을 넘어 공동의 영토 개념을 최초로 거론하였다는 점도 의미를 부여할 수 있다. 본 정상회담의 의장 성명서(Presidency Conclusion)에는 '우리의 영토(our territory)'를 제기하여 불법이민과 망명문제에 공동으로 대처한다는 근거를 마련하였다.[89] 단일영토 개념은 후에 특정 회원국에서의 사법적 결정은 모든 회원국 시민에게도 동등하게 적용된다는 유럽사법지대(European Judical Area / European Area of justice)의 토대가 되었다.

그러나 탐페레 유럽이사회에서 합의된 사안은 일부만이 조약에 근거하고 대부분은 정치적 결정이었다. 이 결과 제도적 구속력 결여에 따른 회원국의 미이행으로 이후 2004년 헤이그 프로그램(The Hague Programme) 그리고 2009년 스톡홀름 프로그램(Stockholm Programme) 등 유사한 전략과 가이드라인 설정이 반복되는 계기가 되었다.[90]

■ 헤이그 프로그램(The Hague Programme)

2004년 11월 브뤼셀 유럽이사회는 1999년 10월 탐페레 유럽이사회의 합의에 따라 2005-09년을 시행기간으로 자유안전사법지대 제도적 구축을 위한 다년프로그램(multi-annual programme) 실행을 결정하였다. 이에 따라 이듬해 2005년 5월 유럽위원회는 10개항의 우선 실행사항을 담은 입법문서를 이사회와 유럽의회에 제출하였다.[91]

- 기본권과 시민권의 확대
  - 유럽위원회의 기본권과 사법(Fundamental Rights and Justice)을 위한 프레임워크 프로그램과 관련 지침 입법화
  - 유럽인종차별모니터링센터(EUMC)를 대치해 유럽연합기본권기구(FRA) 설립(2007년)
- 반테러조치
- 이민문제에 균형 잡힌 접근
  - 이민유입에 대한 연대와 관리 프레임워크 프로그램(Solidarity and Management of Migration Flows Framework Programme) 실행
  - 외부국경기금(EBF) 신설, 유럽송환기금(ERF)과 유럽난민기금(ERF) 통합
- 외부국경에 대한 통합관리
- 공동망명절차 구축
- 이민의 긍정적 효과 극대화

- 정보공유에 있어 개인정보보호와 안보간 적절한 균형
- 조직범죄에 대한 전략적 개념발전
  - 유럽경찰국(Europol)의 중심적 역할
- 유럽사법지대(European Area of Justice)
  - 유럽연합사법기구(Eurojust)의 중심적 역할
- 책임공유와 연대

유럽위원회가 제출한 입법문서는 자유안전사법지대 출범을 위해 유럽시민의 기본권을 보장하고, 역내안전과 이민망명문제 대응에 관한 원칙을 담았다. 이외에도 본 입법문서에는 최초로 국경을 넘어 진행되는 민사와 가족법 관련 소송에서 회원국간 최소한의 절차 설정이 명기되었다.[92] 이후 본 입법문서에 따라 유럽위원회와 이사회에서 실행계획(action plan)이 진행되었다.

마스트리히트조약을 통해 도입된 자유안전사법지대는 유럽시민들의 기본권으로서 국경을 넘어 자유로운 이동과 법률적 접근 확대에 중점을 두었다. 그러나 9.11 테러 이후 상황이 변화하여 역내안전이 자유안전사법지대의 핵심 목적으로 변화하였다. 회원국간 표준화된 망명심사 기준 설정, 쉥겐의 외부국경 강화를 위해 비자정보시스템(VIS) 설립, 회원국간 테러대응 등 역내안보를 위한 정보교환 강화 그리고 역외 국가와 승객예약정보(PNR) 공유 등 9.11 테러 이후 유럽연합이 실행한 정책은 대부분 역내안보를 위한 조치이다.[93] 헤이그 프로그램은 이러한 변화된 상황을 반영하여 테러대응, 엄격한 이민통제와 역외국경강화 등 유럽시민의 자유와 기본권을 침해하지 않는 한도 내에서 역내안보 강화에 초점이 맞추어졌다.[94]

이와 같이 암스테르담조약을 통한 정책의 초국가화가 진척되는 가운데 유럽이사회에서 전략과 실행프로그램이 연이어 제기된 이유는 2000년대 이후 급변한 상황에 따른 것이다.[95]

첫째, 1992년 시장통합계획과 1995년 쉥겐이행협정 발효로 역내국경이 완전히 제거되어 유럽시민의 기본권으로서 자유이동이 실현되었다. 이 결과 역내장벽 제거로 국경을 넘어 진행되는 범죄가 증가하여 회원국간 경찰과 사법공조를 포함해 유럽연합 차원에서 통합된 국경관리가 현안으로 대두되었다.

둘째, 2001년 9.11 테러는 유럽에서 전통적인 안보개념의 변화를 가져와 유럽연합 차원의 역내안보 조치와 긴밀한 정부간 협력을 추진한 계기가 되었다. 2004년 마드리드, 2005년 런던, 2015년 파리 그리고 2016년 브뤼셀 등 유럽 주요 도시에서의 일련의 테러로 역내안보와 직간접으로 연계되는 이민, 망명, 국경통제 및 경찰사법협력 등에서 정책의 초국가화 진척되었다. 또한 테러대응과 불법이민 차단은 타 내무사법 정책과 연계된 이슈라는 점에서 관련 분야의 규제기구간 협력이 증대하였다.

셋째, 2014-15년 시리아 내전을 계기로 급증한 난민은 이민망명과 국경통제 정책의 유럽화를 가속화한 또 다른 계기가 되었다. 2014년 한해에만 62만여 명의 난민이 지중해와 터키를 경유하여 역내에 진입하여 망명 신청을 하였고, 이듬해 2015년에는 그 수가 100만 명을 넘으면서 전통적인 국민국가 영역에 위치한 이민과 망명정책에서도 유럽적 대응이 시급히 요청되었다. 이에 따라 이민과 망명문제는 2010년 이후 가장 핵심적이며 논쟁적인 자유안전사법지대의 사안으로 대두되었다.[96]

■ **플룸조약(Plüm Treaty)**

2005년 5월 독일 풀룸(Plüm)에서 유럽 7개국(독일, 프랑스, 오스트리아, 스페인, 네덜란드, 룩셈부르크, 벨기에)은 플룸조약(Plüm Treaty)을 체결하여 이듬해 2006년 1월부터 효력에 들어갔다. 플룸조약은 참여국간 테러,

국경을 넘은 범죄 및 불법이민 대응을 위해 지문과 DNA 정보 및 차량등록정보 교환 등을 내용으로 한 경찰협력이다. 본 조약에 자극받아 유럽연합 내 여타 8개국(이탈리아, 스웨덴, 그리스, 핀란드, 포르투갈, 슬로베니아, 루마니아, 불가리아)도 플룸조약 참여를 공식적으로 천명하였다.[97]

기술적 측면에서 비자정보시스템(VIS)은 쉥겐지역에 입국하는 제 3국인의 지문과 디지털 사진자료만을 담는다. 이에 반해 플룸조약 체결국은 DNA 정보까지 수집하여 테러대응과 중범죄에 보다 효과적으로 대처할 수 있다.[98] 이외에도 플룸조약은 비자정보시스템이 다루지 않는 여러 협력내용을 담았다.

- DNA, 지문, 차량등록정보에 대한 접근
- 주요 행사 관련 정보제공
- 테러리스트 공격을 막기 위한 정보제공
- 국경경찰간 여러 협력조치 강화

플룸조약은 공동체 밖에서 진행된 정부간 협력이지만 참여국은 유럽연합의 조약을 존중하고 유럽연합과 긴밀한 협력관계를 구축하였다. 이에 따라 유럽연합에서는 플룸조약을 제 2의 쉥겐 혹은 또 다른 쉥겐으로 고려하여 향후 유럽연합으로의 정책수용을 계획하였다. 2007년 상반기 이사회 의장국인 독일은 플룸조약의 유럽연합 법체제로 편입을 추진하여, 이듬해 2008년 6월 이사회의 플룸결정(Plüm Decision 2008/615/JHA)을 통해 유럽연합 제도로 수용이 이루어졌다. 플룸결정은 테러대응과 불법이민 차단을 위해 회원국 경찰당국간 정보교환을 의도한 것으로, 각국에 설치된 사무소(National Contact Point)간 네트워크 형태로 운영된다.[99]

플룸조약은 쉥겐협정과 함께 유럽연합의 제도적 틀 밖에서 일부 회원국간에 진행된 정부간 협력이 유럽연합의 제도적 구조로 편입된 사례로 경찰협력과 역내안전 분야에서 괄목할 제도적 진척으로 평가받는다.[100] 그러나 리스본조약을 통해 선택적 거부권(opt-out)과 강화된 협력(enhanced cooperation)의 적용확대 등 제도적 유연성이 강화되면서 자유안전사법지대는 점차 조약 밖에서 정부간 조정의 비중이 줄어들었다. 이러한 점에서 플룸조약은 사실상 유럽연합 밖에서 진행된 자유안전사법지대 분야에서의 마지막 정부간 조약이라 할 수 있다.101)

■ 리스본조약(Treaty of Lisbon)

2000년대 이후 쉥겐지역의 확대와 더불어 테러, 사기, 마약, 매춘 및 불법무기 거래 등에서 국경을 넘은 조직범죄의 규모가 커지고 빈도도 증가하였다. 여기에 대규모 난민의 유입사태까지 겹치며 유럽연합은 내무사법 분야의 유럽화를 고려하지 않을 수 없게 되었다. 결정적으로 2001년 9.11 테러로 유럽차원에서 대테러대응 조치에 대한 여론이 비등하면서 범죄에 관한 경찰사법협력(PJCCM) 부분에서도 점진적으로 유럽적 대응이 모색되었다.102)

여러 상황을 반영하여 자유안전사법지대 이슈는 2004년 유럽헌법설립조약(Treaty Establishing a Constitution for Europe) 체결시 핵심적 의제로 대두되었지만, 유럽헌법 부결로 제도적 조정은 이루어지지 않았다. 유럽헌법 부결 이후 역내안전에 대한 우려가 고조되면서 회원국은 '유럽연합 차원에서 무엇인가를 해야한다.(something about it)'는 공감대가 형성되었다. 리스본조약으로 전면적으로 개편된 자유안전사법지대는 이러한 회원국의 이해와 유럽시민의 일반적 정서를 반영한 것이다.103)

리스본조약 체결로 자유안전사법은 대폭적인 제도적 조정이 이루어졌다. 본 조약을 통해 마스트리히트조약으로 성립되었던 지주구조가 폐기되어 모든 자유안전사법 이슈는 유럽연합운영조약(TFEU)으로 편입되었다.

이에 따라 유럽시민의 기본권으로서 개인정보보호 등 일부 규제적 조치를 동반한 사안을 제외한 모든 이슈가 유럽연합운영조약 5편(TFEU Title V)에 자유안전사법지대(AFSJ)에 명기되었다. 또한 자유안전사법 이슈는 데이터 보호, 인종차별 및 대외관계 등으로 더욱 확장되었다.[104]

한편 유럽연합운영조약 4조 2항(TFEU Art. 4.2)에는 자유안전사법지대의 제 조치는 유럽연합과 회원국간 공유권한(shard competence)으로 명기되었다. 또한 유럽연합조약 3조 2항(TEU Art. 3.2)에 자유안전사법지대는 역내시장과 동일하게 유럽통합의 목적이 되었다는 사실 역시 명기되었다.[105] 이외에 리스본조약 체결로 유럽연합기본권헌장이 설립조약(founding treaties)과 함께 법적 구속력을 갖게 되어 유럽시민의 기본권과 데이터보호 등에서도 제도적 조치가 강화되었다.[106]

정책과정 측면에서 지주구조 폐기로 마스트리히트조약 이후 지속되었던 내무사법 분야에서의 정부간 방식의 의사결정은 종식되었다. 대신 본 분야는 공동체 방식으로 일반입법절차(OLP)와 특별입법절차(SLP) 내 자문절차(consultation procedure)가 적용되어 유럽위원회와 유럽의회의 정책결정 참여가 제도화되었다. 이에 따라 제도적 측면에서 보다 효율적이며 민주적인 입법과 정책실행이 가능해졌다.[107] 한편 자유안전사법지대가 유럽연합운영조약에 위치하므로 본 이슈에서 사법재판소가 관할권을 행사할 수 있게 되었다. 다만 사법재판소는 암스테르담조약 체결시와 유사한 조치로 5년의 이행기를 거치기로 합의되어, 2014년 12월1일부터 사법재판소가 본 이슈에서 관할권을 갖게 되었다.[108]

리스본조약이 자유안전사법지대의 초국가화에 전환점이 되었다는 사실은 회원국간 이해가 가장 첨예하게 대립되는 범죄에 관한 경찰사법협력(PJCCM)에서도 제도적 조정이 이루어졌다는 점에서도 확인 할 수 있다. 다만 범죄에 관한 경찰사법협력(PJCCM)은 회원국에 미치는 영향을 고려하여 세 가지의 단서를 두었다.

첫째, 본 사안은 조약 발효 후 5년의 이행기를 거쳐 공동체 방식을 적용키로 하여 조약 발효 5년 후인 2014년 12월부터 완전한 공동체 방식이 적용되었다.

둘째, 유럽위원회는 모든 자유안전사법지대 이슈에서 의제제안권을 갖지만, 범죄에 관한 경찰사법협력에 한해 회원국의 1/4 이상이 요구시 의제를 제안해야 한다. 따라서 본 이슈에서는 여전히 유럽위원회와 회원국이 의제제안권을 공유한다고 할 수 있다.

셋째, 회원국은 범죄에 관한 경찰사법협력 이슈에 있어 국익을 이유로 유럽이사회에 긴급 중지(emergence brake)를 요청할 수 있다.[109]

이외에 리스본조약 체결로 영국, 아일랜드 및 덴마크는 쉥겐과 사법협력 등 사안에 따라 선택적 거부권(opt-out)과 선택적 수용(opt-in) 권한을 행사한다. 더불어 비유럽연합 회원국인 유럽자유무역연합(EFTA) 4개국은 쉥겐과 더블린협정(Dublin Convention)을 수용하여, 자유안전사법지대는 비유럽연합 국가와도 정치적 조정을 요하는 정책분야가 되었다.[110]

이와 같이 리스본조약 체결로 이민망명, 외부국경관리, 시민과 범죄에 관한 사법협력 및 경찰협력을 포함한 자유안전사법지대의 여러 정책은 2000년대 들어 빠르게 초국가화가 진척되고 있다. 또한 리스본조약을 통해 자유안전사법지대는 완전한 유럽연합의 공동정책으로 제도적 기반이 구축되었다. 이 결과 자유안전사법지대는 단일시장(single market), 경제통화동맹(EMU), 공동외교안보정책(CFSP)과 함께 유럽조약의 기본목적이 되었다.

■ 스톡홀름 프로그램(Stockholm Programme)

리스본조약 체결과 더불어 2009년 6월 유럽위원회는 스톡홀름 프로그

램(Stockholm Programme)으로 더욱 널리 알려진 시민을 위한 자유안전사
법지대에 관한 입법문서(Communication on an area of freedom, security
and justice serving the citizen)를 제출하여 동년 12월 유럽이사회에서 채
택되었다.111)

스톡홀름 프로그램은 1999년 탐페레 유럽이사회의 가이드라인 그리고
2004년 헤이그 프로그램에 이은 자유안전사법지대 운영을 위한 3번째 다
년프로그램으로 2010-14년을 시행기한으로 실행되었다. 본 프로그램은
리스본조약의 발효를 앞두고 유럽연합운영조약 68조(TFEU Art. 68)에 근
거하여 유럽연합 차원에서 시민권, 사법, 역내안보, 이민과 망명 그리고
비자정책 등 6가지 항목의 정책 중점사항에 대한 가이드라인을 재설정 한
것이다.112)

- 시민권과 기본권 촉진
- 유럽에서 법과 정의
- 테러 및 조직범죄 등으로부터 유럽시민 보호
- 유럽연합과 제 3국과의 개방적 교류
- 이민망명 이슈에서 회원국간 책임, 연대와 동반자 관계 구축
- 자유안전사법지대의 대외관계 부분 강화

유럽연합은 스톡홀름 프로그램을 통해 헤이그 프로그램과 유사한 맥락
에서 역내안보 강화 조치에 주력하였다. 이와 더불어 유럽연합은 스톡홀
름 프로그램에서 몇 가지 정책적 주안점을 두었다.

첫째, 본 프로그램을 통해 유럽연합은 유럽연합기본권헌장 구현을 위한
시민보호, 기본권과 개인정보보호에 관한 조치를 확대하여 유럽시민의 기
본권과 시민권 그리고 범죄대응을 위한 회원국간 사법협력 강화

둘째, 공동유럽망명시스템(CEAS) 운영과 회원국간 책임과 연대를 통한
효과적인 불법이민 통제113)

셋째, 역내정책과 대외정책의 연계를 위해 문제를 공유하는 제 3국과 다방면의 협력사항 명기114)

■ 전략적 가이드라인(Strategic Guideline)

2014년 3월 유럽위원회는 개방과 안전한 유럽으로 명명한 입법문서 (Communication An open and secure Europe: making it happen)를 제출하였다.115) 뒤이어 동년 6월 유럽이사회는 2010-14년에 시행한 스톡홀름 프로그램의 종료에 따라 2014-2020년 기간 자유안전사법지대의 발전방향을 다룬 전략적 가이드라인(Strategic Guideline)을 설정하였다.116)

유럽연합은 탐페레 유럽이사회 이후 두 차례에 걸친 다년프로그램을 통해 자유안전사법지대의 정책방향을 설정하고 관련 프로그램을 실행하였다. 그러나 2014년부터는 일정 정도 성숙단계에 진입한 공동정책을 감안하여 다년프로그램을 전략적 가이드라인으로 대치한 것이다. 본 전략적 가이드라인은 유럽연합운영조약 68조(TEU Art. 68)에 담긴 자유안전사법지대 목적을 실현하기 위한 조치를 담았다. 이러한 목적과 내용으로 본 가이드라인은 회원국에 미치는 지대한 파급으로 유럽적 조정이 가장 뒤처진 범죄에 관한 사법협력 분야에서 회원국간 합의의 진척으로 평가된다.117)

한편 본 가이드라인은 근린외교정책(ENP)과 발칸안정화과정(SAP)을 통한 자유안전사법지대의 제 조치 및 전략적으로 가장 중요한 국가인 미국과의 긴밀한 협력 등을 포함하여 내무사법협력과 공동외교안보정책(CFSP)과의 연계를 담았다는 점에서도 의미가 있다.118)

- 시민권과 기본권 촉진
- 유럽사법지대(European Area of Justice) 설립과 회원국간 차별적인 접근 통합
- 조직범죄, 테러 등에 대한 안보전략 개발

- 기업가, 관광객, 학생, 과학자, 노동자와 국제적 보호가 필요한 인력에 대한 보호
- 통합된 국경관리와 비자정책을 통한 유럽연합 시민의 안전보장
- 유럽 차원에서 적절한 이민망명정책 발전

(표) 자유안전사법지대 공동프로그램

구분	프로그램	내용
1차 (1999-2004년)	탐페레 유럽이사회 가이드라인	• 정치적 가이드라인(guideline) 설정 - 불법이민 - 범죄에 대한 경찰사법협력(PJCCM)
2차 (2005-2009년)	헤이그 프로그램	• 10개항의 실행계획(action plan) 마련
3차 (2010-2014년)	스톡홀름 프로그램	• 시민권, 사법, 역내안보, 이민망명, 비자정책 등에 대한 정책가이드라인 설정
4차 (2014-2020년)	전략적 가이드라인 (Strategic Guideline)	• 유럽사법지대(European Area of Justice) 설립 • 역내안보 • 유럽연합 차원의 이민망명정책 - 고급인력의 유입 촉진

출처) 필자구성

1967
나폴리협정(Naples Convention)
- 관세당국간 무역거래 감독과 정보교환을 위한 정부간 협력
- 1997년 나폴리 협정 II(Naples Convention II): 회원국 관세당국간 상호지원과 협력

1975
트레비그룹(TREVI Group)
- 1971년 퐁피두그룹(Pompidou Group)의 후속 / 내무사법분야의 최초의 정부간 협력

1985
아도니노보고서(Adonnino Report)
- 시민의 유럽 개념 제시 / 역내자유이동과 경찰&관세협력

쉥겐협정(Schengen Agreement)
- 유럽 5개국간 국경개방 / 쉥겐의 유산(Schengen acquis)

1990	쉥겐이행협정(Schengen Implementing Convention)
	• 쉥겐협정 이행을 위한 시스템 구축
	• 쉥겐정보시스템(SIS) 구축 / 1995년 쉥겐지역(Schengen land) 출범

더블린협정(Dublin Convention)
• 유럽연합 12개 회원국간 망명절차 조정 / 2003년 더블린규정(Dublin Regulation)
  으로 대치

1992 마스트리히트조약(The Maastricht Treaty)
• 유럽연합조약(TEU) 제 3지주(Pillar III)에 내무사법협력 명기
• 9개의 공동의 이해(common interest)에서 정부간 협력

1997 암스테르담조약(Treaty of Amsterdam)
• 유럽연합조약 2조(TEU Art. 2)에 자유안전사법지대(AFSJ) 명기
• 쉥겐조약 공동체의 유산(Community Acquis)으로 편입
• 범죄에 관한 경찰사법협력(PJCCM)은 5년의 이행기 이후 공동체 방식 적용

1999 탐페레 유럽이사회 가이드라인(Tampere Guideline)
• 자유안전사법지대(AFSJ) 출범 결정 / 60개항의 정책 가이드라인(guideline)을 설정

2004 헤이그 프로그램(The Hague Programme)
• 자유안전사법지대 제도적 구축을 위한 2005-09년 다년프로그램(multi-annual
  programme) 실행

2005 플룸조약(Plüm Treaty): 2008년 유럽연합 법체계로 수용
• 유럽 7개국간 경찰협력, 테러대응 국경을 넘은 범죄 및 불법이민 대응 협력

2007 리스본조약(Treaty of Lisbon)
• 일반입법절차와 특별입법절차 내 자문절차(consultation procedure) 적용
• 5년의 한시적 이행기를 거쳐 범죄에 관한 경찰사법협력(PJCCM)에서 공동체 방식 적용
• 5년의 한시적 이행기를 거쳐 사법재판소의 관할권 행사
• 자유안전사법지대의 제 조치는 유럽연합과 회원국간 공유권한(shard competence)
  으로 명기

2009 스톡홀름 프로그램(Stockholm Programme)
• 2010-14년 기간 6가지 정책 중점사항에 대한 가이드라인 재설정

2014 전략적 가이드라인(Strategic Guideline)
• 2014-2020년 기간 전략적 가이드라인(Strategic Guideline) 설정

출처) 필자구성

(그림) 자유안전사법지대의 발전

③ 운영예산

■ 공적기금

1990년대 소련의 붕괴와 발칸분쟁으로 이민과 망명정책이 유럽적 의제로 대두되면서 유럽연합 차원에서 내무사법분야의 초국가화와 함께 정책실행을 위한 비용문제가 대두되었다. 이에 따라 유럽연합은 2000년 이후 매 다년예산계획(MFF) 수립시 관련 공적기금을 통해 운영되는 결속 및 농업정책 운영구조를 참조하여 자유안전사법지대 분야에서도 공적기금 조성을 통해 예산을 배정하였다. 이러한 정책기조로 2000년 유럽난민기금(ERF) 출범 이후 다양한 용도의 공적기금이 출범하였다.[119]

자유안전사법지대의 예산은 관련 규제기구 운영비용을 제외하면 대부분 유럽연합 차원의 공적기금 형태로 조성되어 운영된다. 이러한 공적기금은 회원국간 연대에 근거하여 매년 회원국이 납부하는 기여금(contribution)을 통해 충당된다. 공적기금은 정책실행에 높은 비용이 동반되는 난민지원과 본국송환, 불법이민통제, 외부국경관리와 쉥겐지역 운영을 위한 IT 시스템 구축과 운영에 소요된다.

리스본조약 체결로 유럽연합운영조약 80조(TFEU Art. 80)에 유럽연합의 이민정책은 재정부분을 포함하여 정책실행에 있어 회원국간 연대와 공정한 책임(solidarity and fair sharing of responsibility)에 기반한다는 내용이 명기되었다. 이러한 실행방향에 따라 유럽연합 차원에서 실행하는 이민, 난민, 망명정책의 운영을 위해 소요되는 공적기금은 공평한 분담원칙을 통해 회원국이 납부하는 기여금으로 구성된다.[120]

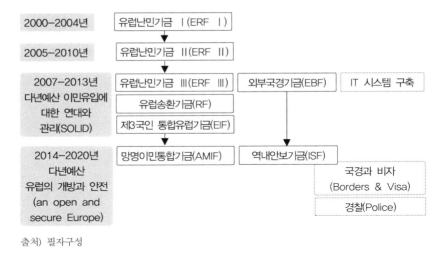

출처) 필자구성

(그림) 난민과 국경통제 공적기금의 발전

■ 2007-13년 다년예산계획(MFF): 이민유입에 대한 연대와 관리(SOLID)

▶ 조성배경

유럽연합은 2007-13년 다년예산계획(MFF)에서 자유안전사법지대 분야에 약 40억 유로의 예산을 배정하여 이민유입에 대한 연대와 관리(SOLID) 프로그램을 출범하였다. 유럽연합은 이와 함께 불법이민 통제와 국경강화를 위한 IT 시스템 구축에 11억 유로를 별도로 배정하였다.[121] 이민유입에 대한 연대와 관리(SOLID)는 외부국경관리와 유럽연합 차원의 이민망명정책으로 기존에 운영되었던 유럽난민기금(ERF) 이외에 유럽송환기금(RF), 제3국인 통합유럽기금(EIF) 및 외부국경기금(EBF) 등 총 4개의 공적기금을 통해 정책이 실행되었다. 이중 유럽난민기금을 제외한 3개의 공적기금 운영은 일정정도 제도화되어 유럽위원회는 유럽의회, 이사회는 물론이고 2개의 자문기구(advisory bodies)에 지출내역과 운영기준을

담은 보고서 제출이 의무화되었다.122)

▶ 유럽난민기금(ERF)

1999년 10월 탐페레 유럽이사회에서 공동유럽망명시스템(CEAS) 출범이 결정되면서 동년 12월 유럽위원회는 회원국 내 이민과 망명지원자에 대한 보호와 절차 진행을 지원할 난민기금(Refugee Fund) 설립을 제안하였다. 이에 따라 이듬해 2000년 이사회 결정(Council Decision 2000/596/EC)을 통해 유럽난민기금(ERF)이 설립되어 2억 1,600만 유로의 예산이 배정되었고, 4년 기한(2000-2004년)으로 시행되었다.123)

이후 후속으로 2004년 이사회 결정(Council Decision 2004/904/EC)을 통해 6년 기한(2005-2010년)의 유럽난민기금II(ERFII)이 실행되었다. 유럽난민기금II은 2005년 4,500만 유로, 2006년 5,000만 유로, 2007년 6,000만 유로 그리고 2008-10년 기간에 매년 1억 5,000만 유로의 예산이 배정되어 6년간 총 6억 500만 유로가 소요되었다.124) 유럽난민기금II을 통한 재원은 회원국 이민망명 부처와 인력의 교육훈련, 각국의 해당 기관 간 이민망명절차 및 시스템에 대한 정보교환, 회원국간 공동프로젝트 그리고 불법이민자에 대한 본국귀환 프로그램에 집중적으로 소요되었다.125)

최종적으로 2007년 5월 유럽의회와 이사회의 결정(Decision 573/2007/EC)으로 조성된 유럽난민기금III(ERFIII)은 2008-2013년 기간 총 6억 2,800만 유로 규모의 예산으로 운영되었다.126) 이후 2014년 다년예산계획을 통해 유럽난민기금은 망명이민통합기금(AMIF)으로 대치되었다. 유럽난민기금은 역내로 유입되는 난민(본국에서 추방된 시민포함)의 관리를 위해 자유안전사법지대에서 선택적 수용권(opt-in)을 갖는 덴마크를 제외한 27개 회원국에게 모두 지원되는 재원이다. 그러나 유럽위원회는 본 기금을 일시에 다수의 난민유입을 겪는 회원국에게 집중적으로 지원하여 난민보호와 망명절차 운영 및 비상조치에 활용되었다.127) 유럽난민기금은 5가지 세부 항목에 집중적으로 재원이 투여되었다.

- · 난민수용 편의시설 및 서비스 개선
- · 망명절차에 준한 난민의 지원 프로세스
- · 망명 및 난민 희망자에 대한 법적, 사회적 지원
- · 난민의 고용지원을 위한 기술습득과 언어교육
- · 유럽연합 내에서 난민의 이동과 재정착

유럽연합의 모든 공적기금과 동일하게 유럽난민기금 역시 추가성(additionality) 원칙이 적용된다. 따라서 유럽연합이 유럽난민기금을 통해 50%의 재원을 지원하면, 해당 회원국은 나머지 50%의 재원을 분담한다. 다만 결속기금 (cohesion fund) 수혜 회원국의 경우 난민프로그램 운용에 한해 유럽연합이 총 소요비용의 75%를 유럽난민기금으로 재원을 지원한다. 회원국 내 난민관련 부처는 지원받은 기금을 운영하며 이후 정부내 감사기관으로부터 지출내역에 대한 회계감사를 받는다.[128] 한편 유럽위원회는 유럽난민기금의 4%를 난민정책을 위해 전용할 수 있다. 이 경우 유럽위원회는 매년 연간실행프로그램(Annual Work Programme) 형태로 계획을 세워 진행해야한다.[129]

▶ 유럽송환기금(RF)

2008-2013년 기간 6억 7,600만 유로의 예산으로 덴마크를 제외한 27개 회원국에서 운영된 유럽송환기금(RF)은 유럽연합 회원국과 이민송출국가 간 협력을 통해 불법이민자의 본국송환을 지원하는 재원이다. 회원국은 본 기금을 활용하여 난민의 본국송환을 실행하고, 유럽연합은 유럽연합기본권헌장(Charter of Fundamental Rights of the European Union)에 준해 회원국의 진행사항을 감독한다. 또한 회원국 차원에서는 유럽송환기금을

활용하여 장애인과 노인 등 자발적 귀환이 어려운 불법이민자에 대한 의료서비스 제공과 본국송환을 지원한다. 이외에 유럽연합은 회원국과 함께 본 기금을 활용하여 자발적 귀환을 거부하는 불법이민자의 강제귀환 조치를 취한다.[130]

▶ 제 3국인 통합유럽기금(EIF)

제 3국인 통합유럽기금(EIF)은 2007-13년 기간 8억 2,500만 유로의 예산으로 덴마크를 제외한 27개국에서 운영되었다. 제 3국인 통합유럽기금(EIF)은 대부분의 회원국에서 집행되었지만 기금의 약 7%인 5,700만 유로는 유럽위원회가 진행하는 프로그램에 소요되었다. 제 3국인 통합유럽기금은 역외 이민자의 유럽사회 정착을 위해 회원국의 사회통합 프로그램 운영과 회원국간 포럼, 정보교환 및 모니터링을 포함한 협력프로그램에 집행되었다. 또한 회원국은 제 3국 이민자를 대상으로 고용프로그램 운영시 제 3국인 통합유럽기금과 함께 유럽사회기금(ESF)으로부터 재정지원을 받았다.[131]

▶ 외부국경기금(EBF)

2007-13년 기간 18억 2,000만 유로의 예산으로 운영된 외부국경기금(EBF)은 쉥겐국가간 공동의 국경관리 시스템 구축 및 운용을 위한 재원이다. 본 기금은 2007-13년 기간 진행된 이민유입에 대한 연대와 관리(SOLID)의 일환으로 조성되어 운영되다가, 2014년 역내안보기금(ISF)으로 통합되었다. 쉥겐가입국이 외부국경 통제를 위해서는 회원국간 공동기준에 따른 운영과 시스템 통합에 많은 비용을 요하므로 유럽연합 차원에서 본 기금을 통해 지원을 행한다.[132]

외부국경기금의 배분과 관리는 유럽위원회와 유럽국경관리기구(Frontex)

가 핵심적 역할을 담당하였다. 유럽위원회는 유럽국경관리기구가 각 회원국의 국경선 길이와 유입되는 난민의 수를 집계한 위험분석 자료에 근거하여 각 회원국에 외부국경기금을 차등하여 배분한다. 외부국경기금은 공동비자정책(Common Visa Policy) 운영과 국경관리를 위한 재원이다. 따라서 회원국은 유럽위원회로부터 받은 기금의 최대 40%는 국경관리기구와 비자관리기구의 운영에 사용해야 한다. 이에 따라 본 기금을 수혜받은 회원국은 쉥겐정보시스템(SIS)과 비자정보시스템(VIS) 구축과 운용, 국경통제를 위한 장비구입 그리고 국경경찰 교육훈련 및 관련 파일럿 프로그램과 연구에 재원을 집행하였다.[133]

한편 외부국경기금의 6%는 유럽위원회가 유럽연합 차원의 프로그램 운영에 전용할 수 있다. 이에 따라 유럽위원회는 본 기금을 통해 2007-13년 기간 테러안보위험관리프로그램(CIPS)과 범죄예방대응(ISEC) 등 역내 안보를 위한 세부 프로그램을 진행하였다. 이외에 매년 외부국경관리기금 중 최대 1,000 만유로는 외부국경 강화를 위한 유럽연합의 특별실행(Specific Actions) 프로그램에 지출되었다.[134]

■ 2014-20년 다년예산계획(MFF):
   유럽의 개방과 안전(An Open and Secure Europe)

▶ 예산증액 배경

2015년을 기점으로 시리아와 리비아 등 중동지역의 정정불안에 따라 2008-2014년 기간 연평균 150만 명 수준을 유지하였던 난민이 2015년 한해에만 약 240만 명으로 크게 증가하였다. 특별히 불법이민자 유입이 집중된 일부 회원국에서는 국경통제와 망명심사 진행에 재정적 어려움을 겪게 되었다. 이러한 현실을 반영하여 2014-20년 다년예산계획(MFF)에서는 유럽의 개방과 안전(an open and secure Europe)을 모토로 자유안전사법지대의 예산이 대폭 증액되었다.135)

자유안전사법지대의 예산 중 가장 큰 비중을 차지하는 것은 기존에 여러 이민과 난민지원 관련 기금을 통합한 망명이민통합기금(AMIF)과 역내안보기금(ISF)이다. 2014-20년 다년예산계획에서 양 기금은 전체 자유안전사법지대 예산 대비 약 80%를 점하였다. 이후 타 분야 예산증액으로 양 기금은 약 49% 정도로 비중이 줄었지만 여전히 자유안전사법지대 운영에 있어 가장 많은 지출이 이루어지는 항목이다.

이외에 쉥겐정보시스템(SIS)와 비자정보시스템(VIS) 그리고 유럽지문데이터베이스(Eurodac) 등 내무사법정책 운영을 위한 시스템에 별도 예산이 배정되었다. 쉥겐정보시스템은 기본적으로 쉥겐국가간 외부국경관리를 위한 정보공유시스템이지만, 국경경찰의 업무지원은 물론이고 실종자 수색과 범죄자 추격 등에 이르기까지 광범위하게 활용된다. 비자정보시스템 역시 쉥겐국가간 비자정보 공유를 위한 IT 시스템이다.136)

2003년부터 실행에 들어간 유럽지문데이터베이스(Eurodac)는 망명신청자에 대한 지문정보 등록시스템으로 회원국에서 더블린협정(Dublin Convention) 이행을 위한 수단이다. 본 시스템을 통해 회원국은 망명신청자에 대한 지문정보를 기반으로 망명자 신원을 확인하여 신속하게 절차를 진행할 수 있게 되었다. 그러나 유럽지문데이터베이스 실행의 숨은 의도는 2개국 이상에서 망명을 신청하는 비자쇼핑(visa shopping) 차단으로 공동망명정책 운영을 위한 핵심적 IT 시스템이다.137)

자유안전사법정책은 유럽국경관리기구(Frontex)와 유럽경찰국(Europol) 및 유럽망명지원사무국(EASO) 등 3개의 규제기구(regulatory agencies)가 핵심적 역할을 담당한다. 따라서 본 규제기구의 업무에는 망명이민통합기금(AMIF)과 역내안보기금(ISF)이 활용되기도 하지만, 기본적으로 유럽연합 차원에서 기구운영을 위해 별도의 예산을 배정한다.138)

▶ 유연성 조치(flexibility instrument)

2014-20년 자유안전사법지대 분야의 다년예산집행에서 가장 두드러진 특징은 항목 3의 안전과 시민권(Heading 3: Security and Citizenship)에 이른바 유연성 조치(flexibility instrument)의 적용이다. 유연성 조치는 예측키 어려운 상황에 대비하여 회원국 GNI 대비 0.03%까지 예산증액이 가능토록 규정한 것이다. 본 항목에 근거하여 유럽연합은 이민과 망명자 유입 및 테러대응을 위시한 역내안전 부분에서 돌발상황 발생시 신축적으로 예산을 증액하여 자체재원으로 활용하거나 회원국을 지원한다.[139]

예산증액은 2가지 방식으로 진행된다.

첫째 기존 이민망명 관련 기금운영 시스템 및 규제기구의 예산증액이다. 이에 따라 2014-20년 다년예산계획에서 자유안전사법지대에는 84억 3,100만 유로가 배정되었으나, 이후 긴급지원 금액을 포함하여 142억 100만 유로로 약 60%에 가까운 예산이 증액되었다.

둘째, 필요하다면 예비비 형식으로 비용이 지출된다. 2014-20년 다년예산계획에서는 특정 회원국에 단기간내 대규모의 이민자가 집중되어 해당 국가에서 국내조치가 어려울 경우 유럽연합이 최대 7억 유로까지 지원하는 긴급지원이 제도화되었다. 2016년 긴급지원 내용을 담은 이사회 규정 (Council Regulation (EU) 2016/369)이 제정되어, 2016-19년 기간 긴급지원비로 6억 4,700만 유로가 배정되었다. 이에 따라 2018년 1월 난민이 집중된 그리스에 4억 4,400만 유로의 긴급 지원비가 배분되었다.[140]

2017년 이후 중동지역에서 정치적 소요가 일부 진정되고 유럽연합 차원에서 이민망명정책이 본격화되면서 역외국경통제가 강화되었다. 이 결과 유럽연합 역내로 진입하는 불법이민자 수는 2015년 약 240만 명에서 2017년 200만 명 수준으로 완화되었다.[141] 그러나 유럽연합에서는 일자리를 찾고 학업과 여행 등으로 역내에 진입하여 불법으로 체류하거나 가족재결합 등으로 제 3국 이민자의 수가 획기적으로 줄지는 않고 있다. 이에 따라 자유안전사법지대의 예산은 추후에도 계속 증액될 것으로 전망된다.

(표) 2014-20 다년예산계획의 자유안전사법지대 운영재정　　　　　　　(단위: 백만 유로)

구분		2014-20년 다년예산계획	2014-20년 다년예산계획(수정예산)
자유안전사법 분야 공적기금	망명이민통합기금(AMIF)	3,137	6,654
	역내안보기금(ISF)	3,764	3,882
유럽연합의 긴급 지원		-	647
자유안전사법 시스템	쉥겐정보시스템(SIS)	69	91
	비자정보시스템(VIS)	69	81
	유럽지문데이터베이스(Eurodac)	1	1
규제기구 (regulatory agencies)	유럽국경관리기구(Frontex)	628	1,638
	유럽망명지원사무국(EASO)	109	456
	유럽경찰국(Europol)	654	753
총계		8,431	14,201

출처) European Parliament (2018a), EU Funds for Migration, Asylum and Integration Policies, Study Requested by the BUDG Committee, p. 15.

▶ 회원국 지원

2014-20년 다년예산계획을 통해 기존 기금을 통합하여 출범한 망명이민통합기금(AMIF)과 역내안보기금(ISF)은 유럽연합 차원의 프로그램과 조치에 일부 할애되고, 대부분의 금액은 회원국에 지원된다. 망명이민통합기금과 역내안보기금은 프랑스, 독일, 그리스, 이탈리아, 스페인 그리고 영국 등 난민이 집중된 특정 회원국에 집중적으로 배정되었다. 또한 역내안보기금의 경우 쉥겐지역 내 유럽자유무역연합(EFTA) 회원국에게도 일부 지원되었다.[142)]

한편 2014년에 제정된 기금운영 원칙을 담은 2개의 규정(Regulation (EU) No 514/2014, Regulation (EU) No 516/2014)을 근거로 유럽위원회

는 일시에 대규모 난민유입에 따른 보호조치와 망명절차 진행에 어려움을 겪는 회원국에게 두 개의 기금에서 별도의 긴급비용 지출을 결정할 수 있다.[143] 본 규정을 통해 2014년 이후 망명이민통합기금과 역내안보기금을 통한 긴급 지원은 불가리아, 그리스 및 이탈리아 등 시리아 난민유입이 집중된 회원국에 집중되었다.

(표) 망명이민통합기금(AMIF)과 역내안보기금(ISF)의 회원국별 할당비율 (%)

국가		망명이민통합기금 할당비율 (AMIF)	망명이민통합기금 할당비율(AMIF): 긴급지원	역내안보기금(ISF) 할당비율	역내안보기금(ISF) 할당비율: 긴급지원	비유럽연합 이민자비율 (2015년)	최초 망명 신청자비율 (2015-17년)	비유럽연합 거주인구 비율 (2015년 12월)
유럽연합	오스트리아	2.7	4.7	0.8	-	3.6	4.6	3.0
	벨기에	3.8	1.1	1.1	0.6	2.7	2.1	2.2
	불가리아	0.2	8.8	3.2	43.4	0.5	1.3	0.3
	크로아티아	0.5	2.8	2.8	1.3	0.1	0.1	0.1
	사이프러스	1.0	0.2	1.8	-	0.2	0.3	0.1
	체코	0.9	-	0.8	-	0.4	0.1	1.4
	덴마크	-	-	0.5	-	1.3	0.9	1.3
	에스토니아	0.2	-	1.5	-	0.2	0.0	0.9
	핀란드	0.8	1.8	2.9	-	0.5	1.3	0.6
	프랑스	11.6	2.0	7.2	0.9	6.1	7.4	13.8
	독일	9.1	10.3	4.2	-	40.0	42.1	23.3
	그리스	11.3	31.7	14.6	18.6	0.7	3.7	2.8
	헝가리	0.8	1.2	3.2	0.5	0.6	6.4	0.3
	아일랜드	0.7	-	-	-	1.3	0.3	1.0
	이탈리아	13.6	20.3	13.7	33.1	7.7	10.2	16.9
	라트비아	0.4	-	1.0	-	0.2	0.0	1.4
	리투아니아	0.2	-	1.8	-	0.1	0.0	0.1
	룩셈부르크	0.1	-	0.0	-	0.3	0.2	0.2
	말타	0.3	-	3.4	-	0.2	0.2	0.1
	네덜란드	4.0	1.3	2.3	-	2.5	2.4	1.8
	폴란드	2.6	-	4.0	-	4.3	0.7	0.6
	포르투갈	1.2	-	1.3	-	0.4	0.1	1.4
	루마니아	0.8	-	5.1	-	0.4	0.2	0.3
	슬로바키아	0.3	-	0.5	-	0.0	0.0	0.1
	슬로베니아	0.4	1.2	2.3	1.6	0.4	0.1	0.4
	스페인	11.2	-	17.2	-	7.6	1.9	11.9

유럽연합							
유럽연합	스웨덴	5.1	12.5	0.6	-	3.2	6.2	2.2
	영국	16.3	-	-	-	11.5	3.5	11.7
EFT A	아이슬란드	-		0.0		0.0	0.1	
	리히텐슈타인	-		0.0		0.0	0.0	
	노르웨이	-		0.0		1.1	1.1	
	스위스	-		1.3		1.5	2.5	
총계		100	100	100	100	100	100	100

출처) European Parliament (2018a), EU Funds for Migration, Asylum and Integration Policies, Study Requested by the BUDG Committee, pp. 18-19를 수정.

▸ 망명이민통합기금(AMIF)

2014-20년 다년예산계획을 통해 자유안전사법지대 분야에 산재한 공적기금은 망명이민통합기금(AMIF)과 역내안보기금(ISF)으로 이원화되어 총 69억 100만 유로의 예산이 확정되었다. 이중 2007-2013년 다년예산계획에서 진행된 유럽난민기금(ERF), 유럽송환기금(RF) 및 제3국인 유럽통합기금(EIF)을 대치한 망명이민통합기금에 약 31억 3,700백만 유로가 배정되었다. 그리고 외부국경기금(EBF)을 대치한 역내안보기금에 37억 6,400백만 유로의 예산이 배정되었다.[144]

망명이민통합기금 예산의 약 88%는 회원국 차원에서 진행되는 다년프로그램에 소요되며, 나머지 12%는 유럽연합이 해당연도에 중점을 둔 실행프로그램(work programme)과 회원국에 대한 긴급지원에 소요되었다.[145] 망명이민통합기금은 이민유입에 대한 효과적 통제와 회원국간 이민망명절차 조화를 위해 기존 관련 공적기금을 단일화한 것이다. 이러한 통합목적에 따라 본 기금은 망명신청 접수시스템 개선, 합법적 이민절차에 대한 제3국 홍보와 정보제공 그리고 제3국 시민에 대한 언어 및 직업훈련 등에 집중적으로 활용되었다. 이외에도 유럽연합 기구와 회원국간 협력과 정보교환을 위한 유럽이민네트워크(EMN)에도 망명이민통합기금이 소요되고 있다. 구체적으로 망명이민통합기금은 4가지 사업 부분에 집중적으로 할당되었다.[146]

・망명(asylum): 유럽연합 차원의 효과적이며 단일화된 입법을 통한 공동유럽망명시스템 (CEAS) 강화

・합법적 이민과 통합(legal migration and integration): 노동시장 수요에 맞춘 회원국의 합법적 이민지원과 제 3국인의 효과적인 통합촉진

・본국송환(return): 불법이민에 대응하여 공정하고 효율적인 본국송환 전략과 프로세스

・연대(solidarity): 이민망명자 유입이 집중된 회원국과 여타 회원국간 연대

▶ 역내안보기금(ISF)

2014-20년 다년예산계획을 통해 기존에 외부국경기금(EBF)은 역내안보기금(ISF)으로 대치되어 역내안보전략 실행 및 외부국경 강화를 위한 법적, 행정협력 강화 등에 소요되었다. 대부분의 불법이민은 국제적으로 활동하는 범죄조직에 의해 이루어진다. 역내안보기금은 이러한 현실에 착안해 설립된 공적 기금으로 국경관리와 비자(ISF Borders and Visa) 그리고 범죄와 위기관리 대응을 포함한 경찰협력(ISF Police)에 집중적으로 배정되었다.[147]

역내안보기금은 역내안보기금-국경과 비자(ISF-Borders and Visa) 그리고 역내안보기금-경찰(ISF-Policy) 등 두 가지 프로그램으로 구성되어 실행되었다. 본 기금은 2014-20년 다년예산계획에서 총 37억 6,400만 유로가 배정되어 국경과 비자정책에 27억 6,000만 유로 그리고 경찰협력에 10억 400만 유로가 각각 배정되었다. 본 기금은 해당 회원국에서 정책실행에 따른 비용지원 형태로 집행되었다.[148]

역내안보기금을 활용한 국경과 비자프로그램은 영국과 아일랜드를 제외한 유럽연합 26개국 그리고 비 유럽연합 쉥겐국가 4개국(아이슬란드, 스위스, 리히텐슈타인, 노르웨이) 등 총 30개국에서 실행되었다.[149] 역내안보기금-국경과 비자프로그램은 유럽시민의 역내이동에 높은 수준의 안전조치 실행과 비유럽연합 시민의 합법적인 역내이동을 보장하기 위한 신속한 비자발급 시스템 구축 등이 포함된다. 이외에도 국경과 비자 프로

그램은 회원국간 역외국경 관리에 대한 통합된 행정 및 정보교환 그리고 불법이민 차단을 위한 유럽국경해안경비기구(EBCGA)와 회원국간 협력 등 다양한 세부 조치를 포함한다.150)

한편 역내안보기금-경찰프로그램은 범죄대응(fight against crime)과 위기관리(managing risk and crisis)로 구분되어 덴마크를 제외한 27개 회원국에서 실행되었다.151) 이중 범죄대응은 국경을 넘은 범죄와 테러 등 조직범죄에 대한 회원국간 협력과 법적조치 강화를 위한 프로그램이다. 여기에는 유럽경찰국(Europol)과 여타 유럽연합기구 및 국제기구와의 대외협력을 포함한다. 한편 위기관리는 회원국과 유럽연합 차원에서 테러에 대응한 협력과 여러 안보위협에 대한 대응조치로, IT 시스템 구축과 운영, 인력교육 및 행정협력 등의 세부조치를 포함한다.152)

(표) 국경통제와 이민망명정책 공적기금

기금	내용	예산 (백만 유로)	실행 기간 (년)
2000년-2006년			
유럽난민기금 I (ERF I)	• 회원국 내 이민과 망명지원자에 대한 보호조치 및 망명절차 진행	216	2000 - 2004
유럽난민기금 II (ERF II)	• 회원국 이민망명 인력의 교육훈련 및 회원국간 운영시스템 정보교환과 공동프로젝트 • 불법이민자의 본국송환 촉진	605	2005 - 2010
2007-2013년 다년예산계획: 이민유입에 대한 연대와 관리(SOLID) / 총액: 3,940			
유럽난민기금 III (ERF III)	• 회원국의 망명절차 운영지원 • 회원국 차원에서 난민정착 및 지원프로그램 / 덴마크 제외	628	2008 - 2013
유럽송환기금(RF)	• 회원국의 불법이민자의 본국귀환지원 프로그램	676	
제3국인 통합유럽기금(EIF)	• 제3국 이민자의 역내 사회통합 지원 / 덴마크 제외	825	2007 - 2013

외부국경기금(EBF)	・쉥겐국가의 국경관리 시스템 구축 및 운용		1,820		
IT 시스템 구축			1,100		
2014-2020년 다년예산계획: 유럽의 개방과 안전(an open and secure Europe) / 총액: 6,901					
망명이민통합기금(AMIF)	・이민통제 및 회원국간 이민망명절차 조화와 연대		3,137		
역내안보기금(ISF)	국경과 비자 (Borders & Visa)	・국경관리와 비자정책 공동실행 비용	1,550	2,760	2014-2020
		・직접관리 비용	1,006		
		・리투아니아에 대한 특별이행계획 (Special Transit Scheme)	154		
	경찰 (Police)	・공동관리 비용	662	1,004	
		・직접관리 비용	342		
	3,764				

출처) European Commission (2011a), Commission Staff Working Paper SEC(2011) 940 final; European Commission (2018a), Fiancing, Asylum, Migration, Integration: European Commission (2018l), Fiancing, Security, Borders, Police. Internal Security Fund - Borders and Visa and European Commission (2018), Fiancing, Security, Borders, Police. Internal Security Fund - Police 취합.

■ 기타 공적기금

자유안전사법지대 여러 정책 중 이민망명은 분배와 재분배 성격을 모두 갖춘 정책으로 정책실행에 높은 비용을 요한다. 이에 따라 유럽연합은 망명이민통합기금(AMIF)과 역내안보기금(ISF)과는 별도로 기존 공적기금에서 일부를 할애하여 이민망명정책에 활용하고 있다. 2000년대 이후 이민과 망명신청자가 급증하면서 유럽사회기금(ESF), 유럽빈곤지원기금(FEAD), 유럽지역개발기금(ERDF), 유럽농촌발전농업기금(EAFRD) 및 유럽해양어업기금(EMFF) 등 사회적 결속, 지역, 농어업정책 실행에 소요되는 공적기금 중에서 일부가 이민망명 관련 정책과 프로그램에 투입되는 것으로 추정된다.[153]

단적으로 유럽사회기금의 최소 20%는 사회적 결속 부분에 소요되는데 여기에는 사회적 약자인 이민과 망명지원자에 대한 지원이 포함된다. 유럽사회기금의 나머지 80% 소요예산은 노동시장 개선과 고용확대에 소요되므로, 합법적으로 노동시장에 진입한 이민과 망명지원자 역시 본 기금의 수혜를 받는다. 이러한 여러 공적기금을 통한 이민과 망명자 지원 비용을 집산하기 어렵지만 적지 않은 예산이 이민망명정책에 간접적으로 투입될 것으로 추정된다.154)

이외에 유럽대외발전기금(EDF) 역시 간접적으로 이민정책과 관련되어 있다. 유럽대외발전기금은 ACP 국가를 위시한 제 3세계의 빈곤퇴치와 지속발전을 지원을 위한 재원으로 사하라 사막 이남 아프리카에 집중적으로 재원이 투입된다. 유럽대외발전기금은 2014-20년 다년예산계획 기간에 제 3세계 국가에서 불법이민 차단에 300억 5,000만 유로의 예산이 소요된 것으로 추정된다.155)

(표) 유럽연합 공적기금의 이민망명정책 분야 재정 지원

기금	2014-20 다년예산 (1억 유로)	기능 / 대상 지역	이민망명 지원 활용
유럽사회기금 (ESF)	860	· 사회적 결속, 노동시장 개선, 고용확대	· 법적으로 노동시장 참여 가능 이민자 지원
유럽빈곤지원기금 (FEAD)	30.8	· 빈곤완화	· 회원국 차원에서 적법한 조건을 갖춘 망명신청자 지원
유럽지역개발기금 (ERDF)	1,830	· 경제, 사회 및 영토적 결속	· 이민자 커뮤니티 지원(빈곤완화, 교육과 직업훈련, 사회적 결속, 고용촉진, 비차별 등)
유럽농촌발전농업 기금 (EAFRD)	950	· 농촌지역발전	· 농촌지역 거주 이민자 지원 (빈곤완화, 지역경제발전, 사회적 결속 등)
유럽해양어업기금 (EMFF)	64	· 공동어업정책(CFP), 해양정책 환경 측면의 경쟁력과 지속발전	· 어업 및 관련 산업계 망명신청자에 대한 전문적 교육훈련

기금	2014-20 다년예산 (1억 유로)	기능 / 대상 지역	이민망명 지원 활용
대외발전기금 (EDF)	30.5	• 주로 ACP 국가의 빈곤퇴치와 지속성장 지원	• 일부 금액은 불법이민 억제에 소요
아프리카신탁기금 (Africa Trust Fund)	10.8	• 아프리카 지역국가	• 불법이민 차단과 국경통제
대외지원	5.0	• 시리아 내전 대응	• 시리아 내전에 따른 피해지원
	30.0	• 터키	• 난민감독 인력운용

출처) European Parliament (2018a), EU Funds for Migration, Asylum and Integration Policies, Study Requested by the BUDG Committee, pp. 12-16 내용취합.

한편 다년예산계획의 통제를 받지 않는 대외조치를 위한 여러 신탁기금(Trust Funds)의 경우 이민자가 집중된 특정 역외국가에 지원되고 있다. 2014-20년 다년예산계획 기간에 아프리카 지역 국가에게 총 20억 2,000만 유로의 아프리카신탁기금(Africa Trust Fund)이 지원되어 이중 10억 8,000만 유로가 불법이민 억제와 국경통제 비용으로 집행되었다. 또한 시리아 내전에 따른 지원비용으로 5억 유로 그리고 시리아 난민이 집중된 터키의 난민감독 인력운용에 민간지원금을 포함하여 총 30억 유로가 신탁기금을 통해 지원되었다.[156)]

2장

정책과정과
실행기구

① 정책과정

■ 리스본조약 이전 정책과정

▶ 혼합적 정책과정

1993년 마스트리히트조약 체결로 유럽연합조약(TEU)이 적용되는 제 3 지주(Pillar Ⅲ)에 위치한 내무사법협력에서는 공동체 방식의 정책과정이 적용되지 않아 2차 입법을 통한 정책실행이 원천적으로 차단되었다. 마스트리히트조약 체결로 도입된 이사회의 공동입장(joint position), 내무사법협력 결정(decision JHA / PJCCM) 그리고 암스테르담조약 이후 적용된 프레임워크 결정(framework decision)은 내무사법협력 분야에 한정된 의사결정방식이다. 본 정책과정에서는 유럽위원회가 회원국과 함께 의제제안권을 공유하지만, 최종결정은 유럽의회가 배제된 가운데 이사회에서 만장일치 표결로 진행되었다.[157] 정책실행 역시 각 회원국이 국내 상황을 고려한 자율적 실행이라는 유연한 형태로 운영되었다.

이후 암스테르담조약 체결로 내무사법분야의 의사결정은 정부간 방식과 공동체 방식으로 이원화되었다. 즉, 이민망명정책과 민사협력은 제 1 지주로 이관되어 유럽공동체설립조약 4편(TEC Title Ⅳ)에 명기되어 공동체 방식의 정책과정이 적용되었다. 더불어 암스테르담조약 체결시 회원국은 민감한 영향을 미치는 이민망명 및 유럽연합조약(TEU)에 위치한 범죄에 관한 경찰사법협력(PJCCM)은 조약 발효 이후 5년간의 한시적 이행기를 거쳐 공동체 방식을 도입하였다.[158] 이에 따라 2004년 3월부터 유럽위원회는 이민망명정책에서 완전한 입법권한을 행사하고, 2005년 1월부

터 범죄에 관한 경찰사법협력에서도 공동체 방식이 적용되었다.159)

이외에 유럽연합 밖에서 체결된 쉥겐협정(Schengen Agreement)은 암스
테르담조약 체결로 유럽공동체설립조약 내 의정서(protocol)에 명기되어
결과적으로 유럽연합의 법적 관할권으로 이관되었다. 그러나 영국과 아일
랜드는 역내국경 철폐와 공동국경관리 조치에 반대하여 쉥겐협정 적용에
서 선택적 거부권(opt-out)을 부여받았다. 쉥겐협정에 부과된 선택적 거부
권은 이후 리스본조약 체결로 자유안전사법지대 전반으로 확대되었다.160)

뒤이어 니스조약 체결로 자유안전사법지대 정책과정에 소폭의 제도적
조정이 이루어졌다. 유럽위원회는 원칙적으로 자유안전사법지대 분야에
서 입법제안권을 독점하고, 보다 완화된 조건의 강화된 협력(enhanced
cooperation) 적용으로 자유안전사법지대 분야에서 회원국간 합의가 이전
보다 용이해졌다.161) 이외에도 공동의 규범과 기본적 원칙에 따른 망명정
책 입법이 가능해졌고, 기존에 자문절차(consultation procedure)가 적용되
었던 일부 이슈가 공동결정절차(codecision procedure)로 전환되어 정책과
정의 초국가화가 소폭 진척되었다.162)

한편 암스테르담조약 체결시 비자, 범죄에 대한 경찰사법협력 등 일부
사안은 5년의 한시적 유예기간 이후 공동체 방식 적용이 예정되었다. 본
합의에 따라 2003년 2월부터 발효에 들어간 니스조약에서 경찰협력과 사
법협력은 유럽공동체설립조약(TEC)으로 이관되어 공동체 방식 적용을
위한 제도적 기반이 구축되었다.163)

이와 같이 암스테르담조약과 니스조약 체결로 자유안전사법지대에 공
동체 방식이 점진적으로 도입되었다. 그러나 두 개로 분화된 지주구조 내
에서 각기 상이한 정책과정이 적용되면서 사안에 따라 유럽위원회와 회
원국간 정책과정 적용 여부를 두고 논란이 야기되기도 하였다. 따라서 리
스본조약 이전 자유안전사법지대에 적용된 공동체 방식은 제도적으로 불
완전한 구조였다.164)

▶ 정부간 합의기제

리스본조약 이전까지 자유안전사법지대에는 공동입장(joint position), 내무사법협력 결정(decision JHA / PJCCM은) 및 프레임워크 결정(framework decision) 등 조약에 명기된 정부간 합의방식이 활용되었다. 본 정책과정은 모두 이사회 내에서의 합의방식이다.

공동입장(joint position)은 마스트리히트조약 체결로 유럽연합조약(TEU)에 위치한 공동외교안보정책(CFSP)과 내무사법협력(JHA)에서 적용된 정부간 의사결정 방식이다. 공동입장은 이사회가 특정 이슈에서 정책 가이드라인을 설정한 것으로 법적 구속력을 갖는다. 본 가이드라인에 의거해 회원국은 자율적으로 국내정책 혹은 조치를 취하고. 이사회에 이행결과를 반드시 통지해야한다.[165]

마스트리히트조약으로 도입된 이사회의 내무사법협력 결정(decision JHA)은 국가간 합의가 어려운 내무사법 분야의 여러 이슈에서 회원국간 최대한 협력을 기하기 위한 의사결정방식으로, 2차 입법 형태인 결정(decision)과 구분된다. 리스본조약 이전에 제정한 내무사법협력 결정은 이사회 내에서 회원국간 정치적 결정으로 입법행위가 아니므로 사법재판소의 판결에 구속되지 않았다.[166]

내무사법협력 결정은 직접 적용을 피하고 추후 회원국에서 실행방식의 차별성을 허용한다는 점에서 프레임워크 결정과 유사한 성격을 갖는다. 암스테르담과 니스조약 체결로 내무사법 이슈에 공동체 방식 적용이 확대되면서 내무사법결정은 리스본조약 체결 이전인 2003-2009년까지는 범죄에 관한 경찰사법협력(PJCCM)에 한해서만 적용되었다. 이후 2009년 리스본조약 체결로 내무사법 결정은 2차 입법의 결정으로 대치되었다.[167]

한편 자유안전사법지대에 적용되는 또 다른 정부간 방식인 프레임워크 결정(framework decision)은 마스트리히트조약으로 만들어진 공동실행(joint action)을 대치하여 암스테르담조약 체결로 이사회에서 도입된 의사결정방식이다. 프레임워크 결정은 제정 이후 여러 논란이 제기되었던 의사결정방식이다. 프레임워크 결정은 자유안전사법지대 중 국가간 합의가 가장 어려운 범죄에 관한 경찰사법협력(PJCCM) 분야에서 회원국간 국내 입법과 정책의 조화를 꾀하는 정책과정이다. 이외에도 프레임워크 결정은 유럽연합의 조치와 회원국 국내법과의 조화에도 활용되었다. 본 방식에서는 유럽위원회가 회원국과 입법제안권을 공유하며 유럽의회는 대부분의 이슈에서 자문제기로 권한이 제한되었다.[168]

프레임워크 결정은 통상 지침(directive) 형태로 제정되는데 2차 입법의 지침(directive)과 달리 회원국에게 이행을 위한 형태와 방법(form and method)에 폭넓은 선택의 여지를 남겨둔다.[169] 또한 회원국에게는 유연한 실행방식을 허용한다. 이러한 느슨한 형태로 프레임워크 결정은 완전한 구속력을 의도한 2차 입법으로서 지침의 효과에 미치지 못하는 한계를 갖는다. 실제로 프레임워크 결정 제정 이후 정책실행과정에서 회원국간 비조화는 물론이고 일부 회원국의 결정 미이행이 빈번하였다.[170]

프레임워크 결정이 통상의 2차 입법과 차별화되는 점은 회원국이 본 입법과정에서 선택적 거부권 행사를 위해 사법재판소에 의견을 구할 수 있다는 점이다.[171] 이후 2001년 니스조약 체결시 유럽연합조약 34조 2항(TEU Art. 34.2)에 프레임워크 결정은 직접효력(direct effect)을 동반하지 않는다(shall not entail direct effect)는 문구가 삽입되었다. 따라서 니스조약 이후 프레임워크 결정은 회원국에게 정책수용 옵션을 남긴 의사결정방식이 되어 사법재판소의 판결에 구속되지 않았다.

그러나 2005년 이른바 푸피노 판결(Case C-105/03)로 프레임워크 결정 역시 지침(directive) 및 규정(regulation)과 동일하게 2차 입법의 직접효력이 적용되었다. 이에 따라 프레임워크 결정은 회원국의 거부와 무관하게 효력을 갖게 되었다.[172] 이후 2007년 리스본조약 체결로 자유안전사법지대 전 분야가 유럽연합운영조약(TFEU)로 이관되면서 논란이 되어 왔던 프레임워크 결정은 폐기되었다. 따라서 자유안전사법지대의 입법은 일반 입법절차(OLP)를 통한 지침(directive) 혹은 드문 경우지만 결정(decision) 제정으로 대치되었다.

■ 리스본조약 이후 정책과정

▶ 공동체 방식

자유안전사법지대의 정책과정은. 리스본조약을 통해 극적인 제도적 조정이 이루어졌다. 리스본조약 체결로 지주구조가 폐기되어, 자유안전사법지대의 모든 정책은 유럽연합운영조약(TFEU)으로 법적 기반이 이관되고 유럽연합조약(TEU)에는 공동외교안보정책(CFSP)과 공동안보방위정책(CSDP)만 남게 되었다. 자유안전사법지대가 유럽연합운영조약에 명기되면서 여타 공동정책과 동일하게 공동체 방식이 전면적으로 적용되었다.

따라서 리스본조약 이전 자유안전사법지대에 적용된 의사결정 방식인 공동입장, 이사회의 내무사법협력 결정 및 프레임워크 결정은 모두 폐기되고 2차 입법인 규정과 지침으로 대치되었다. 다만 자유안전사법지대와 안보방위 부분에 적용되었던 이사회 결정(Decision of the Council)은 안보방위에 한해 존속하게 되었다. 자유안전사법지대에서 2차 입법 부과는 제도적 구속을 동반한 정책부과라는 점에서 정책의 법적토대 강화를 의미한다.[173]

리스본조약 체결로 쉥겐협정에 한해 영국, 아일랜드 및 덴마크에 부여되었던 선택적 거부권(opt-out)은 자유안전사법지대 전 분야로 적용이 확대되고, 선택적 수용(opt-in)이 이슈에 따라 선별적으로 적용되도록 제도적 조정이 이루어졌다. 이와 같이 리스본조약으로 자유안전사법지대에 공동체 방식이 전면적으로 도입되었지만, 사안의 중요성으로 제도적인 유연

성을 두었다.[174]

리스본조약 이후 자유안전사법지대의 대부분 이슈는 공동체 방식 내 일반입법절차(OLP)가 적용된다. 그러나 예외적 상황으로 경찰사법협력, 이민망명, 유럽검찰국(EPPO) 설립과 운영, 외부국경관리 분야에서 회원국 국내정치 및 사법구조에 지대한 영향을 미치는 일부 사안은 특별입법절차(SLP)로 합의절차(consent procedure)와 자문절차(consultation procedure)가 적용된다.

(표) 자유안전사법지대 의사결정 시스템

조약	의사결정	내용
마스트리히트 조약	공동입장 (joint position)	· 이사회에서 구속력을 갖는 가이드라인 설정 · 회원국의 자율적 국내정책 실행 후 이사회에 통지 · 적용: 내무사법협력(JHA), 공동외교안보정책(CFSP)
	내무사법 / 범죄에 관한 경찰사법협력의 이사회 결정 (decision JHA / PJCCM)	· 이사회의 결정 이후 각 회원국에서 차등적인 실행 · 적용: 내무사법협력 / 2003-2009년 기간 범죄에 대한 경찰사법협력(PJCCM)에 한해 적용
암스테르담 조약	공동체 방식(자문절차)	· 이민망명 / 민사협력
	프레임워크 결정 (framework decision)	· 국내입법과의 조화를 위해 회원국에게 결정이행 형태와 방법 위임 / 직접효력 (direct effect) 적용 · 유럽위원회와 회원국 입법제안권 공유 · 적용: 범죄에 관한 경찰사법협력(PJCCM)
	선택적 거부권(opt-out)	· 적용: 쉥겐협정, 공동국경관리 조치(영국, 아일랜드)
니스조약	공동체 방식 (자문절차 + 공동결정)	· 유럽위원회 입법제안권 독점 · 일부 자문절차 적용 이슈 공동결정절차로 전환 · 강화된 협력(enhanced cooperation) 구성요건 완화
	프레임워크 결정 (framework decision)	· 직접효력(direct effect) 미적용

조약	의사결정	내용
리스본조약	공동체 방식 【일반입법절차 / 특별입법절차(자문절차)】	· 대부분 이슈 일반입법절차(OLP) 적용 · 특별입법절차(SLP) 내 자문절차(consultation) 적용: 이민망명, 외부국경관리 / 유럽검사국 EPPO)설립과 운영 · 범죄에 대한 경찰사법협력(PJCCM)은 1/4 이상 회원국 요청시 유럽위원회의 입법 제안 · 회원국의회의 보충성 검토 · 범죄에 관한 사법협력에 긴급유예(emergency brakes) 적용 · 강화된 협력(enhanced cooperation) 구성 요건 완화
	선택적 거부권(opt-out) / 선택적 수용(opt-in)	· 적용: 쉥겐협정과 자유안전사법지대 전 분야 (영국, 아일랜드, 덴마크)

출처) 필자구성

▶ 일반입법절차(OLP) 적용영역

리스본조약 체결로 유럽연합운영조약 5편 67-89조(TFEU Title Ⅴ, Art. 67-89)에 자유안전사법지대(AFSJ)가 명기되었다. 한편 리스본조약 이후 일반입법절차가 적용되는 86개 영역 중 15개 분야가 유럽연합운영조약 5편에 명기된 경찰, 사법 및 민사협력, 역내안전과 역외국경관리 그리고 이민망명 이슈들이다. 이러한 조약내용을 종합하면 리스본조약 체결로 자유안전사법지대 이슈의 약 90% 정도는 일반입법절차가 적용된다고 할 수 있다.[175]

15개 일반입법절차가 적용되는 자유안전사법지대 이슈에서는 이사회에서 가중다수결(QMV) 그리고 유럽의회에서는 단순다수결(simple majority)로 표결이 진행된다. 따라서 자유안전사법지대 이슈는 이전과 달리 일부 국가의 반대와 기권에도 불구하고 입법이 강행되므로 결과적으로 입법 효율성이 증가하였다.[176]

이외에 일부 자유안전사법지대 이슈에서는 합의절차(consent procedure) 및 자문절차(consultation procedure)를 포함한 특별입법절차(SLP)가 적용된다. 사법협력 분야의 형사협력 및 유럽검사국(EPPO) 관련 입법은 합의 절차가 적용되어 이사회에서는 가중다수결 보다 합의가 보다 어려운 만장일치 표결을 행하고 유럽의회에서는 단순다수결이 적용된다. 이외에 범죄에 관한 사법협력, 유럽시민권, 비자 및 이민망명 등 몇몇 자유안전사법지대 이슈에는 자문절차가 적용된다. 자문절차는 회원국의 국내정책과 사법구조에 지대한 영향을 미치는 사안에 적용되므로 극히 일부 사안을 제외하고 본 정책과정에서 이사회는 만장일치 표결을 진행한다.177)

(표) 자유안전사법지대 일반입법절차(OLP) 및 특별입법절차(SLP) 적용 이슈

조항	분야	내용
일반입법절차(OLP): 이사회: 가중다수결 → 유럽의회: 단순다수결		
Art. 75	역내안전	범죄 및 테러 방지를 위해 금융자금 및 경제적 수익을 포함한 자본의 자유이동 및 지급에 관한 행정조치
Art. 72(2)	이민망명 / 역외국경관리	제 3국 시민의 비자, 국경통제 및 자유이동, 외부국경 관리 및 역내자유이동 조치
Art. 78(2)	이민망명	제 3국인의 망명, 일시적 보호 혹은 보충적 보호조치
Art. 79(2)	이민망명	이민 및 밀입국에 대한 대응
Art. 79(4)	이민망명	제 3국 시민의 통합을 위한 조치
Art. 81(2)(3)	민사협력	시민에 관한 사법협력과 가족법(family law)
Art. 82(1)	사법협력	범죄에 관한 사법협력: 사법당국간 상호인정 및 회원국간 사법, 연수 및 협력에 있어 충돌방지
Art. 82(2)	사법협력	범죄에 관한 사법협력: 국경을 넘어 이루어지는 사건에서 증거의 상호인정, 형사사건에서 개인의 권리 및 범죄 피해자의 권리
Art. 83(1)	사법협력	국경을 넘어 이루어지는 특별히 중대한 범죄에 대하여 범죄행위 및 형벌을 특정 짓기 위한 최소성 규칙(minimum rules) 제정
Art. (84)	사법협력	범죄예방을 위한 지원조치
Art. 85(1)	사법협력	유럽연합사법기구(Eurojust)의 구조, 운영 및 임무
Art. 85(1)	사법협력	유럽의회와 회원국의회의 유럽연합사법기구(Eurojust) 활동에 대한 평가
Art. 87(2)	경찰협력	경찰협력
Art. 88(2)	경찰협력	유럽경찰국(Europol)의 구조, 운영 및 임무

Art. 88(2)	경찰협력	유럽의회와 회원국의회의 유럽경찰국(Europol) 활동에 대한 감독절차
특별입법절차(SLP) 합의절차(consent procedure):		
이사회: 만장일치 → 유럽의회: 단순다수결		
Art. 82(2)	경찰협력 / 사법협력	형사사건에서 경찰 및 사법협력
Art. 83(1)	사법협력	조약 83(1)의 새로운 범죄양상에 관한 결정 확대
Art. 86(1)	사법협력	유럽검찰국(EPPO) 설립
Art. 86(1)	사법협력	유럽검찰국(EPPO)의 권한확대
특별입법절차(SLP) 자문절차(consultation procedure):		
유럽의회: 단순다수결을 통한 자문 → 이사회: 만장일치		
Art. 77(3)	이민망명	여권, 신분증 및 거주허가 조치
Art. 81(3)	민사협력	국경을 넘어 발생하는 가족법 관련 조치에 관한 사법협력 및 이와 관련된 일반입법절차 적용에 관한 결정
Art. 87(3)	경찰협력	경찰협력 실행
Art. 89	경찰협력 / 역외국경관리	경찰사법당국에 의한 국경운영 제한조치 및 조건
유럽의회: 단순다수결을 통한 자문 → 이사회: 가중다수결		
Art. 78(3)	이민망명	회원국의 일시적 난민유입에 따른 지원 조치

출처) Corbett, Richard, Francis Jacobs and Michael Shackleton. (2011), "The Parliament and Legislation," The European Parliament, 8th. ed., John Harper, pp. 248-250, 256-257, 262-263.

암스테르담조약과 리스본조약을 통해 진행된 자유안전사법지대에서 일반입법절차 적용 확대는 정책의 초국가화를 가져온 결정적 동인이다. 더불어 일반입법절차 도입으로 자유안전사법지대에서도 정책결정기구간 연합과 견제구조가 형성되었다. 특별히 자문절차에서 일반입법절차로 전환된 정책에서는 유럽의회라는 새로운 비토권자(veto player)의 출현을 가져왔다. 자문절차에서는 유럽의회가 구속력 없는 자문제기로 기능이 제약된 반면 일반입법절차에서는 유럽위원회 및 이사회와 동등한 입법권한을 갖는다. 따라서 일반입법절차가 적용되는 자유안전사법지대에서는 유럽적 이해를 추구하는 유럽위원회와 유럽의회간 연합이 정책성사의 결정적 요인이 되었다.

이러한 맥락에서 리스본조약 이후 대부분의 자유안전사법지대 이슈는 기존에 이사회를 통한 회원국간 기구내(intra institutional) 관계보다 초국가기구간(inter institutional) 관계에서의 의견조정이 보다 중요성을 갖게 되었다.[178]

■ 정책과정의 적법성과 유연성

▶ 보충성(subsidiarity) 검토

리스본조약 이후 자유안전사법지대 관련 이슈에 일반입법절차가 폭넓게 적용되고 본 정책에서는 회원국의회 역시 간접적으로 의사표명을 제기할 수 있다. 리스본조약 체결로 수정된 유럽연합조약 12조(TEU Art. 12)와 부속의정서 2(Protocol No. 2, Protocol on the Application of the Principles of Subsidiarity and Proportionality)에 회원국의회의 보충성 원칙(principle of subsidiarity) 검토 조항이 명기되었다.[179]

회원국의회의 보충성 검토는 이른바 조기경보메커니즘(EWM)으로 유럽연합의 입법에 회원국의회의 사전검토 절차 부여로 유럽적 의회민주주의를 구현한 것이다. 유럽위원회가 일반입법절차로 진행되는 입법을 제안하면, 회원국의회는 최대 8주 이내에 입법내용의 보충성 저촉여부를 검토한다. 만약 1/3 이상의 회원국의회에서 보충성 위반을 제기하면 황색카드(yellow card) 그리고 1/2 회원국에서 이의를 제기하면 오렌지카드(orange card)로 구분되어, 유럽위원회는 의제의 유지, 수정 및 철회 등의 조치를 취해야한다. 다만 일반입법절차로 진행되는 범죄에 관한 경찰사법협력은 회원국에게 매우 민감한 이슈라는 점에서, 본 사안에 한정하여 1/4 이상의 회원국에서 보충성 위반을 제기하면 유럽위원회의 후속조치가 뒤따른다.[180]

▶ 유연성 조항

리스본조약으로 특별히 회원국간 이해관계 폭이 가장 넓은 범죄에 대한 경찰사법협력(PJCCM)을 포함하여 자유안전사법지대 운영에 여러 유연한 제도적 장치가 강구되었다.[181]

첫째, 유럽위원회는 모든 자유안전사법분야에서 입법제안 권한을 독점한다. 그러나 유럽연합운영조약 76조(TEFU Art. 76)에 따라 유럽위원회는 범죄에 대한 경찰사법협력(PJCCM) 분야에 한해 1/4 이상의 회원국 요구시 입법을 제안해야 한다. 따라서 유럽위원회는 본 사안에 한정하여 회원국과 입법제안권을 공유한다. 또한 유럽연합운영조약 12조(TEU Art. 12)에는 유럽연합이 실행하는 자유안전사법지대 실행에 대한 평가, 그리고 유럽경찰국(Europol)에 대한 정치적 모니터링과 유럽연합사법기구(Eurojust)의 활동에 대해서는 회원국의회의 참여를 제도화하였다. 이러한 제도적 조정은 자유안전사법지대에 공동체 방식을 도입하되 회원국의 이해 역시 배제하지 않는다는 의도이다.[182]

둘째, 범죄에 관한 사법협력은 일종의 완충적 시스템으로 긴급유예(emergency brakes)가 적용된다. 범죄에 대한 사법협력 입법 논의과정에서는 특정 회원국이 자국의 사법시스템에 근본적 영향을 미친다고 판단되면 긴급유예를 요청하여 논의를 중지하고 유럽이사회에 해당 사안에 대한 결정을 요구할 수 있다. 이 경우 입법제정을 위한 일반입법절차는 중지되고 유럽이사회는 입법절차 중지 4개월 이내에 회원국간 합의안을 이사회에 송부해야 일반입법절차가 재개된다.[183] 만약 유럽이사회 내에서 합의를 이끌어 내지 못하면 일반입법절차 중지 4개월 이내에 해당 사안에 찬성하는 회원국간 강화된 협력(enhanced cooperation) 구성을 결정할 수 있다.[184]

셋째, 유럽연합 차원에서 반드시 필요한 정책과 조치이지만 일부 회원국의 반발로 입법이 사실상 불가능 할 경우, 비배타적 권한(non-exclusive competence)에 위치한 사안에서 최후의 수단(last resort)으로 강화된 협력이 활용된다. 강화된 협력은 유럽연합운영조약 20조(TEU Art. 20)에 실행목적 그리고 본 조약 326-334조(TFEU Art. 326-334)에 구성절차가 명기되어 있다.[185] 리스본조약 체결에 따라 강화된 협력 성립조건이 대폭 완화되어 28개 회원국 중 9개국이 참여하면 본 절차가 진행될 수 있다.[186]

　　구체적으로 이사회에서 9개국 이상이 강화된 협력을 결정하면 유럽의회에 본 사실을 통지하고 유럽위원회에 의제제안을 요청한다. 뒤이어 유럽위원회의 의제제안으로 특별입법절차(SLP) 중 하나인 합의절차(consent procedure)에 따라 강화된 협력 도입에 관한 2차 입법인 결정(decision)을 제정한다. 이후 강화된 협력 방식을 통해 본 입법으로 규정(regulation)이 제정된다. 본 입법제정에는 참여국만 의결권을 행사하고, 입법화된 규정은 참여국에만 적용되지만 미참여국 역시 이후 본 입법을 자유롭게 수용할 수 있다.[187]

■ 선택적 거부권(opt-out)

▶ 배경

　　유럽연합 회원국에게는 모두 2개의 설립조약(founding treaties)에 명기된 자유안전사법지대의 제조치가 적용된다. 또한 리스본조약 체결로 2000년에 체결된 유럽연합기본권헌장(Charter of Fundamental Rights of the EU) 역시 설립조약과 동일한 법적 구속력을 갖는다. 이에 따라 리스본조약 이후 유럽연합기본권헌장에도 선택적 거부권(opt-out)이 적용된다.[188]

　　유럽회의론(Eurosceptic)이 팽배한 국가에서는 국가주권을 이유로 정책

수용을 거부하거나 자국의 이해와 상반될 경우 일부 사안에 한정하여 국내수용을 주장하기도 한다. 이 경우 유럽적 정책과 조치가 봉쇄되거나 의도한 목적보다 완화된 수준에서 입법이 이루어질 수밖에 없다. 선택적 거부권은 이러한 문제를 원천적으로 차단한 제도적 조치로 조약의 부속의정서를 통해 일부국가에 특정한 정책과 조치의 수용면제를 부과한 것이다. 반면에 선택적 수용(opt-in)은 유럽연합이 취하는 정책의 수용에 대해 특정 회원국에게 취사 선택권을 부여하여 자율권을 확대한 것이다.[189]

1957년에 체결된 로마조약의 10개 의정서(protocols) 중 6개가 회원국에게 특정 사안의 적용유예(derogation)를 다룬 것이다. 이와 같이 일부 회원국을 대상으로 한 공동정책과 조치의 부분적 면제는 유서깊은 시스템이다. 그러나 공동정책에 대하여 포괄적인 정책수용 면제가 제도화 된 것은 마스트리히트조약 체결시 영국에 대한 사회정책의정서(Agreement on Social Policy)의 수용의무 면제로부터 기원한다. 당시 영국은 유럽사회헌장(Social Charter) 혹은 노동자의 사회적 권리에 관한 기본권헌장(Charter of Fundamental Social Right for Works)으로 통용되는 사회정책의정서에 대하여 완전한 이행의무 면제권한을 부여받았다.[190]

이후 매 조약수정시 자유안전사법지대를 중심으로 선택적 거부권을 부여받은 회원국과 정책이 증가하였다. 선택적 거부권은 암스테르담조약 이후 유럽안보방위정책(ESDP), 자유안전사법지대와 쉥겐으로 적용영역이 증가하고, 적용 대상 국가도 영국 이외에 아일랜드와 덴마크로 확대되었다. 이러한 선택적 거부권의 확대는 결국 유럽적 프로젝트를 저해하고 공동체의 유산(Community Acquis)을 손상할 소지가 높다. 따라서 추후 선택적 거부권의 확대적용시 기존 회원국의 반발이 야기될 수 있다. 더욱이 영국의 유럽연합 탈퇴에 따라 선택적 거부권을 부여받은 몇몇 국가는 협상력 결여로 더 이상의 확대조치를 요구하기 힘들 것으로 전망된다.

▶ 자유안전사법지대의 적용

　자유안전사법지대에서 선택적 거부권을 부여받은 국가는 영국, 아일랜드, 덴마크로 한정된다. 리스본조약 체결을 위한 2007년 정부간 회담(IGC)에서 여러 회원국의 예상대로 영국은 국내정책에 미치는 영향이 큰 자유안전사법지대 분야에서 국가주권의 손상을 들어 강력한 반대를 표명하였다. 이에 따라 리스본조약 부속의정서에는 자유안전사법지대 실행에서 영국과 더불어 아일랜드 및 덴마크에 대한 특별한 지위를 부가하였다.191)

　구체적으로 영국, 아일랜드 및 덴마크는 유럽연합운영조약 부속의정서 21, 22(Protocols No 21 & 22)를 통해 유럽연합운영조약 5편 3부(TFEU Title V of Part Three)의 자유안전사법지대에서 선택적 거부권을 갖는다. 동시에 영국과 아일랜드는 사례에 따라 선별적으로 선택적 거부권과 선택적 수용(opt-in) 권한 역시 행사한다. 이에 따라 양국은 이민망명, 시민보호 및 범죄에 관한 경찰사법협력(PJCCM)에 선택적 수용이 인정되어, 본 사안의 정책과정에 참여하되 채택과 실행에 있어 선택적인 수용권한을 누렸다.192)

　이러한 조치로 영국의 경우 모든 자유안전사법지대 이슈에서 이른바 수용과 선택(pick and choose)이라는 특별한 지위를 갖게 되었다. 이 결과 영국은 리스본조약으로 새롭게 명기된 정책을 중심으로 선택적 참여가 가능해졌다. 단적으로 영국은 정책적 필요성으로 대부분의 범죄에 관한 사법협력과 경찰협력 조치에서 선택적 수용을 취하고, 유럽구속영장(EAW)에 대해서는 가장 적극적인 지지국가로 위치하였다.193) 반면에 영국은 망명절차, 난민수용과 조건, 사법조사와 기소, 마약밀매 등 특정사안의 2차 입법(secondary legislation)에서는 선택적 거부권을 행사하여 왔다. 한편으로 영국은 2000년 4월부터 자국의 이해에 도움이 되는 쉥겐조약 내 사법협력과 쉥겐정보시스템(SIS) 운영에는 여타 쉥겐 회원국과 함께 참여하였다.194)

덴마크는 영국과 아일랜드에 비해 선택적 거부권 행사가 보다 포괄적으로 적용되어 자유안전사법지대의 모든 이슈에서 면제된다. 즉, 덴마크는 유럽연합운영조약에 명기된 자유안전사법지대의 모든 이슈에서 이사회의 의사결정에 구속되지 않는다.[195] 그러나 덴마크는 리스본조약 체결을 위한 정부간 회담(IGC)에서 선택적 거부권을 사안에 따라 선택적 수용으로 전환할 수 있는 권한을 확보하였다. 이에 따라 덴마크는 2015년 12월 본 사안을 국민투표에 붙였으나 53%의 유권자가 거부하여 사실상 모든 자유안전사법지대 이슈에서 선택적 거부권이 유지되고 있다.[196]

특별히 덴마크는 이민, 망명, 민사법 및 경찰협력 부분은 자국의 주권 수호를 위해 양보할 수없는 이슈로 완전한 선택적 거부권을 고수하고 있다. 따라서 덴마크는 영국과 달리 자유안전사법지대 관련 이슈는 정부간 협력에 한해 참여하였다.[197] 영국의 유럽연합 탈퇴로 선택적 거부권은 사실상 덴마크에 한해 적용되는 시스템이 되었다.

▶ 선택적 거부권의 운용: 생체정보여권규정 사례

선택적 거부권은 기본적으로 공동정책과 조치의 실행을 위해 요구되는 단일의 법적질서에 대한 수용거부로 초국가 정책의 단일성과 효력에 부정적 영향을 야기한다. 보다 큰 문제는 서유럽과 경제사회적 편차가 큰 중동유럽 신규회원국 역시 영국과 덴마크의 사례를 들어 여러 부분에서 선택적 거부권 요구가 비등하다는 점이다.[198] 리스본조약 체결시 유럽연합기본권헌장의 수용에 선택적 거부권을 요구한 폴란드는 대표적 경우이다.

영국, 아일랜드 및 덴마크는 자유안전사법지대에서 선택적 거부권이 적용되는 사안에서 수용유예를 받는 대가로 본 사안에서 국가이익 개진은 봉쇄된다.[199] 그러나 선택적 거부권이 적용되는 사안이 여타 공동정책과 연계되거나 영향을 미치는 경우, 정책수용 혹은 배제가 명확하게 구분되기 어렵다. 현실적으로 영국과 덴마크는 이사회 내에서 자국의 이해관계가 깊은 이민망명 그리고 민사협력 부분에서 2차 입법 제정 논의에 깊숙이 개입하여 왔다. 특히 이사회 내에서 역내안보와 사법협력 이슈에 대한 논의 과정에는 영국과 덴마크 대표들이 항상 참석하여왔다.[200]

영국은 자국의 이익을 위해 이슈와 사안에 따라 선택적 거부권과 수용을 적극적으로 활용한 회원국으로 특정사안에서 문제를 야기하기도 하였다. 2004년에 제정된 생체정보여권규정(Council Regulation (EC) No 2252/2004)과 유럽연합국경관리기구 설립규정(Council Regulation (EC) No 2007/2004) 제정을 위한 이사회 내 논의과정에 영국의 참여는 선택적 거부권 운영에 대한 복잡한 이해를 보여준다. 본 2개의 입법은 쉥겐의 외부국경 통제를 위한 조치로 원칙적으로 쉥겐협정 가입국에만 적용되는 사안이다. 그럼에도 생체정보여권규정의 경우 영국정부는 필요성을 인지하지만, 국내에서 정치적 반발이 거세 유럽적 해결을 택하여 본 규정 제정을 환영하였다.[201]

그러나 이사회는 본 사안에 대해 유럽연합운영조약 내 쉥겐부속의정서(Schengen Protocol)와 영국과 북아일랜드의 지위에 관한 부속의정서(Protocol on the position of the United Kingdom and Ireland)를 근거로 영국의 참여를 배제하였다. 이에 영국은 본 사안을 쉥겐협정 운영을 위한 후속입법으로 다루는 것은 부당하다는 점을 들어 사법재판소에 의견을 구하였다.

결국 2007년 사법재판소는 생체정보여권규정사건(Case C-77/05)에서 본 사안이 쉥겐의 유산(Schengen acquis)이라는 점을, 들어 영국과 아일랜드는 기 참여하는 분야에 한해서만 정책채택 권한을 갖는다고 적시하며 영국의 의견을 배제하였다.[202] 즉, 사법재판소는 외부국경통제는 쉥겐의 유산과 관련이 있다고 판단한 것이다. 따라서 쉥겐협정을 수정하지 않는 이상 영국과 아일랜드는 본 사안에서 선택적 수용권한을 취할 수 없다고 명시하였다.203) 이러한 사례는 선택적 거부권과 수용이 적용국가에서는 정치적 이해에 따라 가변적일 수 있다는 사실을 말해준다.

■ 정책과정의 의미: 초국가주의와 완화된 정부간주의의 융합

리스본조약 체결로 유럽연합조약(TEU)에 위치하였던 자유안전사법지대 이슈가 유럽연합운영조약(TFEU)으로 이관되어 공동체 방식의 정책과정이 적용된다. 그러나 본 정책영역은 회원국의 정치와 사법시스템에 지대한 영향을 미치므로 정책실행 목적에서 여타의 공동정책과 차별화된다. 유럽연합운영조약에 명기된 규제, 분배 및 재분배정책에서는 유럽연합 차원에서 조화(harmonization)를 목적으로 단일화된 규제가 부과된다. 따라서 본 정책들은 공동체 방식중 가장 합의가 용이한 일반입법절차(OLP)를 통해 진행되며, 2차 입법은 대부분 규정(regulation) 형태로 입법화된다. 농업, 통상, 경쟁, 소비자보호 및 환경정책 등은 전형적 예이다.204)

반면에 자유안전사법지대의 여러 이슈는 회원국의 국내정책을 유지하면서 국가간 조정(coordination)이 핵심적 과제이다. 다만, 일부 사안에 한해 유럽연합 차원에서 단일화와 규제부과가 이루어진다. 따라서 국내정치와 사법구조에 영향을 미치는 사안의 경우 이사회의 권한이 극대화된 특별입법절차(SLP)내 자문절차가 적용되며, 2차 입법은 대부분 지침(directive) 형태로 제정된다. 민사사법협력은 물론이고 이민망명 등 국내정치에 지대한 영향을 미치는 다수의 이슈는 지침제정으로 회원국의 입법수용에 유연성을 둔다. 물론 자유안전사법 이슈가 점진적으로 초국가화되면서 일반입법절차를 통한 규정(regulation) 제정이 증가추이에 있다.205)

이러한 맥락에서 자유안전사법지대에 적용되는 공동체 방식은 유럽연합의 규제정책의 정책과정과는 성격을 달리 하는 이른바 정부간(intergovernmental)

혹은 국가간(transgovernmental) 협력의 성격을 갖는다고 할 수 있다. 리스본조약 이후 자유안전사법지대의 의사결정은 2차 입법을 통해 정책실행을 취하는 전통적인 공동체 방식이 적용된다. 그러나 본 이슈에서 정책의 목적은 규제정책에서 취하는 국가간 일관된 제도적 조화(harmonization)와는 차별화된다. 즉, 자유안전사법지대의 정책목적은 최소한의 수준에서 국내정책과 제도의 조정(coordination)이다. 이러한 이유로 자유안전사법지대는 이슈영역마다 설립된 규제기구를 통해 회원국간 협력과 정책조정이 이루어진다. 따라서 자유안전사법지대에서는 여전히 완화된 정부간주의가 자리잡고 있다고 할 수 있다.206)

리스본조약 이후에도 여전히 지속되는 자유안전사법지대의 정부간주의 성격은 조약 밖에서 진행되는 정부간 협력을 통해서도 확인할 수 있다. 2005년 5월 독일, 프랑스, 오스트리아, 스페인, 네덜란드, 룩셈부르크, 벨기에 등 7개 회원국간 유럽연합 밖에서 진행된 플륌조약(Plüm Treaty)은 대표적 사례이다. 이외에도 2003년 5월 독일, 프랑스, 이탈리아. 스페인 및 영국 등 5개 회원국 내무장관은 이른바 G5로 통칭되는 비공식적인 정례회합을 출범하였다. G5는 2006년 폴란드의 참여로 G6로 개칭되고 이사회와 유사한 형태로 순회의장직(rotating presidency)을 통해 연 2회 정례적으로 개최된다. G6는 이사회에서 신속한 의사결정을 위해 주요국간에 조약 밖에서 진행하는 일종의 사전 정부간 조정시스템이라고 할 수 있다.207)

한편 2000년대 출범한 짤즈부르그 포럼(Salzburg Forum)은 중동유럽 신규회원국 가입을 앞두고 이들 국가와 국경을 맞대고 있는 오스트리아의 주도로 출범한 경찰협력분야의 정부간 협의체이다. 짤즈부르크 포럼은 2000년 오스트리아, 헝가리, 폴란드, 슬로바키아, 슬로베니아 등 5개국으로 출범하였다. 이후 2006년 불가리아, 루마니아, 크로아티아 등 3개국이 옵서버 지위로 참여하고 있다. 짤즈부르크 포럼에는 회원국의 내무장관이 참여하며 G6와 유사한 운영형태로 로테이션 의장직 시스템을 채택하고 연 2회 개최된다.

   G6와 짤즈부르그 포럼은 리스본조약 이후에도 정례적으로 개최되어, 다수 회원국이 참여로 높은 비용을 유발하는 이사회의 의사결정을 보완하는 정부간 협력시스템으로 기능한다. 이와 같이 자유안전사법지대는 정책과정의 초국가화가 진행되고 있지만, 한편에서는 여전히 주요국간 수평적 협력이 병행된다.[208]

② 정책결정기구

■ 정책결정기구의 기능

리스본조약 이후 일반입법절차가 적용되는 자유안전사법지대 대부분의 이슈에서는 여타 공동정책과 동일하게 유럽위원회가 입법제안권을 독점한다. 또한 이사회에서는 가중다수결(QMV) 표결이 적용되며, 유럽의회는 의제의 수정권한을 통해 이사회와 동등한 권한을 갖는 정책결정기구로 위치한다. 이외에 유럽연합사법재판소(CJEU)는 본 이슈에서 법적해석과 선결적 판단 등 완전한 법적 관할권을 행사한다.[209]

■ 유럽위원회

자유안전사법지대는 여타 공동정책과 달리 회원국간 이해 간극이 극단적으로 넓고, 성격이 상이한 정책을 함유하며 이슈간 복잡한 연계구조가 형성되어 있다. 정책실행에서는 규제적 조치와 함께 물적, 인적자원의 동원을 요하며, 회원국의 국내입법 및 정책과의 조화도 요구된다. 이러한 복잡한 정책속성에 기인하여 자유안전사법지대에서는 정책의 전 과정에서 정책결정기구간 중재기능을 행사할 행위자가 요구되며, 유럽위원회 만이 이에 부합된다. 따라서 자유안전사법지대에서 유럽위원회는 입법부로서 의제제안과 정책형성 그리고 행정부로서 이사회와 유럽의회간 중재기능과 규제기구와의 수평적 협력 그리고 최종적인 정책실행 기능까지 수행

하므로, 여타 정책결정기구보다 폭넓은 업무영역을 갖는다.[210]

유럽위원회는 매 조약 수정시마다 자유안전사법지대의 이슈에서 정책결정 권한이 확대되었다. 암스테르담조약 이전 자유안전사법지대에서 유럽위원회는 회원국과 입법제안(proposal) 기능을 공유하고 정책실행 기능도 크게 제약되었다. 이후 암스테르담조약과 니스조약 체결로 자유안전사법지대에 공동체 방식이 적용되면서 유럽위원회는 범죄에 대한 경찰사법 분야를 제외한 타 사안에서 독점적인 입법제안권이 인정되었다. 최종적으로 리스본조약 체결로 자유안전사법지대 대부분의 이슈가 공동체 방식 내 일반입법절차(OLP)가 적용되어 유럽위원회는 입법제안은 물론이고 입법진행 과정에서도 의사를 개진할 수 있게 되었다.[211] 이러한 정책발전 맥락을 볼 때 유럽위원회는 암스테르담조약과 리스본조약을 분기점으로 자유안전사법지대에서 정책결정 기구 본연의 기능을 갖게 되었다고 할 수 있다.

유럽위원회는 기술관료집단이면서 동시에 정치적 행위자이다. 마스트리히트조약 체결로 내무사법협력이 도입되었지만 본 사안들은 모두 이사회에서 정부간 협력을 통해 진행되었다. 따라서 유럽위원회는 내무사법분야에서는 2차 입법 제안 대시 이사회를 겨냥해 구속력이 없는 입법예비문서(communication)를 통해 안건을 제시할 수밖에 없었다. 그럼에도 유럽위원회는 회원국 정부와 여론의 호응이 높은 비자정책에서는 과감하게 유럽적 조치를 담은 입법을 다수 제안하여 성사시켰다. 이 결과 비자정책은 내무사법의 여타 분야보다 초국가화가 신속히 진행되었다.[212]

암스테르담조약이 발효된 1999년 당시 상트로(Jacques Santer) 유럽위원회 위원장은 내무사법을 전담하는 사법내무총국(DG Justice and Home Affairs)을 설립하고, 이후 업무확대에 따라 사법자유안전총국(DG Justice, Liberty and Security)으로 명칭을 변경하였다.[213] 이후 2009년 리스본조약 발효로 자유안전사법지대에 일반입법절차가 적용되면서 유럽위원회의 업무가 대폭 확대되었다. 이에 따라 2009년 바로소위원회(Barroso Commission) 2기 출범시 기존 사법자유안전총국은 자유안전사법총국(DG Freedom, Security and Justice)과 내무총국(DG Home Affairs)으로 분화되었다.[214] 이후 2014년 융커(Jean-Claude Juncker)) 위원장 취임으로 기존 2개의 총국은 이민내무총국(DG Migration and Home Affairs)과 사법소비자총국(DG Justice and Consumers)으로 개칭 및 업무조정이 이루어졌다.[215]

정책과정 측면에서 자유안전사법지대에 공동체 방식이 도입되면서 유럽위원회는 기술관료적 전문성을 배경으로 장기적 견지에서 정책방향 설정과 정책구성에서 이사회 보다 우위를 점하게 되었다. 이사회의 경우 내부의 사무국(General Secretariat)은 회원국간 의견조정과 장관급 회합 지원에 중점을 둔다. 따라서 유럽위원회의 총국(DG)에 비해 실무적 운영능력이 상대적으로 뒤처질 수밖에 없다.[216]

역시 공동체 방식이 자유안전사법지대의 일반적 정책과정이 되면서 유럽위원회는 입법제안권을 독점한다. 다만 범죄에 대한 경찰사법협력(PJCCM) 분야에서는 유럽위원회가 1/4 이상의 회원국 요구시 입법을 제안해야 하므로, 본 사안에 한해 회원국과 입법 제안권를 공유한다.[217] 자유안전사법지대에 공동체 방식 도입의 또 다른 파급은 유럽위원회가 회원국의 2차 입법 미이행 및 지연에 대한 모니터링과 공식적인 제재절차(infringement proceedings)를 취할 수 있다는 점이다.[218] 이와 같이 리스본조약 이후 정책과정의 변화로 유럽위원회는 여타 공동정책과 유사한 맥락에서 정책의 설계자이며 실행자로 위상이 강화되었다.

■ 유럽이사회

자유안전사법지대는 1990년대 말 이후 정책의 초국가화가 급진전 되었다. 그럼에도 본 정책은 회원국 주권에 영향을 미치는 사안의 중요성으로 유럽이사회를 중심으로한 정부간 조정이 정책결정과 실행의 핵심동력으로 작용하였다.[219] 유럽연합운영조약 68조(TFEU Art. 68)에는 유럽이사회는 자유안전사법지대에서 입법과 정책실행에 대한 전략적 가이드라인 설정(strategic guideline)으로 기능이 명기되어 있다. 이러한 점에서 유럽이사회는 외교안보정책과 유사한 맥락에서 자유안전사법지대에서도 거시적 방향과 목적을 결정하는 최고정점의 정치적 결정기구로 위치한다.[220]

자유안전사법지대의 발전에 있어 유럽이사회의 가장 큰 기여는 암스테르담조약 이후 지속적으로 향후 5-6년간 실행할 정책과 프로그램에 대한 가이드라인을 제시하였다는데 있다. 유럽이사회는 1999년 탐페레 유럽이사회 가이드라인에서부터 이후 2014년 전략적 가이드라인(Strategic Guideline)까지 5-6년 단위의 다년프로그램(multi-annual programme)을 통해 점진적인 정책방향을 설정하였다. 이와 같이 자유안전사법지대는 유럽이사회의 전략적 가이드라인에 따라 유럽위원회의 실행계획(Action Plan)이 만들어지고 이후 세부 프로그램이 진행되는 정형화된 정책실행 시스템이 구조화되었다.[221]

유럽이사회에서는 마스트리히트조약 이후 다년프로그램과 별개로 자유안전사법지대의 핵심적 이슈가 논의되어 이후 유럽위원회와 이사회의 후속조치로 이어졌다. 1994년 12월 에센과 1995년 12월 마드리드 유럽이사회에서 사기부정 범죄, 1996년 12월 더블린 유럽이사회에서의 아동착취와 인신매매 논의, 1993년 12월 코펜하겐과 1997년 6월 암스테르담 유럽이사회의 인종범죄 논의 그리고 2014년 6월 유럽이사회의 데이터 보호 논의 등은 단적인 사례이다.[222]

리스본조약 이후에도 전략적 가이드라인을 통한 핵심목표 설정이라는 유럽이사회의 전통적 기능은 유효하다. 한편 리스본조약 체결로 유럽연합운영조약 82조 3항과 83조 3항(TFEU Art. 82.3, 83.3)을 통해 자유안전사법지대 입법절차에 긴급유예(emergence brakes) 조항이 신설되어 유럽이사회가 본 사안에 대한 최종적인 결정권한을 갖는다.223) 이와 같이 유럽이사회는 입법과 정책결정기구는 아니지만 자유안전사법지대에서는 실질적인 정책결정 권한을 행사한다.

■ 이사회

　이사회는 자유안전사법지대 출범부터 현재까지 유럽위원회와 함께 핵심적인 정책결정기구로 위치한다. 10개의 이사회(Council configurations) 중 자유안전사법지대는 회원각국의 법무 및 내무장관들로 구성된 내무사법이사회(JHA Council)가 담당한다.224) 내무사법협력이 정부간 조정에 위치한 1990년대 본 정책의 실질적 결정 및 운영기구는 이사회 내 이사회사무국(Council Secretariat)이었다. 이후 암스테르담조약을 통해 쉥겐사무국(Schengen Secrerariat)과 관련 여러 위원회가 상주대표부(Coreper)로 흡수되면서 본 정책에서 이사회의 영향력은 더욱 확대되었다.225)
　리스본조약으로 전면적으로 수정된 정책과정은 이전의 이사회를 중심으로 한 정부간주의(intergovernmentalism)에서 공동체 방식의 확대에 따른 초국가주의(supranationalism)로의 전환이다. 그럼에도 자유안전사법지대의 일부 이슈는 국내정치와 법질서에 미치는 영향이 크다는 점에서 공동체 방식 내에서도 이사회의 만장일치 표결을 요하는 특별입법절차(SLP)가 적용된다.226) 따라서 리스본조약 이후에도 자유안전사법지대의 실질적 정책내용은 회원국의 사법, 이민 및 내무장관이 참석하는 해당 이사회에서 결정된다. 이사회는 또한 범죄에 대한 경찰사법협력(PJCCM) 이슈의 경우 유럽위원회와 입법제안권을 공유하고 본 사안에 한해 긴급유예(emergency brakes)를 제기할 수 있다. 이러한 점에서 리스본조약 이후에

도 자유안전사법지대에서는 여전히 이사회가 전략적인 정치적 결정자로 위치한다.[227]

이사회는 정부간 기구의 특성상 총국을 중심으로한 수평적 구조인 유럽위원회와 달리 수직적 위계의 관료사회이다. 즉, 이사회 내부에서는 장관급 회합을 정점으로 회원국 관료들로 구성된 상주대표부Ⅱ(CoreperⅡ), 실무그룹(working groups) 그리고 해당 정책을 다루는 이사회위원회 (Council Committees)가 수직적 위계로 분포한다. 장관급 회합에서 논의될 안건은 상주대표부 Ⅱ에서 매주 대사급 수준의 회합을 통해 결정되며, 구체적인 사안은 회원국의 고위급 관료로 구성된 역내안보운영협력상임위원회(COSI)와 사회적 보호위원회(SPC) 그리고 실무관료들의 회합인 해당 실무그룹(working groups)에서 결정된다.[228]

자유안전사법지대는 정책의 성격 상 실무관료급의 회합이 가장 활발하다. 지리적 요인으로 말타에 집중된 북아프리카 난민문제는 당사국 뿐 아니라 모든 회원국이 사태의 심각성을 인식하는 사안이다. 따라서 대부분의 회원국은 불법이민과 난민, 테러대응에 있어 유럽적 해결을 강구한다. 그러나 본 사안은 회원국마다 복잡한 국내사정과 각기 다른 여론방향으로 유럽적 조치에 상세한 기술적 조정을 요하므로, 회원국 실무관료간 협력이 매우 중요한 의미를 갖는다. 따라서 실무그룹에 참여하는 국내관료는 다루는 사안의 전문성에 기인하여 직업외교관 보다는 회원국의 내무, 사법부처 혹은 관련 정부위원회 출신이 다수를 점한다.[229]

2019년 기준 이사회 내 약 150여개에 달하는 실무그룹 중 18개가 내무사법협력 분야를 다루며, 이사회의 설립허가와 필요에 따라 상주대표부의 결정을 통해 구성된다.[230] 18개의 실무그룹 중 이민국경망명전략위원회(SCIFA)와 범죄에 대한 경찰사법협력조정위원회(CATS)가 핵심적인 위원회로 유럽연합의 해당 정책의 결정과 실행에 큰 영향력을 행사한다. 이외에 자유안전사법지대 관련 실무그룹은 국경통제, 경찰협력, 마약밀매,

국경을 넘는 조직범죄에 대응한 사법협력과 테러대응 등 회원국간 긴밀한 협력이 요구되는 역내안보 분야에 집중되어 있다.[231]

(표) 이사회 내 내무사법협력 실무기구

분류 기호	실무그룹 명
E.1	Strategic Committee on Immigration, Frontiers and Asylum (SCIFA): 이민국경망명전략위원회
E.2	Working Party on Integration, Migration and Expulsion: 통합이민추방실무그룹
E.3	Visa Working Party: 비자실무그룹
E.4	Asylum Working Party: 망명실무그룹
E.6	Working Party on Frontiers: 국경실무그룹
E.7	Working Party on Civil Law Mattersl: 민사실무그룹
E.12	Working Party on Terrorism: 테러리즘실무그룹
E.13	Customs Cooperation Working Party: 관세협력실무그룹
E.14	Working Party on Cooperation in Criminal Matters: 범죄에 대한 사법협력실무그룹
E.15	Working Party on Substantive Criminal Law: 형사법실무그룹
E.21	Working Party on Civil Protection (PROCIV): 시민보호실무그룹
E.22	Working Party on Fundamental Rights, Citizens Rights and Free Movement of Persons (RREMP): 기본권, 시민의 권리와 자유이동실무그룹
E.23	Working Party on Information Exchange and Data Protection: 정보교류 및 정보보호실무그룹
E.24	Justice and Home Affaires-Foreign Relation Counsellors (JAI-RELEX) Working Party: 내무사법대외관계 자문관실무그룹
E.25	Coordinating Committee in the Area of Police and Judicial Cooperaton Criminal Matters (CATS): 범죄에 대한 경찰사법협력조정위원회
E.26	Law Enforcement Working Party: 법집행실무그룹
E.27	Working Party for Schengen Matters: 쉥겐실무그룹
E.29	Ad Hoc Working Party on JHA financial Instruments: 내무사법재정운용실무그룹

출처) Council of the European Union (2019), List of Council preparatory bodies, p. 12.

자유안전사법지대는 국가주권에 위치한 정책의 유럽적 해결과 보완을 꾀한다는 점에서 해당 정책은 회원간 정치적 합의가 전제되어야 한다. 따라서 자유안전사법지대의 경우 통상과 외교안보정책과 유사한 맥락에서 상주대표부와 실무그룹의 중간급의 위계에 위치한 이사회위원회(Council Committees)를 두고 있다. 2019년 1월 기준 이사회내에는 설립조약에 설립근거가 명시되거나 정부간 결정을 통해 만들어진 7개의 이사회위원회(Council Committees)가 운영되고 있는데 이중 역내안보운영협력상임위원회(COSI)와 사회적 보호위원회(SPC) 등 2개 위원회가 자유안전사법지대 운영기능을 갖는다.[232]

■ 유럽의회

리스본조약 이전까지 유럽연합조약(TEU)이 적용되는 제3지주에 위치하였던 자유안전사법지대 이슈는 정부간 방식을 통한 의사결정과 실행으로 유럽의회의 개입이 제도적으로 제한되었다. 본 이슈에서 유럽의회의 기능은 이사회로부터 정기적인 통지 및 자문기능으로 최소화되었다.[233] 따라서 유럽의회는 예산결정과정을 통한 간접적 개입, 자체 판단에 따른 보고서와 결의안(resolution) 채택 그리고 유럽연합 차원의 조치 이행을 확인하기 위한 회원국 정부에 대표단 파견 등 우회적 방법으로 본 정책에 개입할 수밖에 없었다.[234]

그러나 리스본조약 체결로 자유안전사법지대의 대부분 이슈에 일반입법절차가 적용되어 유럽의회는 이사회와 동등한 입법권한을 행사하게 되었다. 또한 특별입법절차(SLP) 내 자문(consultation procedure)과 합의절차(consent procedure)에서도 유럽의회는 각각 견해(opinion) 지연 및 최종 승인권한을 통해 간접적으로 이해관계를 투입할 수 있다. 이와 같이 리스본조약 체결로 자유안전사법지대 모든 이슈에서 유럽의회는 정책결정기구 본연의 기능을 갖는다. 구체적으로 이러한 제도적 조정의 결과는 세 가지 맥락에서 이해 할 수 있다.

첫째, 자유안전사법지대 정책에 일반입법절차 적용 확대로 동 이슈에서 유럽의회가 이사회와 동등한 정책결정기구로 위치한다. 리스본조약 발효를 전후한 2009년부터 2014년까지 일반입법절차에서 1단계 합의비율은 약 85%를 점한다.[235] 자유안전사법지대 이슈의 경우 리스본조약 체결 이전 공동결정절차가 적용된 상황에서도 1단계 합의 비율이 약 40% 수준이었는데, 리스본조약 이후 그 비율이 더욱 상승하여 약 80% 이상의 안건이 1단계에서 합의가 성사되었다. 1단계에서 의사결정 종료는 유럽위원회, 유럽의회 및 이사회가 참여하는 비공식 시스템인 3자 회합(trialogues)에서의 합의에 따른 것이다. 따라서 일반입법절차가 적용되는 자유안전사법지대 이슈 역시 여타 공동정책과 동일한 맥락에서 유럽의회를 포함한 정책결정기구간 타협과 협상을 통해 입법이 진행된다.[236]

둘째, 특별입법절차 내 자문절차(consultation procedure)에서도 이사회의 최종결정은 유럽의회의 자문제기 이후에 이루어지므로 본 정책과정에서도 유럽의회는 간접적으로 의사를 반영할 수 있다.[237] 자문절차에서 유럽의회의 견해는 구속력을 갖지 않지만, 견해제기에 시한이 명기되지 않았다. 따라서 유럽의회가 의제에 이견을 갖는다면 지연권한(power of delay)으로 공식적 자문제기를 늦추어 이사회와 타협점을 찾아 의견을 반영할 수 있다.[238] 이와 같이 자유안전사법지대 내 민감한 정책 역시 이사회의 독단을 제어하고, 정책결정기구간 견제와 균형에 의한 입법이 가능토록 제도적 기반이 구축되었다.

셋째, 리스본조약 이후 특별입법절차 내 합의절차(consent procedure)가 적용되는 국제적 협정의 최종승인에서 유럽의회의 비토권이 현실화되었다. 이에 따라 유럽의회는 자유안전사법지대 관련 국제적 협정과 합의에서도 직접적 영향력을 행사할 수 있다.[239] 2009년 11월 이사회가 미국과 체결한 국제은행간 통신협정인 SWIFT 임시협정에서 유럽의회는 2010년 2월 표결을 통해 유럽시민에 대한 데이터보호 조치 미흡을 이유로 거부권을 행사하였다. SWIFT 예비협정은 리스본조약 이후 합의절차가 최초로 적용된 국제적 협정이다. 동시에 본 협정은 자유안전사법지대 이슈를 다룬 최초의 국제적 협정으로 유럽의회의 거부권 행사는 리스본조약 이후 변화된 유럽의회의 권한을 단적으로 보여준다.240)

정책과정과 별개로 유럽의회는 유럽위원회 및 이사회와 함께 유럽경찰국과 유럽연합사법기구의 예산운영에 대한 통제권한을 공유한다. 유럽의회는 또한 상임위원회 중 하나인 시민자유사법내무위원회(LIBE)를 통해 유럽경찰국 국장(director)과 유럽연합사법기구 의장(president)에 대한 청문회 소집 권한을 행사할 수 있다. 이와 같이 유럽의회는 자유안전사법지대의 핵심적인 양대 규제기구에 대해 운영과 인사권까지 개입하므로, 양 기구과 관련된 입법에서도 충분히 의회 본연의 의사를 개진할 수 있다.241)

■ 사법재판소

암스테르담조약 체결 이전까지 자유안전사법지대 분야에서 사법재판소는 공식적인 법적 관할권을 행사하지 못하였다. 당시 사법재판소는 회원국간 분쟁에 대한 사례별로 조정과 법률적 의견개진 그리고 회원국간 체결한 협정(convention)에 대한 법률적 의견 정도로 권한이 제한되었다. 사법재판소는 특별히 범죄에 관한 사법협력 분야에서는 여하간의 기능도 행사할 수 없었다. 암스테르담조약 체결 이후 자유안전사법지대에서 사법재판소는 원칙적으로 회원국 법원의 요청에 따른 선결적 판단(preliminary ruling)을 제기 할 수 있다. 그러나 자유안전사법지대의 대부분 정책이 정부간 조정에 위치하여, 회원국간 혹은 회원국과 유럽연합 기구간 법적 분쟁이 거의 없어 사법재판소의 선결적 판단은 무의미 하였다.[242]

상황은 변화하여 리스본조약 체결로 자유안전사법지대에서도 사법재판소의 관할권이 공식적으로 인정되었다.[243] 사법재판소의 선결적 판단은 유럽연합운영조약 부속의정서 36(TFEU Protocol No. 36)에 따라 조약 발효 후 5년의 유예기간을 거쳐 2014년 12월부터 적용되었다. 더불어 리스본조약 체결로 대부분의 자유안전사법지대 이슈에서 일반입법절차가 적용되므로 유럽위원회는 본 이슈에서 유럽연합운영조약 258조(TFEU Art. 258)에 근거하여 회원국의 2차 입법 미수용에 대한 제재절차(infringement proceedings)를 진행할 수 있다. 회원국의 2차 입법 미수용시 실행되는 제재절차의 최종단계에서는 사법재판소의 법률적 판단이므로, 결과적으로 사법재판소는 자유안전사법지대에서 법적 관할권을 갖는다.[244]

다만 자유안전사법지대는 여타 공동정책과 달리 유럽적 이해를 위한 공동의 조치와 완고한 국가주권 수호간 갈등이 상존하여 사법재판소가 관련 이슈에서 법적 해석과 판결이 활발하지는 않다.[245]

③ 운영기구

■ 자유안전사법지대(AFSJ) 운영기구 1990년대

자유안전사법지대는 고유한 정책속성과 다양한 이슈영역을 포괄하여 정책결정기구는 물론이고 여러 유럽연합 기구가 정책결정과 실행에 참여한다. 정책결정기구를 제외하고 자유안전사법지대에 관여하는 기구는 크게 규제기구(regulatory agencies), 이사회위원회(Council Committees) 그리고 유럽대외관계청(EEAS)으로 범주화 할 수 있다.

(표) 자유안전사법지대(AFSJ) 운영기구

기구		소재지	설립년도	설립근거
규제기구(regulatory agencies)				
경찰협력	**Europol** (European Policy Office): 유럽경찰국	헤이그	1999	European Convention 1995 / EU Regulation 2016/794) (개정)
	· JITs (Joint Investigation Teams): 공동수사팀		2000	탐페레 프로그램
	· EC3 (European Cyber Center): 유럽사이버범죄센터		2013	
	· Joint Operation MARE: 공동해상작전부처		2015	
	· EU IRU (EU Internet Referral Unit): 인터넷감독국		2015	
	· ECTC (European Counter-Terrorism Centre): 유럽테러대응센터		2016	
	CEPOL (The European Union Agency for Law Enforcement Training): 유럽연합법률집행교육기구 ex European Police College: 유럽경찰대학	부다페스트	2000 / 2005	Council Decision 2000/820/JHA

사법협력	**Eurojust** (EU's Judical Cooperation Unit): 유럽연합 사법기구	헤이그	2002	Council Decision 2002/187/JHA
	EPPO (European Public Prosecutor's Office): 유럽검찰국		2017	
공동국경관리	**EBCGA** (European Border and Coast Guard Agency): 유럽국경해안경비기구 ex **Frontex** (EU Agency for the Management of Operational Cooperation at the External Borders): 유럽연합국경관리기구	바르샤바	2004 / 2016	Council Regulation (EC)2007/2004 / Regulation (EU) 2016/1624
이민망명	**EASO** (European Asylum Support Office): 유럽망명지원국	말타	2010	Regulation (EU)439/2010
기본권	**FRA** (European Union Agency forFundamental Rights): 유럽연합기본권기구 ex **EUMC** (European Monitoring Centre on Racism and Xenophobia): 유럽인종차별모니터링센터	비엔나	2007	Council Regulation (EC)168/2007
	EIGE (European Institute for Gender Equality): 유럽양성평등기구	빌뉴스	2007	Regulation (EC)1922/2006
기술지원	**eu-LISA** (EU Agency for large-scale IT systems): 내무사법 IT시스템운영기구	탈린	2012	Regulation (EU)1077/2011
역내안보	**ENISA** (European Union Agency for Cybersecurity) 유럽연합사이버안보기구 ex: European Network and Information Security Agency: 유럽연합네트워크정보안보기구	아테네	2004	EU Regulation 460/200

이사회위원회(Council Committees)

COSI (Standing Committee on Operational Cooperation on Internal Security): 역내안보운영협력상임위원회	2010	유럽연합운영조약 71조(TFEU Art. 71)
SPC (Social Protection Committee): 사회적 보호위원회 ex Article 36 Committee): 36조 위원회	2015	유럽연합운영조약 160조 (TFEU Art. 160)

유럽대외관계청(EEAS)

EU IntCen / EUSC: 유럽연합정보상황센터	1999 / 2010

출처) 필자구성

■ 자유안전사법지대 규제기구

▶ 설립배경

자유안전사법지대의 여러 정책은 회원국의 정치와 사법시스템과 깊숙이 연계되고 국가주권에 직접적인 영향을 미친다. 따라서 본 정책은 민주적 가치 및 시민의 자유와 공동체의 안보간 균형이 요구되므로 대부분의 회원국이 유럽연합 차원의 제도화된 입법을 통한 정책실행을 경계한다. 특별히 유럽연합의 이민과 조직범죄 대응을 위한 입법과 조치의 경우 대부분의 국가에서 선거시 쟁점이 되어왔다.[246] 따라서 자유안전사법지대의 운영은 국가주권에 영향을 미치지 않는 가운데 입법과 정책실행에 있어 회원국 사법기관간 협력촉진과 조화에 주력 할 수밖에 없다. 한편으로 실무수준에서는 철저하게 정부간 조정을 통해 운영되는 독립된 실행기관을 두어 일관된 정책집행이 또 다른 방편이다.[247]

이러한 정책배경에서 자유안전사법지대에서는 이른바 네트워크 거버넌스(network governance) 혹은 위원회 거버넌스(Committee Governance)가 활성화되어 해당 이슈마다 독립적 기능을 갖는 규제기구가 운영된다. 국경통제를 위시한 내무사법 이슈는 경제정책 개혁 및 고용정책 등과 유사한 맥락에서 회원국간 제도화된 협력이 요구된다. 따라서 본 정책은 유럽연합 차원에서 정책실행의 투명성과 집행의 효율성을 위해 회원국과 유럽위원회가 참여하는 일종의 독립기구 운영이 적절하다. 이러한 배경에서 유럽연합의 규제기구는 투명하고 유연한 조직구성과 함께 해당 분야의 기술적 전문성을 갖춘 전문가로 구성되어 정책실행 효과를 극대화 할 수 있는 방안이다.[248] 정치적 맥락에서도 자유안전사법지대 규제기구의 경우 독립적으로 기능을 수행하지만, 유럽연합의 예산으로 운영되므로 회원국과 유럽위원회의 입장에서는 직간접적으로 개입과 통제가 가능해 설립과 운영에 거부감이 적다는 장점도 있다.[249]

규제기구는 경찰사법협력, 이민망명, 국경관리와 역내안전 그리고 시민의 기본권 보호 등 자유안전사법지대의 전 분야에서 반독립적 위치에서 실무기능을 갖는다.[250] 또한 쉥겐정보시스템(SIS)에서 확인 할 수 있듯 정책운영을 위해 유럽연합 차원에서 구축된 별도의 기술적 시스템의 운영 실무도 규제기구가 담당한다.[251]

다만 규제기구는 입법과 정책결정 기능을 갖지 않는다. 1958년 사법재판소의 메로니 판결(Meroni v High Authority, Case 9/56)로 만들어진 이른바 메로니 독트린(Meroni doctrine)에 의해 조약에 근거해 추가로 설립된 여하간의 기구에 입법권한을 부여할 수 없다.[252] 따라서 규제기구는 물론이고 유럽중앙은행(ECB) 등은 비규제 조치와 유럽위원회의 정책실행 기능을 보완 및 일부 대치하는 정도의 권한만을 행사 할 수 있다.[253]

이러한 제도적 구속으로 자유안전사법지대의 실무운영을 담당하는 규제기구는 정책의 특성상 정부간 수평적 협력 형태로 운영되어, 이사회가 유럽위원회보다 규제기구 운영에 더욱 큰 영향력을 행사하여 왔다. 그러나 시간이 경과하면서 메로니 독트린이 유연하게 해석되면서 유럽연합의 규제기구는 유럽위원회를 대치한 정책결정 및 실행기능도 담당하고 있다. 이에 따라 자유안전사법지대의 여러 규제기구는 유럽위원회와 이사회에도 전적으로 구속되지 않는 초정부간 협력네트워크(transgovernmental cooperation network)의 성격이 강화되고 있다.[254]

제도적 측면에서 리스본조약 이후에는 유럽경찰국과 유럽연합사법기구의 기능, 임무 및 운영평가 등에서 일반입법절차가 적용되면서 유럽의회의 개입도 활발하게 이루어지고 있다. 그러나 회원국은 여전히 규제기구에 대한 영향력 유지를 위해 초국가기구의 개입을 내켜하지 않는다. 이에 따라 회원국은 규제기구를 통한 조치의 경우 일반입법절차의 하위입법과정인 커미톨로지(comitology) 진행을 선호한다. 물론 이러한 이유는 커미톨로지에서는 유럽의회가 배제되므로, 회원국의 이해투입이 보다 용이하기 때문이다.

▶ 규제기구의 발전

리스본조약 이전 자유안전사법지대 규제기구는 주로 역내국경 철폐와 테러대응을 위한 회원국간 협력 필요성에서 출범하였다. 1999년 유럽경찰국(Europol), 2002년 유럽연합사법기구(Eurojust), 2004년 유럽국경관리기구(Frontex) 그리고 2005년 유럽경찰대학(CEPOL) 등 리스본조약 이전에 출범한 규제기구는 대부분 역내안보 분야에 집중되었다. 이후 2007년 리스본조약 체결과 2014-15년 대규모 난민유입으로 2010년 유럽망명지원국(EASO) 그리고 2007년 유럽연합기본권기구(FRA) 등 이민망명정책을 다루는 규제기구가 연이어 설립되었다. 2016년에는 대규모 난민유입 사태를 맞아 기존의 유럽연합국경관리기구가 기능을 확대하여 유럽국경해안경비기구(EBCGA)로 개편되었다.[255]

자유안전사법지대의 규제기구는 경찰사법 및 역내안보는 유럽연합사법기구(Eurojust), 유럽사법네트워크(EJN), 유럽검찰국(EPPO), 유럽경찰국(Europol), 유럽연합법률강화훈련기구(CEPOL), 유럽국경해안경비기구(EBCGA), 이민망명 분야에서는 유럽망명지원국(EASO) 그리고 기본권은 유럽연합기본권기구(FRA)와 유럽양성평등기구(EIGE) 등으로 세분화된다. 규제기구의 주 기능은 회원국간 이해조정 및 유럽차원의 대응이다. 이외에도 내무사법 IT시스템운영기구(eu-LIsa)가 쉥겐지역의 국경관리 시스템을 비롯해 유럽연합 차원에서 운영하는 IT 시스템을 총괄적으로 관리한다.[256]

유럽연합의 여러 공동정책 중 자유안전사법지대에서 규제기구가 다수 구성되어 중심적 기능을 하는 이유는 정책의 성격에 기인한다. 경찰사법 및 이민망명 등의 이슈는 완전한 초국가화를 지양하고 회원국간 정책의 조화에 주목적이 있다. 따라서 본 분야에서 공동체 방식의 정책과정이 확대되어도 일부 회원국은 주권침해와 국내정책의 손상을 이유로 정책 실행에 부정적 입장을 견지한다. 따라서 본 정책은 회원국간 세세한 정책과 실행조치 결정이 매우 어렵고 실행 역시 여러 제약이 따른다. 또한 자유안전사법지대의 경우 정책실행에 깊이 관여하는 유럽위원회와 이사회 내 사무국(Secretariat)이 회원국의 압력으로 독단적 입장을 취하기도 어렵다.257)

한편 공동체 방식의 정책과정 확대로 유럽의회 역시 중심적 정책결정 기구로 위치하여 정책의 민주적 적법성이 고양되었다. 그러나 역설적으로 시민의 기본권 보호를 이유로 유럽의회가 유럽적 정책에 부정적 입장을 표명하면 결정과 실행은 의도한 결과를 얻기 어렵다. 이에 반해 규제기구는 브뤼셀의 관료주의와 회원국의 정치적 영향에서 벗어나 여러 제약에서 비교적 자유롭다. 회원국의 경우 국내의 저항을 상쇄하는 기제로 자유안전사법지대 분야의 규제기구 설립에 적극적 입장을 취하여 왔다.258)

리스본조약 이전까지 쉥겐 등 일부 초국가화가 진척된 이슈를 제외하면 자유안전사법지대의 대부분 정책은 이사회에서 정부간 조정을 통해 이루어져 왔다. 따라서 2000년대 이후 집중적으로 설립된 자유안전사법지대 규제기구는 정부간 협력이 야기하는 취약한 정책실행을 보완하는 기능적 대리인으로 출발하였다.259) 그러나 시간이 경과하면서 이들 규제기구는 회원국에 구속되지 않는 사실상의 독립적 기능을 갖고, 국가간 제도적 조화와 수평적 협력을 촉진하는 제 3의 행위자로 발전하였다.

▶ 규제기구의 감독과 통제: 유럽의회

일반적으로 시장운영을 목적으로 한 규제정책에서는 유럽위원회가 정책실행 주체로 프로그램운영과 예산배정 등 핵심기능을 담당한다. 이 과정에서 유럽위원회는 규제기구로 부터 기능적 지원을 받거나 혹은 규제기구에 정책실행을 위임하기도 한다. 규제기구를 통한 정책실행은 유럽위원회의 업무경감 및 전문성 확보에 기인하므로 규제기구와 유럽위원회간 에는 고도의 협력관계가 구축되어 있다. 반면에 유럽의회는 시장규제를 목적으로 한 규제기구 설립과 운영과정에서 유럽위원회에 비하여 기능이 상대적으로 취약하였다.

그러나 자유안전사법지대의 규제기구의 경우 대부분 암스테르담조약 이 후 유럽의회가 해당 분야에서 기능을 점진적으로 확대하는 과정에서 설립 되었다. 이러한 배경에서 유럽의회는 시장규제를 위한 규제기구와 달리 자 유안전사법지대의 규제기구 설립에 깊숙이 개입하였다. 이 결과 유럽의회 는 일부 규제기구에서는 실질적 운영주체인 운영이사회(management council) 참여를 관철하였다.260) 단적으로 유럽경찰국의 모태가 된 1995년 유럽경찰국협정(Europol Convention) 논의과정에서 유럽의회는 자문제기 정도의 참여도 없이 완전히 배제되었다. 그러나 이후 유럽경찰국의 운영에 서는 유럽의회가 공식적 권한을 갖고 참여하고 있다.261)

2010년 이후 유럽경찰국과 유럽연합사법기구는 기존에 회원국의 기여 금 대신 유럽연합의 예산으로 운영된다. 이에 따라 양 기구는 매년 예산 과 운영 현황을 담은 연례보고서를 이사회는 물론이고 유럽의회에도 제 출해야 한다. 따라서 유럽의회의 경우 예산상임위원회(BUDG)와 예산통 제상임위원회(Budgetary Control)가 양 규제기구의 예산운영을 감독하고, 필요하다면 청문회 개최도 요구 할 수 있다.262)

결정적으로 리스본조약 체결로 유럽연합운영조약 88조 2항(TFEU Art. 88.2)에 유럽경찰국의 구조, 운영, 임무범위와 임무수행 수단의 규정 그리 고 유럽경찰국의 활동에 대한 감독절차 제정에 일반입법절차(OLP) 적용 이 명기되었다. 또한 동 조약 85조 1항(TFEU Art. 85.1)에 유럽연합사법 기구의 구조, 운영 및 임무 그리고 활동평가에도 일반입법절차 적용이 명 기되었다. 이에 따라 유럽의회에서는 시민의 자유와 내무사법 상임이사회 (LIBE)가 공식적으로 양 기구에 대한 운영과 감독 기능을 행사한다.263)

■ 자유안전사법지대 정책영역과 규제기구

▶ 경찰협력: 유럽경찰국(Europol) / 유럽연합법률집행교육기구(CEPOL)

유럽경찰국(Europol)은 유럽연합사법기구(Eurojust)와 함께 자유안전사법지대의 핵심적 규제기구로 위치한다. 유럽경찰국은 경찰협력이 국내정책에 미치는 지대한 영향을 고려하여 독립적인 정책결정과 실행기능을 최소화한 정부간 기구로 출범하였다.[264] 그럼에도 유럽경찰국은 유사한 성격을 갖는 유럽연합사법기구와 달리 운영과정에서 회원국간 이견으로 끊임없이 논란이 되어왔다.

유럽경찰국은 국경을 넘어 이루어지는 중대범죄에 대해 회원국간 협력을 통한 대응과 각 회원국이 실행하는 관련 정책의 조화를 목적으로 설립되었다.[265] 그러나 현실적으로 유럽경찰국은 회원국의 경찰사법기관 지원이 주목적이다. 따라서 헤이그의 본부는 정보분석에 집중하고, 유럽경찰국장은 각 회원국간 정보교류를 위한 협력에 주력한다.[266]

구체적으로 유럽경찰국의 설립목적은 다국간 중대범죄에 있어 정보수집, 취합 및 분석 그리고 회원국에 대한 정보지원과 회원국간 정보교류이다. 출범 이후 유럽경찰국은 테러대응, 사이버범죄, 마약밀매 등의 중대한 국제범죄에 대한 정보수집과 회원국간 정보공유로 기능이 점진적으로 확대되었다. 이외에 유럽경찰국은 회원국 경찰당국이 진행하는 수사에 기술적 지원도 행하고 테러와 조직범죄 등에 관한 보고서도 정기적으로 작성한다.[267]

한편 유럽경찰국과 함께 경찰협력 분야의 규제기구로 위치하는 유럽경찰대학(CEPOL)은 1999년 탐페레 유럽이사회에서 정상들간 합의에 따라 설립이 결정되어 이듬해 2000년에 출범하였다. 이후 유럽경찰대학은 2005년 이사회 결정(Council Decision 2005/681/JHA)을 통해 공식적인 규제기구로 전환되었다. 유럽경찰대학의 설립근거가 된 2005년 이사회

결정은 2015년 이사회 규정(Regulation (EU) 2015/2219)으로 대치되었다. 유럽경찰대학은 출범시 영국 브람쉘(Bramshill)에 운영기구를 두었으나 영국의 유럽연합 탈퇴에 따라 2014년 10월 부다페스트로 이전하였다.[268]

　2013년 유럽위원회는 유럽경찰대학의 효과적 운영을 위해 유럽경찰국(Europol)으로의 편입내용을 담은 입법을 제안하였다. 그러나 본 입법은 이사회와 유럽의회로부터 거부되어 유럽경찰국과의 통합이 무산되었다.[269] 이후 유럽연합은 2016년 7월부터 유럽경찰대학(CEPOL)의 공식명칭을 유럽연합법률집행교육기구(The European Union Agency for Law Enforcement Training)로 개칭하고 일부 기능조정을 꾀하였다. 유럽경찰대학은 기구명 개칭 이후에도 기존 약어명칭은 그대로 사용한다.[270]

　유럽경찰대학은 유럽연합의 재정지원을 받아 회원국의 관련 기구간 일종의 네트워크 형태로 운영된다. 유럽경찰대학의 주 업무는 회원국 고위급 경찰간부의 국제적 범죄 대응능력 향상을 위한 교육훈련과 회원국간 경찰교육훈련 프로그램 조화 및 관련 연구조사이다.[271] 2016년 기구명 변경과 함께 회원국의 모든 법집행 기관으로 교육훈련 대상범위가 확대되었다. 이외에 유럽경찰대학은 심각한 안보위협 사안에 있어서는 역외 국가 및 국제기구와의 협력도 진행한다.[272]

▶ 사법협력: 유럽연합사법기구(Eurojust) / 유럽검찰국(EPPO)

　자유안전사법지대 여러 이슈 중에서도 범죄에 관한 사법협력은 유럽적 단일조치는 물론이고 회원국간 법률적 조화마저도 국내에서 사법부의 저항으로 용이하지 않은 분야이다. 따라서 본 사안에서는 위계적 구조를 배제하고 회원국의 해당 사법기관간 수평적 협력이 현실적 대안이다. 유럽연합사법기구(Eurojust)는 이러한 배경에서 출범하였다.[273]

　유럽연합사법기구는 유럽경찰국과 함께 유럽연합의 재정지원을 통해 운영되는 경찰사법 분야의 핵심 규제기구로 1998년에 만들어진 유럽사법네트워크(EJN)에 기원을 둔다.274) 유럽연합사법기구는 2000년부터 실행된 탐페레 프로그램을 통해 유럽경찰대학(CEPOL) 및 공동수사팀(JITs)과 함께 설립이 확정되었고, 2002년 이사회 결정(Council Decision 2002/187/JHA) 을 통해 정식으로 출범하였다. 유럽연합사법기구는 출범 후 2010년 1월까지 회원국의 재정기여로 유지되었다가 이후 유럽경찰국과 동일하게 유럽연합의 재정으로 운영되고 있다.275)

리스본조약 체결로 유럽연합운영조약 81조(TFEU Art. 81)에 유럽검찰국(EPPO)의 설립과 기능 제정에 관한 입법사안이 명기되었다. 유럽검찰국은 기존 유럽연합사법기구(Eurojust)에서 업무를 분리하여 국경을 넘는 중대범죄에 대한 수사와 기소권으로 권한을 확장한 것이다. 유럽연합 차원의 검찰국 설립은 2000년대 초부터 논의되어온 사안이다. 그러나 검찰협력은 범죄수사 절차와 관행에 지대한 영향을 미칠 수 있어 국가간 조화가 가장 어려운 분야로 회원국 내 사법부의 강한 반발로 설립을 위한 입법조치마저도 봉쇄되어왔다.276)

2013년 7월 이사회에서는 유럽검찰국 설립에 만장일치 합의를 이끌어내지 못하였다. 이러한 회원국의 배타적 분위기를 반영하여 리스본조약에는 만약 이사회에서 만장일치 표결을 요하는 유럽검찰국 설립에 일부 회원국이 반발한다면 강화된 협력(enhanced cooperation)을 통한 설립추진의 여지를 남겨놓았다.277) 예상대로 몇몇 회원국의 저항으로 유럽검찰국 설립이 계속 지지부진하자 유럽위원회는 이사회의 요청을 받아 강화된 협력 진행을 위한 입법을 제안하였다. 뒤이어 2017년 6월 이사회에서 20개 회원국이 강화된 협력을 채택하고, 이후 동년 10월 유럽의회에서 유럽검찰국 설립규정(Council Regulation (EU) 2017/1939)이 채택되었다. 이에 따라 2017년 11월 유럽연합 22개 회원국의 참여로 유럽검찰국이 출범하였다.278)

▶ 국경관리: 유럽국경해안경비기구(EBCGA)

2004년 바르샤바에 설립된 유럽국경관리기구(Frontex)는 외부국경관리를 전담하는 규제기구로 회원국간 통합된 시스템 구축과 공동관리를 목적으로 출범하였다. 유럽연합국경관리기구는 유럽연합 차원에서 국경관리를 위한 여러 파일럿 프로젝트 실행 결과 유럽적 전략 부재와 회원국의 국경관리 조치에 한계가 노정되자 역외국경의 통합관리를 위해 설립되었다.

한편으로 본 기구는 9.11 테러라는 돌발변수의 산물이다. 9.11 테러 직후 개최된 2001년 12월 라큰 유럽이사회(Laeken European Council)에서는 의장성명을 통해 '보다 효과적인 연합의 외부국경 통제는 테러와 불법이민 네트워크 대응에 도움을 줄 것이다.'라고 언급하였다. 이와 같이 유럽연합국경관리기구는 2001년 9.11 테러에 영향 받아 유럽연합 차원에서 통합된 국경관리 필요성이 제기되면서 신속하게 설립이 이루어졌다.[279]

유럽연합국경관리기구는 2016년 유럽국경해안경비기구(EBCGA) 규정 (Regulation (EU) No 2016/1624) 제정으로 유럽국경해안경비기구(EBCGA)로 기구명 개칭과 함께 기능이 대폭 확대되었다. 새롭게 출범한 유럽국경해안경비기구는 이민자 유입 감시와 본국귀환 조치 그리고 역내 자유이동에 뒤따르는 역내안보 조치 등으로 업무가 대폭 확대되었다. 이외에도 유럽국경해안경비기구는 회원국의 관련 기구는 물론이고 유럽연합과 국경을 접한 제 3국과 국경관리를 위한 대외협력 기능도 부가되어 자유안전사법지대의 핵심적 기구로 위상이 높아졌다. 유럽국경해안경비기구는 출범 이후 불법이민자들이 유럽연합 역내로 진입하기 위해 경유하는 제 3국과의 협력에도 중점을 두고 있다.[280]

▶ 이민망명: 유럽망명지원국(EASO)

자유안전사법지대의 이민, 망명분야에서 중요한 기능을 담당하는 규제기구는 유럽망명지원국(EASO)이다. 유럽망명지원국은 2010년 설립규정(Regulation (EU) No 439/2010)에 의해 2011년 말타에 규제기구 형태로 출범하였다. 2000년대 들어 중동지역의 분쟁으로 유럽으로 망명자가 대거 유입될 당시, 그리스에서 이라크 난민의 망명허가는 0%를 기록한 반면 핀란드는 100%로 회원국간 극단적인 양상을 보였다. 유럽망명지원국은 이러한 회원국간 천차만별인 망명심사 기준과 절차의 조화 필요성에 따라 설립되었다.[281]

유럽망명지원국은 공동유럽망명시스템(CEAS) 운영을 위한 실무적 사안을 모두 다룬다. 회원국간 이민망명 관련 정보교환, 망명담당 기관 종사자 연수, 망명신청자의 유럽내 재할당 그리고 불법이민자 유입으로 어려움을 겪는 회원국에 대한 정책지원 등은 유럽망명지원국의 핵심 업무이다. 이외에도 유럽망명지원국은 회원국의 망명신청 정보를 취합하여 연례 보고서를 작성한다. 유럽망명지원국은 자체에 각 회원국의 이민망명부처의 관료들로 구성된 망명지원팀(ASTs)을 두어 회원국간 정책조정 기능도 수행한다. 2016년 유럽위원회는 공동유럽망명시스템(CEAS) 강화를 위해 유럽망명지원국의 기능 확대를 담은 입법제안을 제출하였다.[282]

▶ 기본권과 비차별:
　유럽연합기본권기구(FRA) / 유럽양성평등기구(EIGE)

유럽연합기본권기구(FRA)는 1997년 규제기구 형태로 설립된 유럽인종차별모니터링센터(EUMC)를 대치하여 2007년 이사회 규정(Council Regulation (EC)168/2007)을 통해 비엔나에서 출범하였다. 유럽연합기본권기구는 유럽연합의 기본권 관련 입법의 이행을 감독하고, 회원국의 사례를 취합하여 해당 국가에 자문과 권고 제기 기능을 갖는다. 유럽시민들에게 기본권

관련 권리를 주지하기 위한 홍보활동도 본 기구의 주요한 기능이다.[283]

한편 2007년 리투아니아 빌뉴스에 설립된 유럽양성평등기구(EIGE)는 유럽전역에서 성평등 사례 취합과 분석을 통해 유럽위원회에 정책자문을 기한다. 이외에도 본 기구는 성평등에 대한 대중의 관심과 여론환기를 위한 홍보 활동도 진행한다.

▶ 기술지원: 내무사법 IT시스템운영기구(eu-LIsa)

내무사법 IT시스템운영기구(eu-LIsa)는 2012년 이사회규정(Regulation (EU)1077/2011)을 통해 에스토니아 탈린에 설립되었다. 다만 서버관리는 탈린에서 이루어지지만 기구의 운영관리는 프랑스의 스트라스부르그에서 별도로 진행한다. 내무사법 IT시스템운영기구는 쉥겐정보시스템II(SISII), 비자정보시스템(VIS) 그리고 유럽지문데이터베이스(Eurodac) 등 자유안전사법지대 운영을 위한 IT 시스템을 총괄 관리한다. 본 기구는 각 분야의 IT 전문가로 구성되며 데이터 보호와 통합을 위해 24시간 활동한다.[284]

▶ 역내안보: 유럽연합사이버안보기구(ENISA)

2004년 규정(EU Regulation No 460/2004)을 통해 출범한 유럽네트워크정보안보기구(ENISA)는 사이버 안보를 다루는 독립적 기구이다. 본 기구는 2013년 이른바 사이버안보법(Cybersecurity Act)으로 불리는 유럽연합사이버안보기구 규정(EU Regulation No 526/2013)을 통해 사이버 안보 분석과 자문 기능이 확대되었다. 이후 2019년 유럽연합사이버안보기구와 사이버안보 정보통신기술 규정(EU Regulation No 2019/881)을 통해 현재와 같이 유럽연합사이버안보기구(ENISA)로 기구명이 개칭되었다.

정책 영역		규제기구	관련 시스템과 대외협정
경찰 사법 협력	민사, 형사협력	• 유럽연합사법기구(Eurojust) • 유럽사법네트워크(EJN) • 유럽검찰국(EPPO)	
	경찰, 세관협력	• 유럽경찰국(Europol), • 유럽연합법률강화훈련기구(CEPOL)	플룸조약(Plüm Treaty)
	조직범죄 대응	• 유럽경찰국(Europol), • 유럽연합사법기구(Eurojust)	
	테러대응		
	마약밀매대응		
	인신매매대응	• 유럽경찰국(Europol), • 유럽연합사법기구(Eurojust) • 유럽국경해안경비기구(EBCGA)	
국경관리		• 유럽국경해안경비기구(EBCGA)	
이민망명		• 유럽망명지원국(EASO)	플룸조약(Plüm Treaty)
기본권과 비차별		• 유럽연합기본권기구(FRA) • 유럽양성평등기구(EIGE)	
기술지원		• IT시스템운영기구(eu-LIsa)	
역내안보		• 유럽연합사이버안보기구(ENISA)	
역내 자유이동		-	쉥겐정보시스템(SIS)

출처) Ian Bache, Simen Bulmer, Stephen George and Owen Parker (2015b), "Freedom, Security and Justice," Politics in the European Union, 4rd. ed., Oxford University Press, p. 459 수정 보완.

■ 이사회위원회(Council Committees): 역내안보운영협력상임위원회(COSI)와 사회적 보호위원회(SPC)

설립조약에 기능과 운영원칙이 명기된 7개의 이사회위원회(Council Committees) 중 역내안보운영협력상임위원회(COSI)와 사회적 보호위원회(SPC) 등 2개의 위원회가 내무사법 분야의 업무를 다룬다. 리스본조약 체결시 유럽연합운영조약 71조(TFEU Art. 71)에 안보협력을 위한 실무급의 상설위원회 설립이 명기되었다. 본 조약내용에 근거하여

2010년 이사회 결정(Decision 2010/13/EU)을 통해 역내안보운영협력상임위원회가 설립되었다. 이들 2개의 자유안전사법지대 이사회는 회원국의 해당부처내 고위급 관료들이 참석하며 브뤼셀에서 통상 월 1회 정례 회합을 갖는다.[285]

역내안보운영협력상임위원회는 유럽연합 구조 밖에서 연 2회 개최되는 회원국 정보기관장 회합인 베른클럽(Club of Berne)을 모티브로 설립되었다. 본 위원회는 자유안전사법지대의 일반적 정책방향 평가와 권고안 제기 그리고 유럽연합운영조약 222조(TFEU Art. 222)에 명기된 회원국간 연대조항(solidarity clause)에 근거한 이사회 지원 기능을 갖는다. 역내안보운영협력상임위원회는 해당 이사회의 지원이 주 목적이므로 입법과 정책결정 기능은 갖지 않지만, 국가간 정책조정 등 핵심 업무를 수행한다.[286]

구체적으로 역내안보운영협력상임위원회는 국경통제, 관세, 테러대응, 범죄에 관한 사법협력을 포함한 역내안보 이슈와 자연재해 등 긴급한 사안에 있어 이사회 지원과 회원국간 협력을 취한다. 본 위원회에는 각국 내무와 사법부의 고위급 관료들이 참석하며, 유럽대외관계청(EEAS), 유럽경찰국(Europol), 유럽연합사법기구(Eurojust), 유럽연합법률집행교육기구(CEPOL) 그리고 유럽국경해안경비기구(EBCGA) 등 역내안보를 다루는 규제기구 대표들도 참석한다. 필요하다면 내무사법분야의 이사회위원회인 사회적보호위원회(SPC)도 옵저버로 참여한다. 역내안보운영협력상임위원회는 이사회에 정기적인 보고서를 제출해야하고, 유럽의회와 회원국 의회에도 활동사항을 통보해야 한다.[287]

조약에 명기된 또 다른 자유안전사법지대의 이사회위원회는 구 36조 위원회 (Article 36 Committee)에 연원을 둔 사회적보호위원회(SPC)이다. 사회적보호위원회는 유럽연합운영조약 160조(TFEU Art. 160)에 근거하여 2015년에 설립되었다. 본 위원회는 이사회위원회로 이사회 내에 위치하지만 유럽위원회에서 의장(chair)과 사무국장(secretariat)을 선임한다. 사회적보호위원회는 역내시민의 기본권 관련 사안에 대한 이사회와 유럽위원회의 요청 및 자체의 판단에 따른 자문제기 기능을 갖는데, 역내안보운영협력상임위원회 보다는 정치적 중요도가 떨어진다.[288]

■ 유럽대외관계청(EEAS): 유럽연합정보상황센터(EU IntCen / EUSC)

역내안보의 중요성이 고조되고 안보개념이 변화하면서 자유안전사법지대는 외교안보정책과도 정책적 연계가 확대되고 있다. 이에 따라 대외관계를 담당하는 유럽대외관계청(EEAS)은 산하에 유럽연합정보상황센터(EU IntCen / EUSC)를 두어 테러대응을 중심으로 역내안보 정책에 직간접적으로 개입하고 있다. 유럽연합정보상황센터는 유럽경찰국 등 자유안전사법지대 분야의 규제기구 지원 기능도 갖는다.[289]

1999년 암스테르담조약 체결로 유럽안보방위정책(ESDP)이 출범하면서 당시 이사회 사무국장(Secretary General)으로 공동외교안보정책고위대표(High Representative for the CFSP)를 겸직하는 솔라나(Javier Solana)의 지휘를 받아 공동상황센터(SitCen)가 구성되었다. 브뤼셀에 위치하며 이사회의 통제를 받는 공동상황센터는 공동외교안보정책(CFSP) 지원을 위한 일종의 정보기관으로 대량살상무기 억제를 위한 정보수집과 분석이 주 업무였다.

그러나 2001년 9.11 테러와 2004년 마드리드 열차테러사건을 계기로 2005년부터 유럽연합 전역에서 테러리스트 동향파악과 각 국 경찰기관에 정보제공 기능이 추가되었다. 이후 2010년 12월 유럽대외관계청이 출범하면서 공동상황센터는 산하기구로 편입되었고, 2012년 유럽연합정보상황센터(IntCen)로 명칭변경과 함께 기능조정이 이루어졌다.[290]

회원국의 적극적인 동의하에 출범한 유럽연합정보상황센터는 테러정보 등 역내안보 분석과 유럽연합 군사부분의 대외대표 기능을 담당한다. 유럽연합정보상황센터는 테러대응을 위해 직접 정보를 취합하는 것은 아니며 회원국이 보낸 정보의 취합과 분석에 주력한다. 따라서 유럽연합정보상황센터에서 취합한 정보는 전적으로 회원국 정보기관에서 판단하여 핵심 정보를 제공한 것이다. 그러나 유럽연합정보상황센터는 점차 유럽경찰국과 여러 역내안보기구에서 보낸 정보도 취합하여 역내안보를 위협하는 다양한 정보를 분석하는 기구로 발전하였다.[291]

이외에도 본 센터는 이사회위원회로 외교안보정책을 다루는 정치안보위원회(PSC)는 물론이고 이사회의 관련 실무그룹(working groups)에 의사결정을 위한 정보제공 업무도 수행한다. 이와 같이 유럽연합정보상황센터는 대외관계 업무를 담당하는 기관이지만 역내안보를 중심으로 자유안전사법지대의 여러 기구와 업무를 공유한다. 또한 유럽연합정보상황센터는 독일의 공동대응센터(GTAZ), 영국의 공동테러분석센터(JTAC) 그리고 네덜란드의 정보안보서비스(AIVD) 등 주요 회원국의 테러대응기관과도 긴밀한 협력관계에 있다.[292]

유럽이사회 / 이사회	유럽위원회(COM)	유럽의회(EP)
유럽이사회 (European Council)	이민내무총국 (DG Home)	시민자유사법내무위원회 (LIBE)
내무사법이사회 (JHA Council)	사법소비자총국 (DG JUST)	유럽대외관계청 (EEAS)
테러리즘 조정관(CTC)	규제기구(Regulatory Agencies)	· 유럽연합정보상황센터 (EU IntCen)
상주대표부Ⅱ(CoreperⅡ)	· 유럽경찰국(Europol)	
이사회사무국 (General Secretariat)	· 유럽연합법률집행교육기구 (CEPOL) · 유럽연합사법기구(Eurojust) · 유럽검찰국(EPPO) · 유럽국경해안경비기구(EBCGA) · 유럽망명지원국(EASO) · 유럽연합기본권기구(FRA) · 유럽양성평등기구(EIGE) · 내무사법 IT시스템운영기구 (eu-LISA) · 유럽연합사이버안보기구 (ENISA)	
이사회위원회 (Council Committees) · 역내안보운영협력상임위원회 (COSI) · 사회적보호위원회(SPC)		
이사회실무그룹(Council WP) · 이민국경망명전략위원회 (SCIFA) · 경찰사법협력조정위원회 (CATS)		

출처) 필자구성

(그림) 자유안전사법지대 거버넌스

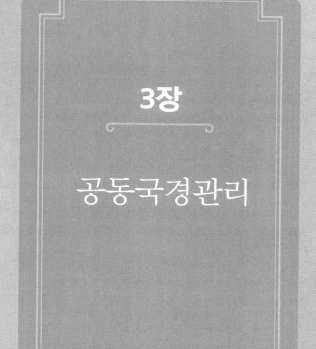

3장

공동국경관리

역내국경: 쉥겐지역(Schengen Area)

■ 쉥겐협정(Schengen Agreement)과 쉥겐이행협정(SIC)

▶ 출범배경

쉥겐협정(Schengen Agreement)을 통해 유럽경제지역(EEA)과 스위스 등 26개 유럽국가간 역내자유 왕래를 위해 물리적, 제도적 장벽이 일소되었고, 단일화된 역내국경 관리시스템이 구축되었다. 유럽연합은 1990년대 시장통합계획에 의해 상품교역에 있어서는 완전한 단일시장(single market)을 완성하였고, 유로존(Eurozone) 출범으로 자본의 자유이동과 회원국간 거시경제정책의 조화가 진척되었다. 이러한 경제통합 정책으로 제도적 측면에서 역내 노동자 등 경제인의 자유이동을 저해하는 장벽이 일소되었다. 그러나 유럽시민에게는 여권과 같은 증빙서류 및 국경검문 그리고 제3국인(TCNs) 노동자의 역내이동 제약 등 여전히 공동시장(common market) 내 제도적, 물리적 장벽이 상존하였다.[293]

따라서 역내국경 철폐는 경제인 뿐 아니라 유럽시민의 기본적 권리로 타 회원국에 여권소지 없이 자유로운 이동을 목적으로 한다. 시민의 자유이동은 노동의 이동을 촉진하고 경제적 기회를 확대하는 선결조건이다. 더불어 역내시민의 자유이동은 유럽시민의 정체성을 고양하여 통합을 이끄는 핵심적 기제이다. 여러 연구에 의하면 국경을 접하거나, 국경을 넘어 교류가 활발한 지방정부 일수록 유럽적 이해추구에 민감하고 유럽통합에 긍정적 시각을 갖는다는 결과가 있다.[294]

유럽에서 국가간 국경개방은 비교적 오랜 연원을 갖는다. 베네룩스 국가들은 1948년 역내국경을 철폐하였고, 스웨덴, 노르웨이, 핀란드, 덴마크 및 아이슬란드 등 북유럽 5개국 역시 1952년에 북유럽여권동맹(Nordic Passport Union)을 결성하여 완전한 역내자유이동을 실현하였다.[295] 1957년에 체결한 로마조약(Treaty of Rome)의 가시적 목표는 회원국간 노동의 자유이동이 가능한 공동시장의 창출이다. 따라서 회원국들은 로마조약 서문에 '분리된 유럽을 일소하기 위해 국가들간 공동의 조치를 취해 장벽을 일소하여 경제적, 사회적 진보를 꾀한다.'라는 문구를 명시하였다.[296]

그러나 1980년대 중반까지 유럽연합 차원에서 일련의 조치에도 불구하고 역내 자유이동은 여러 제약이 뒤따랐다. 1986년 단일유럽의정서(SEA) 체결을 위한 정부간 회담(IGC)에서 단일시장 내 노동의 자유이동 촉진을 위한 국경철폐 문제가 다루어졌다.[297] 단일시장계획을 통해 노동의 자유이동 조치가 이루어졌지만 이는 쉥겐지역(Schengen Area) 내 유럽시민의 자유이동과는 구분되는 조치이다. 단일유럽의정서에서 제시한 자유이동은 회원국간 관세철폐와 공동역외관세(CET) 시행으로 역내시장에서 노동과 상품 등 생산요소의 자유이동을 통한 공동시장 구현이다. 그러므로 단일유럽의정서에 명기된 사람의 자유이동은 유럽연합 시민이 단일시장에서 자유롭게 경제적 행위를 할 수 있다는 의미로 한정된다.[298]

한편 1992년에 체결된 마스트리히트조약 서문에 '회원국의 국적을 갖는 모든 사람은 유럽연합의 시민이다.'라는 문구를 명시하여 유럽시민의 자유이동을 암시하였다. 마스트리히트조약을 통해 유럽시민의 권리로서 역내 자유이동이 명기되었으나, 회원국간 이견으로 역내국경 철폐를 위한 실질적인 정책을 취하지 못하였다.[299] 이와 같이 유럽연합은 일련의 조약을 통해 역내자유이동을 명기하고, 후속조치를 취하였지만 의도한 바와 같이 자유로운 인적이동에는 여러 제약이 따랐다

전환점은 유럽연합 밖에서 이루어졌다. 1984년 7월 독일의 콜(Chancellor Kohl) 총리와 프랑스의 미태랑(François Mitterrand) 대통령은 양국간 국경

철폐를 담은 사프부뤠겐협정(Saafbrücken Ageement)에 서명하였다. 뒤이어 베네룩스 3국도 본 협정에 동참하여 1985년 6월 독일, 프랑스 및 베네룩스 3국을 포함한 유럽공동체 5개국은 역내국경 철폐와 역외국경관리시스템 구축을 담은 쉥겐협정(Schengen Agreement)을 체결하였다. 이어서 준비기간을 거쳐 이들 5개국은 1990년 6월 쉥겐지역의 본격적 출범을 위한 쉥겐이행협정(SIC)을 체결하였다.300) 쉥겐은 관세동맹과 단일시장 모델을 차용하였지만, 그 목적은 경제적 이해를 넘어 유럽시민의 기본적 권리로서 역내 이동의 자유를 의도한 것이다.301)

쉥겐이행협정은 유럽연합 밖에서 진행된 일부 국가간 국경철폐 협정이지만 참여국은 협정문에 유럽국가에게 가입문호를 개방한다고 명기하였다. 이러한 조치는 단일시장 출범에 즈음한 유럽연합과의 관계를 고려한 것이다.302) 쉥겐협정국의 의도와 유럽연합의 이해가 일치하여 암스테르담조약 체결시 유럽공동체설립조약(TEC) 부속의정서(protocol)에 쉥겐의 유산(Schengen acquis)이 명기되어 유럽연합의 제도로 편입되었다. 후속 조치로 쉥겐의 정책결정기구인 실행위원회(Executive Committee)와 쉥겐사무국(Schengen Secretariat)은 각각 이사회와 이사회사무국(Secretariat-General of the Council)으로 대치되었다.303)

쉥겐이 유럽연합의 제도로 흡수되면서, 쉥겐협정 이행을 위한 조치와 시스템은 유럽연합이 실행하는 국경관리정책의 근간이 되었고, 공동망명정책, 공동비자정책 그리고 회원국간 경찰사법협력 실행의 기반이 조성되었다. 이러한 점에서 쉥겐은 역내 회원국간 자유이동을 넘어 자유안전사법지대의 태동과 발전을 가져온 동력이라고 할 수 있다.304)

▶ 내용과 의미

시민의 완전한 자유이동을 위해서는 물리적 장벽제거는 물론이고 불법이민과 국경을 넘어 이루어지는 범죄에 대한 대응을 위해 회원국간 사법협력 시스템의 조화가 요구된다. 그럼에도 쉥겐협정에는 국경철폐에 요구되는 기술적 문제와 제도적 조정에 대한 정교한 내용을 담지는 않았다. 이러한 이유는 쉥겐협정이 체결된 1980년대의 정보기술 수준으로는 협정 체결국간 국경통제 시스템 구축이 용이하지 않았기 때문이다.[305]

이러한 이유로 쉥겐에 참여한 5개국은 협정 체결 이후에도 약 5년여간 추가적인 논의를 진행한 뒤, 1990년 6월 국경통제와 검문시스템의 점진적 철폐와 공동비자와 경찰사법협력을 내용으로한 쉥겐이행협정(SIC)을 체결하였다. 이후 다시 5년여의 준비를 거쳐 1995년부터 공식적으로 쉥겐지역이 출범하였다.[306]

총 142개 조항으로 구성된 쉥겐이행협정은 역내국경 철폐를 위한 상세한 기술적 문제를 다루었다. 구체적으로 본 협정에는, 외부국경관리, 비자, 제3국인의 역내국경이동, 불법이민통제, 쉥겐정보시스템(SIS) 운영, 망명절차 조화, 경찰협력, 범죄에 대한 사법공조, 역내에서의 운송, 참여국간 정보교환 및 개인정보보호 등 국경철폐에 따른 여러 후속조치를 명기하였다.[307] 이와 같이 쉥겐이행협정에 담은 이민, 망명 및 비자정책의 유럽화, 경찰사법과 역내안보 부분에서 유럽적 조치의 확대와 회원국간 국내정책 조화는 쉥겐이 가져온 구체적인 성과이다.[308] 따라서 쉥겐은 서유럽 일부 국가간 국경개방을 통한 자유왕래라는 목적으로 출범하였지만, 협정이행을 위한 다양한 조치들은 자유안전사법지대의 근간이 되었다.

쉥겐의 출범으로 유럽연합은 국경 없는 단일의 공동체가 되어, 유럽시민은 물론이고 합법적으로 역내에 진입한 제3국인 역시 국경검문 없이 자유로운 이동이 가능해졌다. 동시에 쉥겐의 출범으로 역외국경 혹은 외부국경(external border)이 형성되어 법적, 기술적 관리에 획기적 진척을 이루었다. 이러한 점에서 쉥겐은 1980-90년대 유럽연합이 성취한 가장 획기적인 통합의 진척이다.[309]

첫째, 쉥겐은 체결국 시민들간 자유이동을 의도하므로 역내에 진입한 불법이민자들 역시 자유로운 이동을 통해 복수의 회원국에서 망명과 난민신청을 가능케 한다. 쉥겐이행협정 체결에 앞서 1990년 유럽정치협력(EPC)을 통해 망명자의 신청요건과 절차를 다룬 더블린협정(Dublin Convention)이 체결되었다. 더블린협정의 핵심은 망명자가 도착한 국가에 절차진행 권한을 부여한 것으로, 체결국간 자유이동을 꾀한 쉥겐협정과 제도적 충돌이 야기될 수밖에 없다. 이에 따라 쉥겐협정 체결국은 무분별한 난민유입과 행정비용 유발을 막기 위해 회원국간 공동책임 원칙하에 쉥겐이행협정에 이중망명신청 차단을 명기하였다. 또한 본 협정에는 불법이민자에 대한 회원국간 표준화된 송환절차 등 이민문제에서도 공동대응 내용을 담았다.310)

둘째, 역내국경 철폐에 따라 형성된 역외공동국경의 관리를 위해 회원국간 단일화된 비자발급 요건 및 절차를 담은 제 조치가 요구된다. 또한 적법한 조건을 갖춘 제 3국인 역시 역내국경을 자유롭게 이동할 수 있도록 협정 체결국에서 모두 통용되는 단일비자시스템이 구축되어야 한다. 이 결과 쉥겐협정은 자연스럽게 회원국간 외부국경관리 시스템과 비자정책의 초국가화를 가져왔다.311)

셋째, 역내국경 철폐와 공동의 역외국경 설정 그리고 제 3국인의 쉥겐지역 입국을 위한 공동규정에 대한 감독을 위한 통합된 정보교환 시스템이 필요하다. 1990년대 정보통신기술의 비약적 발전으로 이러한 인프라 구축이 가능해져, 쉥겐정보시스템(SIS), 쉥겐비자시스템(VIS)과 회원국 정보네트워크(SIREN) 등 국경관리를 위한 여러 IT 시스템이 구축되었다.312) 시간이 경과하면서 본 시스템들은 국경관리를 넘어 수배자 검거, 도난과 분실물 회수 및 미아와 실종자 수배 등으로 활용도가 확대되었다. 이 결과 경찰협력과 역내안보 부분에 획기적인 진척을 가져왔다.313)

넷째, 역내국경 철폐로 국경을 넘는 범죄와 마약밀매 등 중대범죄에 노출되므로 회원국간 제도화된 경찰사법협력은 필수적이다. 이에 따라 쉥겐협정에는 참여국의 경찰사법당국간 수평적인 정부간 협력이 명기되어 이후 유럽경찰국(Europol)과 회원국간 사법협력의 기반이 되었다.314) 더불어 범죄 피해자와 증인보호, 개인정보보호 및 수사와 기소에 있어 회원국간 조화 등 여러 사법적 난제는 이후 경찰사법협력의 핵심적 해결사항이 되었다.

■ 쉥겐지역(Schengen) 운영과 운영평가 시스템

회원국은 일반적인 쉥겐운영에서 독립적으로 외부국경 조치를 취할 수 있지만 관련 결정과 프로그램은 유럽연합이 규정한 특별한 절차(under a specific Union-level procedure)에 준해야 한다. 또한 유럽위원회의 제안에 따라 이사회가 회원국에게 제기하는 권고(recommendation)는 제도적 구속력이 없지만, 미이행시 유럽위원회에 통지하고 이후 유럽의회와 이사회에서 본 사안이 논의된다.315)

쉥겐운영 시스템은 초국가주의와 정부간주의 혹은 공동체 방식(Community method)과 정부간 접근(Intergovernmental approach)의 긴장 속에서 발전하였다. 쉥겐의 운영에서는 원칙적으로 유럽위원회와 이사회가 권한을 공유하지만 시간이 경과하면서 정책의 초국가화에 조응하여 유럽위원회의 기능이 확대되고 있다.

이사회의 경우 유럽연합운영조약 71조(TFEU Art. 71)에 의해 구성된 이사회위원회인 역내안보운영협력상임위원회(COSI)가 핵심적 기능을 수행한다. 이외에 외부국경, 이민망명 및 IT 시스템 관리 등 여러 부분에서 규제기구가 기능적 임무를 수행한다. 특별히 정부간 네트워크로 출범한 유럽국경관리기구(Frontex)를 대치한 유럽국경해안경비기구(EBCGA)의 경우 리스본조약 이후 유럽위원회 및 회원국 정부와 일종의 주인-대리인(principle-agent)

관계를 형성할 정도로 기능과 위상이 확대되었다.[316]

한편으로 쉥겐운영 평가시스템의 권한귀속을 둘러싼 유럽위원회와 이사회의 대립은 초국가주의와 정부간주의의 대립과 융합이라는 쉥겐의 복합적 성격을 보여준다. 2011년 유럽위원회는 쉥겐 거버넌스 패키지(Schengen Governance Package)를 제출하여 이사회와 유럽이사회에서 2년여 간의 논의 끝에 입법화되었다. 본 패키지는 유럽위원회가 쉥겐지역 운영의 문제점을 파악하고 보다 효과적인 쉥겐 거버넌스 구축을 위한 일련의 정책방향과 입법내용을 담은 것이다.[317] 쉥겐 거버넌스 패키지의 핵심은 쉥겐운영 감독과 평가 시스템 및 국경관리를 비롯한 정부간 조정 시스템의 개선이지만, 여기에는 쉥겐운영에서 유럽위원회와 유럽국경관리기구(Frontex)가 중심이 된 초국가적 성격이 내재하였다.

쉥겐지역의 국경운영 평가는 매년 이사회의 실무그룹(working group)인 쉥겐평가위원회(Schengen Evaluation Committee)에서 담당하였다. 그러나 쉥겐평가위원회는 회원국 대표들로 구성된 정부간 성격의 위원회로 회원국간 이해 대립으로 평가 일관성과 효율성이 저해된다는 비판을 받아왔다. 이미 유럽위원회는 2008년부터 유럽국경관리기구가 쉥겐평가위원회의 기능을 대치해야 한다는 입장을 취하였고, 2011년 쉥겐 거버넌스 패키지 입법에 이러한 입장을 반영하였다. 결국 회원국간 논쟁 끝에 2013년 이사회 규정(Council Regulation (EU) No 1053/2013)을 통해 쉥겐운영 평가 기능은 유럽국경관리기구에 이관되었다.[318]

유럽국경관리기구는 자체에 외부국경의 위험요인을 분석하는 위험분석팀을 두어 통합위험분석모델(CIRAM)을 운용하여 매년 연례 및 분기별로 쉥겐평가보고서(Schengen Evaluation Report)를 유럽위원회와 이사회에 제출한다. 외부국경에 대한 위험분석 평가는 쉥겐지역 운영을 위한 핵심적 정보로 정책실행의 기반이다. 따라서 회원국 국경관리기구간 합동작전과 국경관리기구 인력에 대한 교육훈련은 통합위험분석모델에 기반해 이루어진다.

　이러한 외부국경 위험분석 평가의 중요성으로 유럽국경관리기구 내에서 본 업무에 배정된 예산이 매년 증액되었다. 2014년 유럽국경관기기구의 예산은 전년의 5,890만 유로에서 5,500만 유로로 삭감된 반면, 위험분석 평가 부분의 예산은 245만 유로에서 600만 유로로 두 배 이상 증가한 것은 본 업무의 중요성을 반영한 것이다.319)

■ 쉥겐지역(Schengen land)

▶ 쉥겐의 유산(Schengen acquis) 적용

　엄밀한 의미에서 쉥겐지역은 유럽연합을 넘어 유럽경제지역(EEA)과 스위스를 포함한다. 5개국으로 출발한 쉥겐협정은 이후 유럽연합에서 17개국 그리고 유럽경제지역 내 비유럽연합 3개국과 양 기구에 속하지 않는 스위스가 시차를 두고 본 조약에 서명하였다. 이에 따라 쉥겐협정 체결국은 26개국으로 확대되어 약 4억에 달하는 시민은 쉥겐지역 내에서 여행, 학업과 노동을 위한 이동과 거주 및 체류에 동등한 권리를 누린다.320)

　쉥겐협정으로 파생된 쉥겐의 유산은 일부 중동유럽 신규 회원국에게는 차별적 조치로 받아들여졌다. 5차 회원국 확대시 유럽연합은 경제적으로 뒤처진 중동유럽 신규가입국의 역내 자유이동에 따른 서유럽으로의 대거 노동이동 이동 가능성과 이들 국가의 취약한 국경통제시스템을 제기하였다. 동유럽과 인접한 루마니아와 불가리아 정부의 경우 쉥겐협정 수용시 이행해야 할 엄격한 역외국경통제에 정치적, 경제적 부담을 안고 있었다. 이러한 우려로 유럽연합은 5차 회원국 가입 협상시 중동유럽 신규회원국에 한시적인 노동이동 통제조치를 부가하였다. 이 결과 쉥겐은 유럽연합 내 새로운 동서장벽이 되었다는 비판이 제기되었다. 그러

나 최대 7년의 한시적 기간이 경과한 뒤 모든 신규 회원국은 역내자유이
동이 가능해졌다.[321]

쉥겐지역 운영은 26개 회원국간 단일화된 규범과 제도적, 기술적 차원
에서 국내제도의 조화에 기반한다. 이러한 제도 운영의 필요조건으로 일
부 유럽연합 국가는 쉥겐에서 제외되었다. 유럽연합 27개 회원국 중 쉥겐
미가입국은 탈퇴 전 영국을 제외하면 아일랜드, 불가리아, 루마니아, 크로
아티아 및 사이프러스 등 5개국이다. 유럽연합 탈퇴 전 영국과 아일랜드
는 자발적 미수용 경우이다. 루마니아와 불가리아는 여전히 비쉥겐 국가
이다. 그러나 이러한 조치는 이들 국가에 대한 정치적 배제가 아니라, 국
경관리 시스템의 취약성과 터키 및 동유럽과 인접한 지정학적 요인에 따
른 조치이다. 따라서 유럽연합은 이들 양국 시민의 쉥겐지역의 자유이동
은 사실상 제약을 두지 않는다.[322]

크로아티아는 후발 가입국으로 국경통제 시스템의 기술적, 행정적 미비
에 기인한다. 그러나 미가입국 중 영국의 유럽연합 탈퇴 전 루마니아, 불
가리아 및 크로아티아 등 3개국은 쉥겐정보시스템(SIS)을 활용한 외부국
경통제가 이루어지므로, 완전한 비 쉥겐국가는 사실상 아일랜드와 사이프
러스 2개국으로 한정된다.[323]

이외에 산마리노, 바티칸 그리고 모나코 등 유럽의 소국은 쉥겐에서 제
외되었지만 인근 국가와 국경을 개방하여 사실상 쉥겐의 유산(Schengen
acquis)이 적용된다.[324] 독특하게도 사이프러스는 국내의 정치적 상황으로
쉥겐가입이 무산된 경우이다. 사이프러스는 그리스계와 터키계의 갈등으
로 유럽연합에는 그리스계만 가입한 상태이다. 이러한 상황에서 사이프러
스가 쉥겐을 수용할 경우 양 민족간 분할이 고착화되고, 터키와도 정치적
갈등이 야기될 소지가 높아 쉥겐가입을 유보한 것이다.[325]

이에 따라 사이프러스는 유럽연합으로부터 쉥겐협정에 한해 공식적으
로 일시적 유예(derogation) 권한을 부여받았다. 이와 같이 사이프러스의

특수한 정치적 상황을 예외로 한다면 쉥겐은 사실상 모든 유럽연합 시민에게 역내자유이동을 가능케 한 통합의 성과이며, 관련 제 조치는 자유안전사법지대의의 토대라고 할 수 있다.

(표) 쉥겐협정 참여국가

연도	내용	협정참여국
1985.6	• 쉥겐협정 체결: 프랑스, 독일, 네덜란드, 벨기에 및 룩셈부르크	
1990.6	• 쉥겐이행협정 체결: 프랑스, 독일, 네덜란드, 벨기에 및 룩셈부르크	5개국
1995.3	• 쉥겐협정 발효: 프랑스, 독일, 네덜란드, 벨기에, 룩셈부르크 스페인 / 포르투갈(1991.6 체결)	7개국
1997.10	• 이탈리아 발효(1990.11 체결)	8개국
1997.12	• 오스트리아 발효(1995.4 체결)	9개국
2000.3	• 그리스 발효(1992.12 체결)	10개국
2001.3	• 덴마크 / 스웨덴 / 핀란드 / 노르웨이 / 아이슬란드 발효 (1996.12 체결)	15개국
2007.12	• 체코 / 헝가리 / 폴란드 / 슬로바키아 / 에스토니아 / 라트비아 / 리투아니아 / 슬로베니아 / 말타 발효(2003.4 체결)	24개국
2008.12	• 스위스 발효(2004.10 체결)	25개국
2011.12	• 리히텐슈타인 발효(2008.2 체결)	26개국

출처) European Commission (2018b), Migration and Home Affairs Schengen Area를 재구성.

▶ 쉥겐지역의 확대

영국은 자국의 안보와 국가주권에 위해가 된다는 점을 내세워 쉥겐협정 수용에 반대하였다. 영국은 자국이 유럽에서 불법이민자들이 집중되는 국가라는 사실, 섬이라는 지리적 특수성과 역시 같은 섬나라인 아일랜드와의 공동여행지역(Common Travel Area) 운영을 들어 독립적인 국경통제정책을 정당화 하였다.[326]

쉥겐협정 논의시 영국의 대처(Margaret Thatcher) 수상은 본 협정은 오래된 이상적 프로젝트로 결국 여러 부작용으로 실패할 것이라고 주장하면서 협정수용을 거부하였다. 한편 아일랜드의 쉥겐협정 거부는 실용적 동인에 기인한다. 아일랜드는 영국과 공동여행지역을 형성해 양국간 자유 왕래가 이루어진다는 점에서 쉥겐협정을 수용할 수 없는 입장이었다. 결국 영국과 아일랜드는 쉥겐의 미참여국으로 영국의 유럽연합 탈퇴 전 28개국 중 양국만이 역내국경 통과시 여권체크가 행해졌다.[327]

유럽연합은 영국과 아일랜드의 상황을 수용하여 리스본조약의 부속의정서에 양국은 쉥겐에서 배제되지만, 입장이 변경되면 가입을 수용한다는 내용을 명기하였다. 또한 양국에게 방대한 쉥겐의 조치를 취사선택하여 수용할 수 있는 이른바 선택적 수용(opt-in) 권한을 인정하였다. 이에 따라 영국과 아일랜드는 쉥겐협정은 수용치 않되 쉥겐정보시스템(SIS)에 대한 접근권한을 갖고 쉥겐지역 내에서 정보공유와 경찰협력은 유지하였다. 다만 양국은 타 쉥겐국가와 달리 국경통제 관련 정보접근은 제한되었다.[328]

덴마크 역시 쉥겐협정의 부작용을 거론하면서 참여를 거부하였는데 덴마크의 이러한 주장은 영국과 다른 배경에서 비롯된 것이다. 덴마크의 쉥겐조약 거부는 국경을 맞대고 있는 독일의 경찰력이 국내에까지 영향을 미칠 수 있다는 우려에 따른 것으로, 국내에서 쉥겐가입에 따른 국경철폐에 부정적 여론이 팽배하였다. 그럼에도 덴마크는 2001년에 쉥겐 회원국이 되었다.[329]

덴마크의 쉥겐가입은 1958년 덴마크, 노르웨이, 스웨덴, 핀란드 및 아이슬란드 등 북유럽 5개국 간 여권과 제도적 장벽 없이 상호 자유이동과 거주를 인정한 노르딕 여권동맹(Nordic Passport Union)에 따른 불가피한 결정이었다. 즉, 노르딕 여권동맹 회원국인 스웨덴, 핀란드 및 아이슬란드가 쉥겐협정 가입을 결정하면서, 노르딕 여권동맹을 유지하려는 덴마크는 기존 입장을 포기하고 쉥겐협정을 수용한 것이다.[330]

한편 쉥겐 창설 5개국은 당초 추가적인 국가의 가입은 유럽연합 회원국으로 한정하였고, 유럽연합 역시 인식을 같이하였다. 그러나 노르딕 여권동맹 회원국이며 비유럽연합 국가인 노르웨이와 아이슬란드가 쉥겐가입을 요청하면서 딜레마가 야기되었다. 유럽연합은 비회원국의 쉥겐수용은 외부국경 모니터링과 통제의 어려움으로 추가적인 비용을 유발하고 협정의 실효성이 저해된다는 입장이었다. 그러나 결국 유럽연합의 양보로 1996년 노르딕 여권동맹 5개국은 쉥겐이행협정(SIC)에 서명하고 2001년 협정이 발효되었다.[331)

스위스와 리히텐슈타인도 노르딕 여권동맹 국가와 동일한 딜레마를 야기하였다. 스위스의 경우 더블린협정(Dublin Convention) 체결국으로 유럽연합의 이민망명정책에 조응한 국내정책을 취하고 있으며, 지리적 위치와 경제적 이유로 쉥겐가입이 불가피하였다. 이에 유럽연합은 스위스와 리히텐슈타인의 입장을 수용하여 가입을 인정하여 양국은 2008과 2011년에 각각 쉥겐협정 회원국이 되었다.[332)

■ 한시적 국경통제: 쉥겐국경코드규정(SBC)

▶ 제도적 조건

쉥겐은 유럽시민의 기본권 확장에 전기를 마련하였지만 테러, 마약과 밀수, 자금세탁 및 조직범죄 등 역내안보를 위협하는 범죄에 노출된다는 새로운 문제를 야기하였다.[333) 이에 대응하여 유럽연합은 회원국에게 한시적인 쉥겐협정 유예를 위한 선택적 거부권(opt-out)을 허용하였다. 이러한 조치로 회원국은 역내안보 및 공공정책에 위해가 될 경우 일정 시한 역내국경에서 통제와 검문조치를 취할 수 있다.

다만 본 조치는 비례성의 원칙(principle of proportionality)에 따라 매우 예외적인 상황으로 한정되며, 회원국은 위협에 대응한 최소한의 조치로서 국경통제 범위와 기한에 제한을 받는다. 또한 한시적 국경통제를 시행하는 회원국은 타 쉥겐 회원국가, 유럽의회 및 유럽위원회에 이에 대한 통지 의무를 취해야 한다. 본 사안에 대해 유럽위원회는 비토권을 행사할 수 없지만, 회원국의 국경통제 조치와 비례성 원칙 준수에 의견을 제시할 수 있다.[334]

구체적으로 쉥겐국경코드규정 23, 24 그리고 25조(SBC Art. 23, 24 & 25)에 두 가지 상황에서 회원국의 한시적인 국경통제조치가 명기되어 있다. 쉥겐국경코드규정 23과 24조에는 예측 가능한 상황(foreseen circumstances)에 대비한 국경통제조치를 허용한다. 본 조항에 따라 회원국은 사전 국경통제 내용을 통지하고 최대 30일까지 국경통제를 취하며 본 조치의 갱신은 최대 6개월로 한정한다. 한편 쉥겐국경코드규정 25조에는 예측불가 상황(unforeseen circumstances)에서 회원국은 통지 없이 10일까지 재국경통제 조치를 취할 수 있고, 추가로 20일을 연장할 수 있다. 다만 총 국경통제 일수는 2개월로 한정한다. 본 규정들에 따라 쉥겐회원국은 예측 및 예측불가 상황을 합쳐 최대 8개월까지 재국경 통제를 취할 수 있다.[335]

매우 예외적 상황으로 쉥겐지역 내 자유이동이 저해 받을 정도로 국경통제 기능에 문제가 야기될 경우 이사회는 쉥겐국경코드규정 19조(SBC. Art. 19)에 따라 한 곳 이상의 역내국경에 통제조치를 부과할 수 있다. 통상 본 조치는 쉥겐회원국이 외부국경관리에 심각한 결격사항을 야기한 경우에 취해진다.

▶ 진행과정

쉥겐국경코드규정에 따른 국경통제는 사안의 중요성으로 엄격한 제도적 절차에 따라 진행된다. 먼저 유럽위원회는 쉥겐지역의 국경관리에 문제가 있다고 판단되면, 해당 회원국의 의견을 수용한 쉥겐평가보고서(Schengen Evaluation Report)를 이사회에 제출하고, 이를 기초로 이사회에서는 복구조치를 담은 권고(recommendation)를 채택한다. 유럽위원회 역시 쉥겐국경코드규정 19조 b항(SBC Art 19b)에 의거 쉥겐회원국 위원회(Committee of Member States)에서 가중다수결 표결(QMV)로 승인을 얻은 권고안을 채택한다.

해당 회원국은 이사회에서 복구조치를 담은 권고안 채택 후 3개월 이내에 조치를 취해야한다. 만약 본 기간내 만족스런 결과를 얻지 못하면 유럽위원회는 쉥겐국경코드규정 26조(SBC: Art 26)에 따라 1개국 혹은 다수국가를 대상으로 역내국경 통제를 결정하고 본 사안은 이사회에서 채택한다. 역내국경통제는 6개월간 가능하며 추가로 6개월을 연장하고 최대 2년간 지속할 수 있다.336)

쉥겐국가의 재국경 통제 조치는 2006년 10월부터 2018년 11월까지 총 108회가 취해졌는데, 쉥겐지역 26개국 중 19개국에서 최소 1회 이상 본 조치를 취하였다. 재국경 통제 시행은 난민과 불법이민자들의 최종 기착지라고 할 수 있는 프랑스(16회), 노르웨이(14회), 오스트리아(13회), 독일(12회), 스웨덴(11회), 덴마크(10회)에서 집중적으로 이루어졌다. 이러한 점에서 재국경 통제는 사실상 난민이 최초로 도착하는 국가에 부담을 경감하는 조치라고 할 수 있다.

(표) 쉥겐국가의 재국경 통제 빈도

순위	회원국	재국경통제 빈도	순위	회원국	재국경통제 빈도
1	프랑스	16	14	아이슬란드	2
2	노르웨이	14	15	라트비아	1
3	오스트리아	13	16	헝가리	1
4	독일	12	17	포르투갈	1
5	스웨덴	11	18	슬로베니아	1
6	덴마크	10	19	네덜란드	1
7	폴란드	5	20	체코	-

순위	회원국	재국경통제 빈도	순위	회원국	재국경통제 빈도
8	말타	3	21	그리스	-
9	핀란드	3	22	리투아니아	-
10	벨기에	2	23	룩셈부르크	-
11	에스토니아	2	24	슬로바키아	-
12	스페인	2	25	스위스	-
13	이탈리아	2	26	리히텐슈타인	-

출처) European Commission (2018p), Member States' notifications of the temporary reintroduction of border control at internal borders pursuant to Article 25 et seq. of the Schengen Borders Code.

　　그러나 일부 회원국은 재국경 통제로도 난민유입을 억제할 수 없어 극단적인 조치를 취하기도 하였다. 대표적 예로 2011년 5월 이탈리아는 자국으로 집중되는 북아프리카 난민의 수용이 한계에 다다르자 약 22,000여명의 난민에게 자국을 통과할 수 있는 서류를 발급하였다. 쉥겐 역내에서는 회원국간 국경진입과 통과 결정에 대한 상호인증이 적용되므로, 이들 난민들은 프랑스로 제약 없이 진입할 수 있게 된 것이다. 그러나 프랑스는 이탈리아의 조치를 비난하면서 급기야 역내국경을 통제하고 난민을 다시 이탈리아로 되돌려 보냈다.337) 본 사건에서 확인 할 수 있듯 회원국은 연대와 공동부담 원칙에 입각하여 제도화된 국정통제 시스템을 운영하지만, 국가간 비대칭적인 난민유입은 논쟁의 소지이며 이는 여전히 정치적 결정에 의존한다.

유럽위원회

- 쉥겐평가보고서(Schengen Evaluation Report) 채택
  - 외부국경 통제관리에 심각한 문제 확인

이사회

- 유럽위원회의 제안으로 이사회에서 회원국에 복구조치 권고(recommendations) 채택

유럽위원회

- 쉥겐회원국 위원회(Committee of Member States)의 가중다수결 표결 승인 후 쉥겐국경코드규정 19조 b항(SBC Art 19b)에 따른 특별조치를 담은 권고안 채택
  - 해당국은 이사회의 복구조치 권고안 제기 후 3개월 이내 복구조치 시행

유럽위원회   이사회 권고안 채택후 3개월 이내 복구조치 미비시

- 쉥겐국경코드규정 26조(SBC: Art 26)에 따라 1개국 혹은 다수국가를 대상으로 역내국경 통제 결정
  - 최대 6개월간 국경통제(추가로 6개월 연장 가능): 최대 2년까지 가능

이사회

- 이사회: 유럽위원회의 역내국경통제 권고안 채택

출처) European Commission (2018c), The Schengen Rules Explained을 재구성.

(그림) 쉥겐지역 국경통제 특별조치

■ 쉥겐정보시스템(SIS)

▶ 운영시스템

1991년 쉥겐이행협정(SIC)과 함께 본격적인 국경개방을 위한 여러 IT 시스템이 구축되었다. 이러한 IT 시스템은 역외에서 쉥겐지역(Schengen Area)으로 들어오는 사람과 역내 이동자에 대한 효과적인 모니터링과 통제를 목적으로 한다. 구체적으로 쉥겐운영을 위한 IT 시스템은 여러 사유로 역내진입이 거부된 인물선별, 유럽구속영장(EAW)에 의해 영장이 발부된 인물의 이동통제, 국가안보를 위해할 위험인물 통제 및 실종자와 도난 차량 수색 등 다방면에서 활용된다.[338]

쉥겐운영을 위한 IT 시스템은 쉥겐정보시스템(SIS), 비자정보시스템(VIS) 그리고 유럽지문데이터베이스(Eurodac)로 구성된다. 이외에 유럽경찰국 정보시스템(EIS)과 관세정보시스템(CIS) 역시 쉥겐지역 운영과 직간접적으로 연계되어 있다.[339] 쉥겐과 비자정보시스템 및 유럽지문데이터베이스는 에스토니아 탈린에 위치한 규제기구인 IT시스템관리기구(eu-LISA)에서 기술적 관리가 이루어진다. 이와 별도로 쉥겐정보시스템은 프랑스의 스트라스부르그에 중앙서버가 위치하여 회원국 쉥겐정보시스템(N-SIS)와 연결되어 있다.[340]

쉥겐정보시스템은 역내외 국경의 관리와 통제를 위한 시스템으로 3개의 2차 입법을 통해 운영과 관리에 관한 사안이 명기되어있다.[341]

첫째, 2006년 국경통제협력규정(Border control cooperation Regulation

(EC) No 1987/2006)을 통해 국경수비대, 비자발급기관 그리고 제 3국 시민의 이민업무를 관장하는 기관은 쉥겐정보시스템의 정보를 활용하여 제 3국인의 쉥겐지역 입국시 체류허가 및 거부 등을 결정한다.

둘째, 2006년 차량등록협력규정(Cooperation on vehicle registration, Regulation (EC) No 1986/2006)에 따라 쉥겐정보시스템을 통해 차량등록 유무와 번호판을 통해 신원정보를 확인하고 정보를 취득한다.

셋째, 2007년 이사회의 법률강화협력에 관한 자유안전사법지대 결정(Law enforcement cooperation, Council Decision 2007/533/JHA)에 따라 쉥겐국가의 경찰사법당국은 실종자와 범죄용의자 수배를 위한 쉥겐정보시스템 접근이 허용된다.

쉥겐정보시스템의 1차 목적은 쉥겐지역에 입국하는 제 3국인의 신원확인이다. 쉥겐지역으로 들어오는 제 3국인의 인적사항은 쉥겐정보시스템에 입력되고, IT시스템운영기구(eu-LISA)에서 관리하는 중앙시스템과 각 회원국 정보네트워크(SIRENE)를 통해 정보가 공유된다. 이러한 유럽차원의 통합된 네트워크로 쉥겐지역 내 국경경찰, 비자발급기관과 이민당국은 제 3국인의 쉥겐지역 입국 및 거주에 관한 정보를 손쉽게 활용할 수 있다.

쉥겐경보(Schengen alert)는 쉥겐정보시스템의 정보를 기반으로 발령된다. 쉥겐 회원국은 위험인물에 대해 쉥겐경보를 발령하여 역내진입을 금하거나 범죄자에 대한 대응을 취할 수 있다. 이 경우 쉥겐정보시스템을 통해 실시간으로 쉥겐지역 전역에 쉥겐경보가 전달되어 모든 쉥겐국가들이 즉각적으로 정보를 확인 후 대응한다. 쉥겐 회원국은 2006년 쉥겐정보시스템II 설립과 운영규정(Regulation (EC) No 1987/2006)과 2007년 이사회의 쉥겐정보시스템II 설립과 운영 결정(Council Decision 2007/533/JHA)에 근거하여 6개의 사안에 한해 쉥겐경보를 발령할 수 있다.[342]

· 쉥겐지역 입국 자격을 갖추지 않은 제 3국인의 입국과 거주 불허

- 유럽영장제도(EAW) 및 동반자협력국가(Associated Countries)의 신병인도 요청에 따른 범죄인 체포
- 실종자 수색, 아동과 법률적 보호 등이 필요한 사람
- 범죄 목격자 등 법률적 절차에 따라 지원이 필요한 사람
- 범죄용의자, 공공안전 및 국가안보를 위해할 소지가 있는 인물에 대한 주의와 경계
- 형사절차에 따른 압수와 증거취득(차량, 여행서류, 신용카드 등)

쉥겐정보시스템의 또 다른 용도는 경찰사법 분야에서 역내안보를 위한 활용이다. 쉥겐지역 내 경찰과 사법기관은 쉥겐정보시스템에 직접 연결하여 범죄자 파악 및 도난과 실종자 추적에 필요한 인적정보를 확인할 수 있다. 만약 추가적인 정보가 필요하다면 모든 쉥겐국가에 설치된 회원국 정보네트워크(SIRENE)에 보다 상세한 정보를 요청 할 수도 있다.[343]

이와 같이 2001년부터 가동된 쉥겐정보시스템은 회원국간 정보를 공유하고 공동대응을 취할 수 있는 물리적 기반이라는 점에서 쉥겐지역 내 모든 국경검문소은 물론이고 유럽경찰국(Europol)과 유럽연합사법기구(Eurojust)까지 정보접근이 허용되었다. 이러한 범용성으로 본 시스템은 국경통제에 필요한 정보인프라이며, 동시에 국경을 넘어 진행되는 테러, 국제적 범죄와 마약밀매 등을 포함한 경찰사법협력을 지원하는 네트워크로 발전하였다.[344]

▶ 참여국

쉥겐정보시스템은 쉥겐 26개국에서 국경운영을 위한 시스템으로 쉥겐에 참여하지 않는 사이프러스는 본 시스템 접근이 불가하다. 사이프러스는 국내사정으로 쉥겐협정 수용에 일시적 유예(derogation)를 받아 역시 쉥겐정보시스템 이용에서 제외되었다. 반면에 유럽연합 탈퇴 전 까지 쉥겐 미참여국이었던 영국은 2013년 이후 업그레이드된 쉥겐정보시스템 Ⅱ(SIS Ⅱ)을 활용하였다. 다만 영국은 쉥겐지역 전역에 입국과 체류 거부를

알리는 쉥겐정보 발령 권한은 행사할 수 없었다. 영국과 공동여행지역 (Common Travel Area)을 구성하는 아일랜드는 영국의 유럽연합 탈퇴이 후에도 쉥겐정보시스템을 운영하고 있으나 역시 쉥겐정보 발령권한은 행사할 수 없다.[345]

이외에 쉥겐지역 미참여국인 불가리아와 루마니아는 쉥겐지역에 참여 하지 않기 때문에 원칙적으로 쉥겐정보시스템 접근이 차단되었는데, 2018 년 8월 이후 본 시스템 활용이 허용되었다. 가장 뒤늦게 유럽연합에 가입 한 크로아티아는 쉥겐정보 발령에 여러 제약이 따르는 국가이다. 이에 따 라 크로아티아는 쉥겐정보시스템 적용이 미루어지다가 2017년 6월부터 본 시스템의 제한적인 사용이 가능해졌다.[346]

한편 쉥겐정보시스템은 스위스, 노르웨이 리히텐슈타인과 아이슬란드 등 유럽자유무역연합(EFTA) 4개국에서도 활용된다. 이에 따라 2021년 12월 기준 쉥겐정보시스템은 부분적 활용국가를 포함해 유럽연합 26개 국(사이프러스 제외)과 유럽자유무역연합 4개국 등 총 30개국에서 운영 된다.[347]

▶ 정보 내용

쉥겐정보시스템은 쉥겐지역 출입자 신원과 상품 확인, 실종자 및 범죄 자의 신원확인과 소재파악 등 국경관리와 역내안보를 위한 물리적 기반 이다. 따라서 쉥겐정보시스템에 입력된 데이터의 정확성과 완성도는 시스 템 운영의 관건이다. 쉥겐정보시스템에는 쉥겐지역에 입국하는 모든 사람 들의 성명, 출생연월, 지문, 사진과 쉥겐정보 발령 대상자 이력 등 기초적 인 정보가 데이터화 되어 있다.

2006년 12월 유럽의회와 이사회규정(Regulation (EC) No 1987/2006) 을 통해 2세대 쉥겐정보시스템 II(SIS II) 설립과 운영이 결정되었다.[348] 쉥겐정보시스템 II에는 기존 운영과정에서 기술적 문제를 보완하고 지문

등 생체정보가 새롭게 추가되었다. 본 결정에 따라 쉥겐정보시스템은 2010년 이후 방대한 파일의 크로스 체크를 포함해 정보내용이 업그레이드되었는데, 기술적 난항과 법률적 문제로 수차례에 걸쳐 지체되었다가 2013년부터 운영되고 있다.[349]

쉥겐정보시스템 II에는 지문 등 생체인식정보도 데이터화되어 이전보다 더욱 방대하고 상세한 개인정보를 담았다. 또한 쉥겐정보시스템 II에는 비자발급을 통해 유럽연합 역내로 유입된 제3국인에 대한 정보도 담고 있다.[350] 이외에도 본 시스템에는 테러 용의자, 상습적인 축구장 홀리건 등 잠재적인 범죄자의 신상도 별도로 분류되어 데이터베이스화 되어 있다. 2018년에는 타인 사칭 혹은 위조서류를 통한 쉥겐입국을 막기 위해 기술적으로 보다 정교해진 자동지문확인시스템(AFIS)이 도입되었다.[351]

▶ 접근과 관리

쉥겐정보시스템은 국경검문소, 경찰, 세관, 사법당국, 비자발급 및 차량등록기관 등에서 업무수행을 위해 필요한 정보에 한해 접근이 가능하다. 유럽연합은 매년 관보(OJ)를 통해 쉥겐정보시스템에 접속할 수 있는 기관목록을 공개한다. 유럽경찰국(Europol)과 유럽연합사법기구(Eurojust) 역시 특정한 경고목록에 한해 접근이 가능하다.[352] 쉥겐정보시스템은 2008년 당시 쉥겐협정에서 선택적 거부권을 갖는 영국까지 포함하여 쉥겐국가에서 업데이트한 2,720만 건의 파일이 저장되었다고 보고된 바 있다. 또한 2016년 12월 기준 쉥겐정보시스템에 등록된 쉥겐경보는 약 7,100만 건에 달하는데 이중 도난(약 3,900만 건)과 차량도난(약 500만 건)이 다수를 점한다.[353]

쉥겐정보시스템의 방대한 정보와 함께 정보의 질과 진위여부 그리고 데이터 보호는 시스템 운영의 관건으로 유럽연합은 이중의 정보보호 시스템을 구축하였다.

첫째, 쉥겐정보시스템 운영 회원국은 자국 내 시스템 운영과 유지책임을 갖고 원칙적으로 경보발령 내용도 해당국에서 책임을 갖는다. 모든 쉥겐정보시스템 운영 국가는 회원국 정보네트워크(SIRENE)를 운영하는데 본 네트워크는 쉥겐정보시스템 중앙서버와 연결되어 참여 회원국이 정보를 공유한다. 따라서 회원국 정보네트워크의 효과적 운영은 쉥겐정보시스템의 핵심으로 해당국 내 정보보호당국의 감독이 뒤따른다.354)

둘째, 쉥겐정보시스템과 비자정보시스템 그리고 유럽지문데이터베이스 등 쉥겐운영을 위한 모든 시스템은 에스토니아 탈린에 위치한 내무사법 IT시스템운영기구(eu-LISA)에서 통합 관리한다. 유럽연합 내 유럽데이타보호감독관(EDPS)은 본 시스템의 정보보호 감독권한을 갖는다. 이외에도 유럽위원회는 데이터 검색기준 준수 등 전반적인 시스템 운영에 대한 감독과 평가 권한을 행사한다.355)

유럽위원회는 2016년 쉥겐정보시스템 활용강화 조치를 담은 입법을 제안하였는데 2021년 이후 입법화되어 적용이 예상된다. 본 입법은 쉥겐정보시스템을 국경관리 이외에 범죄예방 등 다양한 분야로 활용도를 높이고 관련 기관에서도 폭넓게 활용토록 한다는 취지이다.356)

- 쉥겐정보시스템에 손바닥지문, 지문, 얼굴이미지와 DNA 정보 등 보다 많은 생체정보를 담아 실종자 수색 등 광범위한 활용
- 테러대응과 중대범죄 예방을 위해 보다 많은 관련 정보를 담고 회원국의 관련 기관에서도 접근 허용
- 쉥겐정보시스템을 활용하는 관계당국에서 실종자, 아동납치, 인신매매, 성폭력 등의 범죄에 예방경보 발령 허용
- 불법이민 통제를 위해 역내입국 금지 및 본국송환 결정 등에 관련 정보 교류
- 유럽경찰국(Europol)은 쉥겐정보시스템의 모든 경보에 접근을 허용하고, 유럽국경해안경비기구(EBCGA) 역시 정보접근과 활용을 통해 작전수행에 활용

▶ 회원국 정보네트워크(SIRENE)

쉥겐 회원국은 쉥겐정보시스템과 함께 회원국 정보네트워크(SIRENE)를 동시에 운영한다. 회원국 정보네트워크는 쉥겐 회원국 양자 혹은 다자간에 쉥겐정보시스템 이외에 추가적인 정보교환을 위한 시스템이다. 본 시스템은 쉥겐정보 발령시 회원국간 보다 상세한 정보의 교환과 협력을 목적으로 구축된 것이다. 회원국 정보네트워크에는 각 회원국에서 경찰, 사법 및 관세당국 관료들이 참여하며 쉥겐시스템과 별도로 운영된다. 회원국 정보네트워크를 통한 협력은 회원국간 1대1 혹은 1대 다수 등의 형태로 진행되며 신속하고 신뢰성 높은 정보교환을 위해 표준화된 형식의 데이터 교환 방식이 사용된다.[357]

- 쉥겐경보 발령시 추가적인 정보제공
- 사법절차에 따른 범죄자 수배
- 쉥겐경보 발령국에서 경보에 부합하는 상황시 타회원국에게 실행과 조치 요구
- 쉥겐경보 발령시 데이터의 질과 부합성 확인
- 쉥겐경보와 관련된 회원국간 실행조치 조화
- 개인정보 접근 요청에 대한 조치

▶ 유용성

쉥겐정보시스템과 하위시스템인 회원국 정보네트워크(SIRENE)는 기술적으로 복잡한 데이터베이스이며 정보교환 시스템으로 외부국경의 효과적 관리를 위해 구축되었다. 시간이 경과하고 회원국 정보네트워크를 통해 데이터가 축적되면서 국경을 넘는 범죄 수사와 예방, 지명수배자, 도난차량 수배, 여권 등 신분증 회수 등 범죄 수사와 예방으로 활용 폭이 확대되고 있다. 또한 본 시스템을 통해 쉥겐지역 입국이 거부당한 제 3국인의 인적사항이 데이터베이스화 되면서 불법이민 통제에도 폭넓게 활용되고

있다. 이러한 쉥겐정보시스템의 유용성으로 쉥겐에서 선택적 거부권을 갖는 영국까지도 유럽연합 탈퇴 전 본 시스템에는 참여하였다.[358] 따라서 영국의 유럽연합 탈퇴 이후 쉥겐정보시스템과 회원국 정보네트워크에 대한 연결과 접근문제는 주요한 이슈중 하나이다.

■ 쉥겐국경코드(SBC) 규정

역내국경 철폐는 두 가지 사안을 전제한다. 첫째, 자유이동에 필연적으로 동반되는 역내안보 위험을 감수할 수는 없다. 따라서 효과적인 외부국경통제 시스템을 요한다. 회원국간 국경개방으로 특정 회원국으로의 불법 이민 및 범죄자의 유입은 모든 쉥겐국가에게 영향을 미치게 되었다. 따라서 역내외 국경관리는 해당 국가의 고유한 권한이 아니라, 모든 회원국이 공유해야 하는 문제로 부각되었다. 둘째, 적법한 이유로 쉥겐지역에 들어오는 제 3국인에 대한 신속한 국경통과를 위한 효과적이며 투명한 시스템이 필요하다. 쉥겐국경코드(SBC)는 이러한 두 가지 목적을 위한 참여국가 간 외부국경 관리를 위한 단일화된 매뉴얼이다.[359]

쉥겐국경코드는 국경검문, 입국을 위한 필요서류와 조건, 쉥겐지역내 체류기간 등에 있어 회원국간 통일을 기한 것이다.[360] 2006년에 제정된 쉥겐국경코드규정(SBC Regulation (EC) 562/2006)과 후속 규정(SBC Regulation (EU) 2016/399)은 단일화된 외부국경통제를 목적으로 회원국간 국경통제에 있어 규범과 절차의 조화(Harmonising rules and procedures)를 명시한 것이다. 구체적으로 쉥겐국경코드규정은 역외국경 검문소의 운영절차와 제 3국인 통제를 위한 시스템 그리고 장비운용을 위한 기술적 매뉴얼까지 방대한 내용을 담은 일종의 기술 매뉴얼이다.[361]

한편 유럽연합은 쉥겐국경코드(SBC) 운영을 위한 하위시스템으로 쉥겐지역을 오가는 비유럽연합 시민의 출입국 관리를 담당하는 지역국경사무소(Local Border Traffic Regime)를 운영하고 있다. 지역국경사무소는 학업과 연구 그리고 무역 등 비즈니스를 목적으로 역내 출입이 잦은 제 3국시민의 신속한 국경통과 편의를 위해 설립되었다. 이를 위해 유럽연합은역외국경을 접한 비유럽연합 회원국과 양자협정을 체결하여 이들 국가의접경지역 시민이 쉥겐비자 발급 없이 역내 출입을 허용하고 본 실무는 지역국경사무소에서 담당한다.362)

유럽연합 차원의 비자정책은 쉥겐의 운영에서 비롯된 또 다른 연관 정책이다. 쉥겐 참여국은 쉥겐국경코드와 함께 2001년에 제정된 비자발급국가규정(Regulation (EC) No 539/2001) 그리고 2009년에 제정된 비자코드규정(Visa Code Regulation (EC) No 810/2009)에 따라 제 3국인에 대해 3개월 이내의 단기비자 발급 절차와 조건 등에서 조화를 꾀해야 한다. 쉥겐 및 유럽연합 회원국은 본 규정들을 통해 공동비자시스템을 유지해야 한다. 다만 장기비자와 90일 이상의 거주허가는 여전히 회원국의 국내법에 따른다.363) 2001년에 제정된 비자발급국가규정은 2018년 제 3국인의 비자발급국가규정(Regulation (EU) 2018/1806)으로 대치되어 쉥겐지역 입국에 비자발급을 요하는 제 3국 및 비자 면제국을 새롭게 명시되었다.364)

■ 비자정보시스템(VIS)

▶ 운영목적

유럽연합의 공동비자정책과 셍겐지역 운영은 상호연관된 정책이다. 유럽연합 차원의 비자정책은 적법한 절차를 밟은 제 3국인의 쉥겐지역내 출입편의를 도모하면서, 역내안보 차원에서 제 3국의 불법 입국자를 철저히

통제하는 것이다. 쉥겐지역 26개국에서는 역내에 들어오는 제 3국인에 대하여 최대 90일까지 체류가 가능한 쉥겐비자(Schengen visa)를 발급한다. 2016년 쉥겐 26개국은 1,390만 건의 쉥겐비자(Schengen visa)를 발급하였다. 쉥겐지역의 90일 이내 단기비자발급은 2018년의 수정입법인 제 3국인의 비자발급국가규정(Regulation (EU) 2018/1806)에 따른다. 비자정보시스템(VIS)은 이러한 쉥겐비자 발급과 운영을 위한 핵심 시스템이다.[365]

비자정보시스템(VIS)은 쉥겐정보시스템(SIS)과 함께 쉥겐지역의 역외국경 관리를 위한 양대 시스템이다. 비자정보시스템은 쉥겐 회원국간 IT 시스템을 활용한 비자정보 교환 인프라로 유럽연합의 공동비자정책과 회원국 영사당국간 협력을 지원하는 핵심적 시스템이다. 2011년부터 쉥겐지역에 입국하는 모든 제 3국인은 비자정보시스템에 의해 공통적인 비자발급 절차가 적용되고 본 정보는 쉥겐지역 국경관리기구간 공유된다. 비자를 발급받아 쉥겐 역내로 들어온 모든 제 3국인은 비자정보시스템에 디지털 사진과 10개의 지문이 등록되어 5년간 활용된다. 다만 인권침해 소지로 12세 이하 아동의 지문은 채취하지 않는다.[366]

쉥겐지역 회원국은 본 시스템을 통해 자국에 적법한 절차로 입국한 제 3국인의 신원확인과 쉥겐지역 입국 및 거주조건을 확인 할 수 있다. 이와 같이 비자정보시스템은 역내진입이 금지된 제 3국인의 신원확인과 통제에 1차적 목적이 있다. 한편으로 비자정보시스템은 쉥겐지역 입국에 결격사유가 없고, 적법한 절차를 밟고 입국하는 제 3국인에게는 사전에 생체정보 등록을 통해 신속하게 출입국 관리가 가능토록 한 것이다.

이러한 기능적 목적과 함께 비자정보시스템은 비자쇼핑(visa shopping)을 막고 불법이민자와 중범죄자의 역내진입을 차단하기 위한 시스템이다. 회원국은 비자정보시스템을 통해 국경을 넘어 이동하여 망명신청을 하는 제 3국인의 비자쇼핑과 난민을 가장한 불법이민자 색출이 용이해졌다. 이외에도 본 시스템에 기록된 비자발급자의 생체정보를 활용하여 비자도용

및 위조비자를 소유한 입국자를 가려내고, 테러 및 중범죄자의 역내진입 차단도 효과적으로 진행된다.[367]

▶ 운영과 관리

비자정보시스템은 에스토니아 탈린에 위치한 IT시스템관리기구(eu-LISA)에서 통합관리하며, 제3국에 위치한 영사관과 쉥겐국가의 외부국경과 네트워크로 연결되어 상호 정보교환이 가능하다. 비자정보시스템은 망명신청자의 심사에 활용되므로 회원국의 해당 기관에서 본 시스템 접근이 가능하다. 이외에도 비자정보시스템에는 쉥겐 회원국의 사법당국과 유럽경찰국 그리고 특별한 경우 제3국 및 국제기구의 접근이 허용된다. 유럽경찰국의 경우 범죄예방과 테러리스트 조사 등 특별한 사안에 한해 비자정보시스템의 데이터 열람과 활용을 요청할 수 있다.[368]

쉥겐국가의 모든 역외국경에서 국경경찰은 생체정보를 담은 비자 소지자를 확인하고 본 정보는 중앙의 자동지문확인시스템(AFIS)과 이중체크 후 비자정보시스템에 데이터베이스로 구축된다. 비자정보시스템은 중앙서버의 자동지문확인시스템(AFIS)과 쉥겐국가 영사관의 제3국인에 대한 비자발급정보 등 두 가지 시스템으로 구성되어, 비자발급 정보가 데이터베이스화 되어 있다.[369]

다만 유럽연합차원에서 공동비자정책이 완전히 구축되지 않아 비자정보시스템에 등록된 정보의 진위여부와 질에 문제의 소지가 있어, 다수의 쉥겐 회원국들은 본 시스템을 차선의 시스템으로 활용하고 있다.[370]

■ 쉥겐운영 추가 시스템

▶ 유럽국경감독시스템(Eurosur)

2008년 유럽위원회는 외부국경감독 시스템 구축에 관한 로드맵을 제안하였다. 유럽위원회의 제안은 회원국의 높은 호응으로 시스템 구축논의가 신속히 진행되었다. 이에 따라 2013년 쉥겐국가간 공동의 국경관리 절차와 기술적 문제를 다룬 유럽국경감독시스템 규정(Eurosur Regulation (EU) No 1052/2013)이 제정되었다. 유럽연합은 본 규정에 근거하여 유럽국경감독시스템(Eurosur)을 구축하였다.[371]

당시 본 시스템 출범 논의과정에서 불법이민자가 집중되는 사이프러스, 말타, 그리스, 이탈리아 및 스페인은 장관급 수준에서 이른바 쿼드로 그룹(Quadro Group)을 결성하여 의견을 같이하였다. 당시 쿼드로 그룹은 유럽위원회가 로드맵을 통해 제안한 외부국경기금(External Border Fund) 설립을 적극 지지하면서 유럽연합과 회원국 차원에서 보다 적극적인 불법이민 대처를 주장하였다. 이러한 쿼드로 그룹의 의견은 대체로 타 회원국의 지지를 받았지만 재정부담을 이유로 외부국경기금 설립은 무산되었다.[372]

유럽국경감독시스템은 회원국 국경관리기구간 외부국경 상황에 대한 실시간 정보교환 시스템으로 유럽국경해안경비기구(EBCGA)가 네트워크의 허브로 관리와 위험분석 기능을 수행한다. 유럽국경감독시스템은 불법이민 통제, 국경지역에서 발생하는 조직범죄 소탕 그리고 해상에서 난민구조 활동 등 세 가지 구체적 목적을 위해 관련 사안에 대한 정보교환이 이루어진다. 이러한 정보의 내용을 고려한다면 유럽국경감독시스템의 목적은 두 가지로 압축된다.

첫째, 외부국경 상황에 대한 정보 취득과 공유를 통해 불법으로 쉥겐에 진입하는 난민과 불법이민자를 신속하게 통제하고 국경을 넘는 범죄에 대응한다.373) 둘째, 회원국의 국경관리 대응능력 개선을 통해 해상에서 불법이민자들의 비극적인 사고 등 긴급 상황에 효과적으로 대처한다.374) 이와 같이 유럽국경감독시스템은 불법이민자 차단과 역내안전이라는 현실적 목적과 난민에 대한 인도적 지원이라는 두 가지 상반된 의도를 모두 함유한다.

유럽국경감독시스템 운영은 각 회원국에서 구성된 국가조정위원회 (NCC)를 통해 진행된다. 각 회원국의 국가조정위원회는 외부국경관리에 관한 상호 정보교환과 정책조정을 꾀하며, 실무업무는 유럽국경해안경비기구가 담당한다. 한편 유럽국경감독시스템 운영을 위한 예산은 2011-20년 기간 3억 3,800만 유로가 책정되었는데, 재원은 대부분 기존에 운영중인 유럽연합의 관련 프로그램을 통해 충당되었다. 유럽국경감독시스템은 쉥겐 26개 회원국과 루마니아, 불가리아 및 크로아티아를 포함해 29개에서 적용된다.375)

유럽국경감독시스템 실행기구인 유럽국경해안경비기구는 유럽연합 차원의 청사진과 회원국의 국경감독 운영을 감독한다. 또한 본 기구는 외부국경 상황에 관한 전반적인 정보를 제공하고 비참여국에게도 정보공유가 허용되며, 회원국의 요청시 위성정보와 특정 지역의 선박이동 동향에 관한 상세 정보를 제공한다.376)

유럽국경감독시스템 출범으로 참여 회원국의 국경경찰, 세관, 해안경비대간 협력이 이전보다 활성화되었다. 이에 따라 관련 기관간 국경관리에 관한 정보교환은 물론이고 복잡하고 정교한 각종 장비의 사용도 원활해졌다. 특히 유럽국경감독시스템이 구축되면서 취약한 국경지역인 지중해에서 불법이민자 통제가 이전보다 용이해졌다. 이러한 점에서 유럽국경감독시스템은 외부국경관리에 있어 큰 진척으로 평가된다. 또한 유럽국경해안경비기구가 본 시스템을 통해 국경을 넘은 조직범죄에 공식적으로 개입할 수 있게 되어, 본 기구가 국경관리를 넘어 일종의 사법적 기능까지

행사할 정도로 기능이 확대되었다는 사실도 주목된다.377)

▶ 스마트 국경(Smart Borders)

유럽위원회는 2013년 2월 기존 역외국경관리에 효율성을 기하기 위한 스마트 국경 패키지(Smart Border Package) 입법을 제안하였다. 뒤이어 유럽위원회와 IT시스템관리기구(eu-LISA)는 스마트 국경 입법을 위하여 12개국을 대상으로 18개의 공항, 항구 및 육로검문소에서 제 3국 시민 58,000여명의 이동을 모니터링하여 보고서를 작성하였다. 유럽위원회는 본 보고서를 토대로 2016년 4월 최종적인 수정입법을 제안하여 이듬해 2017년 입출국시스템(EES) 규정(Regulation (EU) 2017/2226)이 제정되었다.378)

유럽연합은 입출국시스템 규정 제정과 함께 정책의 일관성을 위해 쉥겐정보시스템(SIS)과 비자정보시스템(VIS) 그리고 유럽지문데이터베이스(Eurodac) 등 개별적으로 운영되는 역내안보 관련 3개의 시스템과 쉥겐국경코드(SBC)를 통합 관리키로 결정하였다.379)

스마트 국경은 역외국경에서 입출입 정보관리의 자동화 및 현대화를 통해 불법이민 차단과 범죄에 대응하는 시스템이다. 스마트 국경 도입으로 체류기간을 넘기거나 역내국경을 빈번히 왕래하는 비유럽연합 시민에 대한 감독이 이전보다 용이해졌다. 스마트 국경은 기술입법의 성격을 갖지만 여기에는 강화된 국경 통제에 대한 정치적 비난 회석이라는 목적도 내재한다. 역외국경 관리에 첨단기술 활용은 정치적 부담이 되는 이른바 유럽 요새화(fortress Europe)를 회피하는 방편이다. 즉 국경관리에 있어 첨단기술 활용은 국경관리의 효율성을 전면에 표방하면서 내키지 않는 제 3국 시민의 역내진입에 철저한 통제를 기할 수 있기 때문이다.380)

스마트 국경 시스템은 여러 프로그램과 기술적 운용시스템을 취합한 것으로 핵심은 유럽여행정보 허가시스템(ETIAS) 이다. 유럽여행정보 허가시스템은 2013년 유럽위원회가 입법을 제안한 여행자등록 프로그램 (RTP)의 연장선에서 신분이 확인된 제 3국인의 쉥겐지역 입국시 여권날 인 등의 절차를 생략한 것이다. 2016년 11월 유럽위원회는 유럽여행정보 허가시스템(ETIAS) 도입에 관한 입법을 제안하여, 2018년 9월 이사회에 서 유럽여행정보 허가시스템 설립을 담은 2개의 규정(Regulation (EU) 2018/1240, Regulation (EU) 2018/1241)이 제정되었다. 이외에 관련된 기 존 입법의 수정을 통해 동년 10월부터 유럽여행정보 허가시스템 규정이 효력에 들어갔다.[381]

유럽여행정보 허가시스템은 미국의 전자여행 허가시스템(ESTA)과 유 사한 여행자 사전 등록시스템으로 61개국에 달하는 쉥겐지역 비자면제국 을 대상으로 한다. 쉥겐입국에 제약사항이 없는 제 3국인은 사전에 유럽 여행정보 허가시스템에 인적사항을 등록하면 쉥겐입국과 역내이동에 제 약을 받지 않는다.[382]

본 시스템은 1차적으로 제3국 불법이민 차단과 역내안보 강화를 위한 조치이다. 한편으로 유럽연행정보 허가시스템은 비자정보시스템(VIS)과 함께 쉥겐에 입국하는 제 3국인의 편의를 도모하는 시스템으로 경제적 파 급을 고려한 것이다. 2011년 유럽통계국(Eurostat)의 자료에 따르면 유럽 연합은 관광, 비즈니스 및 학업 등을 위해 입국한 제 3국인으로 2,710억 유로의 경제적 효과를 야기하였다. 따라서 유럽여행정보 허가시스템은 경 제적으로 긍정적 영향을 미치는 제 3국인의 입국을 보다 용이하게 진행하 는 시스템이다. 본 시스템은 쉥겐입국에 결격사유가 없는 제 3국인에게 긍정적 반응을 얻어 자발적인 등록이 증가하는 추세이다.[383]

③ 역외국경

■ 배경

역외국경 관리와 통제는 쉥겐협정에 수반되는 조치로 쉥겐의 성공적 운영을 위한 관건이다. 2008년 기준 유럽연합 내에는 655개의 공항, 871개의 항만 그리고 246개의 육로검문소 등 약 1,800개의 외부국경 검문소가 위치한다. 이러한 역외국경은 중동유럽과 지중해에 위치한 회원국에 집중되어 있다. 문제는 이들 국가들과 국경을 맞댄 주변국이 대부분 정치적으로 불안정하고 경제적으로 뒤쳐져 불법이민과 범죄자 유입의 소지가 높다는 것이다.[384]

스페인은 북아프리카와의 거리가 14.5km에 불과해 유럽내 대표적인 마약밀매와 인신매매 루트로 스페인 정부는 국경통제에 많은 인력과 예산을 소요하고 있다. 또한 이탈리아 남단에 위치한 람페두사(Lampedusa)섬은 북아프리카의 튀니지와의 거리가 본토보다도 가까운 113km에 불과해 불법이민의 통로로 활용되고, 아드리안 해안선 역시 동유럽을 경유한 불법이민자들의 주요 유입 루트이다. 그리스의 상황은 더욱 심각하다. 그리스는 지정학적 측면에서 지중해 전역에 산재한 섬들로 오래전부터 터키, 북아프리카 및 코카서스 지역으로부터의 불법이민의 주요 경로로 자리 잡았다.[385]

지정학적 요인으로 외부국경 관리가 취약한 회원국에 유입된 난민과 불법이민자는 현지 국가에게 큰 경제적 부담을 준다. 나아가 이들 난민과 불법이민자는 최종 귀착지인 영국, 독일, 프랑스 및 스칸디나비아 국가로 이동하여 다시 한 번 해당 국가에 심각한 사회적 문제를 야기한다. 이에 따라 국경을 넘은 범죄 대응과 외부국경통제는 유럽연합 차원의 강경한 조치가 유럽시민과 여론으로부터 적극적 지지를 받는 정책영역이다.[386] 이러한 요인으로 역외국경관리는 범유럽적 이슈가 되었고, 역외국경관리는 자유안전사법지대에서 쉥겐과 함께 정책의 초국가화가 가장 빠르게 진척되고 있다.

유럽연합은 암스테르담조약을 통해 외부국경 개념을 설정하고, 이후 일련의 조약수정을 통해 이민정책과 연계하여 회원국에 대한 지원과 정책조화를 꾀하였다.[387] 그럼에도 쉥겐협정 발효와 2000년대 이후 불법이민자와 난민의 대거 유입으로 회원국의 주권영역에 위치한 국경관리는 일국차원의 문제해결 능력을 벗어났다. 결국 2000년대 들어 지중해를 접한 회원국에서는 외부국경 관리에 소요되는 많은 재정을 들어 회원국간 연대(solidarity)를 내세워 유럽연합 차원에서 공동책임과 공동재정을 요구하게 되었다.[388]

외부국경관리는 대부분의 회원국에서 유럽화된 정책의 필요성에 공감하므로 유럽연합 차원에서 단일 규정을 통한 일관된 실행을 특징으로 한다. 다만 유럽국경해안경비기구(EBCGA)의 운영에서 확인 할 수 있듯 외부국경관리는 주권에 영향을 미치는 사안이다. 이에 따라 본 정책은 정부간 네트워크 구축과 정책의 초국가화가 동시적으로 진행되면서 회원국과 유럽위원회간 일종의 긴장관계를 형성하였다.

2004년 이후 유럽연합이 중동유럽 지역으로 확대되면서 이전과는 성격을 달리하는 새로운 외부국경이 생성되었다. 외부국경 확대로 쉥겐지역내 유럽시민의 자유이동, 이민과 망명정책 및 국경을 넘은 경찰사법협력의 필요성 그리고 공동외교안보정책의 개념변화를 통한 역내안보에 대한 재인식 등 여러 부분에서 변화를 동반하였다.[389] 유럽연합에서 국경관리정책은 유럽시민들간 국경없는 유럽(borderless Europe) 그리고 외부국경의 강화를 통한 안보화된 유럽(securitised/ Europe)이라는 상반된 두 개의 정책기조를 함유한다. 물론 두 가지 정책방향은 상호 연관되고, 자유안전사법지대의 여러 정책과 연계된다.390)

이러한 중요성에 기인해 유럽연합은 외부국경관리를 위한 IT 시스템 구축과 응용에 각별한 지원을 하고 있다. 유럽연합에서 외부국경관리정책은 물리적인 통제를 지양하고, 쉥겐에서 구축한 쉥겐정보시스템(SIS), 비자정보시스템(VIS)과 유럽지문데이터베이스(Eurodac)를 비롯한 첨단 IT 시스템을 적극적으로 활용한 진일보한 정책으로 평가된다. 이외에도 쉥겐지역 운영시스템을 통합한 입출국시스템(EES), 역내 진입하는 제3국인에 대한 여행자등록 프로그램(RTP) 그리고 항공기 승객예약정보(PNR) 등 여러 목적에서 구축된 IT 시스템이 공동국경관리에 활용된다.391)

이외에도 유럽연합은 2014-21년 다년예산계획(MFF)의 과학기술정책인 호라이즌 2020(Horizon 2020)을 통하여 회원국 국경관리기구간 국경상황 정보교환 시스템인 유럽국경감독시스템(Eurosur)의 기술과 장비개발 프로그램을 지원하였다.392)

■ 정책목적과 실행 시스템

▶ 정책목적

역외국경관리는 쉥겐조약의 이행을 위한 필요조건이다. 그럼에도 역외국경관리는 유럽적 조치의 필요성에도 불구하고 국가주권에 미치는 영향과 회원국간 이견으로 오랫동안 정부간 수준의 협력에 머물렀던 정책이다. 그러나 2010년대 들어 난민의 대거유입과 빈발하는 테러 등 일련의 외부적 변수에 의해 유럽적 정책으로 빠르게 발전하고 있다.393)

첫째, 외부국경관리는 역내로 진입하는 제3국인에 대한 물리적, 기술적 장벽을 높여 불법이민 차단을 의도한다.394) 따라서 외부국경관리정책은 이민정책과 연계되어 강화된 국경관리를 통해 불법이민자와 난민의 유입을 차단하고, 역내에 진입한 난민의 본국송환까지 일련의 정책과 연관된다.395) 불법이민의 심각성으로 자유안전사법지대에 부정적 시각을 갖는 덴마크와 아일랜드 역시 불법이민자가 집중된 지중해와 중동유럽국가와 인접한 국경지역에서의 유럽적 공동대응을 적극 지지하여 왔다. 이와 같이 불법이민 통제는 모든 회원국에서 초국가 규제에 대한 지지를 확보한 사안으로, 자유안전사법지대 정책 중 가장 강력한 유럽적 조치가 취해지는 분야이다.396)

둘째, 외부국경관리는 역내안보를 위협하는 테러, 마약밀매와 인신매매 등 국경을 넘어 진행되는 범죄의 차단에 있다. 역내안보는 유럽연합이 이룩한 통합의 성과를 지키고, 유럽시민의 안전을 보장하는 사활적 사안이다. 따라서 유럽연합은 강화된 외부국경시스템을 통해 위험인물의 역내진입 차단과 송환 등 소극적 대응을 넘어, 국경을 넘은 범죄자에 대한 수사와 기소 등의 경찰사법협력과 연계한 정책을 취하고 있다. 이러한 점에서 역외국경관리는 유럽사법지대(European Judical Area) 구축을 위한 선결조건이다.397)

셋째, 역외국경관리는 공동비자정책과 공동망명정책 실행을 위한 물리적 기반이다. 역외국경관리는 쉥겐지역 운영을 위한 쉥겐비자시스템(VIS) 및 회원국간 표준화된 망명절차를 통해 제 3국인의 역내 진입과 역내 이동을 감독하여 비자쇼핑을 통제하는 제도적 장치이다.398) 한편 쉥겐과 역외국경관리정책은 깊숙이 연관된다는 점에서 양 정책은 상호조정을 통해 동시 병행적으로 진행된다.

이러한 정책목적에 따라 역외국경관리의 정책내용은 크게 5가지 사안으로 구성된다.399)

첫째, 가장 핵심적 조치는 쉥겐국경코드(SBC)를 통한 외부국경관리로 특정 상황시 한시적인 역내국경 통제와 검사를 실행한다.

둘째, 지정학적 요인으로 일부 쉥겐지역 국가로 제 3국인의 입국 및 난민유입이 집중된다. 따라서 회원국간 분담공유 원칙에 따라 유럽연합 차원에서 외부국경 통제가 취약한 회원국을 지원한다. 여기에는 역내안보기금(ISF)을 포함한 재정적 지원 및 인적, 제도적 지원을 포함한다.

셋째, 이민과 국경관리를 위해 만들어진 쉥겐정보시스템(SIS), 비자정보시스템(VIS) 및 유럽지문데이터베이스(Eurodac) 등을 통해 유럽연합 차원에서 중앙집중화된 데이터베이스를 구축하여 통합관리하고 회원국간 정보를 공유한다.

넷째, 조력자패키지(Facilitators Package)로 통칭되는 2002년 이사회 지침(Directive 2002/90/EC)과 프레임워크 결정(Framework Decision 2002/946/JHA)에 따라 미허가 입국, 거주 및 체류자에 대한 제재와 금지조치를 취한다.

다섯째, 유럽국경해안경비기구(EBCGA)를 중심으로한 국경관리 및 회원국간 운영협력이다.

▶ 제도적 근거와 정책과정

유럽연합에서 역외국경 관리의 제도적 근거는 유럽연합운영조약 67조(TFEU Art. 67)에 유럽시민의 역내이동에 대한 자유와 제 3국인의 통제를 위한 회원국간 공동국경 관리조치에 근거한다. 이외에 역외국경 관리를 위한 제조치는 유럽연합운영조약 77조(TFEU Art. 77)에 명기되어있다. 본 조약내용에 근거하여 유럽연합에서 국경통제와 관리는 제도적 측면에서 회원국 정부의 권한영역이며, 유럽연합의 기능은 회원국간 조정(coordinating)으로 한정된다,[400] 따라서 본 정책에서 유럽연합의 권한은 회원국간 공동기준과 통제시스템 구축 그리고 회원국의 국경관리시스템 지원에 집중된다.[401]

한편 유럽연합운영조약 77조(TFEU Art. 77)에는 역외국경 운영에 관련된 조치는 사안의 경중에 따라 두 가지의 의사결정방식을 규정하고 있다.

첫째, 국경관리를 위해 요구되는 비자와 단기체류자에 대한 공동정책, 역외국경검사, 제 3국인의 단기 역내자유이동 조건, 역외국경에서 점진적인 통합국경경비 시스템 그리고 유럽시민의 역내국경검사 폐지 등 다섯 가지의 일반적 사안은 일반입법절차(OLP)를 통해 의사결정이 진행된다.

둘째, 회원국에게 민감한 영향을 미치는 사안에는 특별입법절차(SLP)를 구성하는 자문절차(consultation procedure)가 적용된다. 자문절차 적용 영역은 회원국 영토 내에서 자유로운 이동과 거주를 위한 유럽연합 차원의 조치 그리고 조약에 필요한 권한을 정하지 않는 경우로 여권, 신분증, 체류자격 그리고 기타 증명에 관한 규정이 대표적 예이다. 자문절차에서는 유럽의회가 단순다수결(simple majority) 표결을 통해 자문을 제기한다. 이후 이사회에서 최종적인 결정은 만장일치(unanimity) 표결을 요하므로 비토권 억제를 위해 모든 회원국의 이해를 충족하는 수준에서 의사결정이 이루어진다. 이에 따라 역외국경 운영에 관한 유럽적 조치는 회원국간 이해를 같이하는 긴박한 상황이 아니라면 대개의 경우 국내정책 조정 수준으로 입법이 진행된다.[402]

■ **통합국경관리(IBM)**

▶ 목적과 내용

통합국경관리는 유럽연합과 국경을 접하는 해당 역외국가와의 공조를 통한 일관된 국경관리 조치이다. 통합국경관리는 유럽연합운영조약 77조 1c항(TFEU Art. 77.1c)에 명기된 외부국경관리 시스템의 점진적인 도입에 근거한다. 또한 2009년 유럽위원회가 제출한 스톡홀름 프로그램(Stockholm

Programme)에도 유럽국경관리기구(Frontex)와 유럽망명지원사무국(EASO)이 주축이 된 통합국경관리에 관한 사안이 언급되었다. 이러한 연유로 유럽국경관리기구는 통합국경관리를 진행하는 핵심적인 실무기구로 활동한다. 또한 유럽연합은 통합국경관리 실행에 있어 국제이민기구(IOM)과 같은 국제기구와 협력도 진행한다.[403]

유럽연합에서 국경관리의 핵심은 불법이민자와 범죄자들이 역내로 진입하는 루트인 지중해, 발칸 및 동유럽에 위치한 역외국경의 통제로 지역에 따라 전략을 달리한다. 유럽연합은 북아프리카와 중동지역의 국가와 접하는 지중해 지역에서는 시혜적 조치를 동반한 양자협력이 어렵다는 현실을 감안하여 불법이민 차단을 위한 물리적 장벽 구축에 주력하여 왔다.

한편 발칸지역의 경우 2004년 이후 회원국 확대로 슬로베니아를 제외한 본 지역이 역외국경관리정책에서 거대한 지역적 허점(territorial hole)이 되었다. 발칸지역은 유럽연합 회원국과 비회원국이 혼재하여 통합국경관리(IBM)를 운영하기가 어려운 곳이다. 또한 발칸지역내 유럽연합 회원국인 불가리아와 크로아티아는 치안력이 취약하여 본 지역 내 대표적인 밀수와 불법이민 루트이다. 따라서 발칸지역에서는 유럽연합이 해당 회원국에 대한 재정적 지원과 유럽국경해안경비기구와 해당국의 국경관리기구와의 협력을 통한 취약한 국경통제에 중점을 둔다.[404]

반면에 동부에서 국경을 맞댄 러시아, 우크라이나, 벨라루스 및 몰도바는 1990년대부터 동유럽 동반자국가(Eastern Partnership Countries)로 지칭하여 협력관계를 형성하였고, 2004년 이후 유럽연합의 근거리외교정책(ENP) 대상국가로 우호적인 관계를 유지하고 있다. 이에 따라 유럽연합은 본 지역에서는 통합국경관리(IBM)를 통해 해당지역 국가와 공동으로 불법이민과 국경을 넘어 이루어지는 범죄와 테러 등 다양한 위협요인을 통합 관리한다.[405]

따라서 통합국경관리는 동부지역 외부국경을 접하는 동유럽 동반자국가와 러시아와의 협력이 관건이다. 이에 따라 유럽연합은 2000년대 들어 이들 동유럽 국가에 대한 국경관리 지원을 담은 여러 합의를 성사시켰다. 동시에 유럽연합은 동유럽 국가의 국경관리 시스템을 유럽연합 수준에 이르도록 재정과 기술지원을 행하고 있다. 이외에도 유럽연합은 통합국경관리의 연장선에서 동유럽 국가에 대한 비자 자유화 등의 호혜적인 조치를 병행하고 있다.[406]

▶ 몰도바-우크라이나 국경임무지원(EUBAM)

유럽연합의 통합국경관리(IBM) 대상지역은 동부의 외부국경을 접하는 몰도바와 우크라이나이다. 2005년 10월 유럽위원회는 몰도바와 우크라이나 정부와 국경관리에 관한 양해서(Memorandum of Understanding)에 합의하여 몰도바-우크라이나 국경임무지원(EUBAM)을 개시하였다. 유럽연합 동부의 외부국경을 접하는 몰도바-우크라이나 국경은 1,222km에 달하며 이중 955km는 산림지대 그리고 267km는 강으로 구성되어 국경관리가 매우 어려운 지역이다. 본 지역은 몰도바, 우크라이나 및 러시아간 대립과 낙후된 경제적 환경으로 불법이민과 국경을 넘는 범죄의 온상으로 유럽연합 차원에서 특별한 통제가 요구되는 외부국경이다.[407]

2023년까지 진행되는 몰도바-우크라이나 국경임무지원은 해당국가에게 국경통제, 관세 및 무역규범 등을 유럽연합이 취하는 조치에 준하도록 지원하는 계획이다. 몰도바-우크라이나 국경임무지원은 유럽연합 측에서 유럽국경해안경비기구(EBCGA)가 담당하여 해당 국가의 국경수비대 및 관세당국과 협력을 통해 진행된다. 구체적으로 몰도바-우크라이나 국경임무지원은 불법이민, 국경을 넘어 진행되는 인신매매와 부패행위 차단 그리고 현지 기관에 대한 국경관리 지식과 기술전수 등을 내용으로 한다. 이외에 몰도바-우크라이나 국경임무지원에는 몰도바 내 민족간 갈등지역인 트란

스니스트리아(Transnistria)의 평화정착을 위한 조치를 포함한다.408)

2005년 이후 몰도바-우크라이나 국경임무지원의 효과적인 기능수행으로 해당 국가들의 국경관리 시스템이 유럽연합이 요구하는 수준에 거의 근접하였다. 이에 유럽연합은 2016년 유럽국경해안경비기구(EBCGA) 규정(Regulation (EU) No 2016/1624)에 통합국경관리(IBM) 개념을 상세히 명기할 정도로 몰도바-우크라이나 국경임무지원(EUBAM)은 국경관리정책의 성공적 사례로 평가되고 있다.409)

■ 회원국의 이해대립과 문제점

리스본조약 발효 이후 유로존 위기상황에서 아랍의 민주화 운동에 따른 내전 격화로 유럽으로 대규모 난민이 유입되었다. 2014-15년 지중해를 경유하여 들어오는 시리아 난민문제는 유럽 전역의 언론에서 주요한 뉴스로 다루어졌다. 특히 언론과 NGO에서는 난민의 불행과 비인권적인 처우에 큰 관심을 기울이면서 기존에 강화된 국경통제를 통한 난민송환이 비판의 대상이 되었다.

이와 같이 시리아 난민의 대거유입으로 회원국의 정치적 부담이 가중되면서 유럽연합의 국경관리정책은 전환점을 맞았다.410)

스페인은 2000년대 들어 난민이 급증하자 2005년 국경지역에 장벽을 설치하고 이후 2009년에 연장공사를 하였다. 난민의 주요 유입 통로인 그리스 역시 2011년 터키와 접하는 국경에 206km의 장벽을 설치하고 해안지역에도 12km에 달하는 장벽설치계획을 발표하면서 논쟁을 불렀다.411) 그럼에도 그리스는 공사를 감행하여 이듬해 2012년 국경지역에 장벽공사를 완료하였다. 이에 자극받아 국경을 접한 불가리아 역시 2014년 국경지역에 불법이민자를 막기 위한 차단장벽을 설치하였다.412)

2014-15년에는 시리아 난민이 대거 유입되면서 난민유입 통로에 위치한 회원국들이 다시 한 번 국경에 장벽을 설치하고, 자체적으로 국경통제를 강화하여 난민과 망명신청을 차단하였다. 크로아티아의 경우 인접국인 쉥겐국가인 오스트리아와 슬로베니아와 접한 지역에 장벽을 설치해 쉥겐지역 내로 진입한 불법이민자의 자국 입국을 봉쇄하였다. 이러한 크로아티아의 조치에 인접한 유럽연합 가입후보국인 마케도니아, 터키 및 세르비아도 자체적으로 국경지역에 장벽설치 공사를 진행하였다.[413] 헝가리역시 2015년에 난민유입을 막기 위해 세르비아와 접한 국경지역에 4m에 달하는 장벽을 설치하는 등 몇몇 회원국에서 유럽연합의 조치에 반하는 정책을 취하였다.[414]

2011년 이후 경제위기 와중에 난민유입으로 이중고를 겪게 된 프랑스와 덴마크의 경우 쉥겐협정을 무시하고 역내국경 검문을 다시 도입하였다. 쉥겐국경코드 14조 2항(SBC Art. 14.2)에 따르면 쉥겐지역 입국거부는 규정된 거부사유로 한정한다. 그러나 불법이민 유입이 집중된 회원국은 이러한 쉥겐국경코드 규정과 무관하게 망명신청자와 난민을 원천봉쇄하기 위해 물리적 장벽을 설치하거나 자체 심사를 강화한 것이다.[415]

급기야 2015년 8월 독일 총리 메르켈(Angela Merkel)이 '유럽은 함께 할 조치가 필요하다(Europe needed to act together)'고 주장하기에 이르렀다. 메르켈은 회원국 차원의 독자적인 외부국경 강화조치를 비판하고 난민대응에 있어 회원국간 책임분담을 요구하였다. 결국 2015년 시리아 난민의 대규모 유입에 따른 혼란으로 유럽연합에서는 쉥겐을 통한 '유럽 내 국경(borders in Europe)' 철폐라는 역내국경정책에서 '유럽의 국경(borders of Europe)'으로 국경관리정책의 패러다임 변화가 이루어졌다. 변화의 핵심은 외부국경 강화이다.[416]

그러나 유럽연합의 엄격한 국경통제는 쉥겐협정의 유효성에 대한 의문과 함께 국제사회로부터 난민과 망명신청자의 기본권을 침해하는 행위로 비난을 초래하였다. 쉥겐국경코드(SBC) 및 유럽여행정보허가시스템(ETIAS) 등 유럽연합이 구축한 국경관리 시스템은 역외의 저소득 국가의 국민에게는 높은 진입장벽이라는 점에서, 또 다른 형태의 유럽 요새화(fortress Europe) 라는 비판이 제기되어 왔다.417) 한편으로 유럽연합과 쉥겐회원국은 지중해 지역을 중심으로 난민구조 활동보다는 난민의 진입을 물리적으로 제어하는 데 초점을 맞추어, 유럽내 NGO 및 인권단체로부터 비인도적인 처사로 지목되어 왔다.418)

특히 강화된 역외국경은 유럽연합이 공동외교안보정책(CFSP) 차원에서 실행하는 근거리외교정책(ENP)과의 충돌이라는 딜레마도 야기하였다. 유럽연합은 2004년 중동유럽국가의 회원국 가입 이후 이들 신규회원국과 국경을 접한 러시아를 비롯해 벨라루스, 우크라이나, 몰도바 등을 묶어 근린외교정책(ENP)을 출범하여 역외안보 차원에서 다양한 정치, 경제협력을 진행하여 왔다. 이러한 대외정책은 유럽연합이 국제사회에서 선한 영향력(force for good in the world)을 행사한다는 규범적 성격을 내포한다. 그러나 2014-15년 대규모 난민유입에 따른 강화된 외부국경정책과 비자정책은 이들 국가들에게 잠재적 위험에 따른 배제로 인식되고 있다. 이는 외교안보와 역내안보정책과의 부조응으로 유럽연합이 해결해야할 과제이다.419)

■ **설립배경**

유럽연합에서는 1990년대 초부터 이사회 사무국(General Secretariat)의 주도로 회원국 정부 대표들이 참여하여 국경문제를 다루는 정부간 형태의 회합이 존재하였다. 그러나 본 회합에서는 지브롤터(Gibraltar)를 두고 갈등을 빚고 있던 영국과 스페인간 대립으로 외부국경 통제에 가시적 합의를 이끌어내 내지 못하였다.[420] 이후 쉥겐협정이 발효되고 암스테르담 조약 체결을 통해 외부국경 관리에서 공동체화(communitarised)가 상당부분 진척되었지만, 여전히 정부간 수준의 협력에 머물렀다.

2000년부터 지중해를 경유한 난민이 급증하고, 2004년 중동유럽과 지중해 도서국가의 회원국 가입을 앞두고 확장된 역외국경의 효과적 관리가 핵심 안건으로 대두되었다. 이러한 상황을 반영하여 2002년 이사회에서 실무그룹(working group)으로 이민국경망명전략위원회(SCIFA)가 구성되었다. 본 위원회는 다시 실무그룹 인력에 회원국 국경관리기구 관료가 참여하는 이민국경망명전략위원회+(SCIFA+)로 이원화되었다.

실무그룹의 이원화로 이민국경망명전략위원회는 이민, 망명 및 국경관리 부분의 전략적 가이드라인 설정을 통한 상주대표부(Coreper) 지원으로 기능이 제한되었다. 반면, 이민국경망명전략위원회+는 회원국간 외부국경 정책의 조정과 네트워크 구축 그리고 국경경비대간 합동작전 실행 등 보다 포괄적 업무를 수행하였다. 이민국경망명전략위원회+는 2002-03년 기간 총 17건에 달하는 프로그램과 합동작전을 진행하였다.[421]

이민국경망명전략위원회+의 활동은 철저하게 회원국의 국경관리기구 간 정부간 협력에 기반을 두었다. 이에 따라 회원국간 서로 다른 목표로 실효가 제한되었다. 이에 따라 이사회는 2003년 이민국경망명전략위원회+와 별개로 회원국의 국경관리기구 수장들의 모임인 실무자 공동국(PUC)를 구성하여 회원국간 공동전략 구성과 국경관리 시스템 구축에 자율권을 부여하였다. 그러나 2000년대 들어 난민의 대거 유입으로 인적, 물리적 기반이 취약한 기존 정부간 조직의 한계가 표면화되었다.[422]

이러한 가운데 2004년 중동유럽과 지중해 도서국가의 회원국 가입을 앞두고 이들 국가의 취약한 국경관리 시스템에 대한 우려가 제기되었다. 말타의 경우 이미 회원국 가입 전에 우려가 현실화되어 2000년대 초반부터 불법이민자들이 점증하여 일국 차원에서 해결을 취할 수 없는 상황에 이르러, 유럽연합에 도움을 요청하였다. 이외에 유럽 여러 국가에서도 점증하는 난민으로 유럽연합 차원의 역외국경시스템 구축 여론이 대두되었다.[423]

한편으로 유럽국경관리기구(Frontex)의 출범은 쉥겐협정 발효에 따른 역외국경 강화를 위한 필연적 조치이다. 쉥겐지역의 운영을 위한 쉥겐국경코드(SBC)는 운영시스템과 기술적 매뉴얼까지 방대한 내용을 담았지만 국경감독에 대한 내용은 미약하였다. 이에 따라 유럽연합은 쉥겐협정 체결국에게 외부국경 관리에 대한 재량권을 폭넓게 인정하였지만, 지리적으로 불법 이민소지가 높고 외부국경선이 긴 회원국들은 회원국간 의무분담을 요구하였다. 물론 쉥겐국경코드 규정에는 회원국간 지속적이고 긴밀한 국경통제 협력이 명기되었지만 실효는 미비하였다. 해결책은 쉥겐지역 외부국경 감독을 총괄할 유럽연합 차원의 규제기구 설립이다.[424]

이외에도 유럽국경관리기구의 출범은 9.11 테러와 마드리드와 런던에서 잇따른 테러에 따른 역내안보 차원의 대응이다. 2001-03년 기간 유럽 각국에서 안보위협이 최고조에 달하는 예외적인 상황이 전개되었고, 불법이민과 난민유입 역시 역내안보를 위협하는 사안으로 인식되었다. 2003년 테살로니키 유럽이사회에서는 지중해를 통해 들어오는 불법이민이 핵심의제로 부각되어 유럽국경경찰(European Border Police) 창설이 공론화되었다.[425]

이러한 회원국의 의견을 반영하여 테살로니키 유럽이사회에 모인 정상들은 유럽위원회에 국경관리기구 창설에 대한 입법을 의뢰하였다. 동년 유럽위원회는 특별히 남유럽 국경지역인 지중해를 통한 불법이민 차단이라는 현실적 목적을 고려하여 역외국경 관리를 전담할 유럽국경해안경비기구(EBCGA)의 전신인 유럽국경관리기구(Frontex) 설립을 담은 입법을 제안하였다. 이후 2004년 이사회 규정(Council Regulation (EC) No 2007/2004)이 제정되어, 2005년 유럽국경관리기구가 출범하였다.[426]

유럽국경관리기구는 기존에 존재하는 정부간 네트워크의 유럽적 제도화라는 일반적 발전형태를 벗어나, 기존 시스템을 파기하고 새로운 형태의 규제기구를 모색한 경우이다. 또한 유럽국경관리기구는 정부간 성격의 소극적 기능을 갖는 기구로 출범하였지만, 급변하는 외부환경의 변화에 기인해 독립성과 권한이 급격히 확대된 규제기구의 대표적 예이다.[427]

거버넌스 측면에서 유럽국경관리기구의 출범은 국가주권 영역에 위치한 국경관리정책에 있어 일부 회원국의 취약성을 인식하고 국경통제에서 유럽적 개입을 공식화한 것이며, 궁극적으로 이민망명정책의 유럽화를 보여주는 상징적 사건이다. 또한 유럽국경관리기구의 출범과 기능확장은 역내안보를 위한 회원국간 연대(solidarity)의 구현으로 내무사법정책의 큰 진척으로 평가된다.[428]

■ **기능**

▶ 설립목적과 기능

2000년대 들어 유럽연합에서 불법이민과 난민유입은 인권과 역내안보를 저해하는 중대한 이슈가 되었다. 이에 따라 2004년 정부간 기구 형태로 출범한 유럽국경관리기구는 설립과정에서 회원국과 유럽위원회 그리고 회원국간 기능과 운영구조에 대해 논쟁이 일었다. 당시 유럽위원회와 유럽의회는 유럽국경관리기구는 독립적인 권한을 갖는 국경수비대 형태의 기구를 주장하였다. 또한 불법이민자와 난민이 집중된 스페인, 이탈리아, 말타 및 사이프러스는 회원국간 연대(solidarity)와 책임분담(burden sharing)을 강조하면서 효과적인 임무수행을 위해 안정된 재정을 강조하였다. 반면 영국과 덴마크는 유럽국경관리기구는 회원국 국경관리기구에 대한 기술적 지원과 정보교환 그리고 교육훈련으로 기능을 한정해야 한다고 맞섰다. 이러한 다양한 이해관계를 수용하여 유럽국경관리기구의 기능은 크게 네 가지로 구성되었다.[429]

첫째, 유럽국경관리기구 설립의 1차 목적은 회원국과 유럽위원회에 국경관리 정보, 기술 및 인적지원이다. 또한 회원국 내 해당부처 관료에 대한 통합된 교육과 기술지원 그리고 회원국 국경관리기구간 협력촉진이 주 기능이다.[430] 유럽연합 회원국에서 국경관리는 핀란드, 라트비아, 리투아니아, 폴란드 및 네덜란드를 제외하면 대부분 경찰이 담당하는데 전문성 부족과 국가 간 상이한 운영시스템으로 유럽연합 차원의 통합된 매뉴얼이 부재하였다. 이러한 배경에서 유럽국경관리기구는 2007년부터 회원국 국경관리기구에서 적용되는 공동커리큘럼을 개발하여 교육하고 있다.[431]

둘째, 유럽국경관리기구는 회원국과 유럽위원회의 대리인으로서 쉥겐지역 국경의 위험요소 및 국경관리에 대한 전반적인 평가분석 권한을 갖고, 유럽위원회와 이사회에 정기적인 보고서를 제출한다. 유럽국경관리기구의 외부국경 위험분석 평가는 자체에 구축한 통합위험분석모델(CIRAM)과 회원국 국경관리기구간 실시간 국경상황 정보교환 시스템인 유럽국경감독시스템(Eurosur)을 통해 이루어진다. 양 시스템은 모두 유럽국경관리기구가 운영주체이다.[432]

일상적 업무에 있어 유럽국경관리기구는 매년 역외국경관리 내용을 담은 연례보고서를 작성하고 정책 권고안을 제기한다. 또한 유럽위원회와 회원국 국경관리 전문가들의 감독하에 쉥겐지역의 운영에 관한 평가보고서도 작성한다. 통상 외부국경 관련 유럽위원회의 입법제안은 유럽국경관리기구의 위험평가 분석과 보고서 및 권고를 근거로 이루어진다. 또한 국경관리 평가를 통해 지목된 취약지역을 중심으로 역내안보기금(ISF)이 집중적으로 배분된다.[433]

셋째, 유럽국경관리기구는 국경관리를 위한 여러 IT 시스템을 통한 정보의 집산, 분석과 유통에 있어 허브기능을 수행하는데, 쉥겐국경코드(SBC) 운영에서는 각별하게 중요한 기능을 담당한다. 쉥겐국경코드는 쉥겐 회원국의 국경통제 매뉴얼로 유럽국경관리기구는 회원국에서 이의 운영을 위한 교육, 감독 및 지원기능을 행한다.[434] 또한 유럽국경관리기구는 국경을 넘은 이민자에 대한 모니터링, 외부국경 관리를 위한 연구와 국경을 넘은 범죄와 테러대응을 목적으로 유럽연합사법기구(Eurojust) 및 유럽경찰국(Europol)과의 협력도 진행한다.[435]

넷째, 핵심적 기능으로 유럽국경관리기구는 회원국의 국경관리기구와 합동으로 역외국경 관리를 위한 공동작전팀을 구성하여 활동한다. 본 임무는 기본적으로 외부국경을 접한 회원국의 국내법과 시스템을 유지한 가운데 유럽국경관리기구가 보조하는 형태로 진행된다.[436] 이러한 공동작전은 불법이민과 난민유입은 물론이고, 관세, 농산물 검역 및 역외에서 범죄수익의 송금 등 다양한 분야에서 실행된다.[437]

▶ 기능 확장

유럽국경관리기구는 정보취합과 분석 그리고 교육훈련 등 비정치적 기능을 수행하고 회원국간 협력과 조정을 위한 정부간 기구로 출범하였다. 따라서 출범 초기에는 회원국 국경관리기구와의 공동작전팀 구성은 전적으로 해당 회원국의 행정능력과 리더십에 의존하였고, 물리적 장비 역시 공동작전팀을 구성한 회원국에서 제공하였다. 유럽국경관리기구가 구성하는 공동작전팀은 회원국의 국경관리 기능을 침해하지 않는 가운데 해당 국경관리기구에 대한 지원과 보완에 목적을 두었다. 그러나 시간이 경과하면서 유럽국경관리기구 자체의 인력과 물리적 기반이 확보되면서 유럽위원회가 의도한 국경경찰의 기능을 갖추어가고 있다.[438]

2005년 유럽국경관리기구 출범 이후에도 불법이민자와 난민유입이 지속되면서 유럽연합은 2007년과 2011년에 각각 설립규정을 수정하여 일부 기능을 추가하였다. 2007년 이사회 규정(Council Regulation (EC) No 2007/2004)에는 '긴박하고 예외적 압력(urgent and exceptional pressure)'에 대응하여 쉥겐국경코드(SBC) 규정에 따른 회원국 국경관리기구의 국경통제와 공동작전 기능이 부여되었다. 더불어 유럽국경관리기구의 기술적 장비활용이 허용되었다.[439]

이후 2011년에도 유럽국경관리기구 수정규정(Regulation (EU) No 1168/2011)을 통해 일부 기능이 추가되었다. 한편 유럽국경관리기구는 공동작전, 국경위험 분석 및 교육훈련을 중심으로 예산을 집행하는데, 유럽위원회의 승인을 거쳐 예산집행이 이루어져 업무에 불편이 따랐다. 그러나 2011년 규정을 통해 유럽국경관리기구에게 독립적인 예산운영 권한이 주어졌다.[440] 또한 본 규정을 통해 유럽국경관리기구 내 유럽국경경비팀(EBGTs)에 회원국 국경관리기구의 참여가 허용되고, 대외기능이 강화되어 제 3국에 연락과 파견 및 기술지원 업무가 추가되었다.[441]

2009년 리스본조약 발효로 유럽연합운영조약 77조 2항(TFEU Art.

77.2)에 외부국경의 통합관리 시스템 구축이 명기되었다. 이에 따라 본 조약을 근거로 유럽국경관리기구의 기능과 조직이 대폭 확대되었다.[442] 그러나 유럽국경관리기구의 기능확대에도 불구하고 리스본조약 이후에도 지중해를 통해 지속적으로 난민이 유입되면서 유럽국경관리기구의 무력한 대응이 정치적 논쟁이 되었다. 이에 따라 이사회와 유럽의회는 2016년 유럽국경해안경비기구(EBCGA) 규정(Regulation (EU) No 2016/1624)을 제정하여 유럽국경관리기구의 명칭을 유럽국경해안경비기구(EBCGA)로 개칭하였다. 이에 유럽국경관리기구는 기구명 개칭과 함께, 물리적 장비와 인적 확충 등을 통해 실질적인 국경통제기구로 위상이 강화되어, 여타 자유안전사법지대 규제기구 보다 더욱 큰 독립성을 확보하였다[443]

■ 구성과 운영

유럽국경관리기구 운영은 임기 4년의 회원국 관료와 유럽위원회 대표로 구성된 관리이사회(Management Board)를 통해 이루어진다. 유럽국경관리기구는 정부간 성격을 갖는 기구로 출범하여 관리이사회에는 대부분 회원국의 대표들로 구성되어있다. 구체적으로 관리이사회의 인적 구성은 회원국에서 각 1명 그리고 유럽위원회에서 2명의 대표가 참여한다. 이외에 비유럽연합 회원국으로 쉥겐지역에 가입한 국가에서도 대표를 파견한다. 관리이사회는 통상 회원국의 국경관리 기구장으로 구성되며 일부 국가에서는 장관급의 책임자가 참석하기도 한다.[444]

유럽국경관리기구의 책임자는 독립적 지위에서 전략적 결정 및 회원국 국경관리기구와의 역외국경관리팀 구성과 활동 등을 결정한다. 사안의 중요성으로 역외국경관리팀 구성은 표준화된 절차에 따라 진행되며 내부에서 위험관리 분석이 뒤따른다.[445]

유럽국경관리기구는 2004년 설립 이후 수차례의 설립규정 수정을 통해 기능이 지속적으로 확장되면서 근무인력도 크게 증가하였다. 유럽국경관리기구가 2005년 업무를 개시할 당시 총 인력은 43명에 불과하였고 이중 27명이 회원국에서 파견된 관료이며 나머지는 한시적인 보조인력이었다. 그러나 2021년 기준 본 기구는 유럽 29개국 출신에 약 1,200명에 달하는 방대한 조직으로 성장하였다.446)

지속적인 유럽국경관리기구의 권한 확장은 예산증가 추이에서도 확인할 수 있다. 2005년 유럽국경관리기구 출범시 예산은 연 600만 유로에 불과하였으며, 대부분 쉥겐의 외부국경 감독에 소요되었다. 그러나 2006년부터 국경통제를 위한 공동작전 수행에 따라 2011년에는 1억 1,800만 유로로 예산이 확대되었다. 이후에도 지중해 지역에서의 작전수행을 위한 헬리콥터와 고속정 등 장비 구입이 증가하면서, 2016년 예산은 1억 4,300만 유로 그리고 2020년에는 4억 6,000만 유로로 획기적으로 예산이 증가하였다.447)

유럽국경관리기구 출범시 역내로 진입하려는 난민과 망명자 차단을 정당화할 소지가 있어 NGO를 중심으로 반대의견도 다수 제기되었다. 실제로 2004년 본 기구 설립시 기본권과 인권침해 방지를 위한 조치는 전무하였다.448) 이러한 우려로 유럽의회에서는 내무사법에 관여하는 상임위원회인 시민자유사법내무위원회(LIBE)가 기구 출범시부터 기본권 준수를 면밀히 감독하였다. 2008년 유럽의회는 규제기구의 책임성과 효율성 개선을 이유로 3,000만 유로의 유럽연합 보조금 지급을 동결하면서 유럽국경관리기구의 개혁에 단초를 만들었다. 이에 이사회는 즉각적으로 반응하여 2011년 유럽국경관리기구 수정규정(Regulation (EU) No 1168/2011)에 유럽연합 기본권헌장 및 난민대우에 대한 국제적 협약을 반영하였다.449)

구체적으로 2011년 수정규정을 통해 기본권 존중과 책임성 강화를 위한 모니터링 활동과 내부규정(Code of Conduct) 수정 및 유럽의회에 관련 보고서 제출이 의무화되었다. 이후에도 유럽국경관리기구는 유엔난민기구(UNHCR)과 내무사법 분야 규제기구인 유럽연합기본권기구(FRA)와 기본권 보호를 위한 공동프로그램을 진행하고, 교육프로그램 커리큘럼 개선 등 여러 개혁조치를 단행하였다.[450)

■ 구조적 성격: 융합적 정체성

유럽국경관리기구는 국경관리 부분에서 회원국의 고유한 권한과 유럽위원회의 초국가 기능의 타협점에서 탄생한 규제기구이다. 회원국들은 본 기구 출범시 유럽위원회의 기능을 보충하는 규제기구가 아니라, 기존 이민국경망명전략위원회+의 연장선에서 회원국의 관련 기구간 제도화된 네트워크를 원하였다.[451)

반면에 유럽위원회는 유럽국경관리기구를 독립적인 기능을 갖는 유럽국경경찰(European Corps Border Guards) 개념의 규제기구로 고려하였다. 그러나 유럽위원회는 초국가 기구의 개입을 꺼리는 회원국의 의도와 국경관리 업무는 주권제약을 가져오는 논쟁적 사안이라는 점을 충분히 인식하고 있었다. 이에 따라 유럽위원회는 불필요한 대립을 피하기 위한 전략적 고려에서 회원국의 의사를 수용하였다.[452)

이 결과 유럽국경관리기구는 회원국이 개별적으로 실행하는 국경관리 기능을 침해하지 않고, 유럽위원회의 지나친 개입을 배제하기 위해 회원국 국경관리기구간 네트워크 형태로 시작하였다. 이러한 정부간 성격으로 유럽국경관리기구는 운영과정에서 회원국간 이해대립을 완전히 배제하기 어려운 구조가 되었다.[453) 한편 본 기구의 장은 유럽위원회의 제안에 따라 관리이사회에서 임명하므로 본 사안 역시 회원국간 정치적 조정이 개입한다.

그러나 유럽국경관리기구는 출범후 국경통제와 감독 임무 수행을 위해 필요한 정보와 재원을 유럽위원회에 의존하였다.[454] 본 기구가 유럽연합의 재정을 통해 운영된다는 점에서 유럽위원회와 유럽의회가 직간접적으로 개입할 수 있는 초국가적 성격을 배제하기 어렵다. 유럽위원회는 외부국경 상황에 대한 가장 많은 정보를 갖는 기구이다. 유럽국경관리기구의 의사결정조직인 관리이사회 위원은 모두 회원국과 유럽위원회 내 고위관료로 구성된다. 그러나 유럽위원회는 전반적인 정보취득에서 우위에 있고, 특정한 조치를 취할 시 회원국의 주권침해 여부를 확인하고 이해를 조정하는 중재자 기능도 수행한다.[455]

이러한 배경에서 정부간 기구의 성격을 갖는 이사회 내 역내안보운영협력상임위원회(COSI)가 자유안전사법지대 전반을 관장하지만, 유럽국경관리기구의 경우 유럽위원회가 정보와 재정지원을 통해 긴밀한 협력관계를 유지하고 있다.[456]

유럽의회 역시 유럽국경관리기구의 출범시부터 적극적으로 개입하였다. 2004년 본 기구 설립결정은 유럽의회의 권한이 제약되는 정책과정인 자문절차(consultation procedure)를 통해 진행되었다. 그럼에도 당시 유럽의회는 공식적인 견해를 통해 유럽위원회와 유사하게 확대된 유럽연합의 외부국경을 감독할 총괄기구의 필요성을 역설하며, 유럽적 규제기구 출범에 적극적인 지지를 보냈다. 유럽의회는 또한 새로이 설립된 국경관리기구가 유럽 요새화(Fortress Europe)의 우려가 있다는 점에서 난민과 망명자에 대한 보호조치를 강력히 주장하였다.[457] 이러한 정책기조로 유럽의회는 예산통제권한을 통해 유럽국경관리기구를 압박하여 기본권과 인권보호 조치 확대를 위한 개혁을 이끌어내었고, 이후에도 예산감독을 통해 통해 본 기구의 활동에 깊숙이 관여한다.

■ 산하조직: 유럽국경경비팀(EBGTs)

2000년대 들어 난민유입이 급증하면서 회원국의 국경관리기구와는 별개로 유럽연합 차원에서 물리적 대응이 요구되었다. 이에 따라 유럽국경관리기구 출범 2년 만에 산하에 헬리콥터와 보트 등 물리적 장비를 갖추고 직접 국경통제 업무에 참여하는 신속국경개입팀(RABITs)이 설립되었다.[458] 신속국경개입팀 신설은 유럽국경관리기구가 회원국과 유럽위원회의 대리인으로서 국경관리 지원을 넘어 실질적인 국경통제 업무를 수행한다는데 의미가 있다.

2007년 신속국경개입팀 설립규정(Regulation (EC) No 863/2007)을 통해 출범한 신속국경개입팀은 대량 난민유입 등 긴박한 상황에 처한 회원국의 요청에 따라 한시적으로 회원국의 실무기구와 합동으로 국경통제 업무에 투입되었다.[459] 이후 2011년 유럽국경관리기구의 기능개편과 함께 신속국경개입팀은 유럽국경경비팀(EBGTs)으로 개칭되고 기능이 추가되었다.

유럽국경경비팀에 참여하는 인력은 회원국에서 오랜 경험을 갖는 국경관리기구의 관료와 전문가들이다. 유럽국경관리기구가 긴급한 상황을 인지하고 해당 회원국에 신속국경개입팀 구성을 위한 전문가를 요청하면 회원국은 이에 응해 인력을 파견한다. 다만 회원국은 해당 인력파견에 따른 국경관리 업무 공백을 들어 유럽국경관리기구의 요구를 거절할 수 있는데, 이는 논쟁적 사안이다.

유럽국경경비팀은 임무개시 이후 수년간 제한된 인력과 한시적으로 구성된 조직의 특성상 업무숙지의 어려움으로 역외국경 관리에 미흡하다는 평가를 받아왔다. 특히 지중해 해상에서 난민구조와 국경통제 임무수행시 선박과 의료진 등 여러 물리적 지원이 필요한데, 해당 지역내 정부의 비협조로 작전에 차질을 빗기도 하였다. 또한 유럽국경경비팀의 임무의 특

성상 반인권적 소지가 높아 매 작전시마다 인권단체와 여론의 비판을 받았다.[460]

2011년 2월 유럽국경경비팀은 설립이후 최초로 리비아 전쟁 발발에 따른 대규모 난민유입에 대응하여 그리스와 터키국경 지역에서 에르메스작전(Operation Hermes)으로 명명한 국경통제 활동을 개시하였다. 에르메스작전은 유럽국경경비팀 출범 후 최초의 작전으로 유럽언론의 대대적인 주목을 받았는데, 이탈리아 국경수비대가 리비아 난민의 본토진입을 막고 본국으로 강제송환 하였다. 이러한 조치는 제네바협약에서 규정한 강제송환금지(refoulement) 사항을 어긴 것으로 국제사회에서 큰 비판을 받았다.[461]

이러한 이탈리아 국경수비대의 행위는 망명신청자에 대한 박해가 우려되는 국가로의 송환을 금한 국제사회에서의 농르풀망 원칙(priciple of non-refoulement)과 유럽연합기본권헌장(Charter of Fundamental Rights of the European Union) 역시 위반한 것이다. 당시 유럽인권재판소(EHER)를 위시해 여러 인권단체에서 이탈리아의 조치를 반인권적 행위로 규정해 강하게 비판하였다.[462]

이와 같은 전례로 유럽국경경비팀은 이후 2014년 시리아 내전에 따른 지중해지역의 난민유입 통제를 위한 트리톤작전(Operation Triton) 수행 시 난민의 인권보호에 각별한 주의를 기울였다.[463] 2021년 7월에는 벨라루스로부터 불법이민자가 증가하자 리투아니아와 라트비아에 유럽국경경비팀이 파견되어 현지 기관과 국경감독 기능을 수행하였다.[464]

4장

역내안보:
테러대응

1 정책배경

■ 개념과 정책기조

안보는 외교정책의 핵심 부분으로 외부의 물리적 위협으로부터 영토보존과 시민의 안녕을 의도한다. 전통적인 안보개념은 철저하게 상위정치로서 주권국가의 배타적 권한이며 동시에 의무이다.[465] 2001년 9.11 테러이전까지 테러는 비정부 행위자에 의한 특정 국가 혹은 정부에 대한 물리적 공격으로 인식되었다. 따라서 테러대응은 주권국가의 안보를 위해하는 요소로 유럽적 대응 보다는 국가간 협력이 활발하였다. 이에 따라 유럽연합에서는 영국과 프랑스 등 주요 회원국이 테러대응에 있어 미국과 정보교환 등 양자협력에 주력하여 유럽연합 차원에서 테러대응에 저해요인이되어왔다.[466]

그러나 2000년대 들어 국가간 물리적 충돌보다 국경을 넘어 진행되는 테러와 범죄가 더욱 큰 위협요소로 인식되면서 테러대응 정책과 조치에 있어 유럽적 대응이 요청되었다. 결정적으로 2001년 9.11 테러와 뒤이어 2004년과 2005년 마드리드와 런던에서 이슬람 테러집단의 공격이 이어지면서 테러대응은 유럽연합 차원의 내무사법정책의 일환으로 대응해야 한다는 인식이 확산되었다. 2000년대 들어 유럽경찰국(Europol), 유럽연합사법기구(Eurojust), 유럽국경관리기구(Frontex) 및 유럽연합법률강화훈련기구(CEPOL) 등 테러, 조직범죄 및 외부국경을 담당하는 규제기구의 기능 확장은 이러한 회원국의 인식과 지지에 따른 것이다.[467]

유럽연합에서 테러대응은 회원국간 조정과 상호인증을 목적으로 한 여타 자유안전사법지대 정책과 달리 정책의 안보화(securitization), 외연화(externalization) 그리고 이러한 정책의 속성을 구현하기 위한 초국가화된 단일조치 등 세 가지의 큰 특징을 갖는다.468)

첫째, 테러는 국가간 물리적 충돌과 달리 소수의 과격주의자들이 시민을 직접적인 타격대상으로 자행하는 범죄이다. 따라서 유럽연합이 취한 일련의 테러대응 전략은 전통적인 안보개념을 탈피하여 사전에 위협요인을 인지하고, 테러단체에 대한 자산동결과 데이터 보호 등의 조치를 통해 위기가 발생치 않도록 통제한다는 능동적 안보를 내용으로 한다.469)

자유안전사법지대의 안보화 경향은 2001년 9.11 테러와 2015년에 정점을 이룬 대규모의 불법난민 유입에 기인한다. 이러한 배경에서 유럽연합에서 역내안보는 역내시장과 유사한 맥락에서 유럽시민의 자유이동과 함께 역외공동국경 강화로 제 3국으로부터의 불법이민과 난민유입을 차단한다는 목적 역시 갖는다. 한편으로 역내안보정책의 이슈는 테러, 이민, 망명, 국경을 넘은 범죄와 조직범죄, 유럽시민의 기본권 보호 등 등 배타적인 유럽적 이해의 보호에 중점을 둔다는 점에서 또 다른 유럽 요새화(fortress Europe)라는 비판도 제기된다.470)

둘째, 2001년 9.11 테러를 계기로 자유안전사법지대는 외부의 위협에 대응하기 위한 정책의 외연화가 급진전되었다. 9.11 테러 이후 유럽위원회와 이사회는 자유안전사법지대와 공동외교안보정책(CFSP)의 연계를 통한 테러의 근원지인 중동과 아프리카 국가와의 협력을 확대하였다.471) 또한 테러와 국경을 넘은 범죄는 발칸지역과 동유럽의 비유럽연합 국가는 물론이고 미국, 캐나다 및 러시아 등도 겪고 있는 글로벌 이슈로 유럽연합은 이들 국가와 여러 형태의 공조를 취하고 있다. 이러한 정책의 외연화는 결과적으로 유럽연합 차원의 단일화된 정책과 조치를 가져왔다.472)

한편으로 자유안전사법지대 정책의 외연화는 유럽연합이 대외관계에서 추구하는 규범권력(normative power) 혹은 규범적 선호(normative preference)의 구현으로 이해 할 수 있다. 이러한 의도에서 유럽연합은 자유안전사법지대와 공동안보방위정책(CSDP) 혹은 공동외교안보정책(CFSP)과의 연계를 통해 제3국에서 법치, 민주주의의 구현, 인권과 기본권 보호 및 경찰협력 등을 포함한 프로그램을 다수 실행하고 있다.[473]

셋째, 자유안전사법지대는 쉥겐을 통한 역내국경 철폐에서부터 사법협력까지 회원국간 장벽제거와 국내정책 조정과 상호인증(mutual recognition)을 통해 발전하였다. 그러나 테러는 유럽적 이슈로 회원국간 수평적 협력만으로는 해결키 어렵다. 따라서 유럽연합은 외부국경통제, 제 3국인의 역내유입과 이동에 대한 통제, 유럽구속영장(EAW)으로 대표되는 유럽적 사법조치 등을 통해 얻어진 제도화와 운영능력을 십분 활용하여 테러대응 정책의 초국가화를 진척시켰다.[474]

■ 제도적 기반

유럽연합운영조약 75조(TFEU Art. 75)에는 대테러대응 조치에 대한 금융제재 조치와 입법 조건이 명기되어 있다. 이외에 대테러대응은 유럽연합의 일반적 목적, 시민의 안전을 포함한 역내안전과 국제사회에서 안보적 위협 대응 등을 명시한 여러 조약내용을 근거로 실행된다. 유럽연합운영조약 75조에는 테러 방지와 대응을 위한 자금, 경제적 수익과 자산의 동결과 이동 및 지급에 관한 조치에서 일반입법절차(OLP) 적용이 명기되었다. 본 조약내용을 근거로 유럽연합은 테러집단에 대한 여러 금융조치를 취하였다.[475]

한편 유럽연합운영조약 215조(TFEU Art. 215)에는 개인, 법인, 단체 및 비정부단체에 대한 유럽연합의 제한조치(restrictive measures)가 명기되어 있다. 단, 본 제한조치는 유럽연합조약 5편 2장(TEU Title Ⅴ, Chapter

2)에 명기된 공동외교안보정책 특별규정에 따라 채택된 사안에 한한다.476) 본 조약내용을 근거로 유럽연합은 외교안보정책 차원에서 결정된 테러대응 관련 여러 제한조치를 취할 수 있다. 이러한 조약내용의 포괄성으로 사법재판소는 국제적인 테러활동 대응에 유럽연합운영조약 215조에 명기된 제한조치 적용이 보다 효과적이라고 판단한다.477)

이외에도 유럽연합에서는 두 개의 설립조약에 여러 조항을 근거로 테러대응 정책과 조치가 취해진다. 유럽연합운영조약 67조 3항(TFEU. Art. 67.3)에는 '연합은 범죄, 인종차별, 인종주의를 막고 대응하기 위해 경찰 사법 및 관련 당국과의 협력을 통해 고도로 높은 수준의 안전(high level of security)을 확보한다.' 라는 일반적인 경찰사법협력과 역내안보가 명기되어 있다. 또한 유럽경찰국(Europol)의 기능을 명기한 유럽연합운영조약 88조(TFEU Art. 88)에 중대범죄와 테러리즘에 대응한 경찰협력 및 사법 당국간 협력이 명기되어 있다. 특별히 본 조항에는 테러리즘 대응이 유럽 경찰국의 임무로 명확히 설정되어 있다.478)

유럽연합운영조약 71조(TFEU Art. 71) 역시 이사회가 역내안보 부분에서 회원국간 협력 강화를 위한 상설 위원회(standing committee) 설립이 명기되어 역내안보운영협력상임위원회(COSI) 설립의 근거가 되었다.479) 한편 대외관계 측면에서 유럽연합조약 43조 1항(TEU. Art. 43.1)에는 제 3국의 지원을 포함해 제 3국 영토 내에서의 테러대응을 위시한 평화유지와 분쟁해결에 관한 사항을 담았다.

이외에 유럽연합조약 3조(TEU Art. 3)에 유럽연합의 일반적 목적 중 하나로 안보 혹은 안전(security)이 적시되어 있고, 동 조약 21조 2항(TFU 21.2)에 UN 헌장(United Nations Charter), 헬싱키 최종의정서(Helsinki Final Act) 및 파리헌장(Charter of Paris)에 따른 평화유지, 분쟁 방지 및 국제적 안전을 강화한다는 내용이 명기되어 있다.480)

■ 주요 행위자

유럽연합이 실행하는 테러대응을 포함한 역내안보정책은 정책의 성격
상 이사회가 정부간 협력을 통해 주도적 권한을 행사한다. 이사회에서 진
행되는 회원국간 협력은 사실상 이사회위원회인 역내안보운영협력상임위
원회(COSI)가 주도한다. 이외에도 이사회 내에는 망명이민고위급실무그
룹(High Level Working Group on Asylum and Migration)을 비롯해 여러
실무그룹(working groups)이 역내안보운영협력상임위원회를 지원한다.[481]

한편 유럽위원회는 역내안보정책에서는 정책결정기능이 제약되어 정
보취합과 대외협력 등 정치적 논쟁을 동반하지 않는 기능적 업무에 주력
한다. 유럽위원회는 내부에서 입법과 정책실행을 위해 다수의 관련 전문
가그룹(Expert Groups)을 구성하여 운영하고 있다. 유럽위원회 내에는 회
원국 정부 관료, 학자 및 전문가들로 구성된 약 800여개의 공식, 비공식
적인 전문가그룹이 활동하는데 이중 일부가 역내안보를 다루는 그룹이
다. 대표적으로 유럽연합금융정보국(EU FIUs Platform)은 회원국내 금융
정보분석기관과 협력하여 국경을 넘어 이루어지는 금융거래, 자금세탁
및 테러리스트 자금원 동향을 파악하여 유럽위원회에 정보제공과 자문
을 취한다.[482]

이외에 유럽위원회는 1989년에 출범한 전 세계 39개 국가와 국제기구
가 참여하는 정부간 협력기구인 국제자금세탁방지기구(FATF)의 정식 회
원 기구이다. 유럽위원회는 또한 유럽평의회(Council of Europe)가 운영하
는 대테러자금 차단을 위한 모니터링 그룹인 자금세탁과 테러자금 전문
가위원회(MONEYVAL)에 옵서버 자격으로 참여하고 있다. 이외에도 유
럽위원회는 전 세계 164개 금융정보분석기구가 참여하는 에그몽그룹
(Egmont Group)에도 옵서버로 참여한다.[483]

이사회와 유럽위원회에 속하지 않는 외교안보정책고위대표(HR)가 지

휘하는 독립기구인 유럽대외관계청(EEAS) 역시 제 3국에서 역내안보 관련 임무를 다룬다. 유럽대외관계청은 테러리스트의 온상으로 지목되는 이라크, 사하라와 마그레브(Maghreb) 지역 국가들과 협정을 맺고 유럽연합 규제기구인 유럽연합법률강화훈련기구(CEPOL)와 함께 테러대응훈련을 지원하고 있다.484)

한편 2004년 유럽연합 차원에서 테러대응 전담을 위해 EU 테러리즘 조정관(CTC) 직책이 신설되어 전 유럽의회 의원인 네덜란드 출신 브리스(Gijs de Vries)가 초대 조정관으로 임명되었다. 그러나 2007년 브리스는 회원국의 비협조와 조정관 권한의 취약성에 항의하여 본 직책에서 사임하였다. 이와 같이 초기 테러리즘 조정관은 지휘계통과 기능이 모호하여 실질적 권한을 행사하지 못하였다.485)

테러리즘 조정관은 공식적으로는 외교안보정책고위대표(HR)의 통제를 받지만 일상적 업무에서는 내무사법이사회(JHA Council)로부터 보고서 요청 등 지시를 받는다. 테러리즘 조정관은 내무사법이사회 내에서 대테러대응 관련 결정에 있어 회원국간 이해조정과 유럽연합이 실행하는 대테러대응 조치에 대한 모니터링 기능을 갖는다. 또한 테러리즘 조정관은 외교안보정책고위대표의 지휘를 받는다는 점에서 유럽연합의 테러대응 외교적 활동을 전담한다. 이에 따라 테러리즘 조정관은 역외에서 전개되는 유럽연합의 대테러조치와 유럽연합을 대표하여 제 3국과의 테러 관련 협의 등 대외기능도 갖는다.486)

■ 역내안보정책의 구조적 특징

▶ 초국가화 제약

테러대응에서 유럽적 접근(European approach)은 두 가지의 명백한 제약요인이 있다. 첫째, 유럽연합이 직접적으로 테러집단에 대한 정보취득, 수사와 기소 및 직접적 조치를 취할 수 없다. 유럽연합의 테러정책은 현실적으로 회원국의 정보기관과 사법당국의 협력에 의존한다. 물론 유럽경찰국(Europol)의 테러대응 기능이 확대되면서 국경을 넘어 전개되는 테러행위는 회원국의 관련 기관과의 공조로 정보취합과 분석에 이루어지고 있다. 그러나 회원국 정보기관의 폐쇄적인 운영행태로 여전히 단일화된 유럽적 대응은 한계가 있다.[487]

둘째, 테러대응은 속성상 정책의 유럽화와 회원국간 공동대응이 용이하지 않다. 테러대응은 회원국에서 외교, 국방, 내무, 사법, 경제 및 금융당국이 모두 개입하는 광범위한 정책영역이다. 단적으로 외무 및 내무장관이 공동국경 조치와 기간산업 보호 조치를 다룬다면, 금융당국은 테러단체의 자금원 봉쇄를 위한 금융조치 그리고 정보통신장관은 테러리스트의 온라인 활동감시를 위한 기술적 조치를 취한다. 이와 같이 테러대응은 일국 내에서도 여러 부처간 공조가 요구된다는 점에서 27개 회원국간 정책조정을 통한 유럽적 접근은 현실적으로 어려운 일이다.[488]

이에 따라 유럽연합에서는 회원국간 수평적 협력이 활발하다. 1996년 베네룩스 3국의 내무 및 법무장관들은 테러대응을 위한 경찰협력을 강화한다는 협정문을 체결하였다. 2004년에는 스페인과 프랑스가 양국의 판사와 경찰 고위간부 등으로 구성된 대테러대응 조직(counter-terrorism unit)을 구성하여 운영하였고, 2005년에는 영국과 아일랜드 정부가 IRA를 비롯해 양국에서 활동하는 테러조직 수사를 위해 공동작전을 수행한 바 있다.[489]

▶ 정부간 협력 시스템

쉥겐의 태동과 유사한 맥락에서 대테러정책은 유럽적 정책의 미비로 오래전부터 정부간 협력이 활발하였다. 유럽에서 테러대응을 위한 정부간 협력의 효시는 1965년에 결성된 베른클럽(Club of Berne)이다. 베른클럽은 유럽연합 27개 회원국과 노르웨이와 스위스를 포함하여 각국의 정보기관장간 6개월을 주기로 열리는 회합으로 여기에서는 모든 유형의 정보와 안보문제가 다루어진다. 2000년대 초반 유럽연합 차원에서 테러대응 정책이 미진한 가운데 2001년 9.11 테러와 2004년 마드리드 열차테러 사건이 연이어 발생하였다. 당시 유럽연합 회원국은 유럽이사회와 이사회에서 테러대응과 별개로 유럽연합 밖에서 베른클럽을 통한 긴밀한 협력을 모색하였다.[490)]

2001년 9월 9.11 테러 직후 유럽연합의 내무사법이사회(Council of Ministers of Justice and Home Affairs)의 요청으로 베른클럽 내에 테러리스트 대응그룹(CTG)이 구성되었다. 테러리스트대응그룹은 회원국간 테러대응을 위한 공동훈련 등 여러 기능을 수행하지만 주 업무는 정보기간간 정보교류이다. 뒤이어 2004년 4월 마드리드 열차테러사건 직후 스위스에서 개최된 베른클럽 회합에서는 테러리스트 대응그룹을 유럽연합과 각국 정보기관간 테러문제를 다루는 허브 조직으로 결정하였다. 본 결정으로 유럽연합과 무관한 독립적 조직인 테러리스트 대응그룹에서도 이사회 순회의장과 같이 책임자가 로테이션 되고, 유럽연합정보상황센터(IntCen) 내에 상주연락관(permanent liaison)을 두어 유럽연합과 협력을 취한다.[491)]

한편 2003년 유럽연합 영국, 프랑스, 독일, 이탈리아, 스페인, 폴란드의 내무장관들간 정부간 협력시스템으로 출범한 G6은 정기회합을 통해 테러대응을 방안을 강구한다(폴란드는 2006년에 참여하고, 2020년 영국의 탈퇴로 G5로 개편). 이들 6개국은 테러집단 동향과 무기탈취 등 주요 범죄행위에 대해 상호간 정보를 교환하고, 2006년부터는 유럽경찰국과 함께 온라인을 통한 테러리스트 활동에 대한 정보취합과 분석 등 다방면에서 협력을 취하고 있다. 이외에 2005년 유럽연합 7개 회원국간에 정부간협정 형태로 체결된 플륌조약(Plüm Treaty) 역시 국가간 수평적 협력이다.

플롬조약의 내용은 2008년 이사회 결정(Council Decision 2008/615/JHA) 을 통해 유럽연합의 제도적 구조로 편입되었다.[492]

■ 역내안보의 외연화

1992년 마스트리히트조약을 통해 출범한 자유안전사법지대는 이후 10 여 년간 역내정책으로서 정책의 공동체화(communitarization)가 진행되어 왔다. 그러나 2001년 9.11 테러를 계기로 역내안보을 위협하는 외부요인 의 통제 필요성이 제기되면서, 제 3국과의 협력이라는 정책의 외연화 (externalization)가 진척되었다.[493]

1992년 탐페레 유럽이사회에서는 최초로 자유안전사법지대 운영에 있 어 대외부분이 논의되었다. 이후 2003년 유럽테러전략(European Security Strategy)을 통해 특별히 마약과 무기밀매, 인신매매 및 불법이민 등 역내 안보를 위협하는 범죄대응을 위해 대외부분 강화 조치가 취해졌다. 2004 년 헤이그 프로그램(The Hague Programme)에서도 역내외 안보정책간 조 응과 일관된 정책시행이 논의되었다. 뒤이어 2010년 스톡홀름 프로그램 (Stockholm Programme)에서는 최초로 국경을 넘은 범죄와 제 3국에서 법 치의 실현을 위해 역내안보와 공동외교안보정책(CSDP)과의 연계가 필요 하다는 의견이 제기되었다.[494]

이와 같이 자유안전사법지대의 대외부분 강화가 지속적으로 논의되면 서 이사회 내에서는 내무사법을 다루는 역내안보운영협력상임위원회 (COSI)와 외교안보 부분의 정치안보위원회(PSC)와의 공조가 본격화 되 었다. 이 결과 2011년 이사회가 제기한 자유안전사법지대(AFSJ) 관련 136 건의 입법과 문서 중 19.1%에 해당하는 26건은 대외협력과 조치를 담을 정도로 대외부분이 중요성을 갖게 되었다.[495] 이러한 테러대응을 위한 대외협력은 두 가지 축으로 이루어진다.

첫째, 중동과 북아프리카 등 테러리스트의 거점지역과 발칸과 터키 등 테러리스트의 유럽진입 루트에 위치한 국가와의 집중적인 협력이다. 특별히 발칸지역은 전통적으로 역내로 유입되는 불법이민, 마약 및 밀수의 주요한 통로로 본 지역국가와의 협력이 역내안보의 관건이다. 유럽연합은 1999년 이후 발칸안정화과정(SAP)을 출범하여 발칸국가에 대해 유럽연합 가입을 전제한 경제적 지원을 행하고 있다. 동시에 역내안보 차원에서 경제적 지원의 대가로 국경관리와 범죄에 대한 대응강화 조치를 지속적으로 요구하여 왔다.496)

한편 유럽연합은 2006년 역외국가 및 국제기구와 테러대응 협력 내용을 담은 안정화 조치 실행 규정(Regulation (EC) No 1717/2006)을 제정하여 국제적 차원에서 테러대응을 위한 제도적 근거를 마련하였다. 안정화 조치 실행규정은 유럽연합이 최초로 개도국을 중심으로 한 역외지역에서 테러대응, 조직범죄, 인신매매와 사이버 범죄 등 인권과 평화체제를 위협하는 불법적 행위에 대한 대응을 천명한 입법이다.497)

둘째, 유럽과 유사하게 테러위협에 노출된 미국과 캐나다의 사법정보기관과의 정보교환 그리고 금융과 항공운송 분야에서 정보교환과 협력이다. 이들 국가와의 승객예약정보협정(PNR Agreement)과 SWIFT 협정(SWIFT Agreement) 체결은 역내안보를 위한 대외협력 부분의 가장 핵심적인 사안이다.498)

행위자 차원에서 테러대응을 위한 대외협력은 통상협상과 유사한 맥락에서 유럽위원회가 단일의 협상주체로 제 3국과의 협정체결을 주도한다. 이외에도 실무급 수준에서 제 3국의 관계 당국과의 협력 필요성이 대두되면서 유럽연합은 유럽연합법률집행교육기구(CEPOL), 유럽연합사법기구(Eurojust), 유럽국경해안경비기구(EBCGA), 유럽경찰국(Europol) 등 자유안전사법지대 규제기구들의 권한을 확대하여 이들 기구들이 독자적으로 대외협력을 진행토록 하고 있다. 또한 유럽대외관계청(EEAS) 역시 자유안전사법지대 규제기구와의 협력을 통해 자유안전사법지대의 대외부분에 부분적으로 관여한다. 2015년 유럽대외관계청(EEAS)이 실행한 소말리아 해상작전(EUNAVFOR)에 유럽경찰국(Europol) 등 역내안보기구의 참여는 이러한 추세를 보여준다.[499]

■ 테러대응 대외정책

▶ 안정화 실행조치(IfS)

유럽연합은 1990년대 말부터 공동안보방위정책(CSDP)의 전신인 유럽안보방위정책(ESDP) 실행시부터 보스니아-헤르체코비나에서 경찰임무 그리고 조지아와 이라크에서 법치의 구축 등 자유안전사법지대의 정책을 역외에 이식하려는 시도를 하였다. 이에 따라 대외정책과 내무사법 분야의 경계가 모호해졌고 특히 테러대응을 위한 대외조치는 공동안보방위정책과도 상당부분 중첩되었다.[500]

이후 유럽연합은 2007년부터 실행하는 안정화 실행조치(IfS)를 통해 역외에서 본격적으로 내무사법 이슈를 다루고 있다. 안정화 실행조치는 2007-2013년을 시한으로 진행하는 대외정책 조치이다. 구체적으로 본 조치는 제3국에서 발생한 자연재해와 정치적 위기상황에 대한 감독과 지원 그리고 제3국에서 국제적인 안보위협이 되는 화학무기와 핵무기 등 대량살상무기 확산 저지를 목적으로 한다.[501]

또한 안정화 실행조치에는 분쟁지역에서 대화창구 운영, 정부구성을 위한 제도적 지원, 경찰과 치안 및 인권보호 활동 등 유럽연합이 직접 운영하는 내무사법 이슈가 대거 포함된다. 이외에 안정화 실행조치는 공동외교안보정책(CFSP) 차원에서 진행되지만 자유안전사법지대에서 다루는 대테러대응 조치도 일부 실행되었다. 유럽연합은 2010년 파키스탄에서 안정화 실행조치의 일환으로 1,500만 유로의 예산을 투입해 현지 테러대응 기관의 개혁을 지원하였고, 사하라 지역 국가에 대한 대테러 대응정책도 지원하였다.[502]

2013년 안정화 실행조치가 종료되면서 2014년 유럽연합은 안정과 평화 실행조치 규정(Regulation (EU) No 230/2014)을 채택하여 후속으로 안정과 평화 실행조치(IcSP)를 출범하였다. 안정과 평화 실행조치는 제 3국에서의 위기와 분쟁해결에 적극적으로 대응한다는 안정화 실행조치의 목적을 계승하면서 국제평화를 위협하는 테러, 인신매매 및 사이버 범죄에 대한 적극적 개입을 목적으로 한다. 이와 같이 유럽연합은 자유안전사법지대를 통한 대외정책과 함께 유럽위원회와 유럽대외관계청(EEAS)이 주도하는 공동외교안보정책을 통해서도 테러대응을 위한 외교조치를 취하고 있다.[503]

▶ 유럽연합-미국간 테러대응 협력

2001년 9월에 발생한 9.11 테러는 테러대응정책의 전환점이 되었고 더불어 미국과의 테러대응 공조가 본격화된 계기가 되었다. 9.11 테러 직후 유럽연합과 미국은 여러 위계에 위치한 실무자간 회합을 연이어 개최하여, 2001년과 2002년 유럽경찰국(Europol)을 통한 정보공유에 합의하고 이듬해 2003년에는 범죄자 인도와 법률적 지원을 결정하였다. 또한 미국 연방수사국(FBI)은 헤이그에 위치한 유럽지사를 통해 유럽연합과 테러리스트 정보공유와 공동조사를 취하기로 하였다. 뒤이어 2004년에는 양측이 승객예약정보(PNR) 공유를 위한 예비협정을 체결하였다.[504]

테러대응을 위한 유럽연합과 미국간 협력은 사이버 범죄대응에서도 활발하다. 2010년 유럽연합-미국 정상회담을 통해 사이버안보와 사이버 범죄 실무그룹(Working Group on Cyber Security and Cybercrime)이 결성되었다. 본 실무그룹은 양측간 사이버 안보와 범죄문제를 논의하는 실무급 조직으로 출발하여, 여러 우방국과 관련 이슈를 논의하는 시스템으로 발전하였다.505)

다만 테러대응을 위한 유럽연합-미국간 협력은 미국의 주도권 행사와 개인정보보호에 대한 양측간 상이한 접근이 비판의 대상이 되어왔다. 유럽연합이 미국과 취하는 테러대응 공조는 수평적 공조보다는 미국의 주도하에 이루어지는 것이 현실이다. 테러집단의 자금동결을 위한 정보에 있어 이러한 현실이 두드러진다. 국경을 넘어 테러를 자행하는 테러집단 통제를 위한 자금동결은 미국과 공조를 취해야 실효성이 높다. 이 경우 유럽연합의 입법과 정책실행시 요구되는 정보는 현실적으로 정보망에서 앞선 미국에 대한 의존을 피할 수 없다. 이 결과 양측간 테러대응 협력은 미국이 주도권을 행사하는 문제점이 논란이 되어 왔다.506) 이외에도 유럽연합과 미국은 2000년대 들어 개인정보 보호에 대한 차별적 정책기조로 정보교환을 위한 협력프로그램 진행과 협정 체결시 걸림돌이 되어왔다.

한편으로 유럽연합의 테러대응 조치를 위한 정보는 미국과 회원국의 정보기관간 협력을 통해 취합되므로 유럽의회와 사법재판소의 제도적, 법률적 감독의 사각지대에 위치한다. 이러한 문제는 9.11 테러 이후 유럽연합과 미국간 전문가를 중심으로 대테러 대응 공조가 확대되면서 지속적으로 제기되어 왔던 문제점이다.507) 특히 유럽의회는 유럽시민의 개인정보와 기본권 보호, 역내 제 3국 시민의 인권침해 여부 및 조약내용의 준수 여부에 민감하게 반응하였다. 승객예약정보협정(PNR Agreement)과 SWIFT 협정(SWIFT Agreement) 체결과정에서 유럽의회를 한축으로 하고, 이사회와 유럽위원회간 연대를 또 다른 축으로 한 수년간의 대립은 이러한 현실을 보여준다.

② 정책연역

■ 전통적인 테러대응 조치

유럽에서 테러리즘은 1960년대 북아일랜드와 스페인 바스크에서 독립을 위한 급진집단의 활동과 1970년대 들어서는 독일 적군파(Red Army Faction / Baader-Meinhof Gang)와 이탈리아의 붉은여단(Red Brigades)의 요인암살과 테러 등으로 오랜 연원을 갖는다. 그러나 이러한 테러조직의 활동은 대부분 특정 국가에 한정되어 유럽적 이슈로 대두되지는 않았다. 그러나 1972년 뮌헨 올림픽에서 팔레스타인 과격분자들에 의한 이스라엘 선수 살해사건은 유럽전역에 큰 충격을 주고 유럽차원에서 대테러대응이 공론화된 계기가 되었다.[508]

그러나 이러한 테러집단은 시간이 경과하면서 소멸하였고, 1990년대 들어서는 종교적 동인에 의해 극단주의를 내건 이슬람 테러집단이 최대 위협이 되었다. 이에 따라 유럽에서 테러리스트는 곧 중동지역에서 들어온 알카에다(Al Qaeda)와 같은 이슬람 과격집단과 동일시되었다.[509]

1990년대 보스니아와 코스보 내전을 계기로 대외안보 부분에서 회원국 간 공동대응의 필요성이 부각되면서 테러대응을 포함한 역내안보 역시 주요한 이유로 대두되었다. 이 결과 마스트리히트조약을 통해 공동외교안보정책(CFSP)과 내무사법협력(JHA)이 정부간 협력으로 유럽연합조약(TEU)에 명기되었다. 이후 암스테르담조약을 통해 내무사법협력이 확대된 자유안전사법지대(AFSJ)의 초국가화가 진척되었다. 그럼에도 테러대응을 포함한 역내안보 이슈는 이민망명과 사법협력에 비해 상대적인 관심

도가 낮아 괄목할 유럽적 조치는 취해지지 않았다.[510]

유럽연합에서는 1970년대에 출범한 트레비그룹(TREVI Group), 유럽정치협력(EPC) 및 유럽이사회에서 정상들간에 테러대응 논의들이 진행되어 왔다. 그러나 유럽이사회와 유럽연합의 제도적 구조 밖에서 진행된 정부간 협력은 회원국간 정치적 논의의 장으로 의미를 갖지만 구체적 조치를 취하는 데는 한계가 있었다.[511]

유럽연합 차원에서 국제적인 테러 등 역내안보에 관한 구체적 조치가 공식적으로 논의된 것은 1999년 탐페레 유럽이사회(Tampere European Council) 이다. 탐페레 유럽이사회에서는 자유안전사법지대는 통합의 또 다른 목표로 역내안보를 위한 대외협력과 여러 유럽연합의 공동정책과의 조화가 언급되었다. 그럼에도 2000년대 이전까지 테러대응을 위한 유럽연합의 정책은 경찰사법협력의 일환으로 특정 조치의 실행과 테러예방과 용의자에 대한 회원국간 정보교환 정도로 한정되었다.[512] 이 결과 테러대응정책은 자유안전사법지대를 구성하는 여러 이슈 중 유럽적 조치와 회원국간 조화가 가장 더디게 진행되어온 정책영역이 되었다.[513]

2001년 9.11 테러에 뒤이은 2004년 3월 마드리드의 열차 폭탄테러는 주요 인물이나 시설에 집중되었던 과거의 행태와 달리 일반시민들에게도 무차별적으로 테러가 자행된 점에 유럽전역에 큰 충격을 주었고, 역내안보의 중요성을 일깨운 계기가 되었다.[514] 결정적으로 2005년 7월 런던에서 4명의 파키스탄 이민자 청년들의 자살폭탄 테러로 52명이 사망하고 수백여 명의 부상자가 발생하였다. 런던테러는 영국에서 최초로 발생한 이른바 이슬람 과격주의자들이 주장하는 이슬람 성전(Jihad)으로 유럽은 물론이고 전 세계적으로 큰 충격을 주었다.[515] 이와 같이 2000년대 들어 일어나 일련의 테러로 역내안보는 자유안전사법지대의 핵심적 정책으로 대두되었다.

■ 테러대응: 정책목표와 범위설정

▶ 테러대응 실행계획(Plan of Action on Combating Terrorism)

유럽연합에서 역내안보 정책과 조치는 2001년 9.11 테러 이후 본격적으로 진행되었다. 2001년 9.11 테러 발생 열흘 후인 9월 21일에 개최된 특별유럽이사회에서는 테러대응 실행계획(Plan of Action on Combating Terrorism)으로 명명한 조치를 결정하였다.[516] 첫째, 역내안보를 위한 제도적 조치를 확대한다. 여기에는 경찰사법분야에서 유럽영장제도(EAW) 도입, 유럽경찰국(Europol)과 유럽연합사법기구(Eurojust) 기능 확대, 테러 방지를 위한 금융동결조치를 포함한다. 둘째, 동맹국과의 글로벌 차원의 협력 강화로 미국과 정보교환 및 항공안전조치 강화를 위한 국제적 협정을 체결한다.[517]

본 테러대응 실행계획을 통해 유럽경찰국에 테러대응 기능을 부과하여 이후 유럽경찰국이 대테러대응정책에서 중심적 기능을 담당하게 되었다. 유럽경찰국은 전신인 유럽마약국(European Drugs Unit) 운영시부터 마약밀매 뿐 아니라 차량도난, 불법이민, 인신매매와 자금세탁 등 역내안보 관련 업무에 관여하였지만, 유괴, 무기밀매와 테러 등 중범죄 대응 기능은 취약하였다. 이러한 점에서 유럽연합이 테러대응 실행계획을 통해 유럽경찰국의 기능을 재고려하였다는 점에서 의미가 크다.[518]

▶ 테러대응 프레임워크 결정(Framework Decision 2002/475/JHA)

유럽연합에서 대테러대응을 위한 최초의 입법은 2002년 이사회의 테러대응 프레임워크 결정(Framework Decision 2002/475/JHA)으로 본 입법을 통해 유럽연합 차원에서 통일된 테러대응 조치를 결정하여, 이후 관련 입법과 실행계획의 제도적 근거가 되었다.[519] 유럽연합은 본 프레임워크 결정을 통해 테러는 개방적이며 민주적인 사회를 위협하는 가장 심각한 범죄행위로 간주하고, 법치와 민주주의 수호를 명분으로 내세워 미국과 정보교류 및 국제사회에서 테러대응 공조를 천명하였다.[520)

그러나 본 프레임워크 결정에서는 유럽연합 차원의 테러대응 필요성을 제기한 반면, 역내안보를 위협하는 테러의 범주와 행위가 상당히 모호하여 실효성이 제약되었다. 이에 따라 이후의 유럽이사회와 이사회가 진행하는 테러대응 전략과 입법에는 역내에서 테러리스트 모집행위 및 테러단체의 자금동결 등과 같이 구체적인 테러행위를 적시하고 이에 대한 상세한 대응방안을 담았다.

▶ 유럽테러전략:
솔라나 계획(European Security Strategy: Solana Strategy)

2003년 이사회에서 결정한 유럽안보전략(European Security Strategy)은 유럽연합 차원에서 테러대응 목적과 실행방법 등 상세한 전략을 마련하였다는데 의미가 있다. 본 유럽안보전략은 공동외교안보정책고위대표(High Representative for the CFSP)와 이사회사무국(Secretariat-General) 국장을 겸하던 솔라나(Javier Solana)가 주도하여 솔라나 계획(Solana Strategy)으로 더욱 널리 통용되었다.[521)

솔라나 계획에서는 테러리즘을 외교안보정책 차원에서 핵심 위협(key threats)으로 규정하고 국제적 차원의 대응을 담았다. 또한 솔라나 계획에서는 외부의 위협요소와 함께 최초로 유럽의 자생적 테러리즘에 대한 대응을 공개화 하였고, 군사적 조치와 경찰과 내무사법 등 복합적인 테러대응 방안도 제기하였다. 무엇보다도 솔라나 계획이 의미를 갖는 것은 2005년부터 진행된 유럽연합 테러대응전략(EU Counter-Terrorism Strategy)에 개념적 틀을 제공하였다는데 있다.[522)

■ 테러리즘 실행계획 2005(Action Plan on Terrorism in 2005) / 유럽연합 테러대응전략(EU Counter-Terrorism Strategy)

2004년 헤이그 프로그램(The Hague Programme)을 통해 자유안전사법 지대의 여러 정책에서 역외국가와의 협력 필요성이 제기되었다. 뒤이어 2005년 스톡홀름 프로그램(Stockholm Programme)에서는 대외정책의 시너지를 극대화하기 위해 자유안전사법지대와 공동외교안보정책(CFSP) 및 공동안보방위정책(CSDP)간 연계가 논의되었다.[523]

또한 스톡홀름 프로그램을 계기로 유럽경찰국(Europol), 유럽연합사법 기구(Eurojust), 유럽국경관리기구(Frontex) 그리고 유럽망명지원국(EASO) 등 내무사법분야 규제기구의 대외기능이 확대되었다. 유럽경찰국과 유럽 연합사법기구 등 사법협력 분야의 규제기구는 유럽대외관계청(EEAS) 내 유럽연합정보상황센터(SitCen)와 유사하게 유럽이사회와 내무사법이사회 (JHA)으로부터 공식적인 권한을 위임받은 기구이다. 또한 이들 기구는 회원국의 관련 기능을 일부 대치 혹은 보완하기 위해 제도적, 행정적 구조를 갖춘 수직적인 관료조직이다. 이러한 점에서 규제기구의 테러대응 기능 강화는 유럽연합이 회원국간 정치적 협력이라는 수평적 협력을 벗어나 테러대응에 있어 초국가성을 강화하고 체계적인 정책실행 의지를 구현한 것으로 이해 할 수 있다.[524]

결정적으로 2005년 이사회는 헤이그와 스톡홀름 프로그램에서 제기한 역내안보 실행방안으로 테러리즘 실행계획 2005(Action Plan on Terrorism in 2005)을 발표하면서 유럽연합에서 대테러대응 정책이 본격화되었다. 테러리즘 실행계획 2005는 2003년 이사회가 공동외교안보정책(CFSP) 차원에서 추진한 유럽테러전략과 유사한 개념과 조치를 담았지만, 본격적으로 내무사법 분야로서 테러대응을 추진하였다는데 의미가 있다.[525]

2005년 이사회는 기존 유럽연합 차원의 테러대응 조치들이 큰 실효성이 없다는 판단하에 당시 3개의 지주구조로 분할 된 관련 정책을 집결하여 새롭게 테러리즘 실행계획 2005를 출범하였다. 뒤이어 이사회는 테러리즘 실행계획의 일환으로 회원국간 협력에 중점을 둔 유럽연합 테러대응전략(EU Counter-Terrorism Strategy)을 공표하였다. 테러대응전략은 2004년 5월 마드리드 폭탄테러 사건을 계기로 이사회에서 종합적인 대테러대응 전략을 발표한 것이다. 이사회가 작성한 테러대응전략은 핵심적인 국가기반시설을 보호하고 테러자금 동향파악을 위해 회원국간 협력을 강화한 것이다.526)

유럽연합 테러대응전략은 시민의 인권과 삶을 존중하면서 국제적 차원에서 테러대응을 위해 유럽연합 차원의 억제(Prevent), 보호(Protect), 추적(Pursue), 대응(Respond) 등의 4가지 전략개념을 설정하여, 회원국, 유럽연합 그리고 국제적 수준에서 협력과 조치를 내용으로 한다.527)

억제(Prevent)는 사전 예방적 조치로 특별히 유럽과 세계 각국에서 진행되는 극단주의화에 대응하고 테러단체의 인력 충원을 봉쇄하기 위해 제 3국과의 협력에 초점이 맞추어져 있다. 또한 보호(Protect)는 유럽시민의 안전을 보장하고, 국경과 핵심시설의 보호를 위해 쉥겐정보시스템 Ⅱ(SIS Ⅱ), 비자정보시스템(VIS)을 통한 역내안보 강화, 회원국 여권에 생체정보 도입 그리고 유럽국경관리기구(Frontex)의 외부국경 위험요인 분석기능 확대 등의 구체적 실행방안으로 구성된다.

추적(Pursue)은 테러대응전략의 핵심으로 테러리스트의 자금원과 이동경로 및 네트워크 차단을 위해 유럽경찰국과 유럽연합사법기구 그리고 유럽대외관계청(EEAS)의 유럽연합정보상황센터(IntCen)간 협력이다. 끝으로 대응(Response)은 회원국간 협력과 UN 등 국제기구와의 공조 그리고 북아프리카 등 테러리스트 진원지역에서 해당 국가와의 공동대응을 내용으로 한다.

한편 유럽연합 테러대응전략의 진행은 유럽이사회에서 정치적 결정과 전반적인 정책방향 설정 이후, 이사회, 유럽의회, 유럽위원회가 참여하는 테러대응

고위급 정치적 대화(The High-Level Political Dialogue on Counter-Terrorism)를 통해 구체적인 실행방안이 강구된다. 실무수준에서는 상주대표부(Coreper)가 EU 테러조정관(EU Counter-Terrorism Coordination)과 유럽위원회의 지원을 받아 유럽연합과 각 회원국에서 진행되는 전략진행을 점검한다.

유럽연합은 이러한 테러대응 전략과 조치 이외에도 2003년 안보전략(EU Security Strategy), 2009년 정보관리전략(Information Management Strategy) 그리고 2010년 역내안보전략(Internal Security Strategy) 등 여러 파생적인 전략을 시행하였다.528) 그러나 2000년대 들어 본격화된 유럽연합의 테러대응 조치에도 불구하고 미국에 뒤처진 정보수집과 분석 시스템 그리고 테러의심 자금에 대한 동결조치의 어려움으로 이사회가 의도한 효과가 즉각적으로 야기되지 않았다. 단적으로 테러대응에 실효성이 높은 자금동결은 민간은행에 대한 통제와 긴밀한 협력을 배경으로 진행되는데, 본 부분에서 회원각국의 기능이 취약하여 소기의 실효를 거두지 못하였다.

이와 같이 2000년대 이후 유럽연합 차원에서 테러대응 전략과 조치들이 시작되었지만 여전히 여타 자유안전사법지대의 정책보다 정책의 초국가화는 더디게 진행되고 있다. 이러한 이유는 테러대응은 경찰사법, 금융제재 및 역외국경 관리 등 다양한 이슈들과 연계되고, UN 결의안 이행과 같이 대외정책과도 연관되어 일관된 정책실행에 여러 난관이 있기 때문이다. 유럽연합이 연방국가가 아닌 국가들의 연합이라는 점을 고려한다면 사법과 여러 주권영역에 심대한 영향을 미치는 조치를 포함한 테러정책을 일괄적으로 시행하는 것은 불가능하다. 이에 따라 유럽연합은 대테러대응에 있어서는 종이호랑이(paper tiger)라는 언명이 나올 정도로 본 분야는 자유안전사법지대를 구성하는 여러 정책 중에서도 가장 발전이 더디게 이루어지고 있다.529)

테러리즘 실행계획 2005(Action Plan on Terrorism in 2005)

유럽이사회: 정치적 결정과 감독

이사회, 유럽의회, 유럽위원회 테러대응 고위급 정치적 대화(The High-Level Political Dialogue on Counter-Terrorism)

상주대표부: 전략진행 모니터링 · EU 테러조정관(EU Counter-Terrorism Coordination)과 유럽위원회와 정기적인 검토와 업데이트

억제(Prevent)

유럽과 전 세계적으로 극단주의로의 전환 및 테러단체 지원 요인 제거

회원국의 대응능력 향상 · 회원국간 우수사례, 정보(정보취합과 분석) 및 경험 공유를 통해 테러억제와 대응능력 제고

보호(Protect)

테러공격 피해를 줄이기 위해 국경, 기간 운송망 등 주요 인프라의 보안 강화

유럽차원의 협력 · 회원국 내 각 기구간 정보공유 협력: 쉥겐정보시스템II(SIS II), 비자정보시스템(VIS)등 · 경찰, 사법당국간 법률적 조치를 촉진하기 위한 메커니즘 구축

추적(Pursue)

역외국경과 글로벌 차원에서 테러리스트 추적과 조사 · 테러리스트의 이동과 통신 차단 · 테러리스트에 대한 지원 네트워크 폐쇄 · 테러리스트에 대한 자금과 무기공급 차단 및 사법처리

집단적인 능력 향상 · 유럽연합 차원에서 테러리스트 위협에 대한 집단적인 정치적 대응 · 유럽연합 기구의 능력 최대한 활용: 유럽경찰국(Europol), 유럽연합사법기구(Eurojust), 유럽국경관리기구(Frontex), 공동상황센터(SitCen)

대응 (Respond)

연대를 통해 테러피해 후유증을 최소화하고, 공동대응과 테러피해자 지원

국제적 공조 촉진 · UN 및 기타 국제기구, 주요국가와 테러대응에 대한 국제적 합의와 공동대응 확대

출처) Council of the European Union (2005), The European Union Counter-Terrorism Strategy, pp. 3-5 종합.

그림) 유럽연합 테러대응전략(EU Counter-Terrorism Strategy)

■ 유럽안보의제(European Agenda on Security)

2015년 4월 유럽위원회가 제출한 유럽안보의제(The European Agenda on Security)는 역내안보 강화를 위해 테러리스트 공격을 억제할 가능한 모든 수단을 취한다는 내용을 담았다. 유럽위원회는 본 의제를 통해 회원국간 보다 효과적인 정보교환과 함께 특별히 테러, 조직범죄 및 사이버범죄에 대응해 긴밀한 정책협력을 취한다는 의지를 천명하고 구체적 실행방안을 제시하였다.

첫째, 회원국간 정보교환을 위해 가능한 모든 수단을 활용한다. 쉥겐정보시스템(SIS)과 유럽경찰국(Europol)의 여행객분실도난문서 데이터베이스(SLTD)를 적극적으로 활용하고, 2005년 유럽 7개국 간에 체결된 플롬조약(Plüm Treaty)에 명기된 테러대응을 위한 DNA 정보교환 등 다방면에서 회원국간 정보교환을 추진한다. 대외적으로는 미국과 캐나다와 항공기승객예약정보(PNR) 교환을 의도한 승객예약정보협정(PNR Agreement)을 체결한다. 이외에도 유럽연합 26개국 간에 구성된 유럽범죄기록정보시스템(ECRIS)과 유럽경찰기록시스템(EPRIS)을 적극 활용하고 해상공동정보공유(CISE)를 통해 테러, 인신매매, 해상재난 등 역내안보를 위협하는 모든 정보를 공유한다. 또한 이러한 다양한 조치를 위해 역내안보기금(ISF)을 적극 활용한다.[530]

둘째, 정책실행 단계에서 회원국간 적극적인 협력을 취한다. 이를 위해 이사회 위원회인 역내안보운영협력상임위원회(COSI)가 중심적인 정책결정 기능을 담당한다. 유럽연합 규제기구 역시 핵심적 기능을 수행한다. 구체적으로 유럽경찰국(Europol) 산하의 공동수사팀(JITs)과 공동세관작전팀(JCOs)은 국경을 넘은 범죄에 적극적으로 개입하며, 각국의 테러대응 전담팀과 협력을 취한다. 또한 정부간 차원에서는 회원국간 사법협력도 진행한다. 유럽연합은 이러한 구체적 목적을 위해 유럽경찰대학(Cepol)의 교육훈련 기능을 모든 사법기관으로 확대키로 하였다. 이외에 유럽연합은 유럽방위산업의 활성화 역시 유럽안보에 중요한 요인임을 강조하였다.531)

셋째, 유럽연합은 테러대응, 조직화된 범죄와 사이버 범죄에 적극 대응한다. 테러대응을 위해 유럽경찰국 내에 인터넷감독국(EU IPU), 유럽테러대응센터(ECTC) 및 유럽사이버범죄센터(EC3)를 신설하며, 유럽연합사법기구(Eurojust)에 수사와 기소권 권한을 부여한다. 또한 테러리스트의 자금원을 봉쇄하고, 급진주의 확산을 막기 위한 교육과 관련 프로그램을 실행한다. 한편 조직범죄에 대응하여 주변국과 협력하여 범죄조직의 자금압수 등 공동조치를 취한다. 제도적 차원에서는 사이버 범죄를 차단하기 위한 일련의 2차 입법 제정과 기존 입법의 수정을 기한다. 또한 유럽위원회는 테러대응을 위한 기술적 논의를 위해 IT 기업과 정례포럼을 개최한다.532)

이러한 일련의 유럽연합 차원의 역내안보 조치에도 불구하고 2015년 11월 파리 테러사건이 발발하였다. 파리 테러사건은 유럽전역에 큰 충격을 주어 9.11 이후 다시 한 번 유럽연합의 대테러 대응에 전환점이 되었다. 파리테러 직후 회원국은 여러 이사회를 통해 모든 역외국경에서 엄격한 난민 통제와 회원국간 전면적인 정보교환에 합의하였다. 또한 테러발생 직후 유럽국경관리기구(Frontex)는 발 빠르게 유럽연합사법기구(Eurojust) 및 유럽경찰국(Europol)과 정보교환 시스템을 구축하였다. 유럽경찰국의 경우 내부에 시리아와 이라크에서 활동하는 유럽출신 극렬 테러리스트 감시 등 대테러활동을 전담하는 유럽테러대응센터(ECTC)를 설치하였다.533)

2001

테러대응 실행계획(Plan of Action on Combating Terrorism)
· 동맹국(미국)과 글로벌 협력 강화 / 테러단체 금융자산 동결 / 항공안전 조치
· 유럽영장제도(EAW)도입
· 유럽경찰국(Europol)과 유럽연합사법기구(Eurojust) 기능 확대

2002

테러대응 프레임워크 결정(Framework Decision 2002/475/JHA)
· 테러대응을 위한 최초의 입법으로 테러대응 입법과 실행계획 제도적 근거 마련

2003

유럽테러전략: 솔라나 계획(European Security Strategy: / Solana Strategy)
· 유럽연합 차원에서 테러대응 전략을 강구해 테러리즘 실행계획 2005에 개념적 틀 마련
· 자생적 테러리즘, 군사, 경찰 및 내무사법과 연계된 총체적 대응 조치 강구

2005

테러리즘 실행계획 2005(Action Plan on Terrorism in 2005)
· 테러대응을 위한 회원국간 협력강화
· 유럽의 핵심 국가기반시설을 보호 / 테러자금 동향파악 등

2005

유럽연합 테러대응전략(EU Counter-Terrorism Strategy)
· 유럽연합 차원의 억제(Prevent), 보호(Protect), 추적(Pursue), 대응(Respond)
  등 4가지 전략개념 설정
· 회원국, 유럽연합, 국제적 수준에서 협력

유럽안보의제(The European Agenda on Security)
· 유럽연합과 정부간 네트워크 활용
  – 쉥겐정보시스템(SIS) / 유럽경찰국(Europol) 여행객분실도난문서DB(SLTD) 활용
  – 유럽범죄기록정보시스템(ECRIS) / 유럽경찰기록시스템(EPRIS) / 해상공동정보공유(CISE)
  – 플룸결정(Plüm Decision)을 통한 DNA 정보교환
  – 미국, 캐나다와 승객예약정보협정(PNR Agreement) 체결
· 회원국간 정책실행에서 적극적인 협력
  – 역내안보운영협력상임위원회(COSI)의 정책결정 기능 강화
  – 유럽경찰국(Europol) 내 공동수사팀(JITs)과 공동세관작전팀(JCOs) 기능확대
  – 회원국 테러대응 전담팀간 협력 / 회원국간 사법협력
  – 유럽경찰대학(Cepol)의 교육훈련 기능 확대
· 테러대응, 조직화된 범죄, 사이버 범죄에 적극 대응
  – 유럽경찰국 내에 인터넷감독국(EU IPU), 유럽테러대응센터(ECTC), 유럽사이버범죄센터(EC3) 신설
  – 유럽연합사법기구(Eurojust)에 수사와 기소권 부여
  – 조직범죄 대응을 위해 주변국과 협력하여 범죄조직의 자금압수 등 공동조치
  – 사이버 범죄 차단을 위한 2차 입법제정

출처) 필자구성

그림) 유럽연합의 대 테러대응정책 연역

③ 실행내용

■ 정책구성

유럽연합에서 역내안보는 크게 두 가지의 정책으로 구성된다.

첫째, 유럽구속영장(EAW)으로 대표되는 역내시민의 공공 안전을 저해하는 범죄에 대한 회원국간 사법적 협력과 테러단체에 대한 금융제재 등 일련의 규제적 프로그램을 포함한다.

둘째, 유럽연합에서 역내안보 위협요인은 제 3국인에 의한 테러와 불법이민 등 대부분 외부로부터 기인한다. 따라서 유럽연합은 테러와 국제적 범죄에 대해서는 미국을 위시한 선진국과의 공조를 한축으로 하고, 불법이민과 난민유입의 근원지인 중동, 아프리카 및 아시아 등 제 3세계 국가와의 협력을 또 다른 축으로 이원화된 정책을 취한다.[534]

한편 역내안보의 핵심인 테러대응은 여러 하위조치들로 구성된다.[535]

첫째, 회원국의 사법 및 정보기관간 정보교환과 협력으로 여기에서는 민간항공사의 협력을 통한 승객예약정보지침(PNR Directive)이 핵심적 조치이다.

둘째, 테러리스트 자금차단을 위한 금융정보 공유와 통제로 미국과 양자협정을 통한 금융정보 공유는 각별한 중요성을 갖는다.

셋째, 유럽 전역에서 자생적인 급진화 차단(Prevention of radicalisation) 조치 역시 핵심적 테러대응 조치이다.

넷째, 유럽대외관계청(EEAS)과 규제기구인 유럽연합사이버안보기구(ENISA)를 중심으로 사이버안보(Cybersecurity)를 다룬다.

테러대응을 위한 여러 실행조치는 기존의 유럽적 정책과정 및 실행방식과 달리 유럽연합이 새로운 유형의 안보위협 대응 혹은 예외적인 상황을 들어 여타 정책보다 상대적으로 의사결정과 정책실행을 신속히 진행하는 경향이 있다. 그러나 이 과정에서 유럽이사회와 이사회의 정치적 합의 이후 기술관료와 전문가 중심의 폐쇄적 의사결정으로 유럽의회와 사회적 행위자의 이해와 여론이 간과되는 사례가 빈번하였다.536) 미국의 테러리스트 자금추적프로그램(TFTP)에 따른 일련의 국제협정 체결 과정에서 이사회와 유럽의회의 대립은 이러한 현실을 보여준다.

테러집단에 대한 금융규제 조치에서도 이러한 상황을 확인 할 수 있다. 여타 역내안보 조치와 달리 금융규제 조치는 기업과 법률 서비스 기업 등 사적 행위자까지 정책의 부과대상이 되므로 그 파급이 시장에도 미친다. 이러한 경우 유럽연합은 정책의 효과를 높이기 위해 2차 입법(secondary legislation)을 통한 시장에 대한 규제부과 보다는 개방적 조정(OMC) 등 연성법(soft law)을 통해 입법과 정책실행에 있어 사회적 행위자의 자발적 참여를 유도하는 것이 통례이다. 이슈에 따라서 사회적 행위자가 공적 행위자 보다 더욱 효과적으로 기능을 수행 할 수도 있기 때문이다. 민간 항공사에서 관리하는 탑승자의 신원확인과 정보관리는 대표적 예이다.

그러나 유럽연합은 테러집단에 대한 금융제재는 관련 산업에 적지 않은 영향을 미친다는 사실을 인지하면서도, 대개의 경우 사안의 중요성을 고려해 유럽적 규제부과로 일관하여 관련 산업계의 반발도 적지 않다.537)

■ 정보교환

▶ 회원국 사법정보기관간 정보교환

역내안보 부분에서 각국 사법기관간 정보교환은 이사회의 정책결정과 유럽위원회와 유럽의회가 입법을 추진하고 정책을 실행하기 위해 필요한 선결조건이다. 특별히 국경을 넘은 범죄와 테러대응을 포함한 역내안전, 쉥겐의 운영 그리고 역내외 국경관리는 각국 사법기관과 유럽경찰국의 정보교류가 정책운영의 관건이다.538)

한편으로 테러대응을 위한 정보는 각국 정보기관의 은밀한 정보수집 이외에 은행계좌 및 여객기 탑승자 명단 등 광범위한 분야에서 일반적인 정보의 수집과 분석도 중요하다. 이러한 이유로 역내 주요 회원국은 미국과 양자협력 관계를 구축해 정보교환에 주력하여 왔다.539) 유럽연합에서는 영국, 프랑스, 독일 그리고 스웨덴 등이 일종의 정보독점 카르텔을 형성하여 미국과 긴밀한 정보교환 시스템을 운영하여 왔다. 2000년대 초반 미국이 테러와의 전쟁(War of Terror)을 선언하고 이라크와 전쟁을 개시할 당시 명분 없는 전쟁을 이유로 대부분의 유럽연합 회원국들은 이에 반대하였다. 그럼에도 당시 프랑스를 위시한 주요 회원국은 미국과 대테러대응을 위한 긴밀한 공조를 취하였다.540)

이러한 일부 국가간 정보독점에 대항하여 아일랜드, 오스트리아 및 벨기에 등 서유럽 주요 소국들은 유럽연합 차원의 정보기관 설립에 적극적 입장을 취하여 왔다. 그러나 현실적으로 테러대응을 위한 핵심정보를 취득할 수 있는 정보기관은 영국과 프랑스 등 소수의 국가에 한정되므로 이들 국가의 협력 없이 유럽연합 차원의 정보기관 설립은 불가능하다. 따라서 유럽연합이 취할 수 있는 유일한 방편은 각국이 개별적으로 미국과 취하는 정보공조를 유럽연합 차원에서 단일화 하는 것이다. 미국과의 금융정보와 여객기 탑승자 정보공유는 대표적 사례이다.

▶ 승객예약정보지침(PNR Directive)

테러대응을 위한 회원국간 정보교류는 경찰사법기관, 정보기관 및 민간부분으로 구분할 수 있다. 이중 경찰사법기관간 협력은 자유안전사법지대의 핵심으로 1990년대 말 이후 유럽연합 차원에서 제도화된 협력이 일정 부분 진척되었다. 그러나 회원국 정보기관간 협력과 민간부분의 개인정보 활용은 정치적, 제도적 요인으로 극도로 제약되었다. 이러한 이유로 유럽 연합은 국제사회에서 테러대응 부분에 있어 종이호랑이에 불과하다는 비판을 받아왔다. 특별히 항공기 승객예약정보(PNR)와 금융거래 통제를 위한 국제은행간 통신협정(SWIFT Agreement) 등 민간부분에서의 회원국간 정보교류는 거의 전무하였다.541)

유럽연합에서 민간부분의 정보교류 제약은 시민의 기본권과 이에 파생된 높은 수준의 개인정보보호 기조에 기인한다. 수년간의 논의 끝에 2016년 4월 유럽의회와 이사회에서 채택한 승객예약정보지침(PNR Directive (EU) 2016/681)은 유럽의회가 주도하는 유럽시민의 기본권 보호와 이사회가 의도한 역내안전 조치간 긴장관계를 여실해 보여준다.542) 유럽이사회는 2007년부터 유럽위원회에 승객예약정보지침에 대한 입법 제안을 요청하였고, 유럽위원회는 준비를 거쳐 2011년 2월 테러와 중범죄 대응을 위한 조치로 승객예약정보(PNR) 활용 지침을 제안하였다. 그러나 2013년 6월 유럽의회에서는 비례성 원칙(principle of proportionality)과 유럽시민의 기본권 침해를 이유로 본 제안을 회기 중에 표결에 붙여 거부하였다.543)

이후 2015년 11월 파리테러를 위시해 연이은 테러로 역내안보 강화에 대한 여론이 일면서, 유럽위원회는 재차 의제를 제안하였다. 동년 12월 이사회와 유럽의회간 극적인 타협 끝에 2016년 4월 승객예약정보지침 (PNR Directive)이 채택되어, 2018년 5월까지 국내입법 전환을 완료하였다.544) 유럽위원회가 두 번째로 제안한 승객예약정보 지침이 용이하게 입법화된 이유는 유럽의회가 2015년에 발생한 파리테러 사건으로 강력한 대테러대응 조치를 요구하는 여론을 반영하여, 기존에 기본권 조치에 대한 입장을 완화하였기 때문이다.545)

승객예약정보지침은 테러 및 중범죄 방지를 위한 용의자 적발과 조사 및 기소를 위해 항공사의 승객예약정보 제공의무를 명시한 입법이다. 본 지침에 따라 항공사는 취항하는 회원국에게 의무적으로 승객예약정보를 제공해야하며, 회원국은 제공받은 정보의 가공과 활용을 위해 승객정보처 (Passenger Information Units)를 설립해야한다. 승객정보처는 유럽연합 차원에서 효과적인 정보교류를 위해 유럽경찰국, 타 회원국정부 및 제 3국의 요청시 승객예약정보를 제공해야 한다. 또한 승객예약정보 취합은 유럽연합과 역외지역의 노선에 적용하되, 필요하다면 역내노선에도 적용할 수 있다.546)

한편 회원국에서 승객정보처 설립을 위한 제도적 조정과 기술적 운영에 적지 않은 재정지출이 발생한다. 또한 회원국간 운영시스템 조화와 정보교류 역시 높은 비용을 요한다. 이러한 점을 고려하여 유럽위원회는 본 사안에 한해 2017년 한해에만 약 7억 유로의 예산을 회원국에 지원하였다.547)

승객예약정보지침은 여행객을 가장한 테러리스트의 역내진입과 조직범죄 대응에 획기적인 제도적 진척으로 평가된다. 그러나 항공 여행객의 정보노출은 개인의 기본권 침해 소지가 높기 때문에 정보활용에 엄격한 통제가 뒤따른다. 승객예약정보는 테러방지 및 기타 지침에서 규정한 범죄의 예방을 위해서만 활용할 수 있다. 또한 여기에는 인종과 정치적 성향 등 민감한 정보의 취합을 금하고, 정보보유는 5년으로 한정하며 승객정보처는 반드시 정보보호 전문가를 두어야 한다. 이외에 정보보호처는 승객에게 정보수집에 대한 사실을 고지하며 제 3국에 대한 정보제공은 상황과 사례에 따라 엄격한 제한을 두고 있다.548)

■ 테러리즘 금융제재(AML/CTF)

▶ 자금세탁차단

테러리스트의 금융거래 차단은 대테러정책의 핵심이다. 유럽연합은 이미 1991년 시장통합을 앞두고 단일시장 내에서 자본의 자유이동을 악용한 범죄조직의 불법수익과 자금세탁을 차단하기 위한 기본적 입법으로 자금차단지침(Laundering Directive 91/308/EEC)을 제정하였다.[549]

이후 2000년대 들어 유럽연합은 1989년 G7에서의 합의로 출범한 국제자금세탁방지기구(FATF)의 권고를 적극적으로 수용하여 테러리스트에 대한 금융제재 입법을 연이어 제정하였다. 1991-2018년에 5차에 걸쳐 제정한 자금세탁차단지침은 테러리스트에 대한 금융제재의 핵심 입법이다.[550]

2001년 유럽연합은 2차 자금세탁차단 지침(AML Directive (2001/97/EC)과 2005년 3차 자금세탁차단과 테러리스트 자금차단 지침(CTF Directive (2005/60/EC)을 제정하였다. 본 두 개의 지침은 1991년에 제정한 1차 자금세탁지침 내용을 업데이트하여, 금융시장에서 범죄조직의 불법자금 유입과 활용 그리고 자금세탁 차단을 위한 높은 수준의 보호조치와 회원국간 표준화된 운영규범을 명시한 입법이다. 2001년과 2005년의 자금세탁과 테러리스트 자금차단 지침 내용은 이후 제정한 관련 입법의 원형이 되었다.[551]

2015년 4월 유럽위원회가 제출한 유럽안보의제(The European Agenda on Security)에는 테러와 조직범죄집단의 무기공급, 마약거래 및 금융시장 침투를 보다 효과적으로 차단하기 위한 방안이 언급되었다. 2016년 유럽위원회는 유럽안보의제 이행을 위해 테러와 조직범죄집단의 자금과 자산 파악과 차단, 자금이동 추적을 위한 법적조치 강화 및 수입원 차단 방안을 담은 테러리스트 자금원 대응 실행계획(Action plan on strengthening the fight against terrorist financing)을 발표하였다.[552]

유럽안보의제와 테러리스트 자금원 대응 실행계획에 따라 2017-18년 기간 2차 입법이 연이어 제정되었다. 2015년에 제정한 4차 자금세탁차단 지침(Directive (EU) 2015/849)은 2005년 이후 유럽연합이 제정한 테러리스트의 금융거래 통제를 담은 2차 입법을 종합한 것이다. 본 지침은 효과적인 테러대응을 위해 유럽연합 차원에서 금융기관의 투명한 금융거래 시스템 구축을 내용으로 한다.553) 이후에도 유럽연합은 2009년 지침(Directives 2009/138/EC), 2013년 지침(Directive 2013/36/EU) 그리고 2015년 지침(Directive (EU) 2015/849)을 수정하여 2018년 5차 자금세탁지침(Directive (EU) 2018/843)을 지속적으로 제정하였다.

이어서 2018년에는 테러리스트 자금원 차단을 위한 입법이 대거 제정되었다. 2018년에 제정한 역내현금이동통제규정(Regulation (EU) 2018/1672)은 역내에서 불법적으로 획득한 자금의 유통과 활용을 차단하기 위해 10,000 유로 이상의 현금소지에 대한 신고 및 자금원 공개 의무와 관련 당국의 조치를 내용으로 한다. 본 입법은 2005년 규정(Regulation (EC) No 1889/2005)의 수정입법이며, 2015년에 제정한 4차 자금세탁차단지침(Directive (EU) 2015/849)의 실효를 위한 후속입법의 성격을 갖는다.554) 역시 2018년에 제정한 형사법에 따른 자금세탁지침(Directive (EU) 2018/1673)은 테러 및 무기거래 등 여러 중범죄를 통해 획득한 불법적인 자금에 대한 제재에 있어 회원국간 법률적 조화를 꾀한 것이다.555)

▶ 자금차단과 정보교환

2017년에 제정된 테러대응지침(Directive (EU) 2017/541)은 테러리스트 자금차단을 위한 회원국간 정보교환과 국내정책의 조화를 내용으로 한다. 본 입법은 2002년 이사회의 프레임워크결정(Framework Decision 2002/475/JHA)과 2005년 이사회의 내무사법결정(Council Decision 2005/671/JHA)을 수정 및 취합한 입법이다. 동시에 테러대응지침은 리스본조약 발효로 이전에 이사회에서 입법화한 내무사법분야의 입법을 2차 입법으로 재구성하여 법적 효력을 강화하고 내용을 추가한 것이다.[556]

구체적으로 유럽연합은 2017년 테러대응지침을 통해 테러활동을 위한 훈련, 이동 및 자금지원은 명백한 범죄행위로 규정하고, 회원국간 정보교환과 정책실행에 있어 조화 및 벤치마킹에 관한 내용을 담았다. 이외에도 본 입법에는 테러피해자들에 대한 전문가 지원과 효과적인 응급상황 대처 등 테러피해에 대한 방안도 명기되었다.[557]

2018년 회원국간 자산동결과 몰수명령 상호인정 규정(Regulation (EU) 2018/1805)은 특정 회원국에서 형사사건으로 집행한 범죄자의 자산동결과 몰수결정이 타 회원국에서도 동일하게 적용토록 한 입법이다. 본 규정에 의해 특정 회원국에서 범죄자의 자산동결과 몰수결정을 내리면 타 회원국에서 이를 근거로 법률적 집행이 가능하다.[558]

2019년에 채택된 중범죄의 금융과 정보지침(Directive (EU) 2019/1153)은 범죄집단의 금융거래 차단과 수사와 기소를 위해 금융거래당국간 정보교환과 회원국의 관련 법규강화를 의도한 입법이다.[559] 같은 해에 제정된 문화상품수입규정(Regulation (EU) 2019/880)은 불법적인 통로로 역내에 수입되는 문화상품 통제와 조사를 담은 입법이다. 문화상품수입규정은 테러리스트들이 자금확보를 위해 불법적으로 획득하거나 역내로 유입하는 문화재에 대한 조사와 차단을 목적으로 한다. 더불어 본 규정은 제 3국에서 인류 문화유산의 보호라는 목적도 담는다.[560]

(표) 테러리즘 자금차단 입법

일시	2차 입법	내용
자금세탁차단지침 (AML)		
1991	1차 자금세탁차단지침 (Laundering Directive 91/308/EEC)	・단일시장내 범죄조직의 불법수익과 자금세탁 차단

일시	2차 입법	내용
2001	2차 자금세탁차단지침(AML) (Laundering Directive 2001/97/EC)	• 금융시장에서 범죄조직의 불법자금과 자금세탁 차단을 위해 높은 수준의 표준화된 운영규범
2005	3차 자금세탁차단지침(CTF) (Laundering Directive 2005/60/EC)	• 1991년 1차 자금세탁차단지침 업데이트
2015	4차 자금세탁차단지침 (Laundering Directive (EU) 2015/849)	• 테러리스트 자금차단을 위한 금융기관의 투명한 금융 거래 시스템 구축

2018	5차 자금세탁차단지침
	(Directive (EU) 2018/843)
		• 3개의 지침 수정 및 종합
		  - 2009년 지침(Directives 2009/138/EC)
		  - 2013년 지침(Directive 2013/36/EU)
		  - 2015년 지침(Directive (EU) 2015/849)

2018	역내현금이동통제규정 (Regulation on cash entering or leaving the Union (EU) 2018/1672)	• 역내에서 불법적으로 획득한 자금의 유통과 활용 차단 및 회원국의 관련 법규 강화 • 2005년 규정(Regulation (EC) 1889/2005) 수정 • 4차 자금세탁차단지침(Laundering Directive (EU) 2015/849 후속입법
2018	형사법에 따른 자금세탁차단지침 (Money Laundering Directive (EU) 2018/1673)	• 불법자금 획득과 이에 대한 법률적 해석과 제재에 회원국간 조화
테러리스트 자금차단과 정보교환		
2017	테러대응 지침 (Directive on Combatting Terrorism (EU) 2017/541)	• 테러리스트 자금차단을 위한 회원국간 정보교환과 국내정책의 조화 • 2002년 프레임워크결정(Framework Decision 2002/475/JHA) / 2005년 내무사법결정(Council Decision 2005/671/JHA) 수정
2018	자산동결과 몰수명령 상호인정 규정 (Mutual Recognition of Freezing and Confiscation Orders Regulation (EU) 2018/1805)	• 회원국간 범죄자에 대한 자산동결과 몰수명령 상호 인정
2019	중범죄의 금융과 정보지침 (Financial and Other Information Directive (EU) 2019/1153)	• 범죄집단의 금융거래 차단, 수사와 기소를 위해 금융거래당국간 정보교환과 회원국의 관련 법규 강화
2019	문화상품수입규정	• 테러리스트 자금원 차단을 위해 역내에 불법 유

일시	2차 입법	내용
	(Import of Cultural Goods Regulation (EU) 2019/880)	입 되는 문화재의 조사와 차단

출처) European Commission (2020q), Fight against the financing of terrorism.

■ 급진화 차단(Prevention of radicalisation)

2010년 유럽연합 전역에서 테러행위로 체포된 범죄자는 대부분 알제리, 이집트, 모로코, 튀니지 등 제 3국 시민으로 이들은 유럽 현지는 물론이고 역외에서 온라인을 통해 테러지시, 홍보 및 테러리스트 모집 활동을 진행하였다. 또한 테러행위로 체포된 유럽연합 시민은 아프가니스탄, 파키스탄, 소말리아와 예멘 등 제 3국 이민자의 후손이 다수를 점하는데, 이들은 자발적으로 이슬람 근본주의자(jihadist)가 된 인물들이다. 이외에도 유럽에는 쿠르드노동당(PKK)과 타밀 호랑이(Tamil Tigers) 등 분리주의운동 테러집단이 활동한다. 이들 이슬람 근본주의자들과 테러집단은 테러활동 이외에도 마약밀매와 인신매매 등에도 관여하여 역내안보에 큰 위협이 되고 있다.[561]

회원국 내에서 자생적으로 야기된 이슬람 근본주의 혹은 급진주의는 극단적인 테러리즘을 야기하는 또 다른 요인이다. 2002년 네덜란드 태생의 테러리스트 2명이 인도의 카시미르(Kashmir)에서 일어난 테러에 가담하였다가 사망한 사건이 발생하였다. 본 사건을 계기로 네덜란드는 유럽연합 회원국 중 최초로 정부차원에서 이슬람 극단주의자들의 테러리스트 양성에 대한 체계적인 조사를 진행하여, 유럽 내에서 자생적인 테러리스트가 존재한다는 사실을 확인하였다.[562]

이후 영국정부도 자국 내에서 발생한 테러조사 과정에서 자생적인 테러리스트의 실체를 확인하였다. 그러나 유럽연합은 2001년에 발생한 9.11 테러의 영향으로 대테러대응 조치는 회원국 정보당국간 정보교환에 초점

을 맞추어, 유럽내의 자생적 테러리스트의 등장에는 관심을 기울이지 않았다.[563]

뒤이어 2004년에는 네덜란드 영화제작자가 이슬람 모독을 이유로 극단주의자로부터 살해위협을 받는 사건이 발생해, 자생적인 극단주의자에 의해서도 테러가 자행된다는 점에 큰 충격을 주었다. 본 사건은 유럽 내 자생적인 극단주의에 대한 경각심을 일깨워 이후 유럽위원회가 극단주의 태동을 억제할 장기적인 전략을 강구하게 된 계기가 되었다.[564]

구체적으로 유럽연합은 2005년에 발표한 테러리즘 실행계획 2005(Action Plan on Terrorism in 2005)에 회원 각국의 급진주의 확산을 막기 위한 협력과 공동조치를 확대한다는 내용을 담았다. 2006년에는 이사회 내 여러 테러대응실무그룹(EU Terrorism Working Groups)과 유럽대외관계청(EEAS) 내 유럽연합정보상황센터(EU IntCen)에서 급진주의 대응을 위한 실행프로그램 시행에 대한 권고안을 이사회에 제기하였다. 유럽위원회 역시 본 사안을 다룰 고위급 전문가그룹을 구성하여 다양한 논의를 전개하였다.[565]

이후 유럽위원회는 2014년과 2016년에도 각각 급진화된 테러리즘 대응방안을 담은 보고서를 제출하였다. 그러나 이러한 활발한 논의에도 불구하고 유럽연합 차원에서 자생적인 급진주의 테러리스트 차단을 위한 실질적 조치는 거의 없었다.[566]

유럽연합 차원에서 급진화 차단을 위한 구체적 조치는 2015년 유럽위원회가 구성한 유럽연합 인터넷 포럼(EU Internet Forum) 구성이다. 유럽위원회는 테러리스트들이 SNS를 통한 조직충원 등 온라인을 적극 활용한다는 점을 고려하여 유럽경찰국(Europol)과 회원국 정부와 함께 인터넷 포럼을 운영하고 있다. 본 포럼은 다국적 통신사 및 인터넷 기업의 불법적 콘텐츠 차단과 자체점검 강화 등 민간부분에서 온라인을 통한 테러리스트 활동을 통제하는데 목적이 있다.[567]

이외에도 유럽위원회는 2017년 극단주의 문제를 다루는 급진화고위급 전문가그룹(HLCEG-R)을 구성하여 온라인에서 극단주의 차단 방안에 관한 보고서 작성을 의뢰하여 2018년 최종보고서를 접수하였다. 유럽위원회는 본 보고서를 기반으로 테러리스트의 온라인 콘텐츠를 차단할 2차 입법을 제안할 방침이다. 이와 같이 유럽연합 차원에서 급진주의 대응은 유럽위원회에서 관련 보고서 및 포럼 운영정도로 미진하고, 구체적인 입법은 마련되지 않은 상태이다.

■ 사이버 안보(Cybersecurity)

유럽연합에서 온라인을 통한 극단주의자들의 활동을 포함한 사이버 범죄는 공동안보방위정책(CSDP) 차원에서도 중요한 사안이다. 사이버 범죄는 국경의 제약이 없고 모든 유럽시민을 대상으로 무차별적으로 진행된다는 점에서 기존의 안보방위정책과 다른 차원에서의 접근이 필요하다. 이러한 점에 착안하여 2013년 유럽대외관계청(EEAS)은 유럽연합 사이버안보전략(EU Cyber Security Strategy)을 수립하여 안보 및 경찰사법 규제기구들과 협력해 정책을 실행하고 있다. 유럽대외관계청은 2015년 산하에 온라인을 통한 테러 및 중범죄 대응을 위해 유럽연합 인터넷감독국(EU IRU)을 신설하였고, 주요 전략적 파트너 국가인 미국, 중국, 일본, 한국 및 인도 등과 사이버 테러 논의 등 대외업무도 진행한다.[568]

한편 유럽연합은 사이버 안보를 위해 여러 관련 2차 입법을 제정하였다. 2004년에 제정한 이사회의 프레임워크 결정(Council Framework Decision 2004/68/JHA)을 대치한 2011년 성적학대와 아동 성 착취 대응 지침(Directive (EU) 2011/93)은 대표적 예이다. 본 입법은 경제적 이득을 목적으로 온라인을 통한 국제적인 아동 포로노 유통 등 아동의 성적 착취 방지를 위한 유럽연합 차원의 입법이다.[569]

역시 이사회의 2005년 프레임워크 결정(Council Framework Decision 2005/222/JHA)을 수정한 2013년 과격분자의 정보시스템 공격 대응 지침(Directive (EU) 2013/40)은 유럽연합사법기구(Eurojust), 유럽경찰국(Europol)과 산하 유럽사이버범죄센터(EC3) 및 유럽연합사이버안보기구(ENISA) 등 경찰사법협력과 안보 이슈를 다루는 규제기구(regulatory agencies)에서 사이버 공격에 대한 대응조치를 담은 입법이다. 과격분자의 정보시스템 공격 대응 지침은 유럽연합이 유럽경찰국의 기능을 사이버 안보분야까지 확대하였다는 점에서 의미가 있다.570)

2004년 이른바 사이버안보법(Cybersecurity Act)으로 불리는 규정(Regulation (EC) No 460/2004)을 통해 유럽연합사이버안보기구(ENISA)가 설립되었다. 본 기구는 역내안보를 위한 네트워크 구축과 정보교류를 목적으로 유럽시민, 기업과 공공기관 등의 사이버 대응을 지원한다.571) 이후 후속으로 2013년 유럽사이버안보기구 규정(EU Regulation No 526/2013)과 2019년 유럽연합사이버안보기구와 사이버안보 정보통신기술 규정(EU Regulation No 2019/881) 등 2개의 규정이 제정되었다. 본 규정들은 유럽연합사이버안보기구의 기능과 사이버안보 관련 정보통신기기와 서비스 등 정보통신 기술에 대한 인증을 담은 입법이다.572)

(표) 사이버 안보 입법

일시	2차 입법	내용
2011	성적학대와 아동 성 착취 대응 지침 (Directive on Combatting Sexual Abuse (EU) 2011/93)* 수정입법	· 경제적 이득을 목적으로 한 아동 성 착취 방지대응
2013	과격분자의 정보시스템 공격 대응 지침 (Attacks against Information Systems Directive (EU) 2013/40) *수정입법	· 유럽연합의 경찰사법 및 안보업무를 담당하는 규제 기구에 대한 사이버 공격 차단
2004	사이버안보법(Cybersecurity Act) / 유럽사이버안보기구 설립규정	· 유럽연합사이버안보기구(ENISA) 설립

일시	2차 입법	내용
	(Regulation (EC) No 460/2004)	
2013	사이버안보법(Cybersecurity Act) / 유럽사이버안보기구 규정 (EU Regulation No 526/2013)	• 유럽연합사이버안보기구(ENISA)의 기능 확대
2019	유럽연합사이버안보기구와 사이버안보 정보통신기술 규정 (EU Regulation No 2019/881)	• 유럽연합사이버안보기구(ENISA)의 기능과 사이버안보 관련 정보통신기술에 대한 인증

출처) 필자구성

대외협정

■ 유럽연합-미국 승객예약정보협정(EU-US Agreement on PNR)

▶ 배경

2000년대 들어 유럽연합에서는 테러집단의 유입이 역내안보의 핵심적 의제로 대두되었다. 유럽연합은 공동외교안보정책(CFSP) 차원에서 규범권력(normative power)을 내세워 반인륜적 테러에 대응한 국제적 협력을 적극적으로 추진하였다. G-8을 통한 주요국과의 협력 그리고 UN, 국제민간항공기구(IACO) 및 국제해사기구(IMO) 등 주요 국제기구에서 테러대응을 위한 기술적 규제의 채택 주도 등은 단적인 예이다. 그러나 테러대응을 위한 가장 효과적인 국제적 협력은 미국과의 공조이다.573)

미국은 9.11 테러를 계기로 테러대응은 범지구적 이슈라는 점을 들어 유럽연합과 본격적인 협력을 천명하고 승객예약정보협정(EU-US Agreement) 체결을 결정하였다. 유럽연합과 미국간에 체결된 승객예약정보협정은 양측 모두 테러방지를 위한 중요한 진전으로 평가된다.

모든 항공사는 항공기 예약과정에서 취득한 승객정보를 승객예약정보를 통해 DB화하여 예약과 운항통제에 활용한다. 승객예약정보는 승객의 성명과 주소는 물론이고 여행경로와 빈도, 카드사용 내역을 포함한 결제수단 및 화물목록 등 여러 정보를 담는다. 이에 따라 본 정보를 통해 분쟁 혹은 위험지역에서 역내로 유입되는 잠재적인 테러위험 인물을 사전에 파악하고 격리 및 수사에 활용할 수 있다. 이외에도 승객예약정보는 마약밀매와 인신매매 등 여러 국경을 넘어 전개되는 중범죄의 이동 감지에도

유용한 정보원이다.574)

　대부분의 국가에서 항공 탑승객 정보는 민간항공사의 예약정보에 의존하므로 본 사안은 정부와 민간 항공사간 긴밀한 협력을 기반으로 운영된다. 문제는 승객예약정보는 시민의 기본권과 사생활보호를 침해할 소지가 높아 참여 국가간 공동규범 제정과 활용에 엄격한 통제가 요구된다는 점이다. 미국의 경우 9.11 테러 이후 정부차원에서 대테러대응을 위한 승객여행정보 활용에 대한 거부감이 눈에 띄게 완화되었다.575)

　그러나 개인정보보호에 보다 민감한 유럽의 경우 승객여행정보 활용에 엄격한 시각을 갖는다. 특별히 유럽의회, 사법재판소 그리고 범유럽 통합기구인 유럽평의회(Council of Europe)는 유럽시민의 기본권인 개인정보보호를 손상치 않는 가운데 제한적 수준의 정보활용과 엄격한 통제시스템을 주장하여 왔다. 반면에 유럽위원회는 시민의 안전을 위해 신속한 정책실행에 주목하여 개인정보 보호에 유연성을 둘 수 있다는 입장을 취하여 왔다. 이러한 상반된 견해로 2000년대 들어 미국과 캐나다와 승객예약정보협정 체결과정에서 유럽의회와 유럽위원회간 갈등이 야기되었다.576)

▶ 유럽연합-미국 승객예약정보 예비협정

　유럽연합은 미국의 개인정보보호가 유럽기준에 비해 상대적으로 취약하다는 점을 들어 양 측간 협력에 신중한 입장을 취하여 왔다. 그럼에도 9.11 테러 이후 유럽연합과 미국간 방대한 정보가 교환되어 왔고, 미국은 보다 효과적인 테러대응을 위해 유럽연합과 항공기 승객예약정보(PNR)에 관한 제도화된 협력을 원하였다.577)

　2001년 9.11 테러 직후 미국 국토안전국(Department of Homeland Security)은 생체정보를 담은 여권 도입 등 국경강화를 위한 일련의 조치를 취하였다. 이중 핵심은 승객예약정보로 2001년 11월 국토안전국은 미국항공운송안전법(US Aviation and Transportation Security Act)을 근거로 유럽발 미국행 항공기의 승객정보를 이륙 전에 통보받을 수 있는 시스템 구축을 결정하였다. 당시 미국의 항공사는 정부의 요청에 즉각적으로 협력하였으나, 유럽 국적의 항공사는 유럽연합의 정보보호법을 들어 난색을 표명하였다.578)

이에 따라 미국은 유럽연합과 승객예약정보 데이터 교환(Passenger Name Record Data Transfer)에 관한 협정체결을 위한 협상을 개시하였다. 그러나 2004년 2월 유럽의회에서 본 협상을 감독하는 시민자유내무사법 상임위원회(LIBE)는 1995년에 제정한 개인정보와 자유이동보호지침(Directive 95/46/EC)을 들어 본 협상안을 수용할 수 없다는 입장을 표명하였다.579)

이러한 유럽의회의 반대에서 불구하고 2004년 5월 유럽연합 측 협상대표로 참여한 유럽위원회는 미국의 요구를 수용한 협상안을 타결하고 수일 후 이사회가 승인하였다. 예비협정 형태로 체결된 1차 유럽연합-미국 승객예약정보협정(EU-US Agreement on PNR)은 사실상 유럽연합이 미국의 요구를 전적으로 수용하여 유럽연합보다 훨씬 완화된 수준에서 정보보호 조치를 담았다.580)

▶ 유럽연합-미국 승객예약정보 본협정

그러나 예비협정 체결 직후 유럽의 언론에서는 노골적인 비판이 제기되었다. 승객예약정보협정은 유럽연합 차원에서 국제선 승객의 예약정보를 취합하여 제3국과 정보를 교환한다는 점에서 유럽시민의 개인정보와 기본권을 손상한다는 의견이 팽배하였다. 나아가 승객예약정보협정은 유럽연합이 미국의 압력에 굴복하여 양측간 비대칭적인 정보교환을 용인한 처사라는 비난도 제기되었다.581)

이에 유럽의회는 예비협정 승인을 보류한 가운데 사법재판소에 본 협정의 조약위반 여부를 문의하였다. 2005년 11월 사법재판소 법무관

(Advocate-General)은 제 1지주(first pillar)의 법률적 기반을 통해 제 3지주의 이슈를 다루는 것은 법적 문제가 있으며, 논의과정에서 유럽의회가 배제되었다는 의견을 제기하고 뒤이어 2006 5월 승객예약정보협정의 무효를 결정하였다. 주목할 점은 당시 사법재판소는 데이터 보호조치가 아니라, 본 협정이 유럽연합의 운송정책 측면에서 다루어져야 한다는 점에서 제도적 문제를 제기하였다.582)

1차 협정문에는 양측에서 협정의 종료를 선언하면 90일 후 효력이 정지된다는 내용이 명기되었다. 결국 유럽위원회와 이사회는 2006년 6월에 미국 측에 협정종료를 통지하고, 90일이 경과한 9월에 1차 승객예약정보 예비협정은 종료되었다.583)

1차 승객예약정보협정 파기 후 2007년 2월 이사회는 미국과 새로운 승객예약정보협정 체결을 결정하고 협상을 개시하였다. 리스본조약 이전까지 내무사법협력(JHA)은 제 3지주(Pillar Ⅲ)로 유럽연합조약(TEU)에 명기되어 유럽의회의 개입이 제약되었다. 이러한 점을 고려하여 유럽위원회는 리스본조약 발효이전에 협정을 체결한다는 전략을 세워, 2007년 7월 유럽연합조약(TEU)에 근거해 미국과 새롭게 승객예약정보협정을 체결하였다. 다시 체결된 협정은 탑승승객의 카드사용내역, 여행내역 및 인터넷 검색기록까지 포괄하여 이전보다 더욱 상세한 승객정보 교환내용을 담았다.584)

2차 승객예약정보협정 체결에 뒤이어 2010년 유럽위원회는 제 3국과의 승객예약정보를 담은 입법문서(On the global approach to transfers of Passenger Name Record (PNR) data to third countries))를 제출하여 제 3국과의 승객예약정보협정 체결의 필요성을 제기하였다. 본 입법문서는 승객예약정보의 활용목적, 정보내용 교환의 범위, 정보보호 및 정기적인 검토와 평가를 통한 감독시스템 등 추후 제 3국과의 관련 협정 체결에 관한 일반적 준수사항을 담았다.585)

이러한 협정체결을 위한 이사회와 유럽위원회의 노력으로 1995년에 제정된 개인정보와 자유이동보호지침과의 상충에 대한 우려에도 불구하고, 2011년 11월 유럽연합과 미국간 2차 승객예약정보협정에 대한 공식서명이 이루어졌다. 이후 이듬해 2012년 4월 유럽의회의 승인에 뒤이어 동년 7월 1일부터 협정의 효력이 발효되었다.[586]

이후 유럽연합은 2012년에 호주와도 승객예약정보협정을 체결하고 뒤이어 2014년에는 캐나다와도 동 협정을 체결하였다.[587] 그러나 본 협정들역시 미국과의 체결과정과 유사하게 유럽의회가 이해를 깊숙이 개입하면서 난항을 겪고 있다. 2006년에 체결된 유럽연합과 캐나다간 승객예약정보협정의 경우 2014년 11월 유럽의회가 승인을 보류한 가운데 이듬해 2015년 1월 사법재판소에 협정의 조약 위반 여부에 대한 견해를 요청하였다. 이에 2017년 7월 사법재판소는 1995년에 제정된 개인정보와 자유이동보호지침과 유럽연합기본권헌장을 근거로 제 3국과의 승객예약정보협정은 유럽시민의 정보보호를 위한 적절한 수준의 보호(adequate level of protection)를 전제해야 한다는 견해(opinion)를 제기하여 협정발효가 지연되고 있다.[588]

▶ 의미

승객예약정보협정은 리스본조약 체결 이전 두 개의 설립조약으로 분할되어 명기된 자유안전사법지대의 불완전한 제도적 기반과 리스본조약 이후 자유안전사법지대에서 국가중심성을 벗어나 정책결정기구간 권한의 균형을 동시에 보여주는 사례이다.

리스본조약 체결 이전 유럽의회는 국제적 협정체결에서 비토권을 행사한 전례가 없기 때문에 2004년 승객예약정보 예비협정을 수용하되, 예비협정 체결 한달 뒤 사법재판소에 법률적 해석을 요청하였다. 2006년 5월 사법재판소는 승객예약정보협정은 회원국의 사법권에 해당하지만 동시에 유럽연합의 제 3지주(Pillar Ⅲ)의 사안이라는 점을 들어 유럽연합이 체결한 협정은 법률적 기반이 부적절하다는 의견을 내놓았다. 이러한 유럽의회의 저항과 사법재판소의 견해는 결과적으로 리스본조약 이후 유럽의회의 이해가 상당 부분 반영된 본 협정 체결로 이어졌다.[589]

한편 승객예약정보협정은 협상타결을 위한 이사회와 유럽위원회의 전략적 진행과 유럽의회의 효과적인 이해관계 개진이 결합된 경우이다. 리스본조약 이후 미국과 체결한 승객예약정보협정은 이사회가 리스본조약 발효 이전에 유럽의회의 기능이 제약된 유럽연합조약(TEU)에 근거해 체결하였다. 그러나 협정의 승인은 리스본조약 발효 이후 유럽의회의 기능이 강화된 유럽연합운영조약(TFEU)에 근거한 절차에 따라 유럽의회는 승인과정에서 이사회 및 유럽위원회와 동등한 권한을 갖고 의사를 관철하였다. 한편으로 승객예약정보협정은 이사회가 역내안보를 위해 최초로 체결한 대외협정이라는 점에서 의미있는 성과이다. 본 협정과정에서 이사회는 유럽의회의 강경한 저항에 전략적인 대응을 통해 유럽의회의 이해를 수용하면서, 결과적으로 소기의 목적을 달성하였다.[590]

■ SWIFT 협정(SWIFT Agreement)

▶ 배경

테러리스트 자금추적프로그램협정(TFTP Agreement) 혹은 SWIFT 협정(SWIFT Agreement)으로 보다 많이 통용되는 국제은행간 통신협정(Society for Worldwide Interbank Financial Telecommunication Agreement)은 역내안보 부분의 대외협력에서 진일보한 발전으로 평가받는다. 더불어 본 협정은 승객예약정보협정과 더불어 대테러대응 전반에 걸쳐 유럽연합과 미국간 관계에서 유럽연합이 상대적으로 정보와 협상력이 결여된다는 사실을 확인한 계기가 되었다. 한편으로 2010년에 체결된 유럽연합과 미국간에 체결된 SWIFT 협정은 2년 뒤 역시 미국과 체결된 승객예약정보협정(PNR Agreement) 체결시 개인정보 보호 내용에 큰 영향을 미쳤다는 점에서 자유안전사법지대 분야에서 국제적 협정의 기본적인 틀을 담았다는데 의미가 있다.591)

SWIFT는 1973년에 미국과 유럽의 주요 시중은행간 금융거래를 위해 설립된 은행간 통신과 데이터베이스 시스템이다. 2001년 9.11 테러가 발생하면서 미국은 테러리스트 자금추적프로그램(TFTP)을 개시하였다. 본 프로그램은 테러리스트로 의심되는 집단과 개인의 금융거래 정보를 파악하여 자금줄을 봉쇄하는데 목적이 있다.592) 본 프로그램의 핵심은 SWIFT 협정(SWIFT Agreement)에 참여하는 은행의 거래내용을 보관하는 브뤼셀에 위치한 SWIFT의 데이터베이스 센터의 정보열람이다. 민간기구인 SWIFT 협정 사무국은 미국의 정보요구에 난색을 표명하다가, 5년 뒤인 2006년 요구를 수용하였다.

그러나 문제는 SWIFT 데이터베이스 센터가 브뤼셀에 위치하여 벨기에와 유럽연합의 정보보호법 적용을 받는다는 것이다. 벨기에 정부는 본 사안이 자국과 유럽연합 법에 저촉된다는 점을 들어 난색을 표명하였다. 이에 2009년 들어 미국은 유럽연합과 공식적인 SWIFT 협정 체결로 방향을 선회하게 되었다.

▶ 경과

2009년 6월 이사회는 미국과 금융거래 정보교환을 내용으로 한 SWIFT 예비협정을 체결하였다.593) 그러나 2010년 2월 유럽의회는 데이터 보호 미비와 유럽 금융산업의 경쟁력 약화를 들어 SWIFT 협정을 표결에 부쳐 거부하였다. 유럽의회의 전례가 없는 협정비준 거부는 이사회는 물론이고 미국 측에서도 큰 충격을 주었다.594)

첫째, SWIFT 협정은 승객예약정보 예비협정과 유사하게 미국에 일방적으로 유리한 내용을 담았다. 미국은 유럽연합 측으로부터 정보를 받지만 반대로 유럽연합은 미국측으로부터 금융정보를 취득할 수 없다. 이점을 들어 유럽의회와 주요 회원국의회는 SWIFT 협정은 미국법이 여과 없이 유럽연합에 적용된 것으로 상호주의를 벗어난 처사로 비난하였다.[595]

둘째, SWIFT 협정 내용에는 금융정보의 보관 연한, 금융정보 모니터링의 범위 등 상세한 운영 내용을 담지 않아 유럽시민의 기본권을 침해할 소지가 높다.

셋째, SWIFT 협정은 미국정부와 은행이 일방적으로 유럽금융계의 정보를 취득한다는 점에서 산업 측면에서 유럽 금융산업의 경쟁력을 약화시킬 소지가 있다.[596]

유럽의회의 강경한 입장은 미국이 테러리스트 자금추적프로그램(TFTP)을 운영하면서 유럽연합과의 협력시 기밀을 이유로 정보공개를 꺼린다는 점도 한 요인이 되었다.[597] 이와 같이 유럽의회의 비토권은 유럽연합과 미국간 협력시 공정한 정보교류와 공개적 논의진행 등이 무시되었다는 점을 간접적으로 시사한다.

제 3국 혹은 국제적 기구와의 연합협정(association agreement) 체결은 특별입법절차(SLP) 내 합의절차(consent procedure)가 적용되어 유럽의회의 최종 비준을 요한다. 다만 유럽의회는 SWIFT 협정 이전까지 연합협정 비준과정에서 비토권을 행사한 전례가 없어 이사회는 본 사안도 이러한 전례를 따를 것으로 예상하였다.[598]

그러나 SWIFT 협정은 리스본조약 발효와 맞물려 예상치 못한 결과가 야기되었다. 2009년 12월 리스본조약이 발효되면서 유럽의회는 일반입법절차(OLP)가 적용되는 모든 자유안전사법 이슈에서 유럽위원회 및 이사회와 동등한 권한을 갖는다. 더불어 대외관계에서도 특별입법절차(SLP) 내 합의절차를 통해 유럽의회는 국제협정의 최종 비준권한을 보유하므로 이사회와 동등한 권한을 행사한다. 유럽의회는 이러한 제도적 변화에 따른 강화된 권력을 효과적으로 활용하여 이전과 달리 비토권을 행사하였다. 결국 SWIFT 협정은 유럽연합이 체결한 대외협정이 유럽의회의 비토권 행사로 협정이 무효화된 최초의 사례가 되었다.[599]

제도적 측면에서 볼 때 이사회는 미국과 2009년 6월에 예비협정을 체결하였고, 리스본조약 발효 하루 전인 11월 31일 본 협정안을 유럽의회에 제출하였다. 따라서 SWIFT 협정은 리스본조약 이전의 정책과정이 적용되어 유럽의회의 형식상의 비준을 거쳐 발효가 될 수 있었다. 그러나 유럽의회는 2010년 2월 리스본조약으로 변화된 대외협상 비준절차와 조건을 적용하여 거부권을 행사하였다.[600]

결국 이사회와 유럽위원회는 유럽의회의 의사를 존중하여 곧바로 미국과 재협상을 시작하였다. 이 과정에서 유럽의회는 협상과정을 면밀하게 주시하고, 이사회는 유럽의회의 권고를 대폭 수용하여 협정을 체결하였다. 이에 따라 2010년 7월 내용을 수정한 새로운 SWIFT 협정이 유럽의회에서 통과되어 다음달 8월부터 효력에 들어갔다.[601]

▶ 의미

SWIFT 협정 체결과정과 내용은 자유안전사법지대의 거버넌스 측면에서 두 가지의 의미를 갖는다.

첫째, SWIFT 협정의 최종 비준과정인 합의절차(consent procedure)에서 유럽의회의 비준거부는 리스본조약 이후 유럽의회가 자유안전사법지대에서 이사회 및 유럽위원회와 함께 중심적인 행위자로 위치한다는 변화된 현실을 보여주었다. 유럽의회는 2009년 6월 SWIFT 예비협정이 체결된 직후 동년 9월 결의안(EP Resolution(17/09/2009)과 11월 추가로 결의안(EP Resolution 20/11/2009)을 연이어 제출하여 본 협정의 미비점을 적시하였다. 이외에도 유럽의회는 2010년 2월 SWIFT 예비협정에 거부권을 행사한 직후 동년 5월 또 다시 결의안(EP Resolution 10/08/2010)을 발표해 회원국에 적용되는 표준화된 기준, 정보보관 기간, 유럽연합의 정보보호 기준 적용 등 사실상 협정내용을 결정하는 여러 사안을 제기하여 본 협정에 적극 반영되었다.602)

둘째, SWIFT 협정 체결로 유럽경찰국(Europol)이 대외관계에서 회원국을 대표한 일단의 독립적 행위자로 기능을 확보하였다. SWIFT 협정을 통해 유럽경찰국은 미국의 정보요구를 검토하고 이를 이행하는 실무 행위자로서 회원국과 유럽연합사법기구(Eurojust)를 대신하여 미국에 정보요청 권한까지 행사할 수 있게 되었다.603)

한편으로 테러리스트 자금추적프로그램(TFTP)의 최대 성과인 SWIFT 협정은 승객예약정보협정(PNR Agreement)과 함께 역내안보를 위한 대외협력에서 두 가지 중요한 현실과 함의를 남겼다.

첫째, 국제적인 차원에서 역내안보를 위한 정책은 미국과의 협력에 크게 의존한다는 현실을 보여준다. SWIFT 협정과 승객예약정보협정(PNR Agreement)는 '대서양 동맹의 정신(spirit of transatlantic partnership)'의 구현으로 불릴 만큼 양측간 대테러대응을 위한 연대와 협력의 상징이다. 그러나 본 협정들은 미국이 주도적으로 협정 체결과정과 내용을 결정하고, 유럽연합에 동의를 구하는 형태로 진행되었다. 이에 유럽의회를 중심으로 유럽적 이해를 들어 반발이 야기되었고, 결국 미국이 자국에게 일방적으로 유리한 협상내용을 일부 수정하여 합의를 도출하였다.604)

결국 두 개의 협정체결로 유럽연합은 정보취득과 분석, 경찰협력, 테러집단에 대한 금융제재 등 다방면에 걸쳐 미국의 정책과 인프라에 의존하고 있어, 현실적으로 미국의 대테러정책에 조응한 대외조치를 취할 수밖에 없다는 사실을 보여주었다.

둘째, 두 개의 국제적 협정을 통해 대테러대응을 위해 가장 중요한 대외적 협력국가인 미국은 유럽연합과의 대테러대응을 위한 공조는 효율성과 신속성을 위해 개별국가와의 협력보다 유럽위원회를 통한 단일화된 협상창구를 고수한다는 사실이 확인되었다. 이러한 미국의 정책기조는 결과적으로 유럽연합의 대테러대응 정책과 조치의 초국가화를 앞당기는 동인으로도 작용하였다.605)

한편으로 SWIFT 협정과 승객예약정보협정은 모두 1차 예비협정에서 유럽의회가 미국의 정보보호 조치는 유럽연합 수준에 미치지 못하므로 시민의 기본권을 침해한다는 이유로 비준을 거부하였다. 이러한 유럽의회의 행위로 유럽연합은 추후 관련 이슈에서 협정 상대국에게 부담과 신뢰성 결여라는 문제를 야기하였다.606)

결론적으로 SWIFT 협정과 승객예약정보협정은 유럽연합에게는 여러 미비점을 남겼지만 이사회와 유럽의회간 첨예한 대립 끝에 성사되었다. 따라서 유럽연합은 미국의 의사를 수용하면서 유럽적 선호를 효과적으로 관철하였고, 미국 역시 국제사회에서 자국의 규범을 성공적으로 실현하였다는 평가가 지배적이다.607)

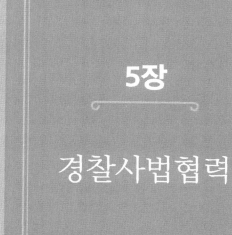

5장

경찰사법협력

1 정책배경

■ 정책의 성격

▶ 정부간주의와 초국가주의의 대립

자유안전사법지대는 국내법, 국가주권, 회원국간 국경을 넘은 수평적 협력과 초국가기구의 기능과 유럽연합법의 적용확대 등이 복잡하게 얽혀 정부간주의와 초국가주의가 적나라하게 대립하는 정책영역이다. 범죄에 관한 사법협력과 기본권 보호에서는 이러한 두 개의 기조간 긴장이 극대화되어 정책의 초국가화가 더디게 진행되어 왔고, 이 과정에서 회원국의 정치적 저항도 야기되었다.[608)

예외적으로 일부 경찰사법협력의 정책에서는 유럽적 조치의 필요성을 절감한 일부 회원국의 관료집단과 전문가들이 정부간 협력과 유럽적 조치에 적극적으로 협력을 취해 정책발전을 이끌었다. 단적으로 벨기에 법무부는 유럽연합사법기구(Eurojust)의 여러 프로젝트 진행과 유럽구속영장(EAW) 출범에 기술적 지원과 외교적 협력에 핵심적 역할을 하였다.[609) 그러나 이러한 일부 회원국의 영향력은 타 회원국의 공감을 이끌어 낼 수 있는 9.11 테러와 같은 예외적인 상황으로 한정된다는 점에서 보편적 현상은 아니다.

범죄와 형사문제는 주권국가의 고유한 권한이다. 더욱이 경찰사법협력은 회원국의 경찰과 검찰, 관세당국 및 사법부간 공조가 요구되는 이슈로 일국 차원에서도 이들 정부기관의 권한에 개입하거나 개혁이 매우 어려운 영역이다. 이러한 배경에서 유럽연합은 회원국간 사법협력 분야에서는 관련 국가기관간 수평적 네트워크를 통한 협력에 초점을 맞추어 왔다. 이에 따라 경찰사법분야에는 정부간 성격을 갖는 규제기구가 유독 많이 설립되어 있다. 유럽경찰국(Europol), 유럽연합법률집행교육기구(CEPOL) 그리고 유럽연합사법기구(Eurojust)는 이러한 정부간주의와 초국가주의의 대립과 조화의 산물이다.610)

1999년 암스테르담조약 발효 이후 10여 년간 범죄에 관한 경찰사법협력은 회원국과 유럽위원회가 입법제안권을 공유하였고, 관련 이슈는 자문절차(consultation procedure)가 적용되어 유럽의회의 개입이 제약되었다. 또한 이사회의 내무사법 결정(JHA Decision)과 프레임워크 결정(Framework Decision)을 통한 입법에서도 유럽의회는 완전히 배제되었다.611)

분기점은 2009년에 발효된 리스본조약으로 범죄에 관한 경찰사법협력 역시 일부 사안을 제외하고 대부분 일반입법절차(OLP)가 적용되어 정부간 협력의 틀에서 초국가 거버넌스로 의사결정과 실행프로그램의 성격이 변화하였다.612) 물론 이러한 제도변화에도 불구하고 범죄에 관한 경찰사법협력은 국가주권에 심대한 영향을 미치는 정책의 속성상 대개의 이슈는 제도적 측면에서 회원국간 상호인증과 조화 등 느슨한 초국가주의가 적용된다.

▶ 발전동인: 정부간 조약

유럽연합에서 경찰사법협력의 유럽화 동인은 설립조약 수정에 따른 제도적 조정이다. 주목할 점은 경찰사법협력이 내포한 정부간주의 속성으로 본 정책의 발전은 유럽연합 밖에서 진행된 정부간 협력에도 상당부분 기인한다는 것이다. 1990년대 이후 유럽연합 역외에서 진행된 쉥겐협정과 플룸조약(Plüm Treaty) 등 두 개의 정부간 조약은 경찰사법협력의 발전에 결정적 동인이 되었다. 1990년에 쉥겐이행협정(SIC) 체결로 1995년부터 쉥겐지역이 출범하면서 회원국 국경경찰간 협력이 제도화되었다. 이후 암스테르담조약 체결로 쉥겐지역 운영을 위한 경찰협력 시스템이 모두 유럽조약(European Treaties)으로 편입되었다.[613]

2005년 5월 독일, 프랑스, 스페인, 오스트리아, 네덜란드, 벨기에 및 룩셈부르크 등 유럽연합 내 7개 회원국은 플룸조약(Plüm Treaty)을 체결하였다. 플룸조약은 테러와 불법이민 대응을 위해 지문, DNA 및 차량등록번호 정보교환을 내용으로 한다. 플룸조약은 이른바 쉥겐III(Schengen III)로 불릴 정도로 쉥겐이행협정(SIC)의 미비점을 보완한 조약이지만, 유럽연합 밖에서 체결된 정부간 조약을 이유로 쉥겐의 유산(Schengen acquis)으로 인정되지 않았다.[614] 그러나 플룸조약 체결 이후 여타 회원국이 추가적인 참여를 천명하면서, 2008년 이사회 결정(Council Decision 2008/615/JHA)을 통해 플룸조약으로 도입된 시스템이 유럽연합의 정책으로 흡수되었다.[615]

이후에도 유럽연합은 2007년 아이슬란드, 노르웨이 및 스위스 등 유럽자유무역연합(EFTA) 회원국과 상법과 민법 분야의 판결에 대한 상호인정을 담은 루카노협약(Lugano Convention)을 체결하였다. 루카노협약은 쉥겐과 유사한 맥락에서 서유럽 전역에서 사법분야의 상호인증이 적용된다는 점에서 의미가 있다. 다만 자유안전사법지대에서 선택적 거부권을 행사하는 덴마크는 본 협정에서 제외되었다.[616] 한편 유럽연합은 유럽 밖의 제 3국과도 사법분야에서 협력을 모색하였다. 2003년 미국 그리고 2009년 일본과 체결한 상호법률적 지원협정(Mutual Legal Assistance Agreement) 그리고 2003년 미국과 별도로 체결한 범죄자 상호인도협정(EU-US Extradition Agreement)은 대표적 예이다.[617]

이와 같이 유럽연합의 경찰사법협력의 발전에는 유럽조약 밖에서 취해진 일부 국가간 협력 및 제 3국과의 관련 협정이 큰 동인이 되었다.[618] 이러한 연유는 회원국들이 경찰사법협력이 매우 민감한 사안임을 고려하여 느슨한 구조의 정부간 조약을 통한 협력을 선호하였기 때문이다. 그러나 시간이 경과하면서 정부간 조약에 참여한 회원국들은 정책의 실효를 극대화하기 위해 유럽적 정책으로 방향을 전환하였다. 동시에 국경을 넘은 범죄와 테러대응 등 유럽 밖에서 역내의 안보를 위협하는 요인이 점증하면서 역외국가와의 협력 역시 활성화되었다.

■ **정책연역**

유럽에서 국가간 경찰사법협력은 1959년 유럽평의회(Council of Europe)에서 체결한 유럽형사사법 공조협약(European Convention on Mutual Assistance in Criminal Matters)으로부터 기원한다. 본 협약은 유럽국가간 형사사건에서 상호지원을 내용으로 하며, 베네룩스와 노르딕 국가들은 본 협정 체결시 별도의 부속의정서를 통해 보다 긴밀한 형사협력 내용을 취하였다.[619]

통합과정에서 경찰부분의 회원국간 협력은 각국 내무사법장관들간 정부간 협력에 기반한 회합인 트레비그룹(Trevi Group)에서 기원한다. 1975년에 출범한 트레비그룹은 1992년 마스트리히트조약 체결로 내무사법협력(JHA)이 도입되면서 해체되었고, 몇몇 실무그룹이 유럽연합의 제도적 구조로 편입되었다. 1985년에 체결된 쉥겐협정 역시 국경개방을 위해 참여국가간 경찰협력 내용을 담았다.[620]

이후 1991년에 체결한 쉥겐이행협정 48-53조(SIC Art. 48-53)에 참여국간 상호법률적 지원이 명기되었다. 쉥겐이행협정은 유럽평의회에서 제기한 참여국간 사법협력과 형사사건에서 상호지원(mutual assistance) 개념을 사법분야의 상호인증(mutual recognition) 원칙으로 보다 구체적으로 명시하였다는데 의미가 있다.[621]

이후 1997년 암스테르담조약이 체결되면서 경찰협력 부분에서 본격적인 정책의 유럽화가 진척되었다. 암스테르담조약으로 쉥겐조약이 부속조항을 통해 유럽적 정책으로 편입되었다. 이에 따라 유럽경찰국을 중심으로 국경을 넘어 전개되는 조직범죄에서 회원국 경찰기관간 협력이 가시화되었다. 2000년 이사회는 유럽평의회에서 체결한 유럽형사사법 공조협약과 쉥겐협정내 사법협력으로 흩어진 제도적 기반을 단일화하기 위한 형사사법 공조협약(Convention on Mutual Assistance in Criminal Matters) 입법을 제정하였다. 2000년 이사회 입법은 기존의 형사공조가 국가주권 집착으로 정부간 수준에 머물러 실질적 효과가 미비하다는 판단에 따른 것이다.[622]

본 형사사법 공조협약은 2001년에 체결된 니스조약의 부속의정서에 명기되었다. 또한 니스조약을 통해 경찰협력 부분에서 강화된 협력(enhanced cooperation)이 도입되어 회원국간 보다 용이한 합의구조가 구축되었다. 다만 리스본조약 이전 경찰사법협력의 결정사안은 정부간 협력으로 진행되는 유럽연합조약(TEU)에 위치하였다. 이 결과 과반수 이상의 회원국에서 국내비준을 통과해야 효력이 발생하는 제도적 장벽으로 실효가 제약되었다.[623] 최종적으로 2007년 리스본조약 체결을 통해 유럽경찰국의 운영과 경찰협력 분야의 조치는 유럽연합운영조약(TFEU)에 명기되고 대부분의 사안에 일반입법절차(OLP)가 적용되어 자유안전사법지대의 핵심적 정책으로 정착되었다.[624]

한편 국가주권과 국내정책에 미치는 파급이 보다 큰 사법협력은 경찰협력과 달리 유럽연합 차원의 관련 규제기구를 통한 정부간 협력으로 출발하여, 911 테러를 계기로 정책의 초국가화가 급진전되었다. 유럽연합 차원에서 사법협력이 본격적으로 논의된 것은 1999년 10월 탐페레 유럽이사회이다. 본 유럽이사회에서는 특정 분야에서 회원국간 형사법 조화 및 이를 감독할 규제기구로 유럽연합사법기구(Eurojust)와 유럽경찰대학(CEPOL) 설립이 결정되었다.

그러나 사법협력은 국가주권에 지대한 영향을 미치는 사안으로 규제기구 설립 이외에 별다른 협력 시스템이 구축되지 않았다. 전환점은 2001년 발생한 9.11 테러로 본 사건을 계기로 회원국은 사법협력 분야에서 유럽적 조치의 필요성을 절감하였다. 이 결과 2004년 1월 유럽구속영장(EAW)이 도입되었고, 범죄에 관한 경찰사법협력(PJCCM)에서 공동체 방식 적용으로 정책의 초국가화가 급진전되었다.625)

■ 제도적 근거

경찰사법협력의 궁극적 목적은 유럽시민에게 '높은 수준의 안전(high level of security)'을 충족시키는 것이다.626) 이러한 경찰협력의 목적과 제조치 및 정책과정은 유럽연합운영조약 5장 87-89조(TFEU Chapter 5 Art. 87-89)에 명기되어 있다. 동 조약 87조에는 회원국간 경찰협력 목적과 함께 본 정책에서 일반입법절차(OLP) 적용영역 및 강화된 협력(enhanced cooperation) 실행절차 등 의사결정방식이 명기되어 있다. 또한 동 조약 88조는 유럽경찰국(Europol)과 유럽연합사법기구(Eurojust)의 기능과 운영 그리고 89조는 경찰분야에서 특별입법절차(SLP) 적용영역이 명기되어 있다.627)

경찰협력은 유럽경찰국의 운영과 감독을 포함한 대부분의 이슈에서 일반입법절차가 적용된다. 그러나 형사사건에서 경찰협력은 특별입법절차 내 합의절차 그리고 경찰협력 실행과 경찰당국의 국경운영 제한 등에서는 역시 특별입법절차로 자문절차가 적용된다.628) 이외에도 유럽연합운영조약 33조(TFEU Art. 33)에 명기된 관세협력(customs cooperation) 역시 정책의 특성상 경찰협력 내용을 담고 있으며, 관련 조치에는 일반입법절차가 적용된다.

한편 범죄에 관한 사법협력은 리스본조약 체결로 유럽연합운영조약 4장 82-86조(TEU Chapter 4 Art. 82-86)에 구체적 실행내용과 정책과정이 명기되었다. 이외에도 리스본조약으로 유럽연합의 법체계로 편입된 유럽연합기본권헌장의 6장(Title Ⅵ)에 형사법 관련 권리와 원칙이 명기되어 있다.629) 본 조약내용에 따라 범죄에 관한 사법협력은 회원국간 사법판결과 법률적 결정에 대한 상호인증원칙(principle of mutual recognition)에 기반하고, 특정한 분야에서는 회원국 차원에서 적절한 법과 규정적용을 원칙으로 한다.630) 또한 본 이슈에는 회원국 경찰사법 기관간 협력과 회원국 전역에 걸쳐 개인정보를 포함한 정보교환 촉진을 위한 국내법 조정이 포함된다.631)

이러한 제도적 구조를 배경으로 유럽연합에서 사법협력은 세 가지 내용을 담는다.

첫째, 특별히 범죄에 관한 사법협력은 역내안전 강화를 위한 핵심적인 제도적 기반이다. 이러한 사법협력은 조직범죄 형태로 진행되는 자금세탁, 부패, 유로화 위조, 마약밀매, 인신매매, 아동 성착취, 하이테크와 환경범죄 등을 망라한다. 리스본조약 체결로 유럽연합운영조약 83조 1항(TFEU. 83.1)에 국경을 넘어 이루어지는 범죄 유형에 대부분의 조직범죄가 포함되었고 무기밀매가 추가되었다.632) 이와 같은 중대범죄에서의 사법협력은 유럽연합 차원의 조치와 회원국간 공조 그리고 회원국의 정책과 법률적 결정에 대한 상호인증으로 구성된다.633)

둘째, 사법협력의 목적은 유럽연합운영조약 83조(TFEU Art. 83)에 명기된 바와 같이 최소성 규칙(minimum rules)에 따른 회원국간 최소공동기준(common minimum standard) 마련이다. 국민국가 주권영역에 깊숙이 위치한 경찰사법협력은 단일정책과 조치를 통한 회원국간 완전한 통합 혹은 조화가 제약된다. 따라서 본 이슈에서 정책실행 목적은 회원국간 중대범죄에 대한 정의 및 제재조치에 대하여 최소한의 조화와 협력을 꾀하

는데 있다.[634]

셋째, 유럽시민의 자유와 기본권 증진을 위한 민사부분의 협력이다. 그러나 본 사안은 회원국의 주권과 오랜 법률적 전통으로 유럽연합 차원에서 단일정책 혹은 규제적 조치부과가 극도로 제약된다. 따라서 민사협력의 목적은 회원국간 법률적 조화와 조정이다. 본 이슈는 유럽시민의 이혼, 자녀양육, 개인과 법인의 상계약과 파산, 개인정보 보호, 소수자의 권리 및 역내 자유이동 등 방대한 조치를 포함한다.

이와 같이 유럽적 맥락에서 사법협력은 유럽적 규제와 함께 국가간 조화가 병행되는 여타 자유안전사법지대 이슈와 성격을 달리한다. 즉 사법협력의 주 목적은 국가간 제도적 조화와 상호인증을 위한 정부간 협력이다.[635]

■ 정책과정: 범죄에 관한 경찰사법협력(PJCCM)

암스테르담조약을 통해 쉥겐협정이 유럽연합의 법적 관할로 편입되고, 본 조약 발효 이후 5년의 이행기를 거쳐 자유안전사법지대(AFSJ)가 출범하면서 회원국간 국경을 넘은 범죄에 대한 협력 필요성이 더욱 부각되었다. 그러나 리스본조약 체결 이전까지 범죄에 관한 사법협력의 의사결정은 정부간 방식을 통해 진행되어 정책실행의 효율성이 제약되었다.

구체적으로 범죄에 관한 경찰사법협력은 유럽연합의 제 3지주(Pillar III)에 위치하여 이사회에서 일종의 정부간 방식인 프레임워크 결정(framework decision)이 적용되었다. 프레임워크 결정은 주요 사안에 한해 국내제도와 조치에 회원국간 최소한의 조화를 의도한 정책과정으로 유럽연합 차원의 단일화된 입법조치는 사실상 어렵다. 또한 프레임워크 결정에서는 유럽의회가 자문제기로 권한이 제한되고, 사법재판소는 관할권을

행사할 수 없어 민주적 적법성과 입법의 유효성도 제약되었다.[636]

이후 리스본조약 체결로 범죄에 관한 경찰사법협력의 세부 이슈에서 일반입법절차(OLP)가 적용되면서 정책발전의 전환점이 마련되었다.[637] 경찰협력 부분의 정책과정은 유럽연합운영조약 4장 82-86조(TFEU Chapter 4 Art. 87-89) 그리고 사법협력은 유럽연합운영조약 4장 82-86조 (TFEU Chapter 4 Art. 82-86)에 상세하게 명기되어 있다.

경찰협력 부분에서 관할당국간 일반적인 정보교환, 교육훈련 및 기술적 협력은 일반입법절차가 적용된다. 유럽경찰국(Europol)의 구조와 운영에 관한 사안 역시 일반입법절차가 적용된다. 그러나 이사회가 유럽연합운영 조약 87조(TFEU Art. 87)에 언급된 사안에서 관할당국간 실행협력 (operational co-operation)을 취할 경우 특별입법절차(SLP)로서 자문절차 (consultation procedure)가 적용된다. 자문절차에서는 이사회가 만장일치 (unanimity) 표결을 행하므로 회원국간 합의 성사가 어렵다. 이러한 경우 이사회는 최후의 수단으로 강화된 협력(enhanced cooperation)을 적용할 수 있다. 또한 경찰사법협력 분야에서 회원국 관할 당국이 타 회원국 관할 당국과 협력이 필요할 경우, 이의 허용여부와 협력정도는 자문절차를 통해 결정된다.[638]

한편 사법협력에 있어 사법적 결정에 관한 규범과 절차, 관할권, 교육 훈련, 형사소추와 결정집행시 회원국 관할 당국간 협력 그리고 형사사건 에서 최소성 규칙(minimum rules) 제정에는 일반입법절차가 적용된다. 이 외에 범죄예방 지원과 유럽연합사법기구(Eurojust)의 운영과 활동평가 등 기능적 이슈에서도 일반입법절차가 적용된다. 다만 이사회가 결정한 형사 절차의 기타 특수한 양상에 관한 결정과 새로운 범죄양상은 특별입법절 차 내 합의절차가 적용되어 이사회에서 합의가 어려운 만장일치 표결이 이루어진다. 회원국 사법기관의 첨예한 이해관계가 걸린 유럽검찰국 (EPPO) 설립과 기능에 대해서도 합의절차가 적용된다.[639]

이와 같이 리스본조약 이후 몇몇 사안을 제외한 다수의 사법협력 이슈에서 일반입법절차가 적용되므로, 회원국 법원은 사법재판소에 선결적 판단(preliminary ruling)을 의뢰할 수 있게 되었다. 이에 따라 범죄에 관한 사법협력에서도 사법재판소의 관할권이 인정되고, 유럽위원회는 회원국의 2차 입법 불이행에 제재절차(infringement proceedings)를 진행할 수 있다.640)

한편 사안의 중대성으로 일반입법절차로 진행되는 범죄에 관한 경찰사법협력 이슈에서 1/4 이상의 회원국의 요구시 유럽위원회는 입법을 제안해야 한다. 입법제안권은 유럽위원회의 고유권한이지만 회원국에게 미치는 지대한 영향을 고려하여 본 이슈에 한해 회원국의 의제제안권이 인정된 것이다.641) 또한 범죄에 관한 사법협력에서 일반입법절차를 통한 정책과정시 특정 회원국이 긴급유예(emergence brake)를 요청할 수도 있다. 그러나 타 회원국으로부터의 비난과 배제를 의식하여 리스본조약 발효 이후 2018년까지 본 이슈에서 긴급유예는 한건도 제기되지 않았다.642)

(표) 리스본조약의 경찰사법협력 정책과정

조약내용	정책과정	내용
경찰협력		
TFEU Art. 87	일반입법절차	• 정보 수집, 저장, 진행, 분석 및 관련 정보교환 • 관련 당당자의 교육훈련, 인사교류 장비와 범죄수사 연구에 관한 협력 • 중대한 조직범죄 수사를 위한 공동의 기술적 협력

	특별입법절차 (자문절차)	• 관할 당국간 실행협력(operational co-operation)
		  * 이사회에서 만장일치 합의에 이르지 못할 경우 강화된 협력(enhanced cooperation) 적용
		  * 특별입법절차는 쉥겐의 유산(Schengen acquis)에는 적용할 수 없음

TFEU Art. 88	일반입법절차	• 유럽경찰국(Europol)의 구조, 운영, 활동과 임무
TFEU Art. 89	특별입법절차 (자문절차)	• 82, 87조 사항에 대해 회원국 관할 당국이 타 회원국에서 관할당국과 협의하여 활동시 → 허용여부, 허용시 조건과 한계

조약내용	정책과정	내용
		사법협력
TFEU Art. 82	일반입법절차	• 모든 형태의 판결과 법률적 결정의 확증을 위한 규범과 절차 • 회원국간 관할권 충돌 방지와 조정 • 법관과 사법부 직원 교육훈련 지원 • 형사소추와 결정집행에 있어 회원국 사법부와 관련 당국간 협력 촉진 • 최소성 규칙(minimum rules) 제정 - 회원국간 증거의 상호 인정 - 형사절차에서 개인의 권리 - 피해자의 권리
	특별입법절차 (합의절차)	• 이사회가 결정한 형사절차의 기타 특수한 양상
TFEU Art. 83.1	특별입법절차 (합의절차)	• 새로운 범죄양상에 관한 결정 확대
TFEU Art. 84	일반입법절차	• 범죄예방에 관한 지원조치
TFEU Art. 85	일반입법절차	• 유럽연합사법기구(Eurojust)의 구조, 운영, 활동과 임무
TFEU Art. 86	특별입법절차 (합의절차)	• 유럽검찰국(EPPO) 설립과 권한 확대 * 이사회에서 만장일치 합의에 이르지 못할 경우 강화된 협력 (enhanced cooperation) 적용

출처) 채형복 옮김 (2010), Treaty of LIsbon 리스본조약, 서울, 국제환경규제 기업지원센터, pp. 108-116; Laurie Buonanno and Neil Nugent (2013), "The Area of Freedom, Security and Justice," Policies and Policy Processes of the European Union, Palgrave Macmillan, p. 243 취합.

② 정책기조와 실행내용

■ 사법협력 정책기조: 상호인증(mutual recognition)

▶ 경찰사법협력의 제약

자유안전사법지대 발전의 분수령이 된 1999년 탐페레 유럽이사회에서 중점적으로 논의된 분야는 회원국간 국내입법과 조치의 상호인증(mutual recognition)을 포함한 범죄에 관한 사법협력이었다. 사법분야의 상호인증은 특정 회원국의 사법적 결정을 타 회원국에서도 수용한다는 의미이다. 본 원칙이 구현되려면 각국마다 인권과 기본권에 대한 공동의 인식과 상이한 법질서에 대한 조화 뿐 아니라 예외적 상황에 대한 합의가 전제되어야 한다. 이러한 정책의 속성으로 사법협력 조치는 회원국간 길고 지루한 논의가 요구된다. 본 분야에서 상호인증이 최초로 인정된 사안은 유럽구속영장(EAW)으로 이는 9.11 테러에 따른 급박한 상황을 반영한 정치적 결정으로 매우 예외적 경우이다.[643]

따라서 유럽구속영장을 제외한 여타 범죄에 관한 사법협력 분야에서 상호인증이 구현되기는 쉽지 않다. 사법재판소는 형사분야에서 회원국간 상호인증은 특별히 독일, 폴란드 및 사이프러스에서는 헌정질서에 심각한 문제를 야기할 수 있다는 견해를 표명한바 있다. 이와 같이 형사협력이 회원국에 미치는 영향을 고려하여 사법재판소는 사법이슈에서 2차 입법의 직접효력(direct effect) 인정에 신중한 입장을 취하고 있다.[644]

형사협력은 각국의 사법부와 행정부간 고도의 신뢰를 배경으로 긴밀한 협력을 취할 때 효과를 얻을 수 있다. 범죄수사와 제 3국인의 불법적 역내진입 차단을 위해 회원국간 협력을 극대화하기 위해서는 사법기관간 정보교환 뿐 아니라, 의사소통과 사건수사의 기술적 능력 그리고 상대방 수사방식에 대한 신뢰와 이해를 필요로 한다. 특별히 긴급한 사안에서 국가간 협력을 요할 경우 이러한 조건은 사법협력 성패의 결정적 요인으로 작용한다. 그러나 국경을 넘는 조직범죄 수사와 같이 다국간 협력을 요하는 사안에서 회원국의 경찰과 사법당국은 기존 수사절차와 관행에 집착하여 국가간 협력을 꺼리는 경향이 있다. 이와 같이 사법부 특유의 폐쇄성과 오랜 관행으로 사법분야에서 회원국간 협력과 공동규범 제정은 매우 어렵다.645)

이러한 배경에서 유럽연합에서 범죄에 관한 사법협력은 사법기관간 협력과 범죄 용의자 및 피해자의 권리 등 보편적 사안에 대한 공동기준 마련 정도에 머물고 있다. 나아가 본 사안에서 회원국간 공동기준은 포괄적인 가이드라인을 통해 모호한 내용을 담는 경우가 빈번하다. 이외에 사법협력의 핵심인 법률적 결정에 대한 상호인증은 여전히 여러 제약이 존재해 전적으로 이행되지 않고 있다.646)

▶ 상호인증(mutual recognition) 원칙의 명암

사법분야에서 유럽적 정책은 회원국 사법당국간 정부간 수준의 협력과 지원에서 출발하여 상호인증(mutual recognition)으로 발전하였다. 암스테르담조약 이전까지 범죄에 관한 사법협력은 유럽연합 차원에서 2차 입법 제정이 제약되고, 이사회에서 공동실행(joint actions)과 회원국간 일종의 정부간 협약(conventions)을 통해 정책이 실행되었다. 이러한 공동실행과 정부간 협약은 대부분 회원국간 자율적 정책수용을 내용으로하여 정책의 실효성이 제약되었다.647)

이후 1998년 카디프(Cardiff) 유럽이사회에서 영국은 시장통합에서 널리 활용되는 전략인 회원국간 상호인증을 사법협력에 점진적인 적용을

제안하였다.[648] 이러한 영국의 주장은 회원국들에게 호응을 얻어 1999년 탐페레와 2004년 헤이그 유럽이사회에서는 유럽연합 차원의 공동정책이 어려운 범죄에 관한 사법협력 부분에서 상호인증 원칙을 폭넓게 활용키로 합의하였다. 또한 본 사안은 2010년 스톡홀름 프로그램에서도 중점 사안으로 다루어졌다. 이러한 정치적 합의와 함께 암스테르담조약 이후 사법협력에서 일정 정도 초국가 입법기반이 마련되면서, 상호인증 원칙은 점진적으로 회원국간 형사법 분야에서 필요한 조치와 절차의 조정(coordination)을 위한 전략이 되었다.[649]

사법협력 분야에서 상호인증 전략이 취해진 것은 회원국 사법체계의 조화(harmonization)가 현실적으로 용이하지 않기 때문이다. 특별히 범죄에 관한 경찰사법협력 분야는 상호인증 원칙 이외에 정책의 초국가화를 기할 시스템이 사실상 전무하다.[650] 유럽연합이 취하는 전통적인 통합방식인 회원국간 조화는 국가간 협력을 저해하는 제도적 장벽을 허물기 위해 유럽차원에서 최소한의 수준에서 단일화된 조치를 부과하는 것이다. 그러나 회원국 사법시스템과 입법의 조화는 높은 비용을 요하고, 사법당국의 저항으로 논란과 갈등을 유발할 개연성이 높다.[651]

따라서 사법협력에서는 유럽연합이 위계적 구조에서 단일화 혹은 강제적 입법부과를 배제하고, 기존 회원국의 입법과 조치를 상호간 인정하는 정책을 취한다. 이러한 전략은 유럽연합으로 실행권한을 위임하지 않고, 회원국의 사법적 전통과 시스템을 유지하면서 의도한 정책목적을 실현하는 것이다.[652] 한편으로 사법분야에서 상호인증 전략의 유용성은 의도한 목적을 명시적으로 담은 유럽적 조화(harmonization)와 달리 포괄적 목적과 내용을 담아 회원국의 저항이 상대적으로 덜 하다는데 있다.

물론 유럽연합은 인신매매와 테러 등 반인륜적 범죄에 대해서는 단일화된 유럽적 대응이 요구되므로 최소한의 수준에서 회원국간 조화를 꾀하는 정책을 취하고 있다. 즉 불가피하게 회원국간 사법적 조치와 입법에 조화가 필요한 경우, 모든 회원국의 이해가 일치하는 범위에서 반드시 요구되는 사안에 한해 유럽연합 차원에서 단일화를 취한다.

결국 사법분야에서 널리 활용되는 상호인증 원칙은 회원국간 국가주권에 심대한 영향을 미치는 이슈에서 유럽적 단일정책을 취하기 어려워 차선의 선택으로 취한 정책기조이다. 이러한 동인으로 상호인증 원칙은 가장 적절한 정책실행 기조라 할 수 없고, 몇 가지 문제점을 안고 있다.

첫째, 상호인증은 1980년대 말 단일시장 운영원칙으로 도입되어 상품의 자유이동에 획기적 전기를 마련하였다. 그러나 사법협력에서 상호인증은 상이한 정책속성으로 그 효과를 단언할 수 없다. 단일시장에서 회원국간 상호인증은 노동의 자유이동, 표준화 및 최소한의 안전과 소비자 보호 등 유럽연합 차원에서 단일화된 규정을 전제한 것이다. 그러나 사법협력에서는 일국의 사법시스템과 여기서 파생된 결정을 회원국들이 상호 인정한다는 것은 국가간 헌정질서와 정치적 전통의 차별성으로 무리가 따를 수 있다. 결국 사법협력에서 상호인증 원칙이 적용되기 위해서는 단일시장과 유사한 맥락에서 주요한 사안에 한해 유럽연합 차원에서 최소한 조화가 선행되어야 한다.[653]

둘째, 사법협력에서 상호인증은 회원각국간 사법부에 대한 투명성과 역량에 대한 신뢰를 배경으로 한다. 그러나 현실적으로 회원국 사법당국의 관료, 판사 및 검사 등 사법협력 당사자들은 타 회원국의 사법부에 대한 정보부족에 따른 신뢰결여라는 함정이 있다. 또한 일부 회원국의 사법당국에 대해서는 타 회원국 사법부에 대한 노골적인 불신으로 상호간 정보교환과 법률적 결정을 수용치 않을 수도 있다. 대표적 사례로 2005년 독일헌법재판소(German Constitution Court)는 타 회원국에서 발부한 유럽구속영장(EAW)에 대해 해당 국가에 대한 사법적 신뢰결여와 국내법과 상이한 절차규범을 들어 이의 효력이 없다는 판결을 행한 바 있다. 본 사건은 각국간 법률과 절차의 상이성으로 상호인증이 국경을 넘은 사법협

력의 전적인 해결책이 될 수 없다는 점을 시사한다.[654]

■ 형사문제에서 상호간 법률적 지원과 사법적 결정의 상호인증(mutual recognition)

범죄에 관한 사법협력의 핵심은 회원국간 동 분야에서 상호간 법적 지원과 법률적 결정의 상호인증(mutual recognition)이다. 그러나 법률적 결정의 상호인증은 탐페레 유럽이사회 이후 오랫동안 사법협력 분야에서 핵심과제로 다루어져 왔지만, 회원국 상호간 사법시스템에 대한 신뢰결여로 큰 진척이 없었다.[655]

이후 2000년 5월 이사회는 유럽인권협약(ECHR)을 준수하면서 유럽연합의 제도적 틀 안에서 회원국의 사법, 경찰, 관세당국간 법률적 조치에 관한 상호협력을 내용으로한 유럽연합 회원국간 범죄에 대한 상호지원협약(Convention of Mutual Assistance in Criminal Matters between the Member States of the European Union)을 체결하였다.[656] 본 협약은 유럽평의회(Council of Europe)가 1959년에 체결한 범죄에 대한 상호지원협약(Convention on Mutual Assistance in Criminal Matters)과 이후 1978년에 추가한 부속의정서(protocol)을 보완한 형태로 작성되었다.

그러나 이사회 입법(Council Act) 형태로 작성된 범죄에 관한 상호지원협약은 이사회 내에서 일종의 선언적 수준에 머물러 오랫동안 구체적 실행방안이 강구되지 않았다. 이후 시간이 흘러 리스본조약 체결 이후 2014년에 제정된 유럽수사규범지침(European Investigation Order Directive 2014/41/EU)과 범죄조직의 자산동결과 몰수 수단 및 절차지침(Freezing and Confiscation Directive (EU) 2014/42)은 회원국 사법당국의 결정과 조치의 상호인증을 골자로 한 입법이다.

2014년에 제정된 유럽수사규범지침은 유럽수사규범(EIO)에 따라 특정

회원국의 사법당국에서 진행한 수사절차와 조치는 타 회원국에서도 상호
인증에 의해 증거로 인정된다. 또한 유럽수사규범에 의해 용의자, 기소자
혹은 이들의 법률적 보호를 위한 법률대리인은 회원국의 사법절차 내에
서 법률적 권리를 요청할 수 있다.[657] 이와 같이 유럽수사규범은 선언적
수준에 머물렀던 사법분야에서 상호인증 원칙이 적용된 최초의 2차 입법
으로 의미가 크다. 역시 2014년 유럽수사규범지침과 더불어 조직범죄 통
제를 위해 회원국에서 공통적으로 적용되는 범죄조직의 자산동결과 몰수
수단 및 절차지침이 제정되었다.[658] 본 두 개의 지침에 의거해 유럽연합
이 규정한 표준화된 절차로 집행한 회원국의 수사절차, 증거수집 그리고
범죄집단의 자산몰수와 동결에 관한 결정과 조치는 모든 회원국에서 공
통적으로 인정된다.

(표) 형사사건에서 상호인증 입법

일시	2차 입법	내용
2000	유럽연합 회원국간 범죄에 대한 상호지원협약 (Convention of Mutual Assistance in Criminal Matters between the Member States of the EU)	• 유럽인권협약(ECHR)을 배경으로 회원국의 사법, 경찰, 세관당국간 법률적 조치에 대한 상호협력
2014	유럽수사규범지침 (European Investigation Order Directive 2014/41/EU)	• 회원국의 사법당국에서 진행한 수사절차와 조치는 타 회원국에서도 상호인증에 의해 증거로 인정
2014	범죄조직의 자산동결과 몰수 수단 및 절차지침 (Freezing and Confiscation Directive (EU) 2014/42)	• 마피아 등 국경을 넘어 조직화된 범죄조직의 자금추적, 자금동결 및 몰수수단과 절차에 대한 회원국간 상호인증

출처) European Union (2018a), Eur-Lex access to European Union law.

■ 형사문제에서 회원국 사법기관간 정보교류와 유럽적 대응

현실적인 측면에서 회원국간 범죄에 관한 사법협력이 가장 용이한 부분은 사법기관간 정보교환을 위시한 협력이다. 유럽연합에서는 2006년 사법기관간 정보교환 활성화를 위한 이사회의 프레임워크결정(Framework Decision 2006/960/JHA) 제정 이후 2008년에 두 건의 이사회 결정이 추가로 입법화되었다.

플롬결정(Prüm Decision)으로 널리 통용되는 2008년 이사회의 경찰협력결정(2008/615/JHA)은 테러와 다국적 범죄에 대한 대응을 위해 차량등록정보는 물론이고 범죄자의 DNA와 지문정보 등 다양한 사안에 걸쳐 정보교환을 담았다.659) 역시 2008년에 제정된 이사회의 위기관리 내무사법결정(2008/617/JHA)은 플롬결정의 연장선에서 위기상황시 유럽연합이 참여하는 특별개입팀(special intervention units) 구성과 활동을 명시한 것이다.660) 이와 같이 사법분야에서 상대적으로 협력이 용이한 사법기관간 정보교류 마저도 모두 리스본조약 발효 이후 본격적으로 실행되었다.

(표) 사법기관간 정보교류 입법

일시	2차 입법	내용
2006	프레임워크 결정 (Framework Decision 2006/960/JHA)	・사법기간관 정보교환 활성화를 위한 국내입법 조치
2008	플롬결정(Prüm Decision) (Decision 2008/615/JHA)	・테러와 다국적 범죄 대응을 위해 경찰사법기관 간 범죄자 정보교환 시스템 구축
2008	위기관리결정 (Decision 2008/617/JHA)	・위기상황시 유럽연합의 개입을 통한 특별개입팀 (special intervention units) 구성과 활동

출처) European Union (2018a), Eur-Lex access to European Union law.

■ 범죄 용의자와 피해자의 권리에 관한 조화

리스본조약 이후 형사사건에서 회원국간 사법협력이 가장 활성화된 부분은 범죄 용의자와 피해자의 권리를 위한 입법이다. 본 사안은 상호인증의 성격보다는 유럽연합 차원에서 부분적이고 제한적 영역이긴 하지만 단일화된 입법내용을 담아 회원국간 형사법과 부속 절차에 공통적으로 적용한다는데 의미가 있다.661)

2009년 11월 이사회는 리스본조약 발효에 따른 사법협력의 점진적 실행을 앞두고 회원국간 조화와 협력을 확대하되, 범죄 용의자와 피고인에 대한 수사와 기소에 있어 기본 권리와 절차를 존중해야 한다는 취지에서 관련 로드맵 결의안(Resolution on the Roadmap)을 작성하였다.662)

이사회는 유럽연합기본권헌장(Charter of Fundamental Rights of the EU)과 유럽인권협약(ECHR)에 근거하여 본 로드맵을 작성하였다. 로드맵 결의안은 범죄 용의자와 피고인 그리고 범죄 피해자의 권리로 양분되며 양 입법 모두 유럽연합운영조약 83조(TFEU Art. 83)에 명기된 최소성 규칙(minimum rules)에 근거하여 회원국간 최소한의 수준에서 국내입법 조화를 의도한 것이다.663) 이사회는 로드맵 결의안 실행을 위해 유럽위원회에 입법제안을 의뢰하여 이후 2010-16년 기간 다수의 관련 지침이 제정되었다.664)

2010년 범죄수사 진행에서 통역과 번역요구 권한지침(Directive (EU) 2010/64)은 유럽인권협약에 근거하여 제정된 입법이다. 본 입법은 범죄 용의자와 피고소인이 타국 법정에서 자신의 방어와 법률적 진행을 파악하기 위해 필요한 통역과 법률서류의 번역을 요구할 수 있는 권한을 담았다.665)

2011년에 제정된 반인신매매와 피해자보호 지침(Directive 2011/36/EU)은 이사회의 2002년 프레임워크 결정(Council Framework Decision 2002/629/JHA)을

수정한 지침으로 인신매매 범죄자에 대한 기소와 피해자 보호조치에 있어 회원국간 적절한 형사법 적용을 명시한 입법이다.666) 후속으로 진행된 2012년 범죄수사 과정에서 정보요구 권리지침(Directive (EU) 2012/13) 역시 범죄 용의자와 피고인의 정보요구권을 담은 입법이다. 본 입법에 근거하여 범죄 용의자와 피고인은 국적, 시민권 및 법적지위와 무관하게 구두 혹은 서면을 통해 사법당국으로부터 수사와 재판에 관한 정보요구 권한을 행사 할 수 있다.667)

2013년 변호사의 형사사건과 유럽구속영장(EAW) 접근과 구금에 대한 통보 그리고 영사 접근권 지침(Directive (EU) 2013/48)은 형사소송과 유럽구속영장 발부와 진행에서 변호사의 접근 권리를 담은 입법이다. 이외에도 본 지침은 범죄 피고인 혹은 피고인의 제 3자에 대한 구금통지 및 영사접견 권한에 대한 등 법률적 지원과 정보제공을 내용으로 한다.668)

뒤이어 2016년에도 범죄 용의자와 피고의 권리에 대한 입법이 연이어 제정되었다. 2016년 무죄추정과 피고의 재판권리 지침(Directive (EU) 2016/343)은 범죄 용의자에 대한 무죄추정 원칙을 준수하여 신체적 구속 등의 위해를 금하고, 법정에서 묵비권 등 피고의 권리를 담은 입법이다.669) 역시 동년 미성년 용의자 및 피고인의 형사절차지침(Directive (EU) 2016/800)은 미성년 범죄인에 대한 수사와 재판과정에서 부모에게 절차고지 등의 특별한 재판절차를 담았다.670) 이외에도 2016년 용의자와 피고에 대한 형사재판의 법적지원 지침(Directive (EU) 2016/1919)은 형사사건에서 피고의 권리와 유럽구속영장(EAW) 집행시 용의자 혹은 피고의 요청에 따른 지원 의무를 내용으로 한다.671)

한편 이사회가 2001년에 제정한 범죄피해자 지원에 관한 프레임워크 결정(Framework Decision 2001/220/JHA)은 회원국 차원에서 다양한 방법을 통해 범죄 피해자에 대한 지원과 보호 조치를 명시한 입법이다. 본 입법은 유럽연합 차원에서 최초로 범죄 피해자의 권리에 관한 법적 조치라는데 의미가 있다.672) 이후 리스본조약이 발효하면서 2001년 이사회의 프레임워크 결정을 대치하여, 2011년 범죄 피해자보호지침(Directive (EU) 2011/99)과 범죄 피해자 보호와 지원에 대한 최소한의 권리보장지침(Directive (EU) 2012/29)이 새롭게 제정 되었다.673)

(표) 범죄 용의자와 피해자의 권리 입법

일시	2차 입법	내용
범죄 용의자와 피고소인에 관한 권리		
2010	범죄수사 진행에서 통역과 번역요구 권한지침(Directive (EU) 2010/64)	• 유럽인권협약(ECHR)에 근거한 용의자와 피고인의 통역 및 법률서류 번역 요구권리
2011	반인신매매와 피해자보호 지침 (Directive 2011/36/EU)	• 인신매매 범죄자에 대한 기소 및 피해자 보호에 관한 회원국간 형사법 조화 • 2002년 프레임워크 결정(Council Framework Decision 2002/629/JHA) 수정
2012	범죄수사과정에서 정보요구 권리지침 (Directive (EU) 2012/13)	• 용의자와 피고소인은 국적, 시민권 및 법적지위와 무관하게 구두 혹은 서면을 통해 사법당국에 수사 및 재판에 관한 정보 요구권한 행사
2013	변호사의 형사사건과 유럽구속영장(EAW) 접근과 구금에 대한 통보 및 영사 접근권 지침(Directive (EU) 2013/48)	• 형사소송과 유럽구속영장(EAW) 발부와 진행시 변호사의 접근권리와 피고인 혹은 피고소인의 제 3자에 대한 구금통지 및 영사접견 권한
2016	무죄추정과 피고의 재판권리 지침 (Directive (EU) 2016/343)	• 용의자에 대한 무죄추정원칙 준수와 법정에서의 권리
2016	미성년 용의자 및 피고인의 형사절차지침(Directive (EU) 2016/800)	• 미성년자 범죄인에 대한 수사와 재판에서 특별한 절차
2016	용의자와 피고에 대한 형사재판의 법적지원 지침(Directive (EU) 2016/1919)	• 형사사건에서 피고의 권리와 유럽구속영장(EAW) 집행시 용의자 혹은 피고의 요청에 따른 지원
범죄 피해자의 지원과 보호		
2001	범죄 피해자 지원에 관한 프레임워크 결정(Framework Decision 2001/220/JHA)	• 회원국 차원에서 범죄피해자 지원과 보호조치

일시	2차 입법	내용
2011	범죄 피해자보호지침 (Directive (EU) 2011/99)	• 범죄 피해자가 타 회원국으로 이주를 원할 경우 해당 회원국의 보호조치
2012	범죄 피해자 보호와 지원에 대한 최소한의 권리보장 지침 (Directive (EU) 2012/29)	• 회원국의 범죄 피해자에 대한 적절한 정보제공, 보호 및 지원의무

출처) European Union (2018a), Eur-Lex access to European Union law.

③ 실행 프로그램

■ 경찰사법협력 기반과 프로그램

경찰사법협력은 해당 규제기구를 통한 회원국 사법기관간 협력과 함께 유럽연합 차원에서 몇몇 제도화된 시스템이 구축되어 있다. 특히 사법협력 분야에서는 제한적 영역이지만 회원국간 상호인증 원칙 적용으로 정책의 초국가화가 일부 진척되었다. 유럽구속영장(EAW)과 본 구속영장 시스템을 지원하는 하위시스템인 유럽증거영장(EEW)은 상호인증 원칙이 효과적으로 적용된 대표적 사례이다.

한편 상호인증이 제약되는 사안에서는 유럽연합 차원에서 공동 프로그램을 운영하거나 공동 시스템 구축을 통해 정책이 실행되고 있다. 유럽연합 차원에서 구축된 대표적인 사법분야의 프로그램은 회원국과 사법분야 규제기구간 네트워크인 유럽사법네트워크(EJN)이다.

■ 유럽구속영장(EAW)

▶ 배경

2004년부터 시행된 유럽구속영장(EAW)은 회원국간 조화가 어려운 형사사건의 법률적 결정에서 상호인증이 효과적으로 적용되어 자유안전사법지대의 진척을 가져온 시스템이다.[674] 유럽구속영장은 오래전부터 다수의 회원국이 도입 필요성을 인식하되 사안이 미치는 파급을 우려해 실현되지 못하였던 난제였다.

대신 유럽연합 회원국은 1950년대부터 유럽평의회(Council of Europe)에서 구축한 유사한 내용을 담은 협정을 통해 제한된 수준에서 협력을 취하여 왔다. 유럽평의회는 1957년 유럽송환협약(European Convention on Extradition)을 체결하고, 1975년과 1978년 부속의정서를 통해 내용을 추가하였다. 또한 1977년에도 유럽평의회에서는 유럽테러리즘협약(European Convention on Terrorism)을 체결하여 회원국간 사법 및 테러대응 부분에서 협력을 도모하였다. 1990년대 들어서 체결된 쉥겐이행협정(SIC)에도 사법당국간 수사와 기소 등에 있어 참여국간 협력내용이 명기되었다. 그러나 이러한 국제적 협정들은 제도적으로 불충분하고 강제력이 제약되어 의도한 효과를 얻지 못하였다.[675]

유럽구속영장은 국경 없는 쉥겐지역의 역내안전을 위한 필수적 사법협력 시스템이다. 이에 따라 유럽구속영장은 1999년 탐페레 유럽이사회에서 도입이 결정된 사안이었으나, 여러 회원국들이 사법부의 자율권 제약을 이유로 유보적인 입장을 취하여 유럽이사회와 이사회 내에서 실행이 확정되지 못한 상태였다. 그러나 2001년 9.11 테러로 상황은 급변하였다. 9.11 테러 직후 이사회와 유럽위원회는 회원국과 여론으로부터 유럽연합 차원의 테러대응을 위한 정책도입 압력을 거세게 받았다.[676]

이에 따라 9.11 테러 발생 10일 뒤 개최된 특별유럽이사회에서 회원국들은 상황의 심각성을 인식하고 유럽구속영장 도입에 전격적으로 합의하였다. 뒤이어 브뤼셀에서 개최된 내무사법협력이사회의 특별회합에서 유럽위원회의 안건제안으로 도입이 결정되었다.[677] 9개월 후 2002년 6월 이사회의 프레임워크 결정(Framework Decision 2002/584/JHA)을 통해 실행이 결정되어, 2004년 1월부터 시행되었다. 이후 2006년부터는 신속한 수사를 위해 회원국간 증거자료 인계시스템이 구축되었고, 2009년 프레임워크 결정의 개정을 통해 궐석재판 적용 등 일부 내용이 수정되었다.[678]

유럽구속영장 도입은 유럽연합에서 전례가 없는 파격적인 사법적 성과이다. 그러나 사안의 중요성으로 2005년에 폴란드 헌법재판소(Polish Constitutional Tribunal), 독일 연방헌법재판소(German Federal Constitutional Court) 그리고 사이프러스 대법원(Supreme Court of Cyprus)에서 유럽구속영장 도입에 따른 헌정질서 영향에 담은 의견을 제기 할 정도로 일부 국가에서는 논란이 일었다.679)

한편으로 유럽구속영장은 9.11 테러에 자극받아 신속하게 도입되면서 범죄 용의자와 피의자의 권리와 인권보호를 위한 치밀한 제도적 장치가 미비하다는 비판을 받았다. 유럽구속영장은 타회원국에서 용의자와 피의자의 인도요청시 법원에서 최소한의 공식적 절차만을 밟아 증거가 불충분해도 자동적으로 이를 승낙한다는 점에서 범죄 수사의 신속성에 진척을 이루었다. 문제는 이러한 효율성에 기인해 무죄로 추정되는 사람까지 별다른 보호 장치 없이 용의자와 동등한 취급을 받을 수 있다는 함정이 있다.680)

문제를 인식한 유럽연합은 2010년 범죄수사 진행에서 통역과 번역요구권한지침(Directive (EU) 2010/64), 2012년 범죄수사과정에서 정보요구권리지침(Directive (EU) 2012/13) 그리고 2013년 변호사와 영사접근 지침(Directive (EU) 2013/48) 등 유럽구속영장 실행에 따른 후속조치를 담은 이른바 로드맵 지침(roadlamp directives)을 제정해 신속하게 시스템을 보완하였다.681)

2004년부터 본격 시행된 유럽구속영장은 회원국에서 빠르게 정착하였다. 2004-09년 기간 회원국에서 55,000여건의 영장이 발부되었고, 2014년 이후에는 매년 약 14,000-15,000여건의 유럽구속영장이 발부되고 있다.682) 독일, 이탈리아 및 영국 등 주요 회원국에서는 본 시스템을 통해 테러 및 중범죄자의 수사와 기소에 괄목할 성과를 거두었다. 단적인 예로 2005년 7월 런던폭파테러 사건이 발발하자 영국 사법부는 용의자에 대한 유럽구속영장을 발부하고 일주일 뒤 로마에서 테러범이 검거되었다. 2010년 스웨덴 사법당국이 강간혐의로 영국에 은신한 위키리크(WikiLeaks) 설립자인 어산지(Julian Assange)의 인도를 위해 발부한 영장도 유럽구속영장이 적용된 대표적 사례이다.[683]

▶ 내용

유럽구속영장이 실행되면서 특정 회원국 사법부에서 유럽구속영장을 발부하면 모든 유럽연합 회원국에서 용의자와 현행범에 대한 기소, 구금 및 구류처분을 위한 체포 혹은 추방 권한을 동일하게 행사할 수 있다. 이에 따라 범죄 용의자가 소재한 회원국이 자국시민을 이유로 타 회원국에서 요청한 용의자와 범죄자의 인도를 거부하는 행위가 종결되었다.[684] 또한 본 시스템을 통해 국경을 넘어 법적지원과 영장발부가 가능해져 유럽경찰국, 유럽연합사법기구 및 유럽사법네트워크(EJN) 등 사법분야 규제기구들은 본연의 기능수행이 보다 원활해졌다.[685]

유럽구속영장은 테러, 인신매매, 부정부패 및 인종범죄 등 32개의 중대한 범죄행위에 적용되며, 본 영장을 통해 회원국은 최대 90일까지 유효한 범죄용의자의 체포 및 범죄자의 본국송환을 위한 영장을 발부할 수 있다. 또한 회원국간 국경을 넘어 추가적 범죄가 이루어지면 영장을 발부한 해당 회원국은 영장기간을 연장 할 수 있고, 타 회원국은 자국시민을 이유로 유럽구속영장에 따른 범죄자 인도를 거부할 수 없다. 한편 유럽구속영장을 통한 과다한 영장발부를 억제하기 위해 영장발부는 최소 12개월 이상의 실형 혹은 최소 4개월 이상의 기소를 요하는 범죄로 엄격히 제한된다.[686]

유럽구속영장은 회원국간 사법협력을 구체화한 중요한 진전으로 전통적인 범죄자 인도 시스템과 여러 차별적 성격을 갖는다.[687]

첫째, 유럽구속영장은 엄격한 시한준수가 핵심이다. 유럽구속영장 발부시 범죄자 혹은 용의자 체포 후 60이내 최종 결정을 진행해야한다. 또한 범죄자 혹은 용의자가 본국송환을 요청할 경우 10일 이내 결정을 내리고 역시 결정 후 10일내로 송환이 이루어져야 한다.

둘째, 유럽구속영장 발부사유인 32개 핵심 범죄는 범죄여부에 대한 회원국간 이중점검을 요하지 않는다. 다만 유일한 제한 단서로 범죄자의 구형조건이 최소 3년 이상이어야 한다.

셋째, 법률적 결정은 사법부로 한정하며 정치적 고려는 개입되어는 안된다.

넷째, 유럽연합 회원국은 자국인을 이유로 범죄자 인도를 거부할 수 없다.

다섯째, 유럽구속영장 집행으로 종신형 선고가 결정될 경우 피고는 검토요청 권한을 행사할 수 있다.

여섯째, 회원국은 범죄자 인도요청을 거부할 수 없지만 이미 동일 범죄로 재판 중이거나, 미성년 그리고 해당국에서 사면대상이지만 형집행 국가에서 기소위험이 있는 경우 예외를 둔다.

▶ 의미와 한계

유럽구속영장은 자유안전사법지대의 정책발전 측면에서 여러 의미를 갖는다.

첫째, 유럽구속영장은 반드시 필요한 조치이지만 회원국간 이견으로 합의점을 찾지 못하다가 외부의 돌발변수에 기인해 오랫동안 논의수준에 머물던 정책이 전격적으로 실행된 사례이다. 이점에서 유럽구속영장은 제도의 경로의존적 발전에서 이탈한 시스템이다. 이민망명과 국경통제 등 여타 자유안전사법지대 분야에서도 외부의 돌발상황이 자유안전사법지대의 초국가화를 앞당기고, 유럽위원회의 기능확장을 가져온 동력이 되었다. 유럽구속영장은 이러한 일련의 사건 중 최초로 이루어진 사례이다.

둘째, 유럽구속영장은 국민국가 영역에 깊숙이 위치한 역내안보라는 고위정치에서도 초국가화가 진척되고 있다는 실증적 예이다. 이러한 제도발전은 유럽위원회에게는 기회의 창(window of opportunity)이 되어 의도한 내용을 담은 입법제안이 자유로워졌다. 따라서 유럽구속영장은 초국가기구의 기능이 가장 위축된 분야인 사법협력에서도 권한이 현실화되었다는 사실을 보여준다.[688]

셋째, 기능적 측면에서 기존에 유럽국가들은 양자 혹은 다자간 합의를 통해 용의자와 범죄자의 인도가 이루어졌는데, 국가마다 상이한 법적 절차와 요건으로 범죄자 인도요청에서부터 실제 집행까지 많은 시간과 비용을 유발하였다. 그러나 유럽구속영장 도입으로 표준화 된 절차와 내용에 따라 신속한 결정과 집행으로 정책집행의 효율성이 대폭 향상되었다.[689]

넷째, 유럽구속영장은 범죄에 관한 경찰사법(PJCCM)에 상호인증(mutual recognition) 원칙이 효과적으로 적용된 사례로 이후 관련 정책에 상호인증 원칙 적용의 모범적 선례를 남겼다는 점에서 의미가 깊다.[690]

유럽구속영장은 회원국간 사법협력의 획기적 진척으로 평가받지만 운영과정에서 여러 문제점도 야기되었다. 대표적 사례는 일부 회원국에서 오랜 관행에 따라 비교적 경미한 범죄에도 유럽구속영장을 발부하는 경우이다. 이러한 문제점을 인식한 유럽위원회는 수차례에 걸친 보고서를 통해 비례성 원칙(principle of proportionality)을 넘은 과도한 영장발부는 장기적으로 유럽구속영장에 대한 지지를 상실할 수 있다는 우려를 표명하였다.[691] 유럽시민의 권리침해 역시 해결해야할 사안이다. 만약 용의자가 소재한 회원국에서 해당 용의자의 건강상 이유로 범인인도를 거부할 경우, 유럽구속영장을 발부한 회원국이 이를 철회하지 않는 한 용의자는 유럽연합 역내에서 이동이 제약된다.

결국 유럽구속영장이 본연의 기능을 갖추려면 회원국간 표준화된 사법절차가 전제되어야한다. 그러나 현실적으로 미결, 구금, 사전 심리 및 재판에서의 증거 그리고 제소자에 대한 대우 등에 있어 회원국간 제도적 혹은 운영능력에서 큰 편차를 갖는다. 이러한 우려로 스칸디나비아 국가들은 중동유럽과 남유럽 회원국에서 유럽구속영장 발부에 따른 자국시민의 인도에 강한 거부감을 갖는 것이 현실이다.[692]

■ 유럽증거영장(EEW)

2003년 유럽위원회는 유럽증거영장(EEW) 입법을 제안하여 수년의 논의 끝에 2008년 이사회에서 범죄에 대한 유럽증거영장 프레임워크 결정(Council Framework Decision 2008/978/JHA)이 제정되었다.[693] 유럽증거영장은 국경을 넘어 진행된 범죄에 대하여 회원국간 증거수집과 교환 그리고 서류, 데이터 및 여타 증거의 수집과 운영에 있어 회원국간 표준화를 기한 것이다. 유럽증거영장은 유럽구속영장 발부시 요구되는 증거취합을 위한 시스템으로 유럽구속영장 실행을 위한 추가적인 조치라고 할 수 있다. 유럽증거영장 역시 회원국간 상호인증 원칙이 적용된다.[694]

유럽증거영장(EEW)은 국경을 넘어 진행된 사건의 경우 특정 회원국에서 수집한 증거를 타 회원국에게 직접 혹은 유럽사법네트워크(EJN)를 통해 전달 할 수 있는 시스템이다. 이 경우 해당 사건을 다루는 회원국 법원에서는 필요하고 적절한(necessary and proportionate) 절차에 따른 명백한 물리적 증거만을 인정한다. 따라서 감청, 도청과 용의자의 자백 등 객관적 정황을 답보할 수 없는 증거는 인정되지 않는다.[695]

■ 유럽사법네트워크(EJN)

1990년대 말부터 회원국 사법당국간 의견과 정보교환 그리고 상호지원을 위한 시스템 필요성이 대두되었다. 이에 유럽연합은 1998년 범죄, 민사 및 경제적 이슈에서 회원국간 사법협력을 위한 유럽사법네트워크(EJN)를 구축하였다. 유럽사법네트워크는 국경을 넘어 진행되는 중대범죄의 수사와 기소활동을 위해 각국의 판사와 검사에게 정보제공과 협력을 지원하는 시스템으로, 유럽경찰국(Europol) 및 유럽연합사법기구(Eurojust)와 함께 유럽연합 차원에서 범죄에 대한 일종의 정보기관 기능을 갖는다.696)

유럽사법네트워크는 1998년 이사회에서 회원국간 형사사건에서 사법협력을 위한 공동실행(Joint Action 98/428 JHA)을 통해 출범하였고, 2008년 이사회 결정(Council Decision 2008/976/JHA)으로 법적 지위가 강화되었다. 유럽사법네트워크 운용을 담당하는 사무국은 유럽연합사법기구(Eurojust) 내에 두고 여기에는 약 300여명의 전문인력이 근무한다. 이외에 회원국 마다 설치된 연락사무소(contact points)를 통해 사법당국간 직접 접촉을 통해 법률정보 요청과 협력이 이루어진다.697) 유럽사법네트워크는 연락사무소를 통해 회원국의 지역사법당국과 검찰이 쌍무적으로 연락과 정보를 주고받으며 필요하다면 쌍방간 법률적 지원을 취한다.698)

2003년 검거된 프랑스 연쇄살인범 미셸 푸르니에(Michel Fourniret) 사건은 유럽사법네트워크를 통한 경찰사법당국간 정보교환의 중요성을 일깨운 계기가 되었다. 그는 1987-2001년 기간 프랑스와 벨기에를 오가며 최소 7명의 젊은 여성을 살해한 인물이다. 그러나 만약 프랑스와 벨기에 경찰사법당국간 신속한 정보교환이 이루어졌다면 용의자를 보다 일찍 검거할 수 있었다. 본 사건을 계기로 회원국 경찰사법당국간 정보교환 결핍이 야기한 비용은 협력비용을 월등히 상회한다는 인식을 낳았다.699)

경찰협력기구: 유럽경찰국(Europol)

■ 설립배경과 연원

유럽연합 차원에서 경찰협력은 정부간 협력, 2차 입법을 통한 점진적인 제도화, 회원국간 정보교환과 교육협력 등을 통해 발전하였는데 핵심은 규제기구로서 유럽경찰국(Europol)의 설립과 기능 확대이다.700) 마스트리히트조약에 공식적으로 명기된 경찰협력은 쉥겐조약의 영향으로 내무사법협력 분야 중 가장 먼저 회원국간 유럽적 조치의 필요성이 제기되었다. 마스트리히트조약 체결시 유럽연합조약(TEU)에 회원국간 공동의 이해(common interest)로서 테러, 마약 및 국제적 범죄에서 경찰협력이 명기되었다. 그러나 본 사안에서는 여타 내무사법 이슈와 유사한 맥락에서 유럽위원회의 실질적인 권한이 제약되었고, 취약한 제도적 기반으로 회원국간 협력은 미비하였다.

유럽경찰국은 마스트리히트조약 체결을 위한 정부간 회담에서부터 본격적으로 설립논의가 진행되었다. 구체적으로 유럽경찰국은 1991년 룩셈부르크 유럽이사회에서 독일의 제안으로 설립논의가 개시되었다. 당시 독일은 정보교환과 수사기능을 갖는 독립기구로 가칭 유럽범죄중앙조사국(Central European Criminal Investigation Office)으로 명명한 경찰기구 설립을 주도하였다. 독일의 제안은 이후 이사회에서 만장일치로 채택되었다.701)

그러나 대부분의 유럽연합 회원국들은 경찰협력의 필요성은 인식하면서도 초국가화된 규제기구는 원치 않는 이중적 사고를 가졌다. 따라서 유럽경찰국 출범시 다수의 회원국들이 경찰을 포함한 각국의 정보기관간 조정으로 기능을 제한해야 한다는 입장을 취하였다. 다만 중소국을 중심으로 일부 회원국들은 유럽경찰국이 궁극적으로 수사기능을 갖추어야 한다는 의견을 제시하였지만 호응은 얻지 못하였다. 이러한 배경에서 유럽경찰국은 이사회의 논의과정에서 회원국 경찰사법기관간 정보교환을 위한 플랫폼 형태로 구체화되었다.[702]

이사회가 주도하여 설립한 유럽경찰국은 신설기구는 아니며 1994년에 설립된 유럽마약국(European Drugs Unit)의 기능을 계승하여 인터폴(Interpol)을 모델로 출범한 것이다. 구체적으로 유럽마약국은 마약밀매와 관련 자금세탁 등에 있어 회원국간 전략적 분석과 수사협력을 위해 마스트리히트조약 체결시 유럽연합조약 K조(TEU Art. K)에 명기된 내무사법분야에서의 정부간 협력에 근거해 1994년에 설치되었다. 그러나 유럽마약국은 약물과 마약밀매 등에 관련된 범죄의 정보분석으로 기능이 한정된 소규모의 한시적인 조직이었다.[703] 그럼에도 마스트리히트 조약 체결시 내무사법 분야의 규제기구 설립 논의와 이의 구현은 유럽경찰국의 전신인 유럽마약국이 유일하였다는 점에서 본 기구의 중요성을 시사한다.[704]

이후 1995년 7월 유럽경찰국협정(Europol Convention)이 체결되어 기존 유럽마약국을 흡수하여 유럽경찰국이 설립되었다. 그러나 유럽경찰국은 설립 이후에도 오랜 준비기간을 거쳐 1999년 6월부터 공식적으로 임무가 개시되었다.[705] 제도적 맥락에서 유럽경찰국은 2차 입법이 아닌 유럽연합의 제도적 구조밖에 위치한 정부간 협정(convention) 형태로 출범하였고, 협정의 수정은 철저하게 회원국간 만장일치 합의에 의해 가능하였다.

이와 같이 유럽경찰국은 정부간 기구로 출범하여 초기에는 회원국의 GDP 기준으로 할당된 기여금(contribution)으로 운영되었다. 이러한 원칙으로 상대적으로 많은 기여금을 납부하는 독일과 프랑스 등 주요국은 유럽경찰국 운영과정에서 유럽위원회와 유럽의회의 개입을 차단한 가운데 비공식적 채널을 통해 영향력을 행사하였다.706) 또한 출범 초기 유럽경찰국의 기능은 공동수사 활동을 배제한 가운데 유럽경찰국 정보시스템(EIS)의 정보공유로 한정되었다. 당시 유럽경찰국은 각국이 유럽경찰국에 파견한 연락사무국 책임자(ELOs)로 구성되었다. 이들 회원국의 연락사무국 책임자는 해당 정부의 지휘를 받는 관료이므로, 유럽경찰국 국장(Executive Director)의 통제를 받지 않는 독립적 위치에 있었다.707)

그러나 2001년 9.11 테러는 유럽경찰국의 기능을 재고려하는 계기가 되었다. 이에 따라 2004년 헤이그 프로그램(The Hague Programme)에 유럽연합사법기구와의 공조를 통해 국제적인 조직범죄와 테러에 대응하기 위해 유럽경찰국의 제도개혁의 필요성이 명기되었다. 이후 회원국간 논의를 거쳐 2009년 4월 이사회는 내무사법결정(Council Decision 2009/371/JHA)을 통해 유럽경찰국의 규제기구(regulatory agencies) 전환을 결정하였다. 본 내무사법결정에 따라 2010년 1월부터 유럽경찰국은 유럽연합의 공식적인 규제기구가 되었다.708)

유럽경찰국이 정부간 기구에서 유럽연합의 재정지원을 받는 규제기구로 전환되면서 내부의 행정기능은 물론이고 정보처리와 보호기능이 획기적으로 개선되었다. 또한 근무인력도 증가하여 2011년 상주직원은 약 700여명 정도였으나, 2018년에는 연락사무국 관료(ELOs) 200여명을 포함하여 약 1,400여명으로 확대되었다.709)

이후 2010년 스톡홀름 프로그램(Stockholm Programme)에는 유럽경찰국 운영에 대한 제도적 기반과 공동외교안보정책(CFSP)과 연계된 유럽경찰국의 대외기능 강화가 명기되었다.710) 이에 따라 2016년 유럽경찰국 기능강화 규정(Regulation (EU) 2016/794)이 제정되어 2017년 5월부터 적용되었다.711) 본 규정으로 테러와 조직범죄 대응을 위해 유럽경찰국 내부에 별도의 조직 구성과 운영 근거가 마련되었고, NGO 및 기업 등과의 직접적인 정보교환 업무가 새롭게 부여되었다. 한편 새로운 규정으로 유럽경찰국에 대한 제도적 통제도 강화되어 이사회, 유럽위원회, 유럽의회 및 회원국 의회에 대한 유럽경찰국의 연례보고서 제출이 의무화되었다.712)

■ 기능

유럽경찰국은 국경을 넘어 진행되는 범죄에 대한 대응에서 출발하여 마약과 약물 밀매, 금융범죄, 첨단 디지털 범죄 및 테러대응 등으로 기능이 괄목하게 확대되었다. 유럽경찰국은 유럽마약국에 기원을 두어 마약과 약물 밀매와 유통에 관한 범죄는 상대적으로 오랫동안 다루어 대부분의 회원국 보다 정보분석 능력이 앞선다. 회원국의 경찰과 수사기관도 유럽경찰국의 마약과 약물 관련 정보분석에 높은 신뢰를 갖고 있어, 본 분야에서는 양측 간 협력이 가장 활발하다.713)

또한 유럽경찰국은 화폐위조, 카드위조, 지적소유권 도용, 자금세탁 등 금융범죄 부분에서도 전문성이 높은데 특별히 유로화 위조와 유통에 대한 분석은 국제적으로 전문성을 인정받고 있다. 유럽연합이 2009년에 결정한 스톡홀름 프로그램에서는 사이버 범죄와 온라인을 통한 테러행위 등 첨단범죄에 대한 유럽경찰국의 기능강화 내용을 담았다. 이후 유럽경찰국은 본 분야에 집중적인 인력충원으로 단시간 내 전문성을 갖추어 회원국과 가입후보국 관련 기관을 대상으로 디지털 포렌식 등 첨단 수사기법 프로그램을 운영하고 있다.714)

2001년 9.11 테러를 계기로 유럽경찰국의 대테러대응과 대외협력 기능이 새롭게 추가되면서 규제기구로서 독립성과 자율성 확대에 결정적 전환점이 되었다. 9.11 테러로 유럽경찰국의 테러대응 기능이 부각되면서 이사회는 2005년 내무사법결정(Council Decision 2005/671/JHA)을 제정하였다. 본 결정을 통해 각 회원국은 타 회원국에도 영향을 미치는 테러정보는 유럽경찰국과 유럽연합사법기구와 정보를 공유하도록 명시하였다. 이러한 제도적 개혁으로 유럽경찰국은 테러정보 취합과 분석에 있어 회원국의 관련 기관간 일종의 네트워크 허브 기능을 갖는다.[715]

테러대응을 위한 대외협력은 유럽경찰국의 기능이 가장 극대화되고 자율성이 높은 영역이다. 따라서 유럽경찰국은 테러대응을 위한 대외협력에 한해서는 유럽위원회와 이사회와 기능을 공유하는 일단의 유럽적 행위자로 기능한다. 유럽연합 대부분의 회원국들은 테러대응을 위한 대외협력은 미국과의 양자협력이 관건이라는 현실을 인식하고 있어, 유럽경찰국을 통한 유럽연합-미국간 협력을 선호한다. 이러한 회원국의 우호적인 시각으로 유럽경찰국은 테러대응을 위한 제 3국과의 협정을 포함해 대외협력의 독립적 실행에 특별한 제약이 없다. 다만 본 사안에 관한 제 3국과의 협정개시와 체결은 이사회로부터 사전 허락을 받아야 한다.[716]

9.11 테러 직후 미국은 유럽연합과 테러리스트 자금추적프로그램(TFTP)을 가동하고 유럽연합과의 공조를 위해 SWIFT 협정(SWIFT Agreement)으로 널리 알려진 국제은행간 통신협정을 체결하였다.[717]

SWIFT 협정 4조(Art. 4)에 따르면 유럽경찰국은 재무부 등 미국 측 관련 당국이 유럽연합 내에서 취득한 금융정보와 정보의 보관과 활용에 대한 점검과 감독기능을 갖는다. 또한 동 협정 9조(Art. 9)에 따르면 미국의 재무부와 관련 당국은 유럽경찰국과 여타 유럽연합 기구에 정보취합과 처리 내용을 통지하고, 유럽경찰국과 유럽연합 기구는 미국에 정보를 요구할 수 있다고 명기되어 있다. 이와 같이 유럽경찰국은 2010년 8월에 체결된 SWIFT 협정의 운영과정에서 유럽연합을 대표하여 중심적 기능을 수행한다.[718]

리스본조약으로 규제기구의 기능이 강화되고, 유럽의 불안한 역내안보상황을 반영하여 유럽경찰국의 국경을 넘어 진행되는 범죄에 대한 수사와 조사활동이 점진적으로 확대되고 있다.[719] 또한 2010년대 중반 이후 빈번한 테러행위와 사이버 범죄 등 새로운 유형의 범죄가 점증하면서 유럽경찰국은 회원국 경찰당국의 업무에 직접 참여하고 있는 추세이다. 다만 유럽경찰국은 독립적인 수사권을 갖지 않고 기소권을 행사할 수 없어, 경찰 본연의 기능에 명백한 한계를 갖고 있다.

■ 운영 시스템

▶ 관리이사회(Management Board)와 연락사무국(ENUs)

유럽경찰국은 각 회원국과 유럽위원회에서 1명씩 선임한 관리이사회 (Management Board)가 최고 정책결정 기능을 갖는다. 통상의 유럽연합 규제기구의 관리이사회는 연 2-4회 회합을 개최한다. 그러나 유럽경찰국의 관리이사회는 연 6회 정례 이사회를 개최한다는 점에서 상대적으로 보다 활발한 활동을 한다고 볼 수 있다.[720]

한편 예산수립과 실행, 인력충원 그리고 프로그램 계획과 운영 등 전반적인 실무적 운영은 유럽연합의 이사회(Council)에서 임명한 국장(Executive Director)이 전권을 행사한다.[721] 유럽경찰국은 2010년 이후 유럽연합의 예산으로 운영되므로 기구운영 최고 책임자인 유럽경찰국 국장은 예산운영과 활동내용을 담은 연례보고서 제출과 청문회 참석 등 여러 의무를 갖는다.[722]

각 회원국은 국내법에 따라 권한이 부여된 연락사무국(ENUs)을 운영하며, 유럽경찰국과 회원국간 정보교류는 대부분 연락사무국을 통해 진행된다.[723] 유럽경찰국이 위치한 헤이그에서 활동하는 회원국의 연락사무국 관료는 유럽경찰국과 자국의 경찰사법기관간 정보교환과 협력이 주 업무로 회원국은 최소 1명 이상의 연락사무국 관료(ELOs)를 두고 있다. 동시에 연락사무국 관료는 소속국가의 이해를 관철하는 대표로 실무수준에서 의견개진 등의 부수적인 업무도 수행한다.[724]

회원국과의 정보교류 네트워크는 유럽경찰국 출범시 구축되어 리스본 조약 이후에도 유지되고 있다. 유럽경찰국의 내부에서 정보취득과 분석은 유럽경찰국 정보시스템(EIS)과 분석파일(AWF)을 통해 진행된다. 2005년부터 운영되고 있는 유럽경찰국 정보시스템은 정보취합과 가공을 위한 핵심적 시스템이다. 여기에는 유럽 전역의 범죄자와 용의자의 신상정보를 담았고, 유럽경찰국에 파견된 연락사무국 관료를 통해 회원국의 해당 기관에서 정보열람이 가능하다.[725]

▶ 공동수사팀(JITs)

1999년 10월 탐페레 특별유럽이사회에서는 인신매매, 마약밀매 및 테러 등 중대범죄 대응을 위해 회원국 경찰사법당국간 공동수사팀(JITs) 설립이 논의되었다. 이에 따라 2000년 이사회에서 체결한 상호지원협약(Mutual Assistance in Criminal Matters between the Member States of the European Union)을 통해 설립근거가 마련되었다. 뒤이어 2002년 6월 이사회의 프레임워크 결정(Framework Decision 2002/465/)으로 공동수사팀 설립이 결정되어 2003년 1월부터 효력에 들어갔다.[726]

이후 2004년 11월 유럽이사회에서 결정한 헤이그 프로그램을 통해 공동수사팀은 각국의 전문가로 구성한다는 합의가 이루어졌다. 뒤이어 이듬해 2005년 6월 이사회에서 역내안보운영협력상임위원회(COSI)의 전신인 36조 위원회(Article 36 Committee)에서 공동수사팀의 전문가네트워크(JITs Experts Network) 구축에 대한 비공식적인 합의가 이루어지고 2007년에 출범하였다.

공동수사팀은 회원국 검찰과 수사기관간 수사와 기소를 위한 한시적 공조조직으로 2개국 이상이 참여하는데, 통상 유럽연합사법기구(Eurojust) 내 해당 회원국의 판사, 검사 및 경찰간부를 중심으로 구성된다. 이외에 유럽경찰국 및 유럽위원회 내 유럽부정방지국(OLAF)은 공동수사팀의 전문가네트워크(JITs Experts Network)를 통해 공동수사팀 활동에 필요한 정보와 가이드라인 제시 등 간접적인 지원기능을 갖는다.727)

유럽연합사법기구는 공동수사팀 구성과 활동에 핵심적 역할을 한다. 본 기구는 2009년 이후부터 공동수사팀 구성은 물론이고 장비지원을 통해 활동을 지원하고 있다. 공동수사팀 활동에 소요되는 비용은 유럽위원회가 지원하며 유럽연합사법기구가 이를 감독한다. 이외에 유럽연합사법기구는 유럽연합법률강화훈련기구(CEPOL)와 함께 공동수사팀의 교육훈련도 지원한다.728)

암스테르담조약과 탐페레 프로그램을 통한 결정으로 유럽경찰국 역시 공동수사팀(JITs)에 참여한다. 유럽경찰국 내에서는 전문가와 정보 분석가들이 공동수사팀에 참여하며 회원국의 주요 범죄에 대한 조사분석 기능을 수행한다. 공동수사팀 출범이전에는 이사회사무국(Council Secretariat)이 회원국간 공조업무를 지원하였다. 그러나 본 수사팀 출범으로 유럽연합사법기구 사무국(Eurojust Secretariat) 내에서 회원국 대표들이 공동수사팀 활동을 위한 공조와 실무진행을 담당한다.729)

공동수사팀(JITs)에서 유럽경찰국은 제한된 인력으로 회원국 경찰과 정보당국 협조에 의존할 수밖에 없다. 따라서 유럽경찰국은 공동수사팀 출범 이후 주로 정보수집과 분석에 주력하며, 현장에서의 수사와 조사는 회원국의 경찰사법기관이 행한다.730) 그러나 일부 회원국에서 사법권 침해를 이유로 유럽경찰국에 정보제공을 기피하거나 거부하는 경우가 빈번해 유럽경찰국의 공동수사팀 활동에 어려움이 있다. 유럽경찰국의 현장 수사와 조사업무는 회원국의 경찰과 정보기관의 폐쇄적인 조직문화로 더욱더 큰 제약이 따른다.

대부분 회원국에서 경찰은 매우 폐쇄적인 조직으로 내부에서 부처간 협업도 용이하지 않아 유럽차원의 공동임무 수행은 더욱더 어려운 일이다. 이들 기관들은 대부분 외부기관과의 정보교류에 극도의 경계심을 갖고, 국제적 협력 경험이 많지 않다. 국내의 경찰사법기관은 부득이하게 타국 정보기관과의 협력이 필요하다면, 유럽경찰국을 배제하고 해당 국가와의 양자간 협력을 선호한다.731)

이러한 여러 제약에도 불구하고 유럽경찰국이 유럽연합사법기구와 공조하여 공동수사팀을 통해 회원국의 경찰사법기구에 정보를 요청하고 취합하며, 제한적 이지만 수사기능을 행사한다는 점은 고무적이다.732) 물론 유럽경찰국이 공동수사팀 참여로 미국의 연방수사국(FBI)과 동일한 기능을 갖는다고는 할 수는 없다. 그럼에도 유럽경찰국이 단순한 정보교류와 분석을 넘어 회원국의 경찰사법기관과 함께 현장수사에 참여한다는 사실은 경찰협력에서 진일보한 제도적 진척이다.733)

■ 유럽경찰국 내 산하조직

유럽경찰국의 수사 및 조사기능 확대는 내부에 특정 업무를 전담하는 여러 하위조직의 연이은 설립을 통해 확인 할 수 있다. 본 하위조직은 유럽경찰국이 독립적인 수사와 조사업무를 위해 설립하였는데, 회원국의 반발을 우려하여 대부분 긴급한 상황을 틈타 신속히 설립하였다는 공통점이 있다.

2013년 유럽경찰국 내에 설립된 유럽사이버센터(EC3)는 사이버 범죄 전담기구로 내부에 문서와 디지털 자료를 다루는 2개의 포렌식 분석팀을 두고 있으며, 회원국의 관련 기관과 협력을 위한 테스크포스팀도 운영된다. 유럽사이버센터는 온라인을 통한 범죄, 온라인에서 아동의 성적 서비스 및 금전사기 등을 집중적으로 다룬다. 주 업무는 사이버 수사지원과 사이버범죄 대응을 위한 전략적인 분석제공, 회원국 내 관련기관의 교육훈련 그리고 민간 및 학계와의 협력 등 매우 광범위하다.734)

이외에 유럽경찰국은 2015년 3월 난민유입시 동반된 인신매매 대응을 위해 공동해상작전부처(Joint Operation MARE)를 설립하여 외부국경에서 해당 회원국과 난민대응조치인 핫 스팟(Hotspots)을 운영한다.735)

2001년 9.11 테러가 발생하면서 유럽연합은 곧바로 유럽경찰국에 테러대응 기능을 부여하였고 동년 11월 테러대응테스크포스(CTTF)팀이 출범하였다. 본 테스크포스팀은 회원국 경찰사법기관의 테러대응 지원을 위한 테러 관련 정보수집, 분석평가와 정보교환 기능을 수행하였다. 테러대응테스크포스팀은 경찰과 정보기관에 근무경험이 있는 연락사무국 관료(ELOs)로 구성되며, 24시간 항시 가동되었다.736)

테러대응테스크포스팀은 2003년 타 관련 부서로 흡수되었다가 2004년 마드리드 열차테러사건으로 다시 한시적으로 운영된바 있다. 이후 유럽경찰국 내에서는 오랜 기간 별도의 테러대응 부서를 운영하지 않았다. 그러나 2015년 11월의 파리테러가 발행하자 내무사법이사회(JHA)는 유럽경찰국에게 대테러대응 활동 강화를 요청하여, 2016년 1월 유럽테러대응센터(ECTC)가 출범하였다. 유럽테러대응센터는 업무의 연관성으로 유럽경찰국 내에 설립된 인터넷감독국(EU IRU)도 운영한다.737)

유럽테러대응센터는 회원국의 관련 기관 지원, 불법 무기거래와 자금이동 감시, 테러리스트의 온라인 활동 감시 및 역외국가와의 테러대응 협력 등 테러 관련 종합적 기능을 수행한다.738) 또한 유럽대테러대응센터는 긴급상황시 회원국의 테러대응 기관의 지원을 받아 조사기능도 수행한다. 단적인 예로 2016년 파리 테러공격시 프랑스와 벨기에 정부는 19TB에 달하는 방대한 정보를 제출하고, 약 60여명의 테러전문가를 유럽테러대응센터에 지원한바 있다.739)

2015년 초 파리와 코펜하겐에서 테러리스트의 공격이 발생하자 내무사법이사회는 유럽경찰국에 온라인을 통한 테러리스트 활동을 감독할 조직 창설을 의뢰하였다. 이에 따라 2016년 7월 유럽경찰국 유럽테러대응센터 내에 유럽연합 인터넷감독국(EU IRU)이 설립되었다. 인터넷감독국은 인터넷과 사회관계망 서비스 분석을 통해 테러리스트의 극단적인 선동을 추적하고, 테러 관련 정보수집 및 관련 수사에 정보제공 기능을 수행한다. 이외에도 인터넷감독국은 IT 기업과의 협력을 통해 온라인을 통해 활동하는 마약 및 인신매매 조직에 대한 추적활동도 진행한다.740)

(표) 유럽경찰국 산하 주요 하위조직

구분	내용	설립연원
유럽사이버센터 (EC3)	· 온라인, 사이버 범죄 전담	2013
공동해상작전부처 (Joint Operation MARE)	· 외부국경에서 난민대응조치인 핫 스팟(Hotspots) 운영	2015
유럽테러대응센터 (ECTC)	· 테러대응 조사지원, 대테러대응 네트워크 허브기능	2016
유럽연합 인터넷감독국 (EU IRU)	· 인터넷과 사회관계망 서비스 분석 · IT 기업과의 협력을 통해 온라인을 통한 범죄 추적조사	2016

출처) 필자구성

■ 유럽경찰국의 독립성

▶ 권한과 기능강화 동인

유럽경찰국의 지속적인 기능 확대는 주인-대리인(principle-agent) 관계에서 대리인의 독립성과 적법성 강화로 이해할 수 있다. 일국차원에서 국경을 넘은 중범죄 대응에 한계를 인식한 회원국은 통제와 관리가 가능한 정부간 기구로서 유럽경찰국을 설립하고, 회원국간 정보교환으로 기능을 한정하였다. 또한 회원국은 유럽경찰국 출범시 기구장과 직원의 인선에서 유럽위원회는 배제하였고, 운영비용은 각국의 분담금으로 충당하였다.

그러나 시간이 경과하면서 유럽경찰국은 정부간 기구 고유의 높은 거래비용 문제와 점증하는 기능적 요구 수용에 한계를 드러내게 되었다. 결국 회원국은 2010년 유럽경찰국을 유럽연합의 예산으로 운영되는 규제기구로 전환하여 운영과정에 유럽위원회와 유럽의회의 개입 여건이 마련되었다. 이 결과 회원국의 당초 의도와 달리 유럽경찰국은 자체의 이해를 개진하는 독립성을 갖는 기구로 성격이 변화하고 있다.741) 구체적으로 주인-대리인 관계에서 유럽경찰국의 기능 확대 요인은 두 가지 맥락에서 이해할 수 있다.

첫째, 주인으로서 회원국은 대리인 유럽경찰국을 통제할 응집된 의견과 전략이 부재하다. 이러한 요인은 자유안전사법지대 정책 전반에서 회원국간 대립에 기인한다. 자유안전사법지대는 출범 시부터 회원국간 이견이 팽배한 정책이었다. 몇몇 회원국은 본 정책에 있어 유럽연합 차원에서 단일목적과 정책을 통해 회원국간 조화를 꾀해야 한다고 주장하였다. 이러한 견해는 유럽연합의 공동정책이 국내정책과 조치를 대치한다는 논리로 발전하였다. 반면 대다수 회원국은 유럽연합의 정책은 국내정책의 보완과 추가적 조치로 한정하고, 회원국간 법률과 정책의 상호간 인정 정도로 정책범위를 주장하였다. 이러한 두 가지 상충된 이해는 현재도 유효하여 자유안전사법지대 전반에 걸쳐 유럽연합 차원의 응집된 정책실행 결여의 동인이다.742)

회원국은 유럽경찰국 출범시 국경을 넘은 조직범죄에 있어 국가간 정보교환으로 기능을 한정하였는데 이러한 제한된 기능마저도 회원국간 통일된 의견을 모으지 못하였다. 당시 회원국은 유럽경찰국이 어떠한 방식으로 각국의 정보를 취합하고 보관할 것인가 하는 기술적 문제에서부터 의견을 달리하였다. 이 결과 유럽경찰국은 자체적으로 정보취득과 평가방법을 강구하고 회원국은 이러한 유럽경찰국의 운영을 용인하였다.743)

둘째, 2001년에 발생한 9.11 테러라는 외부의 돌발변수는 유럽경찰국의 기능 강화를 이끈 결정적 동인이다. 9.11 테러를 계기로 자유안전사법지대의 정책 주안점은 쉥겐을 통한 국경 없는 유럽에서 외부국경 통제와 사법협력을 통한 역내안보 강화로 선회하였다. 이에 따라 회원국은 유럽경찰국의 업무에 테러대응을 추가하고 예산을 대폭 확대하면서 유럽경찰국의 기능강화를 가져왔다.[744]

▶ 유럽의회의 개입

유럽경찰국이 정부간 기구에서 유럽연합의 규제기구로 성격이 변화하고 기능이 추가되면서 본 기구에 대한 유럽의회의 개입 역시 확대되었다. 유럽의회는 유럽경찰국 출범 논의시부터 운영과정에 공식적 참여를 주장하여왔으나, 회원국은 유럽경찰국이 정부간 협력을 통해 출범한 기구라는 점을 들어 유럽의회의 개입을 반대하여 왔다. 이에 따라 마스트리히트조약 체결시 유럽의회의 기능은 유럽경찰국으로부터 연례보고서 접수로 한정되었다.[745]

이후 암스테르담조약 체결로 유럽연합조약 39조(TEU Art. 39)에 이사회는 유럽경찰국에 대한 조치를 취할시 유럽의회의 자문 청취 후에 진행한다는 내용이 명기되어 이전보다 유럽의회의 개입여지가 확대되었다. 그러나 대개의 경우 이사회는 유럽의회의 자문을 신중하게 고려하지 않고 의사결정을 진행하였다.[746]

이후 리스본조약 체결로 유럽연합운영조약 88조(TFEU Art. 88)에 유럽경찰국의 구조, 운영 및 임무 그리고 유럽경찰국의 활동에 대한 회원국 의회와의 공동감독 등 일반적 사안에 일반입법절차(OLP)가 적용되어, 유럽경찰국 감독에 대한 유럽의회의 권한이 현실화되었다.[747] 다만 유럽연합운영조약 87(TFEU Art. 87)에 명기된 유럽경찰국 활동과 관련하여 가장 민감한 사안인 회원국간 경찰협력 실행에서는 특별입법절차 내 자문절차가 적용된다. 이에 따라 본 사안에서는 일반입법절차가 적용되는 분야에 비해 유럽의회의 권한이 상대적으로 제한된다.

이러한 제도변화에도 불구하고 회원국은 국민국가의 고유기능인 경찰사법분야에서 유럽의회 개입에 여전히 배타적인 시각을 갖는 것도 사실이다.[748] 리스본조약 발효 수개월 전 이사회가 서둘러 유럽경찰국의 규제기구 전환에 관한 내무사법결정(Council Decision 2009/371/JHA)을 제정한 것도 이러한 연유이다. 당시 이사회는 리스본조약 발효로 유럽의회의 정책결정 기능이 현실화된 상황에서는 회원국의 이해를 효과적으로 관철키 어렵다는 사실을 들어 조약 발효전에 서둘러 본 사안을 처리하였다. 이에 유럽의회 내 시민자유내무사법 상임위원회(LIBE)는 이사회의 입법을 거부하면서 양측간 긴장을 야기하였고, 결국 유럽위원회가 조약 발효 후 6개월 이내에 새로운 규정 제정을 위한 입법제안을 약속하면서 갈등은 일단락되었다.[749]

결국 유럽경찰국이 유럽연합의 예산으로 운영되는 규제기구로 전환된 상황에서는 유럽의회가 예산 감독과 통제권을 통해 이해를 표명할 수 있다. 따라서 회원국은 리스본조약 이전과 같이 유럽경찰국 운영에서 유럽의회의 개입을 차단키는 어렵게 되었다. 역설적으로 이러한 구조에서는 유럽경찰국이 회원국의 통제에서 벗어나 독립적 운영과 기능이 더욱 확대될 것으로 전망된다.

■ 유럽연합사법기구(Eurojust) 설립배경과 제도적 근거

유럽연합사법기구(Eurojust)는 1999년 탐페레 유럽이사회에서 설립논의가 진행된 이후 2001년에 발생한 9.11 테러에 자극받아 신속하게 설립되었다. 유럽연합사법기구는 테러행위를 포함해 국경을 넘어 진행되는 범죄와 회원국 관계당국간 법률적 협력을 지원하는 기구로 출발하였다.[750] 그러나 리스본조약과 후속으로 이어진 2차 입법을 통해 유럽연합사법기구는 당초 회원국 사법당국간 협력지원을 넘어, 회원국간 사법협력 진행 및 갈등조정 기능 등으로 권한이 대폭 확장되었다. 이에 따라 유럽연합사법기구는 관련 이슈에서 독립적인 의견을 내고 가이드라인을 제시하는 유럽적 사법기구로 발전하였다.[751]

유럽연합사법기구의 권한 확대를 위한 입법은 일반입법절차(OLP)가 적용된다. 유럽연합운영조약 85조 1항(TFEU Art. 85.1)에 따르면 이사회는 일반입법절차로 규정을 제정해 유럽연합사법기구가 회원국 사법당국에게 범죄수사 착수와 기소를 건의할 권한을 부여할 수 있다. 특별히 유럽연합사법기구는 유럽연합의 재정적 이익을 해하는 범죄에 있어 본 권한을 극대화 할 수 있다. 또한 규정제정을 통하여 유럽연합사법기구에게 유럽사법네트워크(EJN)를 활용한 범죄에 대한 사법협력 강화와 회원국 사법당국간 관할권 조정 권한도 부여 할 수 있다.[752]

한편 유럽연합운영조약 85조 2항(TFEU. Art. 85.2)을 통해 법률적 소송절차는 회원국 사법기관만이 행사한다. 즉, 조약에는 유럽연합사법기구가 기소권한을 행사할 수 없다는 단서조항이 명기되어 실질적인 사법권력의 행사에는 제약이 따른다. 이러한 조항은 추후 유럽검찰국(EPPO) 설립을 고려한 것이라고 할 수 있다. 한편으로 수사와 기소권에 있어 회원국의 독립적 권한을 인정한 것은 리스본조약 체결시 여러 회원국의 반발에 따른 것이다. 이러한 회원국의 우려로 유럽연합은 유럽연합운영조약에 부속된 27번 선언서(TFEU. Declaration 27)를 통해 형사사건의 조사권은 회원국의 국내법을 적용하며 관행을 존중한다는 내용을 담았다.[753]

리스본조약에 이어 2009년 유럽연합사법기구 기능확대 내용을 담은 이사회의 내무사법결정(2009/426/JHA)에 따르며 유럽연합사법기구는 조사와 기소에 따른 법률적 분쟁시 구속력 없는 견해를 제기할 수 있다. 또한 본 내무사법결정으로 유럽연합사법기구는 회원국 사법당국의 조사와 기소에 대한 지원기능을 넘어 독립적인 견해를 제기하고, 회원국의 사법당국에게 일종의 가이드라인까지 제시 할 수 있다.[754] 이외에도 2008년 이사회의 유럽사법네트워크(EJN) 결정(Council Decision 2008/976)을 통해 유럽연합사법기구의 공동수사팀(JITs) 참여와 지원내용이 명기되어, 간접적으로 주요한 형사사건에서 조사와 분석 기능을 수행할 수 있다.[755]

■ 유럽연합사법기구 기능

유럽연합사법기구는 회원국간 사법협력 촉진, 회원국 사법당국에 대한 정보와 가이드라인 제공을 통한 지원 및 감독 기능을 갖는다. 이외에 본 기구는 유럽구속영장(EAW)과 공동수사팀(JITs)의 지원과 감독 그리고 사법분야에서 유럽연합을 대표하여 대외관계 업무도 실행한다.

첫째, 유럽연합사법기구의 최우선 기능은 범죄수사에 있어 회원국의 검찰과 사법부간 원활한 협력을 위한 법률적 지원이다. 특별히 유럽연합사법기구가 주력하는 사안은 다국가간 범죄에 대한 조사와 기소에 있어 회원국간 협력진행이다. 구체적으로 유럽연합사법기구는 국경을 넘은 범죄에 대해 관련 회원국들에게 조사와 기소 그리고 회원국간 수사협력을 의뢰할 수 있다. 유럽연합사법기구의 요구는 구속력이 없지만, 회원국이 본 요구를 수용할 수 없을 경우 반드시 합당한 사유를 제기해야 한다.756)

유럽연합사법기구 출범 이전에는 몇몇 회원국에서 타회원국과의 수사권을 포함한 사법공조 체제가 취약하였다. 일부 회원국은 여러 국가에 걸쳐 범죄 행위를 한 용의자가 국경을 넘기 전에 체포와 조사를 강행하여 인권침해 및 수사과정 상에 문제를 노출하기도 하였다. 그러나 유럽연합사법기구는 회원국의 판검사와 경찰의 고위관부간 회합이라는 점에서 국가간 상이한 사법체계의 조율과 협력을 위한 이상적인 인적구성이라 할 수 있다.757)

유럽연합사법기구는 제한된 권한으로 본 기구가 국내의 사법기관에 대한 직접적인 통제는 불가하지만, 국가간 협력에 저해되는 국내 사법기관의 관행과 활동에 영향을 미칠 수는 있다. 만약 회원국의 사법기관이 유럽연합사법기구의 결정을 수용치 않는 경우 이사회위원회인 역내안보운영협력상임위원회(COSI)를 통해 보다 고위급 수준에서 논의를 진행 할 수도 있다.758)

둘째, 유럽연합사법기구의 위원단(College)은 회원국 관계당국과 회합을 통해 수사와 기소에 대한 가이드라인을 제시할 수 있으며, 회원국 사법당국간 분쟁에 견해도 제출할 수 있다. 물론 이러한 행위는 구속력을 동반하지 않지만 회원국간 보다 효과적인 협력을 위한 조치로, 해당 사법당국의 부담을 완화할 수 있어 회원국이 거부할 이유는 없다. 유럽연합사법기구는 일국차원에서 파악이 어려운 국경을 넘은 범죄의 모니터링 기능에 유리한 입지를 갖추어, 회원국 사법당국은 유럽연합사법기구를 정보교환과 정보취득 통로로 활용하기도 한다.759)

한편 유럽연합사법기구는 필요하다면 회원국이 진행하는 수사에도 개입할 수 있는데 두 가지 경우의 수가 있다. 유럽연합사법기구는 국경을 넘어 이루어지는 범죄에 대하여 회원국 사법당국간 정보유통과 상호지원을 지휘하고 회원국 사법당국에게 추가적인 정보를 요구 할 수 있다. 또한 긴급한 사안의 경우 해당 사법당국과의 합의하에 사법당국이 실행해야 할 구체적인 임무와 수사방식과 수단을 제시할 수 있다. 이 경우 회원국의 사법당국은 상급기관의 허락이 없어도 유럽연합사법기구의 요청에 따라 임무를 수행해야 하며, 이러한 상황이 여의치 않으면 상급기관에 즉각적으로 본 사실을 통지해야 한다. 따라서 수사방식과 기소에 관한 최종결정권은 회원국의 사법당국이 갖지만, 상황에 따라 유럽연합사법기구의 실질적 개입이 이루어진다.760)

셋째, 유럽연합사법기구는 회원국이 발부하는 유럽구속영장(EAW)에 대한 지원은 물론이고 이의 운영과정을 감독한다. 유럽연합사법기구는 회원국이 발부하는 구속영장에 대한 적법성을 검토하고 특히, 2개국 이상에서 동시에 유럽구속영장 발부시 이에 대한 가이드라인을 제시한다. 또한 유럽연합사법기구는 회원국의 유럽구속영장(EAW) 발부시 해당국 사법당국의 인권침해 소지 등 다방면에 대한 분석도 제공한다. 만약 회원국 사법당국에서 유럽구속영장 발부가 요청되는데 이를 지체할 경우 해당 사법당국은 유럽연합사법기구에 그 사유를 제시해야한다. 이외에 유럽연합사법기구는 회원국의 경찰사법기관과 유럽경찰국이 참여하는 공동수사팀(JITs)에 대한 지원기능을 갖고, 공동수사팀은 수사착수와 진행상황을 유럽연합사법기구에 통지해야한다.761)

넷째, 자유안전사법지대의 대외관계 업무가 강조되면서 대외협력 기능이 점차 확대되고 있다. 회원국은 통상부분과 달리 사법분야에서 제 3국 혹은 국제기구와의 협력에 있어 유럽연합의 전권행사에 큰 반감을 갖는다. 이에 따라 제 3국 및 국제기구와의 사법분야 협정체결은 이사회가 주도하되, 유럽연합사법기구는 정보보호 등 민감한 사안에 한해 자문기능으로 권한이 한정되어 있다. 그러나 예외적으로 유럽연합사법기구는 유럽경찰국과 유사하게 실무적 전문성을 요하는 개인정보를 포함한 정보교환에 관한 국제적 협정에서는 유럽연합을 대표하여 협상진행과 협정체결 권한을 행사 할 수 있다.762)

이외에 유럽자유무역연합(EFTA) 회원국인 스위스, 노르웨이와의 공조, 마케도니아를 비롯한 발칸지역국가와의 사법협력에서는 유럽연합사법기구가 회원국을 대표하여 정보교환 등의 업무를 다룬다. 이외에 유럽연합사법기구는 마약과 중대 범죄 등의 사안에서는 UN 등 국제기구와 협력도 진행한다.763)

■ 유럽연합사법기구 운영구조

유럽연합사법기구는 복합적 성격을 갖는 기구이다. 유럽연합사법기구의 실무업무는 회원국에서 파견된 고위급 관료, 판검사 및 고위경찰간부로 구성된 위원단(College)에서 담당한다. 위원들은 본 기구가 위치한 헤이그에서 회합을 갖는데 상황에 따라, 유럽경찰국과 유럽부정방지국(OLAF) 대표들도 참석한다. 회합에서는 국경을 넘어 진행되는 사법문제를 다루며, 이외에도 조사와 기소에 있어 일반적인 전략과 조치 그리고 법률적 지원업무 등 다양한 사안을 논의한다. 유럽연합사법기구의 업무가 확장되면서 갈수록 위원단의 회합빈도도 증가하여 2011년의 경우 약 200여회의 회합이 개최되었다.764)

국경을 넘어 진행되는 수사, 범죄자 인도 및 기소진행에 있어 해당 회원국의 검사와 판사의 지원이 절대적으로 중요하다.765) 따라서 유럽연합사법기구에 파견된 위원단 내 판검사와 경찰간부들은 각 회원국의 대표로서 공조와 협력에 주력한다. 그러나 상황에 따라 위원단 내 일부 위원은 자국의 사법부와의 협력에 보다 주력할 수도 있어, 위원단 전체의 팀워크는 후순위로 밀릴 수도 있다. 위원단은 출신 회원국의 관료사회에서 오랜 기간 근무한 인력들로 구성된다. 이들은 유럽연합사법기구에 한시적으로 파견된 2차 소속집단이라는 점에서 내부의 의사결정은 철저한 정부간 성격을 갖는다. 또한 위원단 인력은 소속 국가에서 임명과 급여지급이 이루어지므로 위원간 동질적 성격이나 초국가 관료라는 의식은 희박하다.766)

반면에 유럽연합사법기구의 운영예산과 총무이사(Administration Director)을 비롯한 직원급여는 유럽연합의 재정에 의존한다. 이에 따라 유럽연합사법기구의 직원은 유럽위원회 관료와 동일하게 유럽관료(Eurocrat) 복무규정이 적용되어 초국가 관료 특유의 정체성을 갖는다.767) 주목할 점은 유럽연합사법기구의 경우 유럽경찰국과 달리 국장직(Director)을 두지 않고 총무이사(Administration Director)가 기구의 예산집행 등 관리업무 책임을 갖는다.

이와 같이 유럽연합사법기구는 업무의 특성상 정부간 성격이 짙은 규제기구이지만 운영은 유럽연합의 예산으로 집행된다. 따라서 본 기구는 유럽위원회와 유럽의회에 연례보고서 제출과 함께 예산배정과 집행에 통제를 받고 예산사용 내역도 보고해야한다. 이러한 운영 시스템으로 예산실행기능을 갖는 유럽위원회는 유럽연합사법기구의 여러 활동에 직간접적인 영향을 행사할 수 있다.768) 이에 따라 유럽연합사법기구는 초국가적 성격을 갖는 정부간 기구라는 복합적 정체성을 갖는 기구로 성격이 변화하고 있다.769)

■ 유럽검찰국(EPPO) 설립배경과 과정

▶ 제도적 근거

유럽연합에서는 1995년부터 유럽연합의 재정적 이해에 위해를 가하는 범죄를 다룰 독립적인 검찰국이 필요하다는 의견이 제시되었다. 그러나 유럽연합은 본 사안이 회원국의 사법부는 물론 주권영역에 큰 영향을 미친다는 점에서 장기적 견지에서 회원국간 점진적인 협력을 통한 설립을 도모하였다.[770]

1997년 유럽연합의 주도로 전문가그룹이 구성되어 유럽검찰국 설립을 제안하고, 뒤이어 2001년 유럽위원회는 유럽연합의 재정적 이해를 보호하기 위한 사법과 유럽검찰국 설립을 담은 100여 페이지에 달하는 녹서(Green Paper)를 발표하면서 설립논의가 본격화되었다.[771] 그러나 이후에도 20여년이 넘게 회원국간 이견과 이사회 내에서 만장일치를 요하는 제도적 장벽으로 유럽검찰국 설립을 위한 입법제정이 지체되었다.

결국 현실적 필요성으로 리스본조약 체결로 유럽연합운영조약에 유럽검찰국(EPPO) 설립을 위한 제도적 근거가 마련되었다. 구체적으로 유럽연합운영조약 86조 1항(TFEU Art. 86.1)에는 특별입법절차(SLP)의 합의절차(Consent Procedure)를 통해 유럽의회의 단순다수결(simple majority) 그리고 이사회에서 만장일치(unanimity) 표결로 독립적인 수사와 기소권을 갖는 유럽검찰국 설립이 명기되었다.[772] 이와 같이 유럽검찰국 설립을 위해서는 이사회에서 회원국간 만장일치를 요하며, 설립 이후 권한확대에도 역시 만장일치라는 어려운 의사결정과정을 거쳐야 한다.

따라서 유럽연합운영조약 86조 1항에는 만약 유럽검찰국 설립을 위한 입법시 이사회에서 만장일치 합의에 이르지 못하면, 최후의 수단으로 9개국이상의 참여로 강화된 협력(enhanced cooperation)을 통해 입법을 진행할 수 있다는 내용이 부연되었다.[773]

▶ 설립과정

2009년 리스본조약 발효와 함께 유럽위원회는 수년간의 준비를 거쳐 2013년 7월 유럽연합운영조약 86조를 근거로 독립적인 수사기능을 갖는 유럽검찰국 설립을 위한 입법을 제안하였다. 그러나 여러 회원국의 반대로 결국 2017년 10월 이사회에서는 강화된 협력을 통한 유럽검찰국 설립을 담은 규정(Council Regulation (EU) 2017/1939)을 제정하였다. 당시 이사회는 고도의 정치적 고려로 추후 보다 많은 회원국 참여를 위해 강화된 협력의 효력은 규정 제정 후 3년 후로 명문화하였다.[774]

이에 따라 규정 제정 후 3년이 경과한 2019년 10월 이사회는 유럽검찰국 초대 수석검사로 루마니아 출신 로라 코드루타 코베시(Laura Codruţa Kövesi)를 임명하였다. 이듬해 2020년 7월 이사회는 유럽검찰국 검사를 추가로 임명하고, 2021년 6월 유럽연합 22개 회원국이 참여하여 유럽검찰국이 출범하였다. 폴란드, 헝가리, 스웨덴, 아일랜드 등 4개국은 유럽검찰국 설립을 위한 강화된 협력에 참여치 않았고, 덴마크는 내무사법분야에서의 선택적 거부권(opt-outs)을 들어 역시 불참하여 총 5개국은 유럽검찰국에 참여하지 않았다.[775] 이와 같이 유럽검찰국은 회원국간 고도의 정치적 협상과 유럽위원회와 유럽의회의 전략적인 연합을 통해 설립이 이루어졌다.[776]

2017년 유럽검찰국 출범을 앞두고 이른바 유럽연합의 재정이익 보호지침(PIF Directive (EU) 2017/1371)이 제정되어 2019년까지 유럽검찰국 참여 회원국에서 입법화되었다. 본 입법은 회원국간 유럽연합 예산집행에 있어 절차 및 재정적 범죄에 대한 제재 등에 대한 조화를 의도한 것으로 본 지침에 의거해 유럽검찰국의 임무와 범위가 설정되었다.[777]

- 국경을 넘어 진행된 1,000만 유로 이상의 부가가치세 탈루
- 유럽연합의 재정에 영향을 미치는 부정

· 유럽연합 재정에 위해를 가하거나 가할 가능성이 있는 부패 사안
· 공공기관에서 자행된 유럽연합 기금 및 자산유용
· 자금세탁과 조직범죄 및 이와 연계된 범죄

■ 유럽검찰국(EPPO)의 설립 의미

유럽검찰국은 설립논의 당시부터 '잠재적으로 혁명적(potentially revolutionary)'인 사건으로 묘사될 정도로 큰 파급을 야기하는 사안이었다.[778] 모든 유럽연합 회원국은 국경을 넘은 범죄와 유럽연합에 재정적 위해를 야기하는 범죄의 경우 국가간 공동대응 필요성에 의견을 같이한다. 문제는 대부분의 회원국이 초국가 성격을 갖는 사법기구의 설립과 독립적 기능에 큰 우려를 갖는다는 점이다. 유럽연합사법기구 설립에 찬성하였던 일부 회원국의 숨은 의도는 유럽연합 차원에서 독립적인 권한을 갖는 유럽검찰국 설립을 저지하기 위해 보다 완화된 성격의 사법기구 설립을 지지한 것이다.[779]

유럽연합사법기구와 유럽검찰국은 불가분의 관련이 있다. 유럽검찰국 설립과 기능확대를 위한 까다로운 제도적 요건으로 유럽위원회는 전략적 측면에서 보다 용이한 절차로 유사한 효과를 얻을 수 있는 유럽연합사법기구의 권한 확대를 선호할 수 있다. 그러나 장기적 견지에서 유럽연합사법기구를 통한 간접적인 수사와 기소권 행사 보다는 독립적인 검찰조직의 활동이 보다 효과적이다. 이러한 점에서 유럽검찰국의 출범은 사법협력 시스템의 전환점이며 유럽통합의 거대한 진척으로, 유럽연합 차원에서 테러와 국경을 넘은 다양한 유형의 범죄 대응에 큰 파급을 가져올 것으로 예상된다.[780]

기존에 유럽연합에서 취하는 범죄에 관한 사법협력은 회원국 사법당국 간 상호인증을 통한 최소한의 수준에서 수평적 협력에 초점을 두었다. 이

결과 회원국 사법체제의 조화(harmonization)는 사실상 기대할 수 없었다. 그러나 유럽검찰국이 출범하여 수사와 기소권에 있어 유럽검찰국을 정점으로 회원국 사법당국간 위계적 구조가 형성되어 자연스럽게 회원국간 사법분야의 조화가 진척될 것으로 전망된다.781)

나아가 유럽겸찰국은 추후 유럽연합사법기구와의 통합 가능성도 배제할 수 없다. 이 경우는 유럽연합사법기구 내에 영구적인 조직으로 유럽검찰국이 위치하는 것이다. 그러나 이러한 가정은 두 기구의 상이한 성격으로 긴장을 야기하여 실효성이 떨어지는 제도적 구조이다. 따라서 유럽검찰국과 유럽연합사법기구는 별개의 사법분야의 규제기구로 존속하면서 상호 보완적 기능을 취할 것으로 전망된다. 다만 이러한 상황이 전개된다면 두 기구간 기능 중복을 피하기 위해 유럽검찰국의 수사와 기소권은 유럽연합운영조약 86조 2항(TFEU Art. 86.2)에 명기된 바와 같이 유럽연합에 재정적 이익에 해하는 범죄로 제한될 가능성도 있다.782)

6장

민사협력과
유럽시민의
기본권

■ **민사협력 연역**

　유럽경제공동체설립조약 220조(TEEC Art. 220)에는 법원, 재판소 및 중재소의 판결집행에 대한 상호간 인정을 제도화한다는 내용이 명기되었다. 그러나 유럽경제공동체 출범시 회원국간 민사협력(civil justice cooperation)은 유럽통합의 주요한 목적은 아니었기 때문에 유럽적 조치는 전무하였다. 또한 설립조약(founding treaties)에 명기된 유럽시민의 기본권과 권리는 추상적이며 소극적 내용을 담아 개별적인 유럽시민이 체감할 수 있는 사안은 아니었다. 이에 따라 마스트리히트조약 체결 이전까지 기본권은 경제적 활동을 위한 유럽시민의 권리로서 노동자와 고용자 혹은 직계가족이 역내시장에서 제약 없는 국경이동을 통한 노동과 거주의 자유라는 현실적 이슈로 한정되었다.

　유럽시민의 기본권과 이해를 반영한 민사부분은 역사적 유래와 전통, 사회적 관습을 반영하여 각국마다 서로 다른 목적과 경로를 통해 발전하였다. 또한 민사법과 절차는 가족법에서부터 민사절차까지 방대하고 복잡하다. 이에 따라 민사부분은 자유안전사법지대 여러 이슈 중에서도 유럽연합의 개입이 극도로 제약된 주권영역으로 인식되어 왔다.

　그러나 역내시장에서 노동의 자유이동으로 회원국 시민들은 국경을 넘는 다양한 법적 분쟁을 겪게 되었다. 문제는 유럽연합 회원국간 민사법 충돌은 당사자에게 혼란과 불이익을 야기하고, 이는 자유안전사법지대에서 표방한 유럽시민의 기본권 보호에 저촉되므로 오래전부터 유럽적 조

화와 조정이 요청되었다. 이러한 배경에서 유럽연합에서 민사협력은 유럽
시민의 기본권 보호를 위한 회원국간 사법협력과 유럽연합 차원의 정책
과 조치를 포함한다.

유럽연합에서 본격적인 민사협력은 여타 자유안전사법지대 이슈와 유
사하게 마스트리히트조약을 통한 정부간 조정으로부터 기원한다. 마스트
리히트조약에 최초로 유럽시민권(European citizenship)이 명기되어 회원
국 시민은 동시에 유럽시민권을 갖는다는 논리로 참정권 등 일부 사안에
대한 유럽시민의 공통적 권리를 담았다. 이후 암스테르담조약을 통해 유
럽시민권을 향유하는 유럽시민은 자국 언어로 유럽연합에 대한 질의권을
갖는다는 내용이 부가되었다.[783]

유럽연합은 또한 암스테르담조약을 통해 민사협력 분야의 법적 근거를
유럽공동체설립조약(TEC)으로 위관 하였다. 그러나 사안의 중요성으로
본 이슈에서 공동체 방식 적용은 제약되었다가 니스조약에서 가족법을
제외한 민사협력 분야에 공동결정절차(codecision procedure)가 최초로 도
입되었다. 최종적으로 리스본조약을 통해 여러 민사협력 이슈에서 공동체
방식이 보편적 정책과정으로 정착되었다.[784]

■ 민사협력 목적과 정책과정

민사협력은 자유안전사법지대를 구성하는 일단의 이슈영역이지만 타
정책과 실행목적과 방식을 달리하는 예외적 성격을 갖는다. 이민망명과
역내안보 등 여타 내무사법협력의 목적은 유럽적 규제와 회원국간 공동
대응을 고무하는데 있다. 민사협력 역시 국경을 넘어 발생하는 민사 분쟁
을 유럽연합 차원의 단일화된 조치로 대체하는 것이 가장 이상적이다. 그
러나 민사협력은 회원국간 이해가 극단적으로 엇갈린다. 따라서 민사협력

에서 유럽적 정책은 극히 제한된 이슈에 한해 회원국간 민사법의 상호인증(mutual recognition) 그리고 회원국간 양보와 용인을 통해 최소한의 수준에서 유럽적 단일조치로 한정된다.[785]

첫째, 유럽연합이 취하는 민사협력 조치는 철저하게 회원국 혹은 회원국 법원간 상호인증을 통한 민사법의 조정(coordination)에 집중된다. 물론 범죄에 관한 사법협력 역시 회원국간 법률적 결정의 상호인증을 목적으로 한다는 점에서 민사협력과 유사한 정책목적을 갖는다. 그러나 범죄에 관한 사법협력은 민사협력과 달리 유럽구속영장(EAW)과 같이 일부 유럽적 프로그램도 동반된다. 반면 민사협력은 국가간 문제로 유럽적 조치 및 회원국간 수평적 협력은 극히 제한적이다.

둘째, 민사협력은 회원국 정부를 대상으로 국가간 협력에 초점을 맞춘 대부분의 내무사법 이슈와 정책의 대상이 차별화된다. 즉 민사협력은 정책대상이 유럽시민과 법인을 대상으로 회원국간 상이한 민사법에 기인한 문제점 개선과 비용완화를 내용으로 한다.[786]

유럽연합 차원에서 민사협력의 어려움으로 리스본조약 이전까지 유럽시민이 실질적으로 누릴 수 있는 기본권은 단일시장과 쉥겐을 통한 이동의 자유와 유럽시민권을 통한 일부 공통적 권리로 한정되었다. 이에 따라 유럽연합은 리스본조약 체결시 유럽적 요구를 반영하여 제한적인 수준이지만 국가간 민사법과 절차의 조화를 꾀하게 되었다. 유럽연합에서 민사협력은 개인의 권리가 저해 받지 않는다는 사실과 회원국간 법률 및 행정시스템의 다양성과 복잡성이 국가간 협력에 걸림돌로 작용해서는 안 된다는 두 가지 원칙하에 몇 가지 조치로 구성된다.[787]

- 국경을 넘어 진행되는 회원국의 민사법에 적용받는 민사사건에 있어 시민들에게 높은 수준의 법적 확실성 보장
- 국경을 넘어 진행되는 민사분쟁에 대하여 시민에게 용이하고 효과적인 사법적 접근 보장
- 회원국간 민사법정 운영에 대한 용이한 협력

·법관과 법조인의 교육지원

한편 정책과정 측면에서 유럽연합운영조약 81조 2항(TFEU Art. 81.2)에 의거하여 통상의 민사협력은 일반입법절차(OLP)가 적용된다.

- ·재판과 재판 외 결정에 대한 상호인정 및 집행
- ·회원국간 재판과 재판 외 문서의 송달
- ·회원국간 법률 및 관할권의 상호양립
- ·증거수집을 위한 협력
- ·사법에 대한 효과적 접근
- ·회원국간 민사절차의 상호양립 촉진이 필요하다면 이의 기능을 저해하는 장애제거
- ·분쟁해결을 위한 대안적 방안강구
- ·법관과 사법부 인력의 교육지원

그러나 유럽연합운영조약 81조 3항(TFEU Art. 81.3)에 따라 국경을 넘어 이루어지는 가족법 관련 조치는 특별입법절차(SLP) 내 자문절차(consultation procedure)가 적용된다. 본 절차에서는 이사회가 유럽의회의 자문 청취 후 만장일치 표결로 결정을 내려야하므로, 사실상 합의 제정이 매우 어렵다.[788)]

■ 유럽시민의 기본권

유럽연합 27개국을 포함한 모든 유럽국가는 유럽평의회(Council of Europe)가 1953년에 체결한 유럽인권협약(ECHR)에 구속된다. 유럽인권협약은 유럽연합의 설립조약과 2차 입법과 같은 엄격한 법률적 구속력을 갖지 않지만 모든 회원국은 이를 수용하고 있다. 또한 유럽에서 인권과 기본권에 저촉을 다루는 법률적 분쟁 역시 유럽평의회가 설립한 유럽인

권재판소(ECHR)에서 다루며 회원국은 이의 판결 역시 수용한다. 이러한 배경에서 유럽연합은 기 존재하는 유럽의 인권법원을 존중하고, 더불어 유럽사법재판소와의 관할권 중복을 피하기 위해 인권문제를 직접적으로 다루지 않았다.789)

그러나 1990년대 이후 대규모 난민유입, 발칸분쟁 그리고 서유럽에 비해 상대적으로 인권부분이 뒤떨어진 중동유럽국가의 회원국 가입 등 역내에서 인권 관련 이슈가 증가하였다. 이에 따라 유럽연합은 두 가지 방안을 통해 인권문제에 대응하였다.

첫째, 설립조약(founding treaties)에 관련 내용을 명기하는 것이다. 유럽연합은 1992년 마스트리히트조약 체결시 유럽연합조약 B조(TEU Art. B)를 통해 유럽시민권(European citizenship)을 도입하여 회원국의 국적과 무관한 역내시민의 권리를 명기하였다. 뒤이어 1997년 암스테르담조약 체결 시에는 유럽연합조약 6조(TEU Art. 6)에 '연합은 자유, 민주주의, 인권과 기본적인 자유의 존중 그리고 법치에 기반하여 설립되었다.'는 내용을 명기하였다.790)

둘째, 1993년 코펜하겐 유럽이사회에서 코펜하겐기준(Copenhagen criteria)으로 통용되는 가입충족조건(accession criteria)을 설정하여 법치, 인권 및 소수자의 보호 등을 명문화하였다. 물론 코펜하겐기준은 가입후보국에게 한해 적용되는 조건이지만, 기존 회원국 역시 이러한 원칙을 준수한다는 전제를 내포한다.791)

이러한 조치에도 불구하고 유럽연합 차원에서 인권과 기본권에 대한 확고한 제도적 보호장치가 결여되었다는 비판이 지속적으로 제기되었다. 결정적으로 1996년 사법재판소는 유럽연합의 조약에는 유럽인권협약에 대한 구체적인 정보와 수용에 관한 내용이 없는바 국제조약의 수용을 허용할 수 없다는 견해(ECJ Opinion 2/94)를 제출하였다. 더불어 사법재판소는 유럽인권협약의 유럽조약으로의 수용을 위해서는 조약개정이 선행

되어야 한다는 사실도 부연하였다.792) 이러한 가운데 1990년대 이후 유럽
인권재판소는 급증하는 인권관련 분쟁과 소송에 대처하는데 한계를 드러
냈다. 이에 따라 1999년 쾰른 유럽이사회에서는 유럽연합 차원에서 인권
헌장 제정을 결정하였다.

2000년에 제정된 유럽연합기본권헌장(Charter of Fundamental Rights
of the European Union)은 존엄(dignity), 자유(freedom), 평등(equality),
연대(solidarity), 시민의 권리(citizen's rights) 그리고 사법적 권리(justice)
등 6장으로 구성되었다. 이중 자유, 시민의 권리와 사법적 권리는 자유안
전사법지대의 입법과 정책실행에 제도적 근거를 제공한다. 이외에 유럽
연합기본권헌장에는 1989년에 제정한 노동자의 사회적 권리에 관한 기
본권헌장(Charter of Fundamental Social Right for Works)의 내용도 반영
되었다.793)

유럽연합은 니스조약 체결과정에서 유럽연합기본권헌장을 조약과 동등
한 법적 효력을 갖도록 추진하였으나 영국을 필두로 몇몇 회원국의 반대
로 무산되었다. 이후 리스본조약 체결 시에도 영국, 폴란드 및 체코 등 3
개국이 헌장의 법적 구속력 부여를 반대하였다. 이들 국가들에 따르면 기
본권은 회원국의 정체(polity)에 따라 다른 해석을 낳을 수 있어 유럽연합
차원에서 다룰 문제가 아니라는 것이다.794) 그러나 결국 정치적 타협을
통해 유럽연합기본권헌장은 설립조약과 동등한 법적 구속력이 부여되어
자유안전사법지대의 또 다른 제도적 기반이 되었다.

유럽연합기본권헌장이 설립조약과 함께 유럽연합의 법적 기반을 구성
하면서 자유안전사법지대의 다양한 부분에서 기본권 보호가 정책운영의
관건이 되었다. 특별히 경찰사법협력 부분에서는 유럽연합기본권헌장과
유럽연합운영조약 82조 1b(TFEU Art, 82.1b)에 명기된 형사절차에서 개
인의 권리에 근거해 여러 조치와 입법에서 유럽시민의 기본권 보호가 강
화되었다.795) 이외에도 유럽구속영장(EAW) 발부 조건 및 유럽연합사법

기구(Eurojust)의 활동 등 여러 사법분야에서 유럽연합기본권헌장 준수가 의무화되었다.

한편. 유럽연합기본권헌장은 국경관리 및 이민망명정책을 통해 진행되는 제3국인에 대한 인권과 기본권 보호에도 적용된다. 사법재판소는 유럽연합의 외부국경관리에 있어 제3국인에 대한 인권과 기본권 침해에 엄격한 입장을 취하였다. 사법재판소는 1994년 부칼파 판결(Boukhalfa v Bundesrepublik Deutschland, C-214/94)을 통해 공동체법은 공동체 밖에서도 효력을 갖는다는 사실을 적시하였다. 이러한 판결로 지중해 공해상에서 난민과 불법이민자 통제 조치 역시 유럽연합기본권헌장이 적용된다는 논리가 성립되었다. 다만 유럽연합기본권헌장에는 유럽연합의 역외 적용에 관한 사안이 명기되지 않아 논란의 소지가 있다. 그럼에도 유럽인권협약(ECHR)을 위시한 국제적 규범에 의해 유럽연합 회원국은 역외에서 난민과 망명신청자에 대한 기본권을 존중해야할 의무를 갖는다.[796)]

■ 민사협력 내용

회원국간 국내법의 상이성으로 단일시장 내에서 개인과 법인간 관계와 거래에서 여러 문제점이 야기되어 왔다. 그러나 민사협력은 모든 회원국이 필요성은 인정하되 국가간 이해관계가 엇갈려 유럽적 조정에는 반감을 갖는 대표적 정책영역이다. 그러나 본 사안은 1990년대 단일시장과 솅겐의 출범으로 국경을 넘어 진행되는 민사사건이 급증하면서 더 이상 방치할 수 없게 되었다. 이에 따라 2000년대 이후 유럽연합 차원에서 회원국간 비교적 논쟁의 여지가 적고 시급히 조정이 요구되는 부분에서부터 일련의 2차 입법이 제정되었다.

유럽연합에서 민사협력은 회원국간 상호 법률적 결정의 인정, 분쟁법과 절차의 조화 그리고 유럽시민의 기본권으로서 법률적 접근보장 등의 일반적인 민사분야를 포함한다. 이외에 또 다른 주요한 민사협력 분야는 유럽연합 차원에서 오랜 숙원이었던 국경을 넘어 이루어진 가족법 관련 이슈에서 회원국간 법률적 조화와 인정이다. 본 사안에서는 유럽연합이 강화된 협력(enhanced cooperation)을 통한 입법제정으로 최소한의 범위에서 회원국간 조화를 취하고 있다.

■ 판결집행과 비법률적 결정(decisions in extrajudicial cases)의 인정

2000년에 제정된 파산절차규정(insolvency proceedings Regulation (EC) No 1346/2000)은 회원국간 상이한 파산절차에 대한 상호인증 내용을 담은 입법이다. 역내시장에서는 각국 간 상이한 파산절차에 기인하여 보다 우호적인 환경을 찾아 타 회원국으로 자산이동 등의 불필요한 행위가 빈번하게 발생하였다. 파산절차규정은 이러한 문제점을 시정한 입법으로 단일시장 내에서 개인과 법인을 대상으로한 각국간 해당 절차의 조화를 목적으로 한다.797)

이후 후속으로 2015년 국경을 넘어 영업을 하는 기업의 파산절차규정 (Regulation (EU) No 1215/848)이 제정되었다. 본 입법은 여러 회원국에서 사업을 하는 기업의 파산시 회원국간 단일화된 법률 적용과 인정을 통해 신속한 절차진행을 도모한 것이다.798)

2004년에 제정된 유럽법률집행명령(EEO)규정(Regulation (EC) No 805/2004))은 타 회원국 법원의 판결을 인정하여, 해당 해당국에서 별도의 집행명령을 동반하지 않고 즉각적 실행을 규정한 입법이다. 본 규정은 개인과 법인(기업)을 대상으로 시행되며 채무자의 동의 등 이의를 제기하지 않는 경우에 적용된다.799)

2012년에 제정된 민사와 상행위에 대한 법률과 판결집행인정규정(Regulation (EU) No 1215/2012)은 회원국간 민법분야 조화와 판결집행의 상호인정 절차의 단순화를 기한 입법으로 민사협력 분야의 획기적 진척으로 평가받는다. 민사와 상행위에 대한 법률과 판결집행인정규정에 의해 회원국은 법원의 판결은 물론이고 분쟁조정 부분에서도 상호인증을 꾀해야 한다. 다만, 관세, 행정문제, 기업의 파산, 채무불이행 및 사회적 안전 등 국내정책에 심각한 영향을 미치는 사안에 한해 예외를 두었다.800)

(표) 판결집행과 비법률적 결정(decisions in extrajudicial cases)의 인정 입법

일시	2차 입법	내용
2000	파산절차규정 (Regulation (EC) No 1346/2000)	• 회원국간 상이한 파산절차에 관한 상호인증
2015	파산절차규정 (Regulation (EU) No 1215/848)	• 국경을 넘어 영업을 하는 기업의 파산시 회원 국간 단일화된 법률적 적용과 인정
2004	유럽법률집행명령(EEO)규정 (Regulation (EC) No 805/2004)	• 회원국간 별도의 집행명령을 동반하지 않고 타국 법원의 민사판결 집행
2012	민사와 상행위에 대한 법률과 판결집행인정 규정 (Regulation (EU) No 1215/2012)	• 민사와 상행위에 대한 법률과 판결집행 및 조 정에 대한 회원국간 상호인정 • 관세, 행정문제, 기업의 파산 및 채무불이행 및 사회적 안전 등 일부 사안은 미적용

출처) European Parliament (2018f), Fact Sheets Judical Cooperaton in Civil Matters, pp. 3-5;
European Union (2018a), Eur-Lex access to European Union law.

■ 민사법정의 협력조치와 법률적 접근 촉진 (facilitating access to justice) 입법

2000년대 이후 민사법정의 협력을 위한 최초의 입법은 2000년 이사회의 민사와 상법의 법률서류 서비스규정(Regulation (EC) No 1348/2000)이다. 본 규정은 신속한 재판을 위해 회원국간 법률서류 송부 절차를 담은 입법이다. 2007년에 제정된 민사, 형사와 상법의 법률서류 서비스규정(Regulation (EC) No 1393/2007)은 이의 후속입법이다.[801]

1999년 10월에 개최된 탐페레 유럽이사회에서 민사판결과 법률적 의견에 대한 회원국간 상호인증이 결정되었다. 이러한 정상간 합의에 따라 이듬해 2000년 11월 회원국간 민사와 상법조치의 상호인증을 위한 유럽위원회와 이사회의 공동프로그램(joint Commission and Council programme of measures for implementation of the principle of mutual recognition of decisions in civil and commercial matters)이 결정되었다. 본 유럽위원회와 이사회의 공동프로그램은 회원국간 사법협력을 위한 구체적 조치를 담았다.

- 민사절차에 있어 최소한의 기준 설정, 회원국간 규범의 조화
- 법률서류의 최소기준 마련
- 채무자의 자산 확인 등을 포함한 판결집행 방식 조화
- 사법부에 대한 용이한 접근(정보공개 등)
- 법률분쟁 해결수단의 조화

유럽위원회와 이사회는 이러한 목적을 위해 회원국간 민사와 상법에 대한 상호인증을 담은 브뤼셀 I 규정(Brussels I Regulation)과 회원국간 가족법의 조화를 위한 브뤼셀 II 규정(Brussels II Regulation) 제정에 합의하여 각각 2001년과 2003년에 입법화되었다.[802]

브뤼셀 I(Brussels I) 규정으로 더욱 널리 알려진 2001년 민사판결의 법적효력과 상호인증규정(Regulation (EC)44/2001)은 개인과 법인이 타 회원국에서도 민사소송을 가능토록한 입법이다. 회원국간 민사판결 효력의 상이성으로 역내시장에서 유럽시민과 기업의 상행위에 여러 불편을 초래하여 왔다. 본 규정은 이러한 문제점을 시정하기 위해 유럽연합 내 개인과 법인은 원하는 회원국에서 자유롭게 민사소송을 제기할 수 있도록 한 입법이다.

브뤼셀 I 규정은 유럽연합운영조약(TEU) 5조 3항과 부속조항 2(TFEU Art. 5(3) / Protocol 2)에 명기된 보충성(subsidiarity)과 역시 동 조약 5조 4항과 부속조항 2(TFEU Art. 5(4) / Protocol 2)에 명기된 비례성(proportionality) 원칙에 저촉되지 않는다는 법해석으로, 회원국간 제도적 장벽이 제거되어 민사법과 절차 조정에 주요한 전환점을 마련한 입법이다.[803]

뒤이어 제정된 2001년 5월 민사와 상법증거에 대한 회원국 법원간 협력규정(Regulation (EC) No 1206/2001)은 민사사건에서 해당국 법원이

타국 법원에 증거서류 요청시 일정한 형식과 요건을 규정한 입법이다.804)

통합이 성숙하면서 각기 다른 회원국간 민사사법시스템으로 국경을 넘어 진행된 상거래, 고용, 이혼, 양육 및 상속과 같은 민사분쟁 진행에 국가간 협력이 절실해졌다. 이러한 배경에서 2001년 5월 이사회는 민사사법네트워크결정(Council Decision 2001/470/EC)을 제정하고, 이듬해 2002년 12월 유럽민사사법네트워크(EJN-Civil)가 출범하였다. 본 네트워크는 2000년 민사와 상법조치에 대한 상호인증을 위한 유럽위원회와 이사회 공동프로그램에서 계획된 사안이었다.805)

유럽민사사법네트워크는 국경을 넘어 이루어지는 민사사건에 대한 회원국 사법기관간 정보제공과 교환 및 각기 다른 사법시스템의 조정을 목적으로 한다. 유럽민사사법네트워크 출범으로 국경을 넘어 진행되는 민사사건 및 기업간 분쟁시 해당 회원국의 사법당국은 타회원국 사법기관과의 협력이 이전보다 용이해졌다.806)

(표) 민사법정의 협력조치와 법률적 접근 촉진(facilitating access to justice) 입법

일시	2차 입법	내용
2000 / 2007	이사회의 민사와 상법의 법률서류서비스규정 (Regulation (EC) No 1348/2000) / Regulation (EC) No 1393/2007)	• 회원국간 법률서류 송부 및 서비스에 관한 절차
2001	브뤼셀 I ((Brussels I) 규정 / 민사판결의 법적효력과 상호인증 (Regulation (EC) No 44/2001)	• 타 회원국에서 개입과 법인(기업)의 민사소송 제기 허용
2001	민사와 상법증거에 대한 회원국 법원간 협력규정 (Regulation (EC) No 1206/2001)	• 민사와 기업간 분쟁에 있어 해당국 법원이 타국법원에 증거 요청시 일정 형식과 요건 규정
2001	민사사법네트워크결정 (Council Decision 2001/470/EC)으로	• 국경을 넘어 이루어지는 민사사건에 대한 회원국 사법기관간 정보제공과 교환 및 사법협력

출처) European Parliament (2018f), Fact Sheets Judical Cooperaton in Civil Matters, pp. 3-5; European Union (2018a), Eur-Lex access to European Union law.

■ 민사분쟁의 조화(harmonization)

2003년 1월에 제정된 다국간 분쟁의 법적 지원을 위한 최소한의 공동 규범 지침(Directive 2003/8/EC)은 2개국 이상에 걸쳐 진행되는 민사와 기업간 분쟁에 대한 법률적 지원시 회원국간 최소한의 공통적인 내용을 담은 입법이다. 본 지침은 국경을 넘어 진행되는 소송과 이의제기에 있어 정보부족으로 불리한 입지에 있는 당사자에게 적절한 수준의 법률적 지원을 목적으로 한 입법이다.[807] 본 지침에 따라 국경을 넘어 진행되는 분쟁시 해당 회원국 정부는 유럽연합 시민은 물론이고 역외의 제 3국인에 대한 법률 지원을 위하여 최소한의 기준을 마련해야 한다.[808]

다국간 분쟁의 법적 지원을 위한 최소한의 공동규범 지침 제정에 동반하여 이사회와 유럽의회는 본 입법의 구체적 실행방안을 담은 2개의 규정을 연이어 제정하였다. 2006년과 2007년에 제정된 지불절차규정(Regulation (EC) No 1896/2006)과 소액 클레임 절차규정(Regulation (EC) No 861/2007)은 각각 국경을 넘어 진행되는 금전적 소송과 2,000유로 미만의 클레임 절차에 대한 회원국간 절차의 조화를 의도한 것이다.[809]

2008년 특정 양상의 민사와 상업적 분쟁에 대한 공동규정 지침(Directive 2008 /52/EC)은 효과적이고 신속한 분쟁해결을 기하기 위해, 회원각국에서 국경을 넘어 진행되는 민사와 상업적 분쟁의 중재에 대한 매뉴얼 마련과 서비스 지원시스템 구축내용을 담았다.[810]

2007년 로마 II(Rome II) 입법으로 불리는 비계약의무규정(non-contractual obligations Regulation, (EC)864/2007)은 가족, 부부관계 및 기업 등을 대상으로 민사와 상거래에 있어 비계약 의무에 따른 분쟁조정을 목적으로 한다. 이듬해 2008년에 제정된 로마 I(Rome I)으로 널리 통용되는 계약의무규정(Regulation (EC)593/2008)은 민사계약에 대한 회원국간 법률적 조화를 의도한 것이다.[811]

(표) 민사분쟁의 조화(harmonization) 입법

일시	2차 입법	내용
2003	다국간 분쟁에 대한 법적 지원을 위한 최소한의 공동규범 지침 (Directive 2003/8/EC)	• 국경을 넘어 진행되는 민사 및 기업간 분쟁시 당사자에 대한 회원국의 적절한 법률적 지원을 위한 공통규범
2006	지불절차 규정 (Regulation (EC) No 1896/2006)	• 국경을 넘어 진행되는 금전적 소송에 대한 절차
2007	소액 클레임 절차규정 (Regulation (EC) No 861/2007)	• 국경을 넘어 진행되는 2,000유로 미만의 소액 클레임에 대한 절차
2008	특정 양상의 민사와 상업적 분쟁에 대한 공동규정 지침 (Directive 2008 /52/EC)	• 국경을 넘어 진행되는 민사와 상업적 분쟁의 중재에 대한 매뉴얼 마련과 서비스 지원시스템 구축
2007	로마 II(Rome II) / 비계약의무규정 (Regulation (EC) No 864/2007)	• 민사와 상거래에 있어 비계약 의무에 따른 분쟁에 있어 회원국간 법률적 조화
2008	로마 I(Rome I) / 계약의무규정 (Regulation (EC) No 593/2008)	• 민사상의 계약에 대한 회원국간 법률적 조화

출처) European Parliament (2018f), Fact Sheets Judical Cooperaton in Civil Matters, pp. 3-5; European Union (2018a), Eur-Lex access to European Union law.

■ 가족법의 조화와 인정

회원국간 가족법의 조화는 민법분야 중 가장 시급한 사안이면서 동시에 유럽연합 차원에서 합의가 가장 어려운 분야라는 딜레마를 안고 있다. 유럽연합에서는 1990년대 들어 노동의 자유이동으로 이종 국적간 결혼이 증가하였다. 2011년 기준 유럽연합에는 약 1,600만 명의 국제결혼 부부가 있는 것으로 파악된다. 문제는 이들 국적을 달리하는 부부의 이혼시 야기되는 법적결별 요건, 자녀양육 및 위자료 등의 민사문제이다. 이러한 민사분쟁은 사회적 여건과 전통을 반영하여 회원국간 매우 다양한 내용으로 발전하여, 이종국적 당사자들은 법률적 해결을 위해 과도한 비용과 시간을 소요하고 있다.

2000년 이후 연이어 제정된 브뤼셀 II 규정(Brussels II Regulation), 브

뤼셀 Ⅱa 규정(Brussels Ⅱa Regulation), 브뤼셀 Ⅳ 규정 (Brussels Ⅳ Regulation) 및 로마Ⅲ 규정(Rome Ⅲ Regulation)과 이후의 후속입법들은 유럽연합 내 이종국적 부부의 법적 결별시 야기되는 문제를 해결하기 위한 민사입법이다. 본 입법들은 회원국의 저항이 큰 가족법 분야에서 오랜 시간의 논의 끝에 성사된 유럽적 조치로, 회원국간 국내법의 자발적 조화와 협력을 내용으로 한다. 특히 2010년에 제정된 로마Ⅲ 규정은 그동안 조약에 화석화된 내용으로 남아있던 의사결정 방식인 강화된 협력(enhanced cooperation)을 통해 입법이 성사되었다는 점에서 정책과정과 민사협력의 획기적 발전으로 평가받는다.

■ 브뤼셀 협약과 규정(Brussels Convention & Regulation)

▶ 브뤼셀Ⅰ, Ⅱ 협약(BrusselsⅠ, Ⅱ Convention)

공동시장(common market) 출범을 앞둔 1968년 당시 유럽공동체 6개국은 민사와 상업적 문제에서 회원국간 법률적 조화와 판결이행을 담은 브뤼셀협약(Brussels Convention)을 체결하였다. 그러나 본 협약은 구속력 없는 회원국간 합의에 불과해 민사협력 부분에 실질적인 영향은 미치지 못하였다.

오랜 시간이 흘러 1998년 내무사법협력 분야에서 시민과 민사문제를 다룬 이른바 브뤼셀 Ⅱ 협약(Brussels Ⅱ Convention)으로 불리는 부부문제에 관한 법률과 판결집행 협약(Convention on Jurisdiction and Enforcement of Judgments in Matrimonial Matters)이 체결되었다. 브뤼셀 Ⅱ 협약은 1968년의 브뤼셀 협약의 연장선에서 회원국간 부부문제에 관한 법률과 판결의 인정을 확대한 것이다. 이러한 두 개의 협약은 현실적으로 관련 2차 입법 제정의 어려움에 따라 법적 구속력을 갖지 않는 국가간 자발적 합의에 기반한 정부간 협력이라고 할 수 있다. 이후 암스테르담조약을 통해 자유안전사법지대의 출범으로 민사협력의 제도적 기반이 구축되면서 본 2개의 협약은 여러 2차 입법으로 대치되었다.[812]

▶ 브뤼셀 II 규정(Brussels Regulation)

2000년에 제정된 브뤼셀 II 규정(Brussels Regulation)으로 널리 통용되는 법적결별과 자녀양육의무 규정(Council Regulation (EC) No 1347/2000)은 부모의 자녀 양육에 관한 법률과 판결의 인정을 다룬 입법이다. 브뤼셀 II 규정은 회원국간 자녀양육에 관한 판결의 상호인증을 통해 타 회원국에서도 법률적 적용을 허용한 것이다. 즉 특정 회원국에서의 자녀양육과 접근 등에 관한 판결, 법률적 적용 및 법률적 효력을 갖는 합의는 타 회원국에서도 동일한 법적 효력을 갖는다.

한편으로 브뤼셀 II 규정에는 이혼, 법적결별 그리고 혼인무효 등 모든 부부문제에 있어 자녀양육은 부부의 공동 의무이며 책임이라는 사실을 명시하여 관련 판결에서 회원국간 조화에 대한 일부 제도적 근거를 제공하였다. 자유안전사법지대에서 선택적 거부권(opt-out)을 행사하는 덴마크는 본 규정 적용이 면제된다.[813]

▶ 브뤼셀 IIa 규정(Brussels IIa Regulation)

2003년 브뤼셀 IIa Regulation (Brussels IIa Regulation)로 통칭되는 결혼과 양육에 관한 법률과 판결에 관한 규정(Regulation No (EC) 2201/2003)은 2000년 브뤼셀 II 규정(Brussels Regulation)을 대치한 입법으로 브뤼셀 IIa 규정 혹은 신브뤼셀 II(Brussels IIa or new Brussels II) 등으로도 통칭된다. 통합이 진척되면서 국적을 달리하는 부부간 자녀의 성명부여에서부터 양육과 이혼까지 회원국간 관련 법률의 조정이 요구되었다. 이러한 취지에서 브뤼셀 IIa 규정은 오래전부터 논쟁적 사안이었던 이혼, 자녀양육 및 국제입양 등 회원국간 가족법에 관한 조화를 내용으로 한다. 본 규정은 역시 자유안전지대에서 선택적 거부권을 갖는 덴마크를 제외한 회원국에서 적용된다.[814]

브뤼셀 IIa 규정은 사실상 역내 회원국간 시장이 통합되어 경제적 장벽이 없어진 현실을 반영한 입법으로 회원국 시민을 대상으로한 민사협력 분야에서 가장 두드러진 제도적 진척으로 평가된다. 후속으로 제정된 2009년 이사회의 가족법인정규정(Regulation (EC) No 4/2009)은 2003년 브뤼셀 IIa를 비롯한 유럽연합이 제정한 가족법 관련 2차 입법을 보완하여 타 회원국에서의 합법적 조치(authentic instrument)에 대한 여타 회원국의 수용의무를 다룬 입법이다.[815]

▶ 브뤼셀 IV 규정 (Brussels IV Regulation)

유럽연합은 2012년 브뤼셀 IV 규정(Brussels IV Regulation) 혹은 법률적 승계법(Sucession Law)으로 더욱 널리 알려진 상속에 관한 법률적 결정 집행 인정과 유럽상속인증(European Certificate of Succession) 설립 규정(Regulation (EU) No 650/2012)을 제정하였다. 브뤼셀 IV 규정은 유산상속 및 승계인이 EU 전역에서 자산상속에 있어 특정 회원국의 절차가 타 회원국에서도 인정토록 하여 법률비용 절감과 신속한 상속절차 진행을 도모한 것이다.[816]

■ 로마 III 규정(Rome III Regulation)

▶ 제정 배경과 목적

2000년대 이후 가족법을 위시한 민사협력 부분에서 회원국간 법률조화에 가장 진일보한 진척을 가져온 입법은 2010년에 제정된 타국적간 이혼과 법적결별 규정(Regulation (EU) No 1259/2010) 이다. 로마 Ⅲ 규정 (Rome Ⅲ Regulation)으로 통칭되는 본 규정은 2010년 12월 강화된 협력 (enhanced cooperation) 절차로 제정되어 2012년 6월부터 적용되었다.

2000년대 들어 브뤼셀 규정과 브뤼셀 Ⅱa 규정 제정으로 유럽연합 차원에서 부부관계와 자녀양육을 다룬 민사문제에서 일정정도 제도적 진척을 이루었다. 그러나 본 입법들은 부부관계에서 야기되는 모든 법률적 문제에 걸쳐 회원국간 조화를 이룬 것은 아니다. 단적으로 핵심적인 사안인 이종국적의 부부간 이혼과 법적결별시 직면하는 법률적 문제에 대한 국내법의 조화는 사실상 이루어지지 않았다. 이러한 이유는 법적 결별에 따른 민사분쟁은 각국의 역사, 문화 및 종교적 배경으로 발전하여 국가간 법률적 조화에 거부감을 표명하는 회원국이 다수 존재하기 때문이다.

이혼문제에 엄격한 가톨릭 국가인 아일랜드에서는 이혼시 5년 이상의 별거가 요구된다. 단 아일랜드 민법에는 부부중 한명이 타 회원국에서 거주할 경우 신속한 이혼절차 진행이 가능하다. 이탈리아의 경우 이혼시 부부간 3년 이상의 별거가 요구되고 이혼절차 진행에 또 다시 1년여 이상이 소요된다. 극단적인 경우 이혼소송이 10여 년간 진행되기도 한다. 특별히 이종국적 부부의 이혼시 타회원국 거주조건과 별거조건은 커다란 법률적 장벽이다. 이러한 엄격한 국내법으로 이들 이종국적 부부는 이혼시 적지 않은 시간적 소요와 높은 비용을 지불해야 한다.[817]

로마 Ⅲ 규정은 이러한 문제점을 시정키 위해 반드시 요구되는 입법이다. 본 입법은 현실적 목적을 담았다. 갈수록 증가하는 역내 타국적 부부간 결혼과 함께 이혼 역시 증가한 점을 고려하여 회원국간 각기 다른 법적 소송절차에 따른 불편과 비용문제를 해결하는 것이다. 로마 Ⅲ 규정은 법적결별에 관련된 각국의 민사법은 문화와 종교적 맥락에서 발전하였다는 사실을 고려하여, 회원국간 해당 민사법의 조화를 꾀하거나, 상호인증 원칙을 구현한 입법은 아니다. 본 입법은 단지 사법적 판결 이전에 당사자간 신속한 합의도모를 위해, 회원국에서 소송이전에 부부간 합의를 취할 수 있는 명확한 기준과 절차마련을 명시한 것이다.[818)

로마 III 규정은 유럽통합 과정에서 두 가지 의미를 갖는다. 첫째, 로마 III 규정은 리스본조약 체결로 성립요건이 완화된 의사결정 방식 중 하나인 강화된 협력(enhanced cooperation)이 최초로 적용 된 사례로 회원국간 합의를 이루기 어려운 민사협력에서도 의사결정이 가능하다는 전례를 남겼다. 둘째, 로마 III 규정은 2003년에 제정된 브뤼셀 IIa 규정과 더불어 유럽연합운영조약 81조 2, 3항(TFEU Art. 81.2 & 3)에 명기된 국경을 넘어 발생하는 가족법 관련 입법이 효과적으로 구현되었다는 점에서 민사협력의 중요한 진척이라고 할 수 있다.[819)

▶ 제정과정: 강화된 협력(enhanced cooperation)

로마 III 규정은 리스본조약 체결 이전인 2006년에 유럽위원회가 공동결정절차로 입법을 제안하였으나 이사회에서 2년여 간의 논의 끝에 몇몇 회원국들의 반대로 입법이 무산되었다. 리스본조약 발효 이전 가족법 관련 입법은 이사회에서 만장일치 표결이 요구되었다. 당시 엄격한 가톨릭 국가인 말타는 본 입법에 강경한 반대의사를 표명하였고, 스웨덴의 경우 본 입법이 국내의 관련 입법내용보다 오히려 느슨하다는 이유로 역시 반대하였다.[820)

리스본조약 체결 이후에도 본 사안이 특별입법절차 내 자문절차가 적용되고 이사회에서 역시 만장일치 표결을 요하면서 입법이 사실상 불가능하였다. 이에 따라 본 입법을 지지하는 회원국은 강화된 협력을 통한 입법진행으로 방향을 선회하였다.[821) 리스본조약 체결로 유럽연합조약 20조(TEU Art. 20)에 실행목적과 유럽연합운영조약 326-334조(TFEU Art. 326-334)에 구성요건이 완화되어 명기된 강화된 협력은 브릭시트(Brexit)

이전 28개 회원국 중 9개 회원국의 참여로 입법이 진행될 수 있다. 이전에 암스테르담조약에 명기된 강화된 협력에서는 당시 15개 회원국 중 최소 8개국의 참여를 요하여 입법성사가 어려웠다.[822]

로마 Ⅲ 규정은 2008년 7월 유럽연합 9개 회원국(오스트리아, 프랑스, 그리스, 헝가리, 이탈리아, 룩셈부르크, 루마니아, 슬로베니아, 스페인)이 강화된 협력 적용을 결정하여 유럽위원회에 입법제안을 요청하였다. 유럽의회의 지지 속에 유럽위원회는 2010년 6월 강화된 협력 적용을 위한 입법을 제안하였다. 뒤이어 동년 7월 이사회에서 14개국(오스트리아, 벨기에, 불가리아, 프랑스, 독일, 헝가리, 이탈리아, 라트비아, 룩셈부르크, 말타, 포르투갈, 루마니아, 슬로베니아, 스페인)은 이사회 결정(Council Decision, 2010/405)을 통해 타국적간 이혼과 법적결별 규정제정에 강화된 협력 적용을 결정하였다.[823]

뒤이어 동년 2010년 12월 강화된 협력에 참여한 14개국은 로마 Ⅲ 규정(타국적간 이혼과 법적결별 규정)을 제정하여 2012년 6월 발효되었다. 이후 규정제정 수일이 지나 리투아니아 그리고 2014년에는 그리스가 참여하였다.[824] 이에 따라 로마 Ⅲ 규정은 2021년 8월 기준 유럽연합 27개국 중 16개국에서 적용된다. 아일랜드, 스웨덴, 핀란드, 덴마크, 네덜란드, 폴란드, 체코, 슬로바키아, 크로아티아, 에스토니아, 말타 등 11개국은 여전히 로마 Ⅲ 규정을 수용하지 많고 있다. 이들 미참여 국가들의 불참사유는 종교적 이유와 국내 관련 민법과 관행의 유지 등 다양하다.[825]

■ **부부의 재산문제에 관한 결정이행 규정**
  (Council Regulation (EU) 2016/1103)

2016년 부부의 재산문제에 관한 결정이행 규정(Council Regulation (EU) 2016/1103)은 로마Ⅲ 입법의 후속 혹은 보완적 성격을 갖는다. 로마

Ⅲ 규정에 이어 다시 한 번 강화된 협력이 적용된 본 입법은 2015년 12월 유럽연합 17개 회원국(오스트리아, 벨기에, 불가리아, 체코, 독일, 그리스, 스페인, 프랑스, 크로아티아, 이탈리아, 룩셈부르크, 말타, 네덜란드, 포르투갈, 슬로베니아, 핀란드, 스페인)이 유럽위원회에 입법제안 요청을 통해 성사되었다. 이듬해 2016년 6월 이사회에서 강화된 협력실행을 담은 결정(Decision (EU) 2016/954)을 제정하고 뒤이어 본 규정이 제정되었다. 부부의 재산문제에 관한 결정이행 규정은 각국의 관련 입법을 존중하여 회원국간 최소한의 절차를 규정한 것이다.[826]

(표) 회원국간 가족법 조정

일시	2차 입법	내용
브뤼셀 협약과 규정(Brussels Convention & Regulation)		
1968	브뤼셀 Ⅰ 협약(Brussels Ⅰ Convention)	• 민사와 상업적 문제 있어 회원국간 구속력 없는 법률적 조화와 판결이행
1998	브뤼셀 Ⅱ 협약 (Brussels Ⅱ Convention)	• 회원국간 부부관계에 관한 법률과 판결의 상호인정 확대
2000	브뤼셀 Ⅱ 규정(Brussels Ⅱ Regulation) / 자녀양육의무규정 (Regulation (EC) No 1347/2000)	• 회원국간 자녀양육과 접근 등에 관한 판결, 법률적 적용 및 법률적 효력을 갖는 합의의 상호인정
2003	브뤼셀 Ⅱa 규정 ((Brussels Ⅱa Regulation) / 결혼과 양육에 관한 법률과 판결에 관한결정 (Regulation (EC) No 2201/2003)	• 이혼, 자녀양육 및 국제입양 등에 대한 회원국간 가족법 조화
2009	가족법인정규정 (Regulation (EC) No 4/2009)	• 타 회원국에서의 합법적 조치(authentic instrument)에 대한 여타 회원국의 수용 의무
2012	브뤼셀 Ⅳ 규정(Brussels Ⅳ Regulation) / 상속에 관한 법률적 결정집행 인정과 유럽상속인증(European Certificate of Succession) 설립 규정 (Regulation (EU) No 650/2012)	• 신속한 상속절차 진행을 위해 유산상속 및 승계인의 승계절차 등에 대한 특정 회원국의 절차가 타 회원국에서도 인정

일시	2차 입법	내용
로마Ⅲ 규정(Rome Ⅲ Regulation)과 후속입법		
2010	로마Ⅲ 규정(Rome Ⅲ Regulation) / 타국적간 이혼과 법적결별 규정 (Regulation (EU) No 1259/2010)	• 소송 이전에 문제해결을 위하여 국내법에 근거한 명확하고 타당한 기준과 적절한 조정시스템 구축 • 강화된 협력방식으로 진행된 최초의 입법
2016	부부의 재산문제에 관한 결정이행 규정 (Council Regulation (EU)2016/1103)	• 부부의 재산문제 관련 사안에서 회원국 간 최소한의 절차 규정 • 강화된 협력방식을 통한 로마Ⅲ 규정의 후속입법

출처) European Parliament (2018f), Fact Sheets Judical Cooperaton in Civil Matters, pp. 3-5; European Union (2018a), Eur-Lex access to European Union law. (검색일: 2018년 11월 4일)

③ 정보보호

■ 정책배경과 제도적 기반

자유안전사법지대는 단일시장 효과를 극대화하기 위한 역내국경 철폐로 시작하여, 역내에서 자유이동을 보장을 제 조치와 불법이민을 차단할 외부국경 관리로 발전하였다. 나아가 국경없는 유럽에서 야기될 범죄와 테러위협에 대응하여 경찰사법과 역내안보 조치가 더하여지고, 이 과정에서 시민의 기본권 보호와 제 3국인에 대한 공정한 대우 조치가 추가되면서, 결과적으로 속성을 달리하는 이종정책들이 집합이 되었다.[827] 성격을 달리하는 자유안전사법지대의 정책들은 직간접적으로 연계되거나, 상호 영향을 미치며 발전하고 있다. 이러한 정책영역 중 유럽시민의 기본권에서 파생된 정보보호는 자유안전사법지대를 구성하는 정책 중 가장 뒤늦게 형성되고 또한 타 정책과 속성을 달리한다고 할 수 있다.

개인정보보호는 자유이동을 위한 장벽철폐 및 민사협력과 함께 유럽시민의 기본권 보호를 위한 일단의 자유안전사법지대의 정책영역이다. 그러나 오랫동안 개인정보보호는 정보화 사회와 단일시장 등 경제정책의 부수된 사안으로 고려되어 시장통합 관련 여러 입법을 통해 부분적으로 규제와 허용범위가 다루어져 왔다.[828]

암스테르담조약을 통해 유럽시민의 기본권으로서 개인정보보호가 명기되면서 비로소 독립된 정책영역으로 인식되었다. 이에 따라 개인정보보호는 1999년 탐페레 프로그램, 2004년 헤이그 프로그램, 2010년 스톡홀름 프로그램 그리고 2014년 이사회의 전략적 가이드라인(Strategic Guideline)

등 자유안전사법지대 정책실행을 담은 여러 계획에 주요한 목표로 명기되었다.

유럽연합과 미국은 개인정보 보호에 있어 시각차를 갖는다. 유럽연합에서 개인정보는 유럽시민의 기본권으로서 대부분의 회원국에서 공적기관의 정보열람과 유통에 엄격한 제한을 가한다. 반면에 미국은 개인정보는 안보를 위한 주요한 정보원으로 정보기관을 통한 방대한 정보취합과 유통 및 가공이 비교적 자유롭다. 미국의 경우 공공의 안전을 위해 의료, 은행, 항공이용 및 심지어 비디오 대여 정보까지 방대한 개인정보를 파악한다. 물론 양측은 개인정보의 상업적 이용에 엄격한 기준을 갖고 범죄이용을 막기 위해 보호조치를 취하고 있다. 그럼에도 유럽연합과 미국은 개인정보 보호의 범위와 활용 및 유통에 있어 차별화된 인식과 제도적 기반을 갖는다.[829]

이러한 맥락에서 국제사회에서는 유럽연합이 미국보다 엄격한 개인정보 보호정책을 취한다고 평가한다. 미국과 예비협정 형태로 체결한 2004년 승객예약정보협정(PNR Agreement)과 2009년의 SWIFT 협정(SWIFT Agreement)은 모두 유럽의회가 개인정보 보호 미비를 들어 비토권을 행사하여 이후 본 협정체결로 엄격한 개인정보보호 조치가 반영된 사실은 유럽연합의 개인정보 보호정책의 단면을 보여준다.[830]

제도적 맥락에서 개인정보보호는 리스본조약 체결 이전에는 유럽공동체설립조약(TEC)과 유럽연합조약(TEU)으로 분산되어 명기되어, 의사결정은 공동체 방식과 정부간 방식이 혼용되었다. 그러나 리스본조약으로 지주구조(pillar structure)가 폐기되면서 본 사안은 유럽연합운영조약(TFEU)으로 통합되었다.[831]

다만 개인정보보호는 자유안전사법지대가 명기된 유럽연합운영조약 5편(TFEU Title Ⅴ)이 아닌 동 조약 16조(TFEU Art. 16)의 개인정보 보호에 관한 조항에 근거한다. 유럽연합운영조약 16조에 따르면 데이터 보호는 유럽시민의 개인적 권리로서 유럽의회, 이사회는 모든 유럽연합의 법적 영역에서 유럽시민의 개인정보를 보호할 조치를 취해야 하며, 본 사안은 일반입법절차(OLP)를 통해 결정한다.[832]

이외에도 개인정보보호는 유럽연합기본권헌장 7조의 사생활과 가정생활의 존중 그리고 8조 개인정보보호 조항(Charter of Fundamental Rights of the EU Art 7, 8)에 법률적 근거를 둔다. 한편 리스본조약의 부속 선언서 21(Declaration 21)에 범죄에 관한 경찰사법협력(PJCCM)에서는 유럽연합운영조약 16조에 근거하여 개인정보 보호를 위해 특정의 규칙을 요한다는 내용이 명기되어 있다.[833]

■ 정보보호 입법

▶ 일반데이터보호규정(GDPR Regulation)

유럽연합에서 개인정보 보호에 관한 최초의 입법은 1995년에 제정한 이른바 데이터 보호 지침(Data Protection Directive)으로 널리 통용되는 개인정보 보호와 역내 정보이동의 자유화 지침(Directive 95/46/EC)이다. 본 지침은 회원국이 범죄수사와 조사 및 중대범죄에 대한 기소를 목적으로 파일시스템(filing system)을 통한 정보접근을 허용하되, 정보의 활용, 취합 및 배포 등에 있어 기준을 제시한 입법이다.[834]

데이터보호 지침에 근거하여 회원국의 관계당국은 합법적으로 개인정보를 취합하고 보관 할 수 있어, 유럽시민의 기본권을 침해할 소지가 있다. 그럼에도 1995년에 제정된 본 입법은 암스테르담조약 체결 이전에 제정되어 입법과정에서 유럽의회의 제도적 참여가 제한되었다. 이후 2000년대 들어 자유안전사법지대에서 권한이 현실화되면서 유럽의회는 본 입법의 문제점을 지속적으로 제기하여 왔다. 이에 따라 정책결정기구간 오랜 논쟁

끝에 데이터보호 지침은 2016년 일반데이터보호규정(GDPR Regulation (EU) 2016/679)으로 대치되었다.[835)]

리스본조약이 체결되면서 자유안전사법지대의 제도화에 힘입어 2016년 일반데이터보호규정과 더불어 정보보호강화법지침(Directive (EU) 2016/680) 등 2건의 패키지 입법을 통해 개인정보와 데이터보호정책에 획기적인 발전이 이루어졌다. 두건의 패키지 입법은 개인정보보호가 정보통신, 단일시장, 기본권 보호 등 여러 정책에서 파생된 부가적 이슈를 벗어나 자유안전사법지대를 구성하는 일단의 정책으로 발전한 현실을 보여준다.[836)]

2016년에 제정된 일반데이터보호규정(GDPR)은 1995년에 제정된 개인정보보호와 역내 정보이동의 자유화 지침(Directive 95/46/EC)을 20여년 만에 수정한 입법으로 2018년 5월부터 적용되었다. 본 지침은 정보의 중요성이 부각되는 현실에서 산업계에서 보다 명확하고 지속적인 개인정보시스템 구축을 위한 기준을 담은 것으로 유럽연합 내 개인과 법인에 적용된다.[837)]

본 지침에 따르면 유럽시민은 사업자로부터 쉽고 이해할 수 있는 내용으로 정보보호에 관한 정보를 취득할 권리를 갖고, 동시에 이른바 잊혀질 권리(right to be forgotten) 역시 누릴 수 있다. 또한 유럽시민은 타 서비스 공급자로부터 자신의 정보교환 및 정보해킹에 대한 정보취득 권리를 갖는다. 본 지침은 유럽연합 내 관련 서비스 사업자는 물론이고, 유럽연합 밖에 본사가 위치한 기업에게도 적용된다. 한편으로 유럽연합은 일반데이터보호규정을 근거로 정보서비스 사업자에게 대한 벌금부과 등의 제재조치를 취할 수 있게 되었다.[838)]

▶ 개인정보보호

2000년대 들어 유럽연합은 인터넷과 전자상거래가 활성화되면서 온라인에서 개인정보 보호에 관한 입법을 다수 제정하였다. 유럽연합은 2001년 유럽연합기구의 개인정보보호와 정보이동의 자유화 규정(Regulation (EC) No 45/2001)을 제정하여 유럽연합기구의 개인정보 활용을 감독하는 유럽데이터보호감독관(EDPS)직의 신설 내용을 담았다.839)

2008년 이사회의 범죄에 대한 경찰사법협력의 개인정보보호 프레임워크 결정(Council Framework Decision 2008/977/JHA)은 회원국 사법당국의 범죄수사 과정에서 개인정보 관리를 담은 입법으로, 2016년에 제정된 정보보호강화 지침(Directive (EU) 2016/680)으로 대치되었다.840) 뒤이어 제정된 2009년 전자상거래 지침(Directive 2002/58/EC) 역시 온라인에서 서비스 제공자의 의무조치, 소비자 보호와 개인정보 보호조치 그리고 관련 공공기관의 이행의무 등 2002년 이후 제정된 두개의 지침과 한 개의 규정을 수정 및 보완하여 단일화한 것이다.841)

한편 2016년 정보보호강화법 지침(Directive (EU) 2016/680)은 2008년에 제정된 범죄에 대한 경찰사법협력의 개인정보보호 프레임워크 결정(Framework Decision 2008/977/JHA)을 대치한 입법이다. 구체적으로 정보보호강화법 지침은 유럽시민의 기본권으로서 범죄 용의자, 기소자 및 사면자에 대한 사법당국의 조사와 수사시 개인정보 보호와 관리를 규정한 것이다. 정보보호강화법 지침은 또한 회원국 사법당국간 범죄자는 물론이고 피해자와 목격자의 개인정보 보호와 활용에 관한 협력내용도 담았다.842)

▶ 정보보유 및 활용

2006년에 제정된 이른바 데이터 보유 지침(Data Retention Directive)으로 더욱 널리 통용된 통신서비스와 공공데이터네트워크 정보의 생산과 보유 지침(Directive 2006/24EC)은 2002년 통신서비스의 개인정보와 전자통신 지침(Directive 2002/58/EC)의 수정입법이다. 양 입법은 무선전화와 이메일 등 다양한 정보통신 서비스 제공자와 공공네트워크의 정보생산과 보유에 있어 회원국간 정보보호 정책의 조화를 의도한 것이다.[843) 특히 2002년에 제정된 개인정보와 전자통신 지침은 인터넷 쿠키 다운로드 시 사용자 동의 의무화 등 현재는 일반화된 온라인에서의 개인정보 보호 조치를 담은 선구적 입법이다.[844)

데이터 보유 지침은 제정시 논란을 야기하였던 입법이다. 디지털화된 개인정보는 특별히 테러대응과 조직범죄 등 중범죄 예방과 용의자에 대한 수사와 기소를 위한 중요한 단서이다. 따라서 본 지침은 이동전화, 이메일 및 인터넷 서비스 제공자는 회원국의 관계 당국이 접근 가능토록 개인정보를 6개월에서 2년까지 보존해야 한다는 내용을 담았다. 그러나 데이터 보유 지침은 역내안보를 위해 범죄의심을 받는 유럽시민은 예외 없이 디지털 정보를 통해 감독과 조사의 대상이 된다는 점에서 기본권 침해의 소지가 다분하였다.[845)

데이터 보유 지침은 2005년 7월 런던에서 발생한 테러에 뒤이어 개최된 특별이사회에서 영국이 테러대응을 위해 온라인에서 데이터 보호와 활용의 필요성을 강하게 주장하면서, 유럽의회를 설득하여 입법화 한 것이다. 이러한 입법배경으로 개인정보 보호에 대한 심도있는 논의가 결여되어 지침제정 이후 지속적으로 문제가 제기되어 왔다.[846) 이에 결국 2014년 4월 사법재판소는 2006년에 제정된 데이터 보유 지침은 개인의 사생활 보호와 정보보호에 심각한 위해가 될 수 있다는 이유를 들어 입법 무효화를 선언하였다.[847)

(표) 유럽연합의 개인정보보호 입법

일시	2차 입법	내용
정보보호		
1995	개인정보보호와 역내 정보이동 자유화 지침 (Directive 95/46/EC)	• 파일시스템(filing system)을 통한 정보취합 및 배포에 있어 회원국간 정보접근에 대한 기준 설정 • 2016년 일반데이터보호규정(GDPR Regulation (EU) 2016/679)으로 대치
2016	일반데이터보호규정 (GDPR Regulation (EU) 2016/679)	• 산업계에서 보다 명확하고 지속적인 개인정보 시스템 구축 • 1995년 개인정보보호와 역내 정보이동의 자유화 지침(Directive 95/46/EC) 수정
개인정보 보호		
2001	유럽연합기구의 개인정보보호와 정보이동의 자유화 규정 (Regulation (EC) No 45/2001)	• 유럽연합 기구의 정보활용을 감독할 유럽데이터보호감독관(EDPS) 신설
2008	범죄에 대한 경찰사법협력의 개인정보보호 프레임워크 결정 (Framework Decision 2008/977/JHA)	• 사법당국의 범죄수사 과정에서 개인정보 관리
2009	전자상거래 지침 (Directive 2002/58/EC)	• 전자상거래에 관한 포괄적 정보보호 조치 　- 서비스 제공자의 의무, 소비자의 개인정보 보호. 감독기관의 이행의무 • 2002년 이후 제정된 두 개의 지침과 1개의 규정 내용 수정보완을 통한 단일화
2016	정보보호강화 지침 (Directive (EU) 2016/680)	• 사법당국의 조사와 수사시 개인정보 보호와 관리 및 회원국간 협력 • 2008년 범죄에 대한 경찰사법협력의 개인정보 보호 프레임워크 결정(Framework Decision 2008/977/JHA) 대치
데이터 보유 및 활용		
2002	개인정보와 전자통신 지침 (Directive 2002/58/EC)	• 온라인에서 개인정보 보호를 위한 포괄적 조치 • 정보통신 서비스 제공자의 개인정보 보호조치
2006	데이터 보유 지침 (Directive 2006/24/EC)	• 정보통신 서비스 제공자와 공공네트워크에서 정보 생산과 보유 등에 관한 회원국간 정책조화 • 서비스제공자의 테러와 조직범죄 대응을 위한 정보 보유 의무화 • 2014년 사법재판소의 입법무효 선언

출처) European Parliament (2018g), Fact Sheets Personal Data Protection pp, 2-3; European Union (2018a), Eur-Lex access to European Union law.

■ 데이터보호 실무기구: 데이터보호사무국(DPO)과
   유럽데이터보호감독관(EDPS)

　유럽연합의 공식기구(official institutions)와 규제기구(regulatory agencies)에서 유럽시민의 정보를 다루는데 있어 이의 통제와 모니터링에 대한 많은 논란이 있었다. 대표적인 예가 유럽연합사법기구(Eurojust)의 업무이다. 유럽연합사법기구는 업무의 특성상 유럽연합에서 민감한 유럽시민의 개인정보를 가장 많이 다루는 규제기구이다. 유럽연합사법기구는 업무수행을 위해 회원국의 사법당국으로부터 정보를 넘겨받고 유럽경찰국(Eurojust) 등과 정보를 공유한다. 그러나 리스본조약 체결로 유럽연합사법기구의 권한이 이전보다 강화된 반면, 본 기구의 업무과정에서 야기 될 유럽시민의 기본권과 정보보호에 대한 모니터링과 감독기능은 미비하다는 지적을 받아왔다.848)

　이러한 외부의 시선을 의식하여 유럽연합사법기구는 자발적으로 2010년 유럽경찰국과 업무에 요구되는 정보만을 다룬다는 내용을 담은 상호협약을 체결하였다. 이외에도 유럽연합사법기구는 타 유럽연합 기구보다 개인정보를 더욱 많이 다루고, 정보보호에 관한 파급도 크다는 점에서 내부에 정보유통과 보호에 대한 모니터링 기능을 갖는 공동데이터감독기구(JSB)를 운영하여 왔다. 그러나 공동데이터감독기구는 대부분 회원국에서 한시적으로 선임된 감독관으로 구성되고, 법적 기반이 결여되어 업무에 관련된 결정에 구속력이 없어 별다른 권한을 행사하지 못하였다. 이러한 제도적 취약성으로 그동안 사법재판소가 공동데이터감독기구의 결정을 무효화할 개연성도 높았다. 결국 여러 문제점으로 2019년 본 감독기구의 활동은 종료되었다.

　유럽연합에서 개인정보 보호를 위한 입법은 1990년대 중반부터 제정되었지만 이를 다루고 감독할 기구의 설립은 2010년대 중반 이후 들어서 이루어졌다. 유럽연합은 2016년 제도적으로 독립된 기구로 데이터보호사무국(DPO)을 설립하였다. 데이터보호사무국은 2018년에 제정된 유럽연합기구의 개인정보 처리와 전송에 관한 규정(Regulation (EU) 2018/1725)을 근거로 유럽연합의 공식기구와 규제기구에서 다루는 개인정보에 관한 모니터링 기능을 수행한다. 이에 따라 유럽연합사법기구의 모든 결정은 데이터보호사무국에서 모니터링을 한다.[849]

이미 유럽연합은 2004년에 유럽연합에서 독립된 위치에서 정보보호 업무를 전담하는 책임자로 임기 5년의 유럽데이터보호감독관(EDPS) 직을 신설하였다. 유럽데이터보호감독관은 유럽연합운영조약에 근거한 독립적 성격을 갖기 때문에 엄격한 모니터링과 통제로 유럽연합사법기구의 개인정보 보호 조치가 한층 강화되었다.[850]

유럽데이터보호감독관의 구체적인 권한은 2018년의 개인정보 처리와 전송에 관한 규정(Regulation (EU) 2018/1725)에 근거하며 이외에도 유럽경찰국, 유럽연합사법기구 및 유럽검사국 관련 규정에도 유럽데이터보호감독관의 기능이 명기되어 있다. 유럽데이터보호감독관은 유럽연합 기구에 대한 데이터보호 관련 비공식적 자문과 자체의 판단과 언론 및 제보를 통해 특정 사안에 대한 데이터보호 조사기능을 행사한다. 이외에도 유럽데이터보호감독관은 데이터보호사무국 내부의 개인정보 처리와 활동에 대한 내부규정 및 데이터보호사무국 직원의 복무규정 제정 권한을 갖는다.[851]

■ **데이터보호 대외협력:**
  유럽연합-미국 개인정보보호협정(EU-US Umbrella Agreement)

2009년 유럽의회는 미국과 개인정보보호에 관한 협정 체결의 필요성을 담은 결의안(resolution)을 제기하였다. 유럽의회는 본 결의안을 통해 미국과의 대외협정 체결시 시민의 사생활과 자유를 보장하기 위해 개인정보보호에 관한 적절한 법률적 시스템이 필요하다는 입장을 피력하였다. 이

에 따라 유럽이사회의 제안으로 유럽연합은 2011년 3월부터 미국과 개인
정보보호협정을 위한 협상을 개시하여, 2016년에 6월 유럽연합-미국 개인
정보보호협정(EU-US Umbrella Agreement)이 체결되어 같은 해 12월 유
럽의회의 비준이 이루어졌다.852)

상세한 개인정보 보호조치를 담은 본 협정의 내용은 6가지 사항으로
압축할 수 있다.853)

- 개인정보 활용은 범죄예방, 조사, 억제 및 용의자 기소 등에 한해 적용
- 유럽연합과 미국 이외에 제 3국 혹은 국제기구에 개인정보 제공시 정보제공 회원국의 동의 필요
- 개인정보는 필요한 목적달성을 넘어 보관할 수 없으며, 정보보관 기간을 공개적으로 명시
- 모든 시민은 자신의 개인정보 접근권한을 갖고, 잘못된 정보에 대한 수정요청 권한 보유
- 개인정보보호 위반 사례에 대한 통지
- 유럽연합 시민은 미국정부가 개인정보 접근과 수정을 거부하거나, 불법적 개인정보 공개시 구
  제(보상)을 요구할 권리 보유

데이터보호협정(EU-US Umbrella Agreement)은 중범죄에 대한 조사와
테러대응을 위한 경찰사법협력 진행시 개인정보 보호에 관한 표준화된
기준을 정한 합의이다. 따라서 데이터보호협정 내용은 승객예약정보협정
(PNR Agreement)과 SWIFT 협정(SWIFT Agreement) 그리고 유럽경찰국
(Europol)의 대외협력 등에서 개인정보보호를 위해 적용된다.854)

다만 데이터보호협정은 유럽연합이 미국에 개인정보 전송에 대한 법률
적 근거를 제공한 것은 아니며, 양측간 정보교류에 있어 개인정보를 보호
할 세이프가드 조치와 관련 형사법의 강화 조치를 보완한 것이다. 또한
본 협정은 유럽연합과 미국간 체결된 협정으로 유럽연합 회원국과 미국
간 별도의 쌍무협정 체결시에는 적용되지 않는다. 개인정보보호협정은 미
국 측에서 유럽연합이 요구하는 높은 수준의 개인정보 보호수준에 근접
한 제도적 근거 마련을 허용하였다는데 의미가 있다.855)

7장

이민, 난민 및
망명정책

■ **유럽적 이민망명정책**

▶ 정책의 초국가화 제약

유럽연합에서는 2000년대 이후 급증하는 난민유입이라는 외부의 돌발변수로 이민, 망명 및 난민정책에 있어 정부간 협력이 강화되고 일부 초국가 조치가 취해지고 있다. 그러나 본 정책들은 국가주권에 깊숙이 위치한다는 점에서 정부간 협력과 단일화된 유럽적 조치가 제약된다는 한계를 갖고 있다.

첫째, 각 회원국은 역사적으로 이민에 대한 상반된 시각을 갖는다. 중동유럽, 남유럽국가와 아일랜드는 오랜 기간 이민의 순유출국으로 유입된 이민자에 대한 정책이 일천하다. 반면에 프랑스와 영국은 2차 대전 이후 지속적으로 인구유입이 진행된 국가로 이민자에 대한 대응과 사회통합정책의 연원이 깊다.

둘째, 회원국간 정도의 차이는 있으나 이민과 난민문제는 정치적 논쟁의 대상이며 일국차원에서도 다양한 견해가 존재하므로 유럽연합 차원의 단일화된 정책의 실효성은 의문이다. 특별히 난민과 불법이민자가 집중된 오스트리아, 덴마크, 프랑스, 이탈리아, 네덜란드 및 그리스에서는 이민문제가 국내정치의 지형을 변화시킬 수 있는 핵심적 사안이 되었다.

셋째, 이민망명정책의 초국가화에 대한 거부감에는 비용분담이라는 동인도 작용한다. 유럽연합에서 초국가화된 공동정책은 역내시장, 경쟁과 통상정책과 같이 경제통합을 위한 기능적 정책에 집중되어 있다. 그러나 이민망명정책은 유럽연합 차원에서 경제적 이해 확대가 아닌 비용의 지출을 요하는 재분배정책 혹은 사회정책의 성격을 갖는다. 결국 비용문제와 연계되어 대부분의 회원국들은 유럽적 이민정책과 불법이민 통제의 필요성을 인정하면서도, 국가차원의 조치 역시 필요하다는 시각이다. 난민과 불법이민자에 대한 사회적 서비스 비용은 회원국 정부가 떠안아야 하기 때문이다.

넷째, 유럽연합 차원에서 고급인력 유치를 위해서는 회원국간 노동시장의 조화가 선행되어야 한다. 무엇보다도 유럽은 경직된 노동시장과 이민자의 사회적응 등 여러 요인을 고려할 때 미국과 호주 등 신대륙 국가와의 고급인력 유치경쟁에서 우위를 점하기 어렵다. 2007년 유럽위원회의 자료에 따르면 유럽연합으로의 이민자 중 1.75%만이 고숙련 노동자로 호주 9,9%, 캐나다 7.3% 그리고 미국 3.2%에 비해 현저히 열세이다. 물론 유럽연합 차원에서 청색카드(Bluecard) 제도와 같이 경제적 관점에서 고급 기술인력의 유입을 위한 단일화된 조치도 실행하고 있지만 큰 효과를 얻지 못하고 있다. 이러한 요인으로 이민망명정책은 정책의 초국가화가 제약될 수밖에 없다.[856]

▶ 회원국간 이해대립

이민망명정책은 자유안전사법지대 정책 중 회원국간 이해가 가장 첨예하게 대립되는 영역이다. 1999년 탐페레 유럽이사회(Tampere European Council)는 이민망명정책에 대한 회원국간 엇갈린 시각을 확인하는 계기가 되었다. 당시 유럽이사회에서 동유럽과 지중해를 접한 독일, 오스트리아, 이탈리아는 이민망명정책의 유럽화에 적극적인 지지를 표명하였다. 그러나 외부국경과 멀리 떨어진 영국, 아일랜드 및 덴마크는 이민망명정책은 회원국의 고유 권한으로 유럽연합의 역할은 국가간 상호인증(mutual recognition)과 일부 정책조정으로 한정해야 한다는 입장을 견지하였다.

예외적으로 프랑스는 이민망명정책을 포함해 유럽차원에서 일종의 사법지대(judical area)를 거론하며 유럽연합 차원의 조화(harmonization)를 주장하였다.[857]

불법이민자와 난민의 급증은 급기야 회원국간 심각한 갈등까지 야기하였다. 단적인 사례로 이탈리아는 2011년 이른바 아랍의 봄으로 튀니지에서 난민이 대거 유입되자, 한시적 체류허가를 허용하여 이들 난민이 최종 귀착지인 프랑스로 향할 수 있도록 하였다. 이러한 이탈리아의 조치에 프랑스 정부는 크게 반발하였고, 독일 역시 이탈리아의 조치를 비난하였다. 당시 독일 내무장관 프리드리히(Hans-Peter Friedrich)는 2010년 4만여 명의 망명자를 자국이 수용했다는 사실을 거론하며 이탈리아 정부가 튀니지와의 협상을 통해 문제를 해결해야 한다고 주장하였다.[858] 이와 같이 지리적, 사회경제적 요인으로 특정 회원국에 난민이 집중되면서 2000년대 이후 유럽연합은 회원국간 연대(solidarity)에 근거한 난민과 망명정책의 유럽화를 모색하게 되었다.

■ 이민망명정책 목적과 파급

1990년대 이후 유럽연합의 이민망명정책의 목적은 세 가지로 집약할 수 있다.

첫째, 유럽연합의 이민망명정책은 제네바협정과 같이 국제사회에서 통용되는 기본권을 준수한 가운데, 회원국간 각기 다른 망명절차와 심사규정에 대한 조화와 통합을 꾀하는데 1차 목적이 있다.

둘째, 보다 실질적인 이민망명정책의 목적은 이민자 유입억제를 위해 회원국 보다 엄격한 유럽연합 차원의 심사기준과 절차를 마련하는데 있다. 더불어 유럽연합의 이민정책은 제 3국인의 역내 이주와 합법적 거주

조건을 엄격히 규정하고, 불법이민자의 본국귀환에 목적이 있다.[859]

셋째, 유럽연합의 이민정책은 제 3국 시민의 가족재결합 및 역내 장기 체류자에 대한 조치 등 회원국이 공통적으로 겪는 문제에 대하여 최소한의 조건을 담은 단일화된 유럽적 규제를 부과하는 것이다. 2003년에 제정된 가족결합지침(Directive 2003/86/EC)과 2009년 고급인력 유치를 위한 청색카드지침(Directive 2009/50/EC)은 대표적 사례이다.[860]

그러나 이민자 수용에 관한 국내정책은 회원국의 배타적인 권한영역이다. 그러므로 회원국이 유럽연합이 부과한 제 3국 시민의 망명신청 절차와 조건을 수용하여도 망명신청 허용과 불허 여부는 개별 회원국의 재량이다. 이러한 구조에서 특정 회원국이 유럽연합의 정책기조에 반한다면 회원국간 대립은 피할 수 없다.[861] 따라서 유럽연합 차원에서 제 3국인의 이민에 대한 입법은 청색카드(Blue Card)제도 등 일부 노동시장 수요를 고려한 조치를 제외하면 사실상 역내로의 불법이민을 차단하는데 목적이 있다고 할 수 있다.

이러한 배경에서 유럽연합이 제정한 일련의 입법은 난민과 망명자에 대한 엄격한 기준과 제 3국으로부터의 합법적 이민을 제한하는 내용을 담아 유럽 요새화(fortress Europe)라는 비판이 제기되어왔다. 나아가 9.11 이후 난민과 이민문제는 역내안전 및 안보정책과 결부되면서 유럽연합은 난민과 망명자의 역내진입을 막기 위한 물리적 조치를 부가하였다. 단적으로 유럽연합은 역내안보를 위해 쉥겐정보시스템(SIS) 등 국경운영 시스템을 난민과 망명자의 역내진입을 억제하는데 활용하면서 유럽 요새화가 가속화되었다.[862]

■ 이민망명정책의 제도적 근거

리스본조약 체결로 자유안전사법지대의 모든 이슈가 유럽연합운영조약으로 이관되어 동 조약 79조와 80조(TFEU Art, 79 & 80)에 이민정책의 기본적 사항이 명기되었다. 또한 본 정책 실행을 위한 핵심 입법에서는 일반입법절차(OLP)가 적용된다.[863]

- 역내 입국과 체제조건 및 가족재결합을 포함한 회원국의 장기체류비자 발부조건
- 회원국에서 합법적으로 거주하는 제3국인의 권리에 관한 규정(타 회원국으로의 이동과 거주 포함)
- 불법이민과 허가받지 않는 체류자에 대한 퇴거와 송환
- 인신매매 대응

유럽연합 차원의 공동비자정책 역시 일반입법절차 적용을 통해 여러 목적을 구현한다.[864]

- 유럽연합 내 여러 회원국에서 망명신청을 행하는 이른바 비자쇼핑(visa shopping) 차단
- 생체인식기술을 통한 위조 여권소지자 적발
- 모든 회원국에서 공동의 기준과 절차 적용으로 적법한 자격을 갖춘 망명신청자 보호
- 역내안보 차원에서 테러를 위시한 여러 중범죄 사전 예방

이와 같이 주요 이민망명 이슈에 일반입법절차가 적용되므로 관련 혹은 파생된 정책에서 유럽연합이 정책결정 권한을 행사하며, 사법재판소는 이민과 망명정책 이슈에서 법적 관할권을 갖는다.[865] 구체적으로 유럽연합은 조약에 명기된 이민과 망명정책 목적에 준해 네 가지 사안에서 입법과 정책실행 권한을 행사할 수 있다.

첫째, 유럽연합은 가족재결합을 포함하여 제3국인의 역내로의 합법적 이민(regular immigration)과 체류에 관한 조건을 설정 할 수 있다. 다만

유럽연합운영조약 79조 5항(TFEU Art. 79.5)에 따라 회원국은 노동 및 자영업 취업을 위해 입국하는 제 3국인의 규모를 결정할 수 있다. 또한 이민과 체류허가에 관한 결정 권한 역시 회원국이 행사한다.[866]

둘째, 유럽연합은 회원국이 실행하는 제 3국인의 합법적 체류에 대한 통합정책을 지원할 수 있다. 다만 유럽연합은 회원국마다 각기 다른 제 3국인 정책에 대한 법률 및 규정의 조화(harmonization)를 취할 권한은 갖지 않는다.

셋째, 유럽연합은 특별히 기본권을 준수한 본국송환정책(return policy)을 통해 불법이민을 통제하거나 완화할 수 있다.

넷째, 유럽연합은 역내이주 및 체류조건을 충족치 못한 제 3국인의 재입국에 관해 해당 제 3국과 협정체결 권한을 갖는다.

그러나 유럽연합운영조약 78조 3항에 따라 일국 혹은 복수의 회원국이 갑작스런 제 3국인의 유입에 따른 긴급상황에 대한 조치는 특별입법절차(SLP)로서 자문절차(constatation procedure)가 적용된다. 이에 따라 이사회는 본 사안에서 유럽위원회의 의제제안과 유럽의회의 단순다수결(simple majority)을 통한 자문을 취득 후 가중다수결 표결로 결정을 내린다.

이와 같이 유럽연합에서 제한된 영역이지만 이민망명정책 운영과 실행에 공동체 방식이 적용되지만, 사안의 중요성으로 정책과정은 초국가 거버넌스와 정부간주의가 융합된 복합적 성격을 갖는다. 유럽위원회는 본 정책의 핵심적 행위자로 회원국간 제 3국에 대한 각기 다른 제도와 정책에 대한 조정을 꾀하기 위해 유럽연합 차원에서 단일화된 정책과 조치를 담은 입법을 제안한다. 이후 이사회를 통한 회원국간 의견조정을 거쳐 입법이 진행된다. 이러한 과정에서 유럽난민망명이사회(ECRE) 및 카리타스(Caritas) 등 관련 비정부간 기구들이 입법제안부터 이사회 논의과정까지 직간접적으로 개입한다. [867]

■ 2000년대 이후 이민망명정책 입법

1999년 10월 탐페레 유럽이사회에서 공동유럽망명시스템(CEAS) 구축이 합의되고 2004년 헤이그 유럽이사회에서 이민망명정책 전반에 걸쳐 유럽적 방향이 설정되면서 이후 관련 2차 입법이 연이어 제정되었다.[868] 2000년대 들어 이민망명정책 운영을 위해 제정된 지침과 규정은 대부분 유럽연합 차원에서 이전보다 엄격한 국경통제와 망명심사 그리고 2014-15년 대규모 난민유입에 따른 회원국간 공동대응을 목적으로 한다.

구체적으로 관련 입법은 난민수용 및 송환, 회원국간 망명절차와 기준 조화, 불법이민 통제 그리고 합법적 이민수용을 위한 유럽연합 차원의 조치 등 4가지 주요 내용으로 구성된다. 이외에 일부 2차 입법은 2004년 탐페레 유럽이사회의 결정으로 출범한 공동유럽망명시스템(CEAS) 운영을 위한 정책보완과 수정내용을 담았다.[869]

2000년대 이후 유럽연합의 이민망명정책 입법은 역내안전에 초점을 두어 불법이민 통제에 집중되어 왔다. 반면 합법적 이민을 위시한 회원국간 이민정책 조정은 리스본조약 체결 이후 본격적으로 입법화되었다. 리스본조약 이전 유럽위원회는 제 3국 시민에 대한 사회적 안전조치, 장기 거주자에 대한 보호 그리고 제 3국 노동자의 역내유입시 단일조건 구축 등 여러 입법을 제안하였다. 그러나 본 사안은 자문절차가 적용되어 이사회에서 만장일치 표결을 요하여 일부 회원국의 저지로 매번 입법이 봉쇄되었다. 이후 리스본조약 체결로 본 사안이 일반입법절차 적용으로 전환되면서 입법이 활발하게 이루어지고 있다.[870]

이에 따라 정책의 제도화 측면에서 고려 할 때 리스본조약 이후 유럽연합은 합법적 이민과 불법이민을 포함한 이민이슈에서 규제적 조치와 회원국간 공동기준을 설정하는 단계까지 진척되었다. 그러나 여전히 이민문제는 고위정치 영역으로 브뤼셀에서 각국 정상과 관련 장관들간 회합을 통해 정책 가이드라인 설정과 회원국간 이해조정이 선행된다. 이후 유럽위원회와 이사회간 길고 지루한 협상을 통해 회원국간 최소한의 기준과 표준화된 절차를 담은 2차 입법이 제정되고 최종적으로 유럽위원회와 규제기구의 실무적 조치가 뒤따른다.[871]

이와 같이 유럽연합이 제정한 난민, 망명 이민정책 입법내용은 고위정책 영역에 위치하여 규제정책과 달리 유럽차원의 단일화된 규제부과가 아닌 회원국간 최소한의 표준화(minimum standards)에 집중되어 있다. 2000년대 이후 제정된 난민수용조건지침(Directive 2003/9/EC), 질적보장지침(Directive 2004/83/EC)과 수정지침(Directive 2011/95/EU) 그리고 망명정책 실행을 위한 더블린 II 규정(Regulation (EC) No 343/2003)과 후속입법인 더블린III 규정(Regulation (EU) No 604/2013) 등은 단적인 예이다.[872]

■ 대외협력

유럽연합은 불법이민과 난민발생 진원지인 제 3국과의 협력 강화를 위해 2004-14년 기간 제 3세계에서 400여개가 넘는 이민 관련 프로젝트에 10억 유로 이상의 예산을 지원하였다. 불법이민과 난민의 진원지인 제 3국과의 협력은 강화된 국경통제에 따른 유럽 요새화(fortress Europe)라는 국제사회의 비판을 회석시킬 수 있는 방편이다.

난민과 이민문제에 있어 유럽연합은 국제사회의 규범 제정자이며 가장 적극적으로 국제적 협력을 진행하는 행위자이다. 유럽연합 회원국은 제네바협약(Geneva Convention)을 수용하고, 유럽연합 차원에서는 국제이주기구(IMO) 운영과 UN의 국제이주에 관한 고위급 회합(High-level Dialogue on International Migration)을 주도하고 있다. 또한 2006년 이후 불법이민의 진원지인 아프리카 28개 국가와 라바트 프로세스(Rabat Process)로 불리는 유럽-아프리카 이민과 개발대화(Euro-African Dialogue on Migration and Development)를 진행하고 있다. 이외에도 2014년부터는 소말리아 반도국가들과 이민문제를 다루는 카루툼 프로세스(Khartoum Process)도 운영하고 있다.873)

▶ 2016년 유럽연합-터키협약(EU-Turkey Statement)

2014-15년 대규모의 난민유입에 따라 유럽위원회는 쉥겐지역 외부국경 강화조치를 담은 일련의 입법을 제안하였다. 또한 유럽연합 차원에서는 2016년 유럽국경관리기구(Frontex)를 유럽국경해안경비기구(EBCGA)로 개편하여 국경감독 기능을 대폭 강화하였다.874)

유럽연합은 이러한 역내조치 강화와 더불어 법치와 정치적 측면에서 안전한 국가(safe countries)로 인식되어 불법이민 통로가 된 역외국가에 일종의 완충지역 구축을 계획하였다. 이에 따라 유럽연합은 대표적인 불법이민 통로이며 경유국인 터키와 양자협정을 체결하여 불법이민자의 터키로의 귀환을 추진하고, 터키에 대해서는 이에 상응한 경제적 지원을 결정하였다.875)

2016년 3월 유럽이사회는 터키를 경유하여 역내로 진입하는 불법이민자 차단을 위해 유럽연합-터키협약(EU-Turkey Statement) 체결에 합의하였다. 본 협약은 터키와 그리스 도서를 경유한 불법이민자와 망명신청자의 터키 송환을 목적으로 한다. 이에 따라 터키는 자국을 경유하여 유럽연합으로 입국하는 불법이민자 차단을 위한 필요한 국내조치를 취하고, 자국으로의 불법이민자 송환을 허락한 조건으로 2018년까지 유럽연합으로부터 60억 유로를 지원받기로 하였다.876)

본 협약 체결로 2016년 3월 20일 이후 터키와 그리스 도서를 경유하여 역내로 진입한 모든 불법이민자는 터키로 송환되었다. 다만 그리스 도서를 경유하여 역내로 진입한 시리아 난민은 터키로 송환하되 타 지역을 경유한 시리아인은 체류 및 송환에 대한 재결정이 진행되었다.[877] 터키가 유럽연합의 제안을 수용하여 협약을 체결한 이유는 재정 지원뿐 아니라, 기존에 유럽연합과 체결한 관세동맹을 강화하여 경제적 이익을 확대하고, 오랜 숙원인 자국민의 쉥겐 무비자 입국을 관철하기 위한 의도였다.

본 협약 체결 이후 유럽연합과 터키간 관계 악화로 양측간 난민통제를 둘러쌓고 갈등이 야기되었지만 난민유입 통제에 일정 성과도 거두었다. 또한 유럽연합은 본 협약으로 2016-20년 기간 유럽연합으로 들어오지 못하고 터키에 머물고 있는 약 27,000명의 시리아 난민을 인도적 차원에서 수용하기도 하였다. 유럽연합은 2020년 터키에게 본 조치의 연장을 제안하였는데, 양측간 이해대립으로 성사여부는 미지수이다.

② 정책연역: 이민, 망명 및 난민정책의 유럽화

■ **마스트리히트조약과 암스테르담조약**

1993년 마스트리히트조약 체결 이전까지 유럽연합 차원의 이민망명정책은 1970년대 이후 트레비그룹(TREVI Group)을 통한 회원국간 느슨한 합의로 제약되었다. 당시 이민망명 관련 문제는 형사사법과 함께 장관급 수준의 회합을 통해 다루어졌고, 대부분 회원국간 국내정책 조정에 대한 의견교환 수준에 머물렀다.[878] 다만 예외적으로 1990년 쉥겐이행협정 (SIC) 체결과 동반하여 체결된 망명신청자의 대우를 다룬 더블린협정 (Dublin Convention)은 마스트리히트조약 이전 유럽연합에서 최초의 회원국간 제도화된 합의이다. 더블린협정은 2003년 이후 더블린규정 (Dublin Regulation)으로 칭하는 일련의 2차 입법으로 전환되어 유럽연합 망명정책의 기본 틀이 되었다.[879]

마스트리히트조약 체결로 유럽연합조약(TEU)에 내무사법협력 이슈로서 망명정책이 명기되면서 1990년대 전반에 걸쳐 이민망명 부분에서는 주로 망명정책을 중심으로 논의가 진행되었다. 마스트리히트조약에 망명정책이 명기되었지만 암스테르담조약 이전까지 본 이슈는 정부간 협력을 통해 진행되었다. 이에 따라 본 이슈에서는 이사회가 유럽위원회와의 협력을 통해 의사결정을 꾀하고 이후 유럽의회에 통지하는 형식을 취하였다, 또한 망명정책의 정부간 조정으로 사법재판소(CoJ)는 본 이슈에서 관할권을 행사 할 수 없었다.[880]

1997년 암스테르담조약 체결로 망명정책은 조약 발효 후 5년간의 한시적 이행기간을 거쳐 공동결정절차(codecision procedure) 적용이 결정되었다. 다만 한시적 이행기간에는 이사회와 유럽위원회가 입법제안 권한을 공유하며 유럽의회의 자문을 거쳐 이사회의 만장일치 표결로 의사결정이 진행되고, 사법재판소는 특별한 사안에 한해 관할권을 행사하였다. 본 조약 내용에 따라 망명정책은 암스테르담조약 발효 이후 5년간 이행기를 거쳐 2005년부터 공동결정절차가 적용되어 이사회에서 가중다수결 표결이 일반화되었다.[881]

■ 1999년 탐페레 유럽이사회

암스테르담조약 체결과 더불어 1999년 10월 핀란드 탐페레에서 개최된 유럽이사회에서는 2004년부터 회원국간 느슨한 정부간 접근을 통한 공동유럽망명시스템(CEAS) 실행을 결정하였다. 공동유럽망명시스템의 핵심은 인도적 지원과 엄격한 망명심사간 접점을 취한 것으로 망명신청자에 대한 주거 등 편의제공 및 공정하고 신속한 망명절차 진행 등을 내용으로 한다. 본 사안을 위해 회원국 정상들은 2005년 규제기구인 유럽국경관리기구(Frontex)와 2010년 유럽망명지원사무국(CEAS)을 신설하고 2008년 이후 유럽난민기금(ERF) 지원 등의 후속조치를 결정하였다.[882]

한편 탐페레 유럽이사회에서는 1999-2004년 그리고 2005-2010년으로 구분하여 단계별로 점진적인 망명정책 실행을 결정하였다. 본 계획에 따라 1단계(1999-2004년)에서는 1990년에 제정된 더블린협정(Dublin Convention)을 대치한 공동유럽망명시스템(CEAS)과 유럽지문데이터베이스(Eurodac)가 구축되었다. 특별히 공동유럽망명시스템을 통해 망명자 지위부여 및 철회결정을 위한 최소한의 기준과 절차가 마련되었고, 후속조치로 대규모의 망명신청자 유입에 대비한 2차 입법이 제정되었다.[883]

탐페레 유럽이사회에서 결정된 이민망명정책 부분의 최대 수확은 2000년에 설립된 유럽난민기금(ERF) 이다. 유럽난민기금은 회원국간 공동책임 원칙하에 난민과 망명자 유입국가에 대한 재정지원과 유럽연합 차원에서 불법이민에 대응한 프로그램 운영에 소요되는 재원이다. 본 기금은 2000-04년 2억 1,600만 유로로 시작하여 2007-13년 다년예산계획을 통해 6억 2,800만 유로로 증액되었다.[884] 이후 2014-20년 다년예산계획을 통해 유럽난민기금은 폭증하는 난민과 효과적인 불법이민 대응을 위해 망명이민통합기금(AMIF)으로 전면 개편되었고, 기금총액도 31억 3,700만 유로로 대폭 증액되었다.[885]

■ 2004년 헤이그 유럽이사회

암스테르담조약 체결 이후 개최된 2002년 세빌리(Seville) 유럽이사회에서는 유럽연합으로의 권한 이전을 꺼리는 여러 회원국의 저항으로 국경통제 및 이민망명정책에서 합의점을 찾지 못하였다. 그러나 시간이 경과하면서 회원국간에는 국가간 상호의존이 심화된 유럽에서 이민망명정책의 정부간 조정은 높은 비용과 느린 의사결정으로 실효를 거두기 어렵다는 인식이 확산되었다.[886]

결국 2004년 11월 헤이그 유럽이사회에서는 망명정책 2단계(2005-2010년) 실행조치로 공동망명정책(Common Asylum Policy)이 본격적으로 논의되었다. 회원국 정상들은 공동망명정책을 통해 회원국간 비용과 의무분담 그리고 유럽연합 차원의 단일화된 망명심사 및 망명자 보호조치를 결정하였다. 그러나 2단계 망명정책 이행은 회원국간 이해대립으로 진척을 보지 못하다 2008년 이사회에 채택한 유럽이민망명협약(European Pact on Immigration and Asylum)을 통해 2012년으로 실행이 늦추어졌다.[887] 한편 2005년 5월 역시 헤이그에서 개최된 유럽이사회에서는 자유안전사법지대 분야에서 공동체 방식의 의사결정 도입이 결정되어 이사회에서 가중다수결 표결(QMV) 적용과 유럽의회의 정책과정 참여가 제도화되었다.[888]

■ 리스본조약

2004년 이후 공동유럽망명시스템(CEAS)이 실행되었지만 대규모 난민 유입으로 국내정치에 불안을 느낀 이탈리아와 그리스는 더블린 규정에 반발하여 국내법을 적용한 난민차단 조치를 단행하였다.[889] 이러한 긴박한 상황 속에 체결된 리스본조약에서는 몇 가지의 주요한 제도적 진척이 이루어졌다.

첫째, 유럽연합운영조약 80조(TFEU Art. 80)에 재정문제를 포함한 회원국간 연대와 공정한 분담(solidarity and fair sharing of responsibility)이 명기되었다.

둘째, 이민망명정책은 유럽연합의 일반적인 공동정책으로 고려되어 일반입법절차(OLP)가 적용되었다. 이민망명정책에 일반입법절차 적용으로 회원국 법원의 최종결정을 대신하여 사법재판소(CoJ)에 대한 회원국 법원의 선결적 판단(preliminary ruling)이 가능해졌다. 이에 따라 결과적으로 이민망명절차에서 사법재판소의 법적해석과 판결이 효력을 갖게 되었다.

셋째, 리스본조약 체결로 망명정책 부분에서도 회원국간 최소한의 공동기준과 절차구축이 가능해졌다.[890]

- 망명지위 부여 단일화
- 보충적인 보호조치 단일화
- 임시보호조치에 관한 공동시스템

- 망명 혹은 보충적인 보호조치 부여 및 철회에 관한 공동절차
- 회원국간 망명절차 진행에 관한 기준과 절차 단일화
- 난민수용 조건 표준화
- 제 3국과의 동반자 관계 혹은 협력

■ 2008년 유럽이민망명협약(European Pact on Immigration and Asylum)

2000년대 들어 이민정책은 유럽연합 대외정책의 한 부분으로 인식되어 회원국간 조화와 효과적인 이민통제가 관건으로 대두되었다. 유럽연합에서 이민정책은 사회경제 발전을 위한 합법적 이민 보다는 불법이민 통제에 초점이 맞추어져 있다. 그러나 불법이민 통제는 회원국간 연대는 물론이고, 대외정책과의 연계를 통해 진원지인 제 3국과의 긴밀한 협력이 병행되어야 만이 해결될 수 있는 문제이다.[891]

이러한 고려에서 유럽이사회는 2008년 9월 유럽이민망명협약(European Pact on Immigration and Asylum)을 단독으로 체결하였다. 본 협정에는 유럽이사회가 2004년에 결정한 헤이그 프로그램을 2010년까지 진행하고 추가로 이민망명정책의 공고한 조치를 위한 5개항의 추진내용을 담았다.[892] 본 5개항의 주요 내용은 불법 및 숙련 노동인력의 유입에 대한 체계적 관리와 이민자 유입을 최소화하기 위한 조치로 정치적 결정 보다는 법률적 통제의 성격을 내포하였다.[893]

- 각 회원국의 이민자 수용능력과 통합촉진을 고려하여 합법적 이민수용의 우선순위 결정
- 불법이민자의 본국 혹은 경유국으로의 귀환을 위한 통제
- 보다 효과적인 국경통제
- 유럽차원의 망명시스템 구축
- 이민 유출국과 경유국과의 동반자 관계 구축

■ 2009년 스톡홀름 프로그램(Stockholm Programme)

뒤이어 2009년 12월 스톡홀름 유럽이사회에서는 2010-14년에 진행할 자유안전사법지대 정책과 프로그램을 담은 스톡홀름 프로그램(Stockholm Programme)을 채택하였다. 회원국 정상들은 스톡홀름 프로그램을 통해 공동망명절차와 난민에 대한 연대와 공동대응에 기반한 단일화된 보호조치를 재확인하였다. 구체적으로 회원국 정상들은 스톡홀름 프로그램의 기본정신인 회원국간 연대에 기초하여 특정 회원국에 발생하는 난민유입에 따른 사회경제적 부담을 완화하고, 유럽망명지원국(EASO)의 기능을 강화하는데 합의하였다.[894]

■ 2011년 이민과 이주에 대한 글로벌 접근(GAMM)

1999년 탐페레와 2004년 헤이그 유럽이사회에서 논의된 이민정책의 유럽적 대응은 2007년 리스본조약을 통해 제도화되어 역내 조치가 활발히 진행되었다. 그러나 불법이민과 난민유입의 진앙지인 제 3국에 대한 조치가 취약한 가운데 역내에서 이민정책 강화만으로는 한계가 있다는 지적이 제기되었다. 이에 따라 유럽연합은 유럽근린외교정책(ENP) 및 대외개발협력과의 정책연계를 통한 이민정책을 모색하게 되었다.[895]

2011년 11월 유럽위원회는 제 3국과의 협력을 의도한 이민과 이주에 대한 글로벌접근(GAMM) 입법문서를 이사회와 유럽의회에 제출하였다. 이듬해 5월 상주대표부(Coreper)에서 공식적으로 채택된 입법문서는 4가지 지주(pillar)로 구성된 유럽연합 차원의 이민정책 내용을 담았다.[896] 이민과 이주에 대한 글로벌 접근은 이미 2005년부터 논의된 사안으로 2011년 이른바 아랍의 봄(Arab Spring)을 맞아 대규모 난민유입에 따라 정책을 강화한 것이다. 동시에 이민과 이주에 대한 글로벌 접근은 합법적 이민에 대한 체계적 접근과 불법이민 차단, 이민과 이주효과 극대화를 목표로, 유럽연합이 어떻게 제 3국과 이민과 망명문제를 논의할 것인가에 대한 고민을 담은 것이다.[897)

- 합법적 이민과 이주에 대한 체계적 접근과 촉진
    - 역내 장기체류자, 가족재결합, 학생연구 및 고숙련 노동자의 권리와 회원국간 정책조정
    - 청색카드(Blue Card)제도 활용
- 불법이민과 인신매매 억제와 완화
    - 국경관리 시스템 통합, 유럽국경관리기구(Frontex) 기능강화. 불법이민자 고용주 제재
- 국제적 차원에서 망명정책 대응과 촉진
    - 제 3국과의 협력, 회원국 망명시스템과 관련 입법 강화
- 이민과 이주효과 극대화
    - 이민과 고용 및 교육정책 등을 위한 사회적 비용고려

유럽연합은 글로벌 접근을 통해 이민과 이주문제에 전략적 대응방안으로 제 3국 혹은 지역기구와 동반자 관계를 형성하고, 해당 국가에게 제도적, 재정적 지원을 행하였다. 유럽위원회가 구상한 이민과 이주에 대한 글로벌 접근이 이전의 여러 조치와 차별화되는 점은 단순한 이민통제를 넘어 숙련 노동인력의 활용을 위한 이민의 긍정적 효과를 인정하였다는 점이다.[898)

유럽위원회는 경제적 이민자가 집중된 유럽근린외교정책(ENP) 대상국가와 노동이동 동반자(mobility partnership) 관계를 맺고 역내 노동시장 접근을 제한적으로 허용하되, 이들 국가들과 불법이민 차단을 위한 실행계획을 진행하였다. 이러한 조치는 불법이민자 봉쇄라는 강경책을 벗어나 불법이민의 근원지로 지목되는 국가에서 자발적 조치를 취하도록 재정과 기술적 지원을 확대한 것이다. 이에 따라 유럽위원회는 2008년 몰도바와 서아프리카의 케이프베르데(Cap Verde) 그리고 2013년 조지아, 아르메니

아, 모로코 등과 노동이동 동반자 협정을 체결하였다.[899] 한편으로 글로벌 접근을 통해 유럽연합은 개별 회원국이 각 국의 국내사정을 반영한 제3국과의 이민분야에서의 협력도 허용하였다.[900]

그러나 경제적 이민자 허용은 회원국 정부의 권한이라는 점에서 본 조치는 역으로 여러 회원국에서 유럽적 규제를 들어 이민통제의 근거로 활용할 소지를 남겨 많은 비난을 받게 되었다. 이러한 가운데 2008년 유로존 금융위기로 노동이동 동반자 관계를 통한 역외국가의 노동이동은 극도로 제한되었다. 또한 이민정책의 외연화에 따라 유럽위원회 내부에서는 내무사법과 대외협력 총국(DG)간 관할권과 정책실행 방향을 놓고 갈등을 유발하여 응집력있는 대외정책 결여라는 부작용도 야기되었다.[901]

■ 2015년 유럽이민의제(European Agenda on Migration)

2015년 5월 유럽위원회는 지중해 지역의 급증하는 난민유입에 따른 긴급조치와 더불어 장기적 관점에서 이민문제의 효과적 대응을 다룬 입법문서인 유럽이민의제(Communication An European Agenda on Migration)를 이사회와 유럽의회에 제출하였다.[902] 유럽이민의제에는 단기적 관점에서 대량난민유입에 따른 긴급한 상황에서 회원국간 정보교환, 난민할당 및 난민구조 문제를 담았다. 또한 장기적 관점에서는 난민유입을 원천적으로 차단하기 위해 난민송출국과의 다방면에 걸친 협력내용이 언급되었다.[903]

구체적으로 유럽위원회가 제출한 유럽이민의제는 유럽연합 전역에서 난민의 재할당과 정착계획을 담았다. 또한 여기에는 난민이 집중된 국경지역에서 유럽연합 규제기구와 회원국간 협력을 통한 난민신원 확인시스템(Hotspots) 구축 등 공동유럽망명시스템(CEAS) 진행을 위한 진일보한 조치를 담았다. 그러나 유럽이민의제에서 언급된 회원국간 연대에 기반한

난민할당은 이후 첨예한 논쟁을 유발하였다.904)

한편 유럽이민의제의 핵심내용 중 하나인 Hotspots 접근은 난민의 인권 보호와 회원국의 국경관리 부담을 완화키 위한 조치이다. 본 시스템은 국경 지역 내 난민유입 통로에서 역내에 진입하는 난민의 신원확인과 등록 그리고 난민과 망명지원 요건을 갖추지 못한 불법이민자 추방 조치를 포함한다. 이러한 실행을 위해 해당 회원국은 유럽국경해안경비기구(EBCGA), 유럽 망명지원사무국(EASO) 및 유럽경찰국(Europol)과 합동으로 이민관리지원 팀(Migration Management Support Teams)을 구성하여 운영한다.905)

Hotspots 접근은 더블린 규정으로 대표되는 유럽연합의 난민정책 시스템을 유지하면서 긴급상황시 유연한 대처를 꾀한 것이다. 따라서 Hotspots 접근은 이른바 더블린 레짐(Dublin regime)에 더하여 또 다른 층의 보완적 조치를 추가한 것이라고 할 수 있다.906)

(표) 유럽이민의제(European Agenda on Migration)

구분	내용

긴급조치	• 유럽연합국경관리기구의 난민구조(Frontex Joint-operations Triton and Poseidon)
	• 공동외교안보정책(CFSP)과 유럽경찰국(Europol)을 통한 불법이민 네트워크 차단
	• 회원국간 난민할당
	• 난민문제 해결을 위한 국제사회와의 공조
	  - 난민유출 제 3국 및 UN의 난민고등판무관(UNHCR)과의 협력
	• Hotspots 접근
	  - 난민유입이 집중된 국경지역에서 규제기구와 회원국간 협력을 통한 난민 신원확인
	  - 6,000만 유로의 긴급기금(Emergency Fund) 지원

장기정책	• 불법이민이 집중된 제 3국에 대한 지원 축소 • 국경관리(북아프리카 국가의 국경관리 능력 향상 포함) • 강력한 공동망명정책(Common Asylum Policy) 실행 • 합법적 이민에 대한 조치: 청색카드 시스템 수정

출처) European Parliament (2018b), Fact Sheets on the European Union, An area of freedom, security and justice: general aspects, pp. 2-3; European Commission (2015a), Communication An European Agenda on Migration COM(2015) 240 final, pp. 4-5.

■ 2016년 제3국인 통합 실행계획(Action Plan on the Integration of Third-Country Nationals)

2016년 유럽위원회가 채택한 제3국인 통합 실행계획(Action Plan on the Integration of Third-Country Nationals)은 유럽연합 역내에 들어오는 난민을 위시한 제 3국인에 대하여 입국과 출국 사전조치와 특별히 각 지자제 차원에서의 제 3국인 대응 조치를 담았다. 실행계획은 제 3국인에 대한 언어와 직업교육, 주거와 의료지원은 물론이고, 각 지역사회에서 제 3국인에 대한 차별행위 대응과 사회통합을 위한 지원 등 실무적 정책방안을 담은 것이다. 이외에도 제3국인 통합 실행계획에는 회원국 내 중앙과 지방정부 등 다양한 행정주체가 참여하는 유럽차원의 통합된 네트워크를 통한 상호학습 그리고 유럽연합의 기금수혜와 활용 등 구체적인 협력방안도 언급되었다.[907]

1990	더블린협정(Dublin Convention) ・망명자의 지위 규정
1992	마스트리히트조약 ・유럽연합조약(TEU)에 내무사법협력 이슈로서 망명정책 명기
1997	암스테르담조약 ・조약 발효 후 5년 후 망명정책 공동결정절차 적용
1999	탐페레 유럽이사회 ・2004년부터 공동유럽망명시스템(CEAS) 실행 결정 ・2000년 유럽난민기금(ERF) 출범
2004	헤이그 유럽이사회 ・공동망명정책(Common Asylum Policy) 논의

2007
리스본조약
· 회원국간 연대와 공정한 분담 원칙 명기
· 이민망명정책에 일반입법절차(OLP) 적용
· 망명정책에서 회원국간 최소한의 공동기준과 절차구축을 위한 제도적 기반 마련

2008
유럽이민망명협약(European Pact on Immigration and Asylum)
· 이민망명정책 5개항의 추진내용 설정

2009
스톡홀름 프로그램(Stockholm Programme)
· 공동망명절차와 난민에 대한 연대와 공동대응 재확인

2011
이민과 이주에 대한 글로벌 접근(GAMM)
· 근린외교정책(ENP)과 대외개발협력과 연계한 이민정책

2015
유럽이민의제(European Agenda on Migration)
· 긴급상황 시 회원국간 정보교환, 난민할당 및 난민구조(Hotspots 접근)
· 난민송출국과의 협력

2016
제3국인 통합 실행계획(Action Plan on the Integration of Third-Country Nationals)
· 난민을 위시한 제 3국인에 대한 사회통합 조치

출처) 필자구성

(그림) 유럽연합의 이민망명정책 연역

3 이민정책

■ 정책기조

유럽연합의 이민정책 기조는 회원국, 유럽연합, 국제적 차원 등 이른바 3중 영역게임(three-level game) 구조로 이해 할 수 있다.

첫째, 역내에서는 각 회원국이 독립적인 이민정책을 실행한다. 회원국의 이민정책은 노동수요와 스페인과 모로코 그리고 이탈리아와 리비아간 관계 등 각국이 역사적 관계에 기인한 정치적 목적이 내재한다. 이러한 개별 회원국의 이민정책 목적과 내용이 유럽연합 차원의 이민정책 의제를 형성한다.

둘째, 유럽연합 차원의 이민정책으로 여기에는 유럽위원회와 이사회간 대립이 극명하게 드러난다. 유럽위원회는 유럽연합 차원의 단일화된 조치와 제 3국과의 관계에서는 응집력있고 통합된 정책을 추구한다. 반면 이사회는 회원국간 다양한 이해관계 조합을 통해 최소한의 수준에서 유럽적 조치를 강구하는 경향이 있다.

셋째, 유럽연합 이민정책의 목적은 불법이민의 진원지인 제 3국 혹은 지역기구와의 양자협력을 통한 불법이민과 난민의 유입을 차단하는 것이다. 이러한 정책기조는 2011년 유럽위원회가 제안한 이민과 이주에 대한 글로벌 접근(GAMM)을 통해 구체화되었다. 글로벌 접근은 이민송출 당사국과 협력을 통해 합법적 이민을 고무하되, 불법이민과 이에 따른 안보위협과 국경을 넘은 범죄 차단을 위해 역내조치와 더불어 제 3국과 함께 체계적 접근을 모색한 것이다.[908]

■ 정책목적: 유럽적 조정과 규제

▶ 회원국간 이민정책 조정

2011년 유럽통계국(Eurostat)의 조사에 따르면 당시 28개 회원국 내 24-54세 인구의 12%는 이민 1세 이며, 또 다른 5%는 부모 중 최소 1명은 비 유럽연합 시민이었다. 이러한 이민자와 후손들은 상이한 사회문화적 배경과 경제적 여건으로 유럽사회에 여러 영향을 주고 있다. 또한 2011년 기준 유럽연합 내 약 4,400여만 명에 달하는 무슬림 이민자는 유럽 내에서 사회문화적 영향뿐 아니라 향후 터키, 알바니아, 보스니아-헤르체코비나의 유럽연합 가입협상에도 큰 영향을 미칠 것으로 전망되었다.[909]

유럽연합의 이민정책은 합법적 이민에 대한 회원국간 최소한의 공동기준 마련 그리고 불법이민은 유럽적 규제제정을 통한 엄격한 통제라는 상반된 두 가지 내용으로 구성된다. 주목되는 점은 합법적 이민 보다 불법이민 대응 입법이 압도적으로 많다는 것이다. 이러한 이유는 회원국마다 노동수요가 상이하고, 이민자 수용에 대한 시각과 사회적 합의가 차별화되어 합법적 이민정책은 각 회원국이 독립적으로 실행하기 때문이다. 반면에 불법이민에 대응한 입법은 유럽연합이 역내국경 제거에 따라 필연적으로 수반해야하는 상응하는 조치(compensatory measures)이다, 또한 회원국은 역내안보 차원에서 불법이민을 통제할 유럽적 조치에 의견을 같이하므로 본 사안은 입법장벽이 낮다.[910]

유럽연합 회원국에서 이민수용은 노동시장 상황과 주거, 보건, 교육과 사회적 서비스 그리고 무엇보다도 조직범죄 등 다양한 이슈와 연계되는 문제이다. 더욱이 쉥겐협정을 통해 역내 자유이동이 실현된 상황에서 특정 회원국에서 제 3국인의 이민수용은 타 회원국에도 여러 측면에서 영향을 미치게 된다. 따라서 회원국의 이민정책은 점차 일국차원의 정책으로

한정되지 않고 유럽연합 차원의 사회정책과 타 회원국의 상황까지 고려한 유럽적 대응이 요구된다.[911)

1990년대 들어 고령화 사회로 접어든 일부 회원국에서 숙련노동인력 부족이 주요한 경제적 이슈로 대두되었다. 이에 따라 서유럽 일부 국가에서는 이민에 대한 시각변화로 긍정적 여론이 형성되어 고급기술인력의 유입을 위한 다양한 조치가 실행되고 있다.[912) 이와 같은 기술인력에 대한 합법적 이민정책은 회원국 마다 노동시장 수요에 따라 각기 다른 정책기조로 실행되어 유럽적 대응이 제약된 대표적 분야로 지목되어 왔다.

이러한 변화된 현실을 반영하여 유럽연합에서는 제 3국 고급기술인력의 역내 장기체류와 학생과 연구자의 유치 등을 골자로 한 유럽적 이민정책이 논의되어 왔다. 본 논의는 역내에 합법적으로 체류하는 제 3국 시민에 대하여 유럽차원에서 단일화된 권리와 의무부과를 목적으로 한다. 구체적으로 본 사안은 교육과 연구를 목적으로 역내에 유입된 제 3국 시민에 대해 유럽연합 차원에서 적절하고 일관된 대우를 위한 최소한의 기준을 설정하는 것이다.

결국 유럽연합 차원의 이민정책은 합법적 이민을 촉진하고 이민자의 사회통합을 위한 회원국간 공동 시스템을 구축하는 것이다. 따라서 유럽연합의 이민정책 목적은 사회정책과 유사한 맥락에서 회원국간 조정을 위한 최소한의 기준을 마련하는데 있다. 이러한 배경에서 2000년대 이후 유럽연합 차원에서 회원국간 정책조정을 담은 일련의 입법이 제정되었다. 그러나 대부분의 입법은 회원국에 미치는 정치적 파장으로 이미 역내에 진입한 제3국 노동자의 역내 자유이동에 대한 공동 기준 마련 정도로 입법내용이 제한적이다.[913)

▶ 불법이민 통제

유럽적 이민정책의 한축에는 불법이민자 차단이 자리 잡고 있다.[914)

2010년 이후 대규모 난민유입으로 테러위험이 고조되었고, 마약밀매와 인신매매 등 국경을 넘어 진행되는 중범죄가 급증하였다. 이 결과 유럽연합에서 불법이민 통제는 역내안보정책과 동시병행적인 정책이 되었다. 불법이민 통제는 쉥겐지역의 성공적 운영을 선제조건이다. 이에 따라 리스본조약 이전 이사회에서는 불법이민, 국경을 넘는 마약밀매 및 인신매매 이슈는 경찰사법협력 차원에서 공동실행(joint action)과 프레임워크 결정(framework decision)이 다수 제정되었다. 또한 지침형태의 2차 입법(secondary legislation)도 동반되었다. 리스본조약 체결 이후에는 2014-15년 대규모 난민위기 사태를 계기로 불법이민 통제를 위한 입법제정이 연이어 이어졌다.[915]

유럽연합에서 불법이민에 대한 접근은 회원국간 망명시스템 조화와 달리 역내안전 이슈로 접근하므로 규제적 조치 부과가 보다 용이하다. 또한 불법이민 문제는 이미 쉥겐협정 이행을 위한 사전조치 마련단계에서 부터 중요하게 다루어진 분야로 회원국의 반발이 크지 않다. 단적으로 공항과 항만 등에서 범죄 및 테러대응을 위한 제3국 시민의 유입 통제는 모든 회원국이 이해관계를 공유하는 이슈이다. 따라서 불법이민 통제를 위한 유럽적 규제는 회원국간 망명정책 조화와 달리 유럽연합의 규제부과에 대한 회원국의 반발이 크지 않다.[916]

불법이민통제를 위한 유럽연합의 입법은 크게 쉥겐지역의 역외국경 관리와 회원국의 관련 형사법의 조화로 구성된다. 이중 범죄에 관한 사법협력은 각국의 국내상황을 고려하여 회원국의 자발적 정책시행을 고무하는 이사회의 프레임워크 결정으로 제정되었다. 그러나 리스본조약 이후 본 프레임워크 결정들은 대부분 정책집행의 효율성을 위해 2차 입법으로 재입법화 되었다.

■ 이민정책 입법: 유럽적 조정

▶ 가족재결합지침(Directive 2003/86/EC)

2003년에 제정된 이사회의 가족재결합지침(Family Reunification Directive 2003/86/EC)은 1999년 탐페레 유럽이사회의 합의에 따라 제정된 입법이다. 동시에 본 입법은 유럽위원회가 암스테르담조약 발효로 이민정책에서 공동체 방식(Community method)을 통한 2차 입법 적용의 길이 열리면서 이민정책에서 최초로 입법화한 지침이라는 상징성을 갖는다.[917]

가족재결합지침은 역내에 합법적으로 거주하는 제3국 노동자의 본국에 남아있는 가족과의 결합을 위한 역내이주 조건을 명시한 것이다. 가족재결합 지침은 기존 가족뿐 아니라 새로운 가족관계 형성에도 동일하게 적용된다. 즉 유럽연합 역내에 합법적으로 거주하는 제3국인(TCNs)은 새롭게 제3국인을 배우자로 맞이하여 자녀와 동반하여 유럽연합 역내에 합법적 이주가 가능하다. 다만 비혼 배우자, 성인자녀, 부모 및 보모의 재결합에 대한 허용은 회원국에서 결정한다.[918] 본 지침은 난민지위로 한시적으로 역내에 체류하는 제3국인에게는 적용되지 않고, 자유안전사법지대에서 선택적 거부권을 갖는 아일랜드와 덴마크 등 2개국에서는 정책실행이 면제되었다. 유럽연합 탈퇴 전 영국도 본 지침 적용에서 면제되었다.[919]

가족재결합은 기존 이주자의 사회, 문화적 안정성을 고양하고 제3국 이주자의 사회동화를 지원하여 현지인과의 사회적 결속을 촉진하는 중요한 요소이다. 한편으로 가족재결합지침은 유럽연합이 2000년에 제정한 유럽연합기본권헌장(Charter of Fundamental Rights of the European Union)과 유럽평의회(Council of Europe)가 1953년에 제정한 유럽인권협약(ECHR)과의 조화를 위한 입법이다.[920]

2000년대 들어 유럽연합 역내로의 합법적 이민 중 가장 많은 부류는 가족 재결합이다. 특별히 프랑스, 네덜란드 및 오스트리아 등 주요 회원국에서 역외이민자의 약 절반에서 2/3은 가족재결합에 기인하므로 본 지침은 이민통제를 위해서라도 회원국간 해당 규정의 조화 필요성이 요구되는 사안이었다. 이와 같이 본 입법은 유럽연합 차원에서 제 3국인에 대한 인도적 접근을 통해 기본권을 존중하면서, 고급기술인력의 역내 장기거주를 지원한다는 현실적 이해를 담았다.[921]

▶ 역내장기체류지침(Long-term Residents Directive 2003/109EC) / 수정지침(Council Directive 2011/51/EU)

2003년에 제정된 역내장기체류지침(Long-term Residents Directive 2003/109EC)은 동년 가족재결합지침(Family Unification Directive 2003/86/EC)과 함께 유럽연합 차원의 이민조치가 가시화된 핵심적 입법이다.[922] 본 지침은 정기적인 수입이 있으며 의료보험에 가입하고 공공정책과 안전에 반하지 않는다는 전제하에 제 3국인에 대해 5년 이상 역내 장기체류를 허용한 입법이다. 본 조건이 충족되면 장기체류는 새롭게 갱신되며 각 회원국 내에서 사회보장, 교육, 고용 등에 있어 현지인과 동일한 대우 및 유럽연합 회원국간 자유이동이 보장된다. 이러한 제 3국인에 대한 우호적 내용을 담은 역내장기체류지침은 유럽연합 차원에서 사실상 고급기술인력에 대한 합법적인 이주조건을 제시한 것이다.[923]

역내장기체류지침은 2011년 수정지침(Council Directive 2011/51/EU)을 통해 역내장기체류 조건이 난민과 국제적 보호가 필요한 제 3국인으로 확대 적용되었다. 본 지침 역시 가족재결합지침과 동일하게 자유안전사법지대에서 선택적 거부권을 갖는 아일랜드와 덴마크에서는 적용이 면제된다.[924]

▶ 학생입학지침(Directive 2004/114/EC) / 제 3국 과학인력유치지침
 (Directive 2005/71/EC) / 제 3국인의 입국조건지침(Directive
 (EU) 2016/801)

2004년에 제정된 학생입학지침(Directive 2004/114/EC)은 제 3국 학생
의 역내 고등교육 및 직업교육기관 입학과 인적 교류에 적용되는 입법으
로 유럽고등교육지역(EHEA) 내 고등교육기관에 입학하는 학생에 대한
회원국간 공통의 입국 조건을 담았다.[925] 2005년에 제정한 제 3국 과학인
력유치지침(Directive 2005/71/EC) 역시 제 3국 연구자의 역내 고등교육
기관 입학과 민간 혹은 공공부분에서 유럽연합과 역외국가와의 공동연구
개발을 촉진하여 유럽연구지역(ERA)의 활성화를 꾀한 조치이다.[926] 후속
으로 제정된 2016년 연구와 학업을 위한 제 3국인 입국조건지침(Directive
(EU) 2016/801)은 연구, 학업, 교육훈련, 자원봉사, 학생교환프로그램 및
연구프로젝트 등 다양한 목적으로 역내에 들어오는 학생과 연구자의 입
국조건을 표준화하여 유럽연합 전역에서 적용한 것이다.[927]

▶ 청색카드 지침(Blue Card Directive 2009/50/EC)

2009년 12월 유럽이사회에서 자유안전사법지대 다년프로그램인 스톡
홀름 프로그램(Stockholm Programme)을 결정하면서 유럽위원회는 2001
년부터 유럽차원에서 합법적 이민정책에 대한 조치를 강구하였다. 유럽위
원회는 자영업 위주의 경제적 이민자에 대한 유럽내 거부감을 고려하여
고숙련 기술자와 과학기술 부분의 연구자, 계절형 노동자 및 기업내 노동
인력의 원활한 이동을 위해 2009년 이른바 청색카드 지침(Blue Card
Directive 2009/50/EC)을 제정하였다.[928]

청색카드지침은 각국의 이민정책을 대치한 것은 아니며 유럽연합 차원
에서 노동시장 수요에 맞추어 고급인력 수급을 촉진하는 조치라고 할 수
있다. 즉 고등기술을 보유한 제 3국인은 신속한 심사를 거쳐 노동과 거주

허가를 취한다는 것이다. 한편 본 지침은 청색카드를 발급받아 역내 특정 회원국에서 근무하는 제3국인(TCNs)이 일정한 노동기간을 채울 경우 보다 양호한 근무조건과 임금을 이유로 타 회원국으로의 노동이주를 허용한다. 이러한 내용은 우수한 역외인력의 유치는 물론이고 제3국인에 대한 기본권 보호를 의도 한 것이다.[929]

구체적으로 청색카드는 미국의 녹색카드(green card)와 유사한 시스템으로 기술 숙련도와 언어능력에 따른 점수제를 적용하여 영어와 프랑스에 능통한 제3국 엔지니어는 영어만 가능한 단순노동인력에 비해 역내거주가 더욱 용이하다.[930] 그러나 청색카드 지침은 제정시 비현실적인 입법이라는 비판이 지배적이었으며 본 지침에 따른 이민자 유입은 노동력 부족을 겪는 몇몇 분야에서만 활용되고 있는 실정이다.[931] 이와 같이 청색카드 지침 제정이후에도 고급인력의 역내유입이 별다른 진척이 없었다. 이에 따라 2016년 유럽위원회는 노동과 거주허가 기준을 완화하고, 가족재결합을 보다 용이하게 한 새로운 입법개정안을 유럽의회와 이사회에 제출하였다.[932]

▶ 단일허가지침(Single Permit Directive 2011/98/EU)

1990년대에 단일시장과 쉥겐지역이 출범하면서 역내 노동인력의 완전한 자유이동이 실현되었다. 문제는 역내에 거주하는 제3국인의 국경을 넘어 자유로운 노동시장 이동이다. 영국과 아일랜드는 쉥겐 미가입국이며, 쉥겐지역 내에서도 스위스와 노르웨이 등 비유럽연합 국가가 존재하여 제3국인의 역내 노동이동은 국가마다 분할된 조치가 취해지는 실정이었다. 물론 유럽연합은 시장통합 차원에서 회원국간 제3국 노동자의 이동을 위한 국내입법의 조화(harmonization)를 꾀하여 왔으나, 단일시장 유지를 위한 방편적 조치에 불과하였고 별다른 실효를 거두지 못하였다.[933] 제3국인의 역내 자유이동은 유럽시민의 기본권으로서 자유이동과 달리 경제적 고려에서 노동의 자유이동에 초점을 맞춘 것이다. 동시에 본 사안은 유럽평의회에서 제정한 유럽인권협약(ECHR)에 영토내 거주하는 모든 시민에 대한 동등한 대우에 관한 부속의정서에 명기된 사안이다. 원칙적으로 유럽시민과 회원국에 합법적으로 거주하는 제3국인은 쉥겐지역을 자유롭게 왕래할 수 있다. 또한 제3국인은 여행 혹은 비즈니스 목적으로 쉥겐지역을 벗어날 경우 출국국가와 다른 쉥겐 회원국으로 재입국도 가능하다.934)

이와 같이 유럽연합은 역내외 시민을 막론하고 국적을 이유로한 차별적 조치를 취할 수 없다.935) 그러나 현실에서 특정 회원국에서 노동허가를 받아 거주하는 제3국인(TCNs)은 고용을 이유로 타 회원국으로 노동이주가 사실상 제한되었다. 이들 제3국인에 대한 고용허가는 체류를 허용한 해당 회원국에 귀속되므로, 또 다른 회원국에서 제3국인의 노동이주가 허용되지 않았다.936) 그러나 유럽연합은 인권과 경제적 이유로 제3국인 노동자의 역내노동이동의 필요성을 들어 이에 대한 회원국간 단일화된 절차와 조건을 담은 입법을 강구하였다.937)

리스본조약 발효 이후 2011년에 제정된 단일허가지침(Single Permit Directive 2011/98/EU)은 합법적으로 역내에 진입하는 제3국 노동자에 대하여 모든 회원국에서 공통적으로 적용되는 단일화된 노동과 거주허가 절차를 명시한 지침이다.938) 단일허가지침과 뒤이은 제3국인의 역내이동지침은 기본권 존중이라는 당위적 차원과 경제적 고려라는 실용적 목적을 모두 담았다.

첫째, 제3국인의 역내자유이동은 사회통합을 위한 조치이다. 1999년 탐페레 유럽이사회에서는 사회통합 차원에서 제3국인의 역내이동에 관한 사안이 논의되었다. 이후 리스본조약을 통해 유럽연합운영조약 79조 1항(TFEU Art. 79.1)에 역내에 합법적으로 거주하는 제3국인에 대한 공정한 대우(fair treatment)가 명기되었다.

둘째, 제3국인의 역내자유이동은 이민정책 관련 입법과 연계되어, 우수한 해외인력 유치를 위한 유인동인이다. 유럽연합은 미국과 캐나다 등 고급인력 유입이 활발한 국가를 벤치마킹하여 합법적 이민에 관한 여러 입법을 통해 제3국의 고급인력 유치에 주력하였다. 단일허가지침을 비롯한 제3국인의 역내이동 입법은 이러한 이민정책의 연장선이다.[939]

한편으로 단일허가지침은 공동비자정책 운영을 위한 선행 조건이다. 학업, 여행 및 비즈니스 등 여러 목적으로 쉥겐지역을 방문하려는 비자발급 대상국의 제3국인은 상대적으로 비자발급이 용이한 국가를 선택할 여지가 높다. 따라서 노동이주자에 대한 회원국간 공통의 비자발급 기준이 요구된다. 이에 유럽연합은 단일허가지침을 통해 모든 회원국에서 비자발급 조건과 절차를 통일하고, 비자정보시스템(VIS)를 통해 회원국간 정보를 공유토록 하였다.[940]

뒤이어 2014년에 제정된 제3국인의 한시적 노동이동지침(Seasonal Workers Directive 2014/36/EU)은 특정 시기에 필요한 노동인력 수급을 위해 회원국의 재량에 따라 5-9개월간 역내에서 합법적 노동을 허용한 입법이다. 역시 2014년에 제정된 제3국인의 역내 기업간 이동지침(Intra-corporate Transfer Directive 2014/66/EU)은 다국적 기업에 근무하는 노동자가 유럽연합 내에 산재한 본사와 지사 등에서 자유로운 이동을 허용한 입법이다.[941] 이와 같이 제3국인의 한시적 노동이동과 역내 기업간 이동을 담은 지침은 고용시장에서 요구되는 고급인력 유치를 위해 회원국간 정책과 제도적 조화를 꾀한 것이다.[942]

(표) 유럽연합차원의 이민정책 입법

일시	2차 입법	내용
2003	가족재결합지침 (Family Unification Directive 2003/86/EC)	・제 3국 노동자의 본국가족과의 재결합을 통한 이민 유입에 대한 절차와 조건
2003	역내장기체류지침 (Long-term Residents Directive 2003/109/EC)	・제 3국 고급기술인력의 역내 장기체류 확대를 위한 제반 조치
2003	역내장기체류지침 (Long-term Residents Directive 2011/51/EU) *수정지침	・제 3국인의 역내 장기체류 적용대상 확대 (난민과 국제적 보호가 필요한 제 3국인)
2004	학생입학지침 (Directive 2004/114/EC)	・제 3국 학생의 역내 고등교육기관 및 직업교육 기관 입학과 교류촉진을 위한 제반 조치
2016	연구와 학업을 위한 제 3국인의 입국조건지침 (Directive (EU)2016/801)	・연구와 학업을 위한 제 3국인의 입국조건 단일화
2009	청색카드지침 (Blue Card Directive 2009/50/EC)	・고급기술인력 유치를 위해 제 3국인에 대해 기술 숙련도와 언어능력에 따른 점수제 시스템 도입
2011	단일허가지침 (Single Permit Directive 2011/98/EU)	・합법적으로 역내에 진입하는 제 3국 노동자 대한 회원국간 단일화된 노동과 거주허가 조건과 절차
2014	제 3국인의 한시적 노동이동지침 (Seasonal Workers Directive 2014/36/EU)	・회원국의 재량에 따라 5-9개월간 역내에서 합법적 노동 허용
2014	제 3국인의 역내 기업간 이동지침 (Intra-corporate Transfer Directive 2014/66/EU)	・다국적 기업 근무자에 대한 역내 회원국 내 자유로운 노동이동 허용

출처) European Union (2018a), Eur-Lex access to European Union law.

■ 이민정책 입법: 불법이민통제

▶ 쉥겐협정이행 보충지침(Schengen Implementing Directive 2001/51/EC)

2001년에 제정된 쉥겐협정이행 보충지침(Schengen Implementing Directive

2001/51/EC)은 쉥겐이행협정 26조(Art. 26, Convention implementing the Schengen Agreement)에 명기된 불법이민의 효과적 통제를 위한 보완적 입법이다. 본 입법은 항공사를 위시한 여객 및 여행회사에서 제3국인의 쉥겐지역 입국을 위한 서류미비에 대한 감독을 명시한 것으로, 해당 기업에 대한 의무와 이의 불이행시 제재조치를 담았다.943) 또한 2006년에 제정된 쉥겐국경코드규정(SBC Regulation (EC) 562/2006)은 불법이민과 인신매매 차단 및 공공보건을 위해 역외국경시스템에 대한 회원국간 공동의 기준과 절차를 명문화한 것이다.944)

▶ 인신매매대응 프레임워크결정(Framework Decision 2002/629/JHA) / 제3국 인신매매 피해자 거주허용지침(Directive 2004/81/EC) / 인신매매대응지침(Directive 2011/36/EC)

2002년 제정된 인신매매대응 프레임워크결정(Framework Decision 2002/629/JHA)은 아동을 위시한 취약계층의 인권유린에 대한 회원국간 관련 형사법의 조화를 목적으로 한다.945) 뒤이어 2004년에 제정된 제3국 인신매매 피해자 거주허용지침(Directive 2004/81/EC)은 제3국 인신매매 피해자와 관계당국에 협조한 불법이주자에 대한 거주허용 내용을 담았다. 이러한 2개의 지침내용을 보완하여 2011년에 인신매매 근절을 위한 조치와 관련 범죄자 처벌 및 피해자 보호조치를 담은 인신매매대응지침(Directive 2011/36/EC)이 제정되었다.946)

▶ 불법이민 대응

2000년대 들어 유럽연합은 불법이민 차단을 위한 제재방안을 담은 입법을 다수 제정하였다. 대표적 입법은 2002년 이사회가 제정한 이른바 조력자패키지(Facilitators Package) 입법으로 통용되는 불법입국 이동 및 거주지원 제재지침(Facilitators Package Directive 2002/90/EC)이다. 조력자

패키지 입법은 불법이민자 지원행위를 범죄행위로 규정하여 모든 회원국에서 이에 대한 공통적인 제재방안을 설정한 것이다.947) 동년 이사회의 불법이민지원 제재 프레임워크 결정(Framework Decision 2002/946/JHA) 역시 조력자패키지의 연장선에서 불법이민 지원에 대한 제재조치를 담았다.948)

2009년 이사회의 제3국 불법체류자고용주 제재지침(Directive 2009/52/EC)은 불법이민 차단을 위해 불법이민자를 고용한 고용주에 대한 제재조치를 담았다. 본 지침에 따라 회원국은 제 3국 이민자의 고용시 불법체류 및 인신매매 여부 등을 확인해야 한다.949) 이외에 2016년 제 3국 불법체류자 역내이동 서류규정(Travel Document Regulation (EU) 2016/1953)은 역내체류 조건을 충족치 못하는 제 3국인에 대한 조치이다. 본 입법은 인도적 차원에서 역내체류 조건이 미비한 제 3국인에 대해 즉각적인 퇴거 대신 본국송환 혹은 재거주를 위해 역내 이동에 필요한 서류목록을 제정한 것이다.950)

(표) 불법이민통제 입법

일시	2차 입법	내용
2001	쉥겐협정이행 보충지침 (Schengen Implementing Directive 2001/51/EC)	• 쉥겐이행협정의 보충적 입법 • 항공사를 위시한 운송여객회사에서 쉥겐입국을 위한 필요서류 감독 의무화 • 불이행시 제재 방안 명기
2006	쉥겐국경코드규정 (SBC Regulation (EC) 562/2006)	• 회원국간 통일된 역외국경통제 시스템 구축
2002	인신매매대응 프레임워크결정 (Framework Decision 2002/629/JHA)	• 회원국간 관련 형사법의 조화
2004	제 3국 인신매매 피해자 거주허용지침 (Directive 2004/81/EC)	• 제 3국 인신매매 피해자와 관계당국에 협조한 불법이주자의 거주허용
2011	인신매매대응지침 (Directive 2011/36/EC)	• 유럽연합 차원에서 인신매매 근절과 관련 범죄자 처벌 및 피해자 보호 조치
2002	불법입국, 이동 및 거주 지원	• 회원국에서 공통적으로 적용되는 불법이민자

일시	2차 입법	내용
	제재지침 (Facilitators Package Directive 2002/90/EC)	지원행위와 이에 대한 제제방안
2002	불법이민지원 제재 프레임워크 결정 (Framework Decision 2002/946/JHA)	• 불법이민 지원에 대한 제재결정
2009	제3국 불법체류자고용주 제재지침 (Directive 2009/52/EC)	• 제 3국 불법체류자 고용주에 대한 제재 및 제 3국 불법 체류자의 한시적 체류 허용 등
2016	제 3국 불법체류자 역내이동 서류규정 (Travel Document Regulation (EU) 2016/1953)	• 역내체류조건을 충족치 못하는 제 3국의 본국 송환 혹은 재거주를 위한 역내 이동에 필요한 서류목록

출처) European Union (2018a), Eur-Lex access to European Union law.

④ 난민정책

■ 난민유입

탈냉전은 사회주의 붕괴에 따른 경제적 이민과 여러 지역에서 국지전에 따른 난민 증가를 가져와 1990년부터 2013년까지 전 세계적으로 유럽 전체 인구의 약 1/3에 달하는 약 2억 3,100만 명의 이민자가 발생하였다. 이에 따라 유럽연합에는 2009년 기준 3,200만여 명의 비 유럽연합 출신의 이민자가 유입되었다. 이러한 수치는 유럽연합 인구의 약 6.4%에 달하며 동기간 유럽연합 회원국 시민의 타 회원국으로의 이동 인구 1,190만 명의 약 3배에 달하는 큰 규모이다.[951]

난민은 정치적 박해를 피해 모국을 떠나 제 3국으로의 이주를 의미하며, 미국과 서유럽 국가들은 UN 난민기구(UNHCR) 등 국제사회에서 규약한 난민에 관한 요건과 보호조치에 준해 국내에서 난민인정과 경제사회적 지원을 행한다. 그러나 1990년대 이후 정정이 불안한 제 3국 시민이 내전을 피해 대규모로 유입되고, 이 과정에서 경제적 이유로 역내에 진입하는 불법이민자와 혼재되어 난민에 대한 정의와 범주가 희미해졌다. 따라서 유럽적 맥락에서 난민은 합법적 서류를 지참하지 않는 제 3국인의 유입으로 정의내릴수 있으며, 여기에는 불법이민자도 상당수 포함된다.[952] 또한 역내에 진입한 난민과 불법이민자들의 상당수가 각 회원국에서 망명신청을 하므로 난민, 불법이민 및 망명의 구분이 모호해지고 있다.

1957년에 체결한 로마조약에는 역외국경 개념이나 이민정책 내용을 담지 않았다. 이러한 이유는 당시 프랑스, 벨기에 및 네덜란드 등 유럽경제공동체 설립국가들은 여전히 아프리카와 카리브 지역에 다수의 식민지를 유지하면서 이들 지역으로부터 부족한 노동력을 충원하였다. 이러한 이유로 이민정책은 회원국의 국내정책으로 유럽적 이슈로 대두되지 않았다.[953]

식민지를 두지 않은 독일의 경우 2차 대전 이후 노동력 부족을 완화하기 위해 이민문호를 넓혔지만 1980년대까지 유럽에서 이민은 터키와 유럽 남부로부터의 북부로의 역내 노동이민이 주를 이루었다. 1990년대 이후에도 유럽국가에서 이민은 인종적으로 유사하며 기독교 문화를 공유하는 유럽내 숙련노동 인력의 이동으로 한정되었다. 이러한 이민자는 대부분 현지에서 영구정착 보다는 한시적으로 머물러, 유입국에서는 경제적 이해를 확대하면서도 사회적 비용이 크지 않아 부정적 여론은 형성되지 않았다.[954]

1990년대 들어서는 보스니아-헤르체코비나와 코스보 등 발칸지역에서 대량 난민이 발생하고 국경을 넘은 중범죄가 급증하면서 유럽전역에서 이민과 난민정책 그리고 국경을 넘은 범죄에 대한 조치를 요구하는 여론이 일었다.[955] 그럼에도 발칸분쟁에 따른 난민발생은 유럽국가들이 감당키 어려울 정도로 규모가 크지 않았고, 같은 유럽인이라는 연대와 문화적 동질성으로 발칸지역 난민 유입에 따른 회원국간 갈등은 표면화되지 않았다.

그러나 1990년대 말 이후 아프리카와 중동지역의 정정불안과 전쟁으로 이슬람 국가의 난민과 이민자가 대거 유입되었다. 이후 2015년 리비아의 정정불안과 시리아 내전 발발로 이탈리아와 그리스로 대량 난민유입 사태가 발생하면서 난민문제는 매 유럽이사회에서 핵심적 의제가 되었다. 2015년 한해에만 15만 명의 리비아 난민이 이탈리아에 도착하였고, 북아프리카와 중동지역에서 약 82만여 명의 난민이 에게해와 터키를 경유하여 유럽연합 역내로 진입하였고, 이 과정에서 약 3,500여명이 도중에 사망하였다.[956]

당시 이탈리아와 그리스에 시리아 난민의 대규모 유입에 따라 독일의 메르켈(Angela Merkel) 총리는 회원국간 난민의 분담수용을 주장하였다. 이에 영국의 캐머런(David Cameron) 총리가 동조하여 향후 5년간 20,000여명의 시리아 난민 수용계획을 발표하였다. 그러나 중동유럽 회원국을 중심으로 난민수용 조치에 반발하여 회원국간 극단적인 갈등이 야기되었다.[957]

유럽연합 역내로 진입하는 불법이민자들은 유럽에서는 알바니아, 아프리카에서는 튀니지, 모로코, 소말리아, 나이지리아 및 에리트레아 그리고 중동지역에서는 아프가니스탄, 이라크, 시리아 그리고 팔레스타인 등이 주 송출국가이다. 유럽연합 역내로 유입되는 불법이민자 및 난민의 90%는 스페인, 그리스, 이탈리아 및 말타 등 4개국의 외부국경을 통해 유럽으로 진입하였다.[958]

이후 유럽대륙에 진입한 난민과 불법이민자들은 다시 발칸국가와 헝가리를 경유하여 최종 기착지인 독일, 프랑스, 영국으로 이동하여 난민신청을 하였다.[959] 역내에 진입한 난민들이 원하는 정착지는 스위스, 스웨덴 및 오스트리아 등 경제적으로 풍요롭고 일자리가 많으며 정치적으로 관대한 유럽의 소국들이다. 그러나 현실적으로 난민을 수용할 여력을 가진 국가는 서유럽의 주요 대국으로 한정된다. 이외에 중동유럽 회원국은 정도의 차이가 있지만 대부분 난민에 대한 부정적 시각이 팽배하고 경제사회적 부담을 꺼려하는 분위기로 본 국가들에서의 망명신청은 난민수에 비해 현저히 적다.[960] 이와 같이 유럽연합 27개 회원국간 난민유입 규모는 천차만별로 특정 국가에 부담이 가중되는 문제를 안고 있다.

■ 불법이민과 난민

▶ 정치, 사회적 영향

유럽연합 역내로의 난민유입과 불법이민은 대부분 범죄조직을 통해 이루어진다. 불법이민은 유럽에서 가장 빠르게 성장하는 조직범죄로 사회, 정치적 불안을 야기하고 합법적인 이민자에 대한 제도적 보호를 가로막는 중대한 범죄행위이다.[961] 대부분 난민지위로 역내에 유입된 불법 이주자들은 노동시장의 숙련 노동인력과는 거리가 먼 경제적 이민이다. 따라서 유럽연합에서는 허가받지 않은 이민자 유입에 따른 노동시장 교란과 사회적 안전비용 증가를 가져왔다.[962] 또한 이들은 이질적 종교와 문화로 이민자 유입국가에서 사회적 저항을 야기하여 인종주의를 확산하고 극우세력 확장의 결정적 동인이 되었다.[963]

2000년대 이후 유럽전역에 폭증하는 난민의 유입과 망명신청으로 이민과 망명정책의 경계가 모호해지고 난민은 곧 불법이민자라는 여론이 확산되면서, 회원국 내부에서는 난민수용을 놓고 첨예한 갈등이 야기되었다. 또한 난민과 불법이민자 문제는 더 이상 일국차원에 한정된 이슈로 머물 수 없을 정도로 국경을 넘어 전 유럽에 부정적 파급을 낳았다. 이외에도 서유럽의 특정 국가에서는 사회경제적 이유로 제 3국인의 영구체류가 증가하면서 현지에서 경제사회적 문제를 야기하였다. 문제는 엄격한 국내정책은 국제사회 및 인권단체의 반발로 정책실행에 제약이 뒤따른다는 점이다.

이에 따라 국내의 정책결정자들은 점차 이민과 망명정책은 회원국간 연대와 유럽적 조치로 해결해야 한다는데 의견을 같이하게 되었다. 1990년대 이후 유럽연합 회원국들은 이른바 '유럽으로(go European)'라는 슬로건을 내걸고 유럽적 해결을 모색하였다. 즉 회원국들은 국내정책 실행에 따른 부담을 회피하기 위해 유럽연합 차원에서 엄격한 이민과 망명정책

입법에 의견을 같이한 것이다.964)

▶ 역내안보 위협

유럽적 맥락에서 불법이민은 테러와 국경을 넘는 범죄에 대응하는 역내안보의 성격을 내포한다. 역내안보는 2001년 9.11 테러 이후 자유안전사법지대의 핵심적 정책영역이 되었고, 본 사안은 테러대응은 물론이고 국경을 넘은 범죄와 불법이민 통제와 밀접히 연계된다. 유럽에서는 불법이민이 국경을 넘어 조직화된 범죄집단의 중요한 수익사업이 되었다.

또한 유럽연합에서 불법이민과 난민의 대량 유입은 그 자체로 심각한 정치, 경제 및 사회적 문제가 되었다. 동시에 이슬람 난민과 함께 유입된 테러리스트로 테러와 심각한 범죄를 유발하여 역내안보를 위협하는 트로이 목마(Trojan horse)가 되었다. 특히 2015년 11월 파리테러 사건을 계기로 유럽연합의 주요 회원국 정보기관은 시리아, 이라크, 북아프리카와 서남아시아 난민 중 테러행위가 의심되거나 테러집단과 연계된 인물에 주목하여 왔다. 이러한 가운데 2016년 12월 튀니지 출신으로 망명신청이 거부된 청년이 베를린 중심부에 위치한 시장에서 차량돌진으로 12명의 사망자를 내면서 난민과 테러집단간 연계 문제가 표면화되었다.965)

2015년 시리아 난민의 대거 유입을 계기로 유럽연합에서 난민정책은 역내안보 문제로 인식되어 보다 엄격한 국경통제 및 망명정책 강화로 이어져 결과적으로 난민정책의 안보화 (securitization)를 가져왔다.966) 미국의 정치학자 레이컨(Robert S. Leiken)은 테러집단 연구에서 북미와 유럽에서 자행된 테러행위의 이면에는 이민자 집단과의 네트워크가 있다는 사실을 제기하였다. 그는 또한 '모든 이민자가 테러리스트는 아니지만, 대부분의 테러리스트는 이민자(Though most immigrants are not terrorists, most terrorists are immigrants)'라는 언명을 제기해 유럽에서 큰 반향을 낳았다.967)

▶ 회원국의 대응

그리스는 지정학적 위치로 쉥겐지역에서 불법이민자와 난민이 집중되는 국가이다. 2004년 불가리아가 유럽연합에 가입하기 이전 그리스는 국경을 접한 국가가 모두 유럽연합 비회원국이었으며 3,000여개에 달하는 많은 섬들로 난민과 불법이민자 통제에 어려움을 겪었다. 또한 2000년대 초까지도 그리스의 국경관리기구는 전문성이 현저히 결여되어 불법이민 통제에 한계가 있었다. 이러한 요인들로 많은 수의 난민과 불법이민자가 그리스에 유입되었다. 그리스에 들어온 불법 이민자들은 합법적 취업이 제약되므로 지하경제에 종사하여 2004년 그리스의 GDP 대비 지하경제 규모가 28.2%에 달해 세수누락과 노동환경 악화 등 많은 사회경제적 문제를 유발하였다.[968]

지리적 요인으로 난민유입에 직접적으로 노출되지 않는 아일랜드 역시 불법이민이 사회적 문제로 대두되었다. 아일랜드는 1922년부터 적용된 아일랜드 헌법에 의해 부모의 국적을 불문하고 자국에서 출생한 모든 신생아에게 국적을 부여하는 시스템을 유지하여 왔다. 그러나 2000년대 들어 아일랜드에서는 국적취득을 목적으로한 아프리카계 제 3국인의 출산이 증가하였다. 그럼에도 아일랜드 정부는 자국국적을 취득한 자녀의 양육을 이유로 불법체류하는 제 3국인의 강제추방을 억제하여 왔다.[969]

이 결과 불법이민자와 이들의 출생자녀 증가로 복지 비용증가와 여러 사회적 문제가 야기되었다. 결국 2004년 아일랜드 정부는 악화된 여론을 반영하여 인권단체의 반대를 무릅쓰고 국적법 강화를 골자로 한 헌법수정안을 마련하여 국민투표에 붙여 59%의 투표율에 79%라는 압도적 지지를 얻어내었다. 이러한 아일랜드의 사례는 2000년대 이후 제 3국 이민자에 대한 유럽연합 회원국의 변화된 시각을 보여준다.[970]

■ 난민정책 입법

▶ 한시적 보호지침(Temporary Protection Directive 2001/55/EC)

1990년대 발칸분쟁으로 대규모의 난민이 유입되면서 유럽연합 차원의 공동대응이 요청되었다. 이러한 배경에서 2001에 제정된 한시적 보호지침(Temporary Protection Directive 2001/55/EC)은 자유안전사법지대 출범을 위한 준비작업의 성격을 갖고 대규모의 유입난민을 대비하여 회원국간 공동규범을 설정한 입법이다.[971]

1951년에 체결된 제네바협정(Geneva Convention)을 준수하는 유럽연합 회원국은 난민의 본국 혹은 박해를 받은 국가로의 송환을 금하고 있다.[972] 한시적 보호지침은 이러한 제네바협약에 근거해 본국으로 귀환할 수 없는 제 3국 대량난민에 대하여 한시적 보호(temporary protection)를 규정하고 회원국간 최소한의 공동기준을 담은 것이다.[973]

구체적으로 한시적 보호지침은 주거, 사회보장, 의료지원 등 일시적인 난민보호 조치에 있어 회원국간 최소한의 표준화된 조치를 명시한 것이다. 회원국간 난민보호 조치의 조화는 결과적으로 특정 회원국으로의 대규모 난민유입을 억제한다는 점에서, 본 입법은 긴급상황에서 회원국이 연대와 책임하에 공동의 대응을 강조한 입법이라 할 수 있다.[974]

▶ 난민수용조건지침(Reception Conditions Directive 2003/9/EC)

2003년에 이사회에서 제정한 난민수용조건지침(Reception Conditions Directive 2003/9/EC)은 가족재결합지침(Family Unification Directive 2003/86/EC)과 함께 유럽연합 차원에서 회원국간 난민수용에 대한 원칙을 제시한 대표적 입법이다.[975] 난민수용조건지침은 난민신청자에 대하여 제네바협약에 근거한 최소한의 기본권 기준을 명기한 입법이다. 본 지침에는 망명신청자에 대하여 주거, 음식, 의료와 교육은 물론이고 특정한 환경에서 고용까지 회원국이 이행해야할 조건을 담았다. 또한 본 지침은 고문 피해자와 같이 특별한 보호가 필요한 난민의 경우 망명신청을 보장하고 의료지원 등의 기본권 보장을 명기하였다. 본 지침은 2013년에 개정된 난민수용조건지침(Reception Conditions Directive 2013/33/EU)을 통해 일부 내용이 수정되었다.976)

2016년 7월 유럽위원회는 다시 한 번 기존 난민수용조건지침을 수정한 입법제안을 유럽의회와 이사회에 제출하였다. 새로운 수정입법은 유럽연합 전역에서 난민수용에 대한 동등한 조건을 마련하여 난민의 역내 이동을 최소화한다는데 목적이 있다. 이외에도 본 지침에는 정착한 난민이 자립할 수 있도록 노동시장 진입 문턱을 낮추기 위한 조치 역시 담았다.977)

▶ 질적보장지침(Qualification Directive 2004/83/EC)

2004년에 제정된 이사회의 질적보장지침(Qualification Directive 2004/83/EC)은 제 3국 난민 혹은 국제적으로 보호조치가 필요한 무국적자에 대해 회원국이 제공해야하는 최소한의 기준을 제시한 것으로 2012년 7월부터 시행에 들어갔다.978) 더블린 규정과 질적보장지침은 암스테르담조약 이후 이사회가 전권을 행사하는 망명정책의 한시적 이행기(1999-2004년)에 제정된 입법이다. 따라서 본 입법들은 회원국의 이해가 깊숙이 개입되어, 폭넓은 인도적 지원보다는 최소한의 수준에서 기본권 보호만을 담았다.

뒤이어 2004년 질적보장지침을 수정한 새로운 질적보장지침(Qualification Directive 2011/95/EU)은 제 3국 혹은 고국이 없는 난민신청자에 대한 지위와 권리 및 추가적인 보호조치를 상세히 명시한 입법이다. 수정된 질적보장지침은 난민에 대한 거주, 여행서류 발급, 노동시장 접근, 의료, 교육 및 사회보장 등 이전보다 포괄적인 보호내용을 담았다. 또한 수정된 질적보장지침은 망명심사시 아동과 여성 등에 대한 각별한 고려내용도 담았다. 더불어 유럽연합은 본 지침의 국내입법 전환시 각 회원국이 지침에 규정된 내용보다 더욱 포괄적인 난민보호 기준 설정을 허용하였다. 무엇보다도 2011년의 질적보장지침은 모든 회원국이 동일한 절차와 내용으로 난민신청심사를 진행한다는 내용을 담아, 회원국간 난민할당의 기반이 되었다는 점에서 의미가 있다.979)

그러나 질적보장지침이 유럽연합 차원에서 난민보호를 위한 표준화된 실행내용을 담았지만 회원국간 지침이행을 위한 국내정책에 편차가 크다는 비판이 제기되었다. 이러한 가운데 2015년 이후 난민유입이 급증하면서 유럽위원회는 2015년 유럽이민의제(European Agenda on Migration)와 함께 공동유럽망명시스템(CEAS) 강화를 위한 패키지 입법을 제출하였다.980) 유럽위원회는 본 패키지 입법에 따라 이듬해 2016년 질적보장지침의 수정입법을 제안하였다. 본 수정입법 제안에는 사법재판소의 최근 판례를 수용하면서, 회원국간 명명심사와 결정의 조화를 통해 난민의 역내이동을 차단하고, 난민보호는 박해와 심각한 핍박을 받은 자로 한정한다는 이전보다 명확한 내용을 특징으로 한다.981)

이와 같이 질적보장지침의 제정과 계속된 입법 수정과정에서는 난민유입의 규모에 따라 난민에 대한 규정과 보호 정도가 달라지는 것을 확인할 수 있다.

▶ 본국송환지침(Return Directive 2008/115/EC)

한편 2008년에 제정되어 2010년부터 시행에 들어간 본국송환지침(Return Directive 2008/115/EC)은 가족재결합 및 질적보장지침과 달리 철저하게 제3국 이민자의 통제를 목적으로 한 입법으로 2014년 3월부터 시행되었다. 본국송환지침은 회원국에서 공통적으로 통용되는 제3국 불법이주자의 본국귀환 절차를 명기한 입법이다. 동시에 본국송환지침은 난민의 본국송환 촉진을 위한 망명이민통합기금(AMIF) 활용을 내용으로 한다.982)

난민송환지침의 실질적 목적은 역내 불법이민자와 비자 만료 이후에도 불법으로 거주하는 제 3국인의 본국송환이다. 매년 역내 불법이민자의 약 40% 정도만 본국으로 귀환하고 이외에 약 60%는 역내에 불법으로 체류하여 사회적 불안을 야기하고 있다. 이에 유럽연합은 불법이민자의 자발적인 본국 귀환을 강제할 제도적 근거로 난민송환지침을 제정하였다. 그러나 난민의 강제적인 본국송환은 인권침해의 소지가 다분한 조치이다. 이러한 비난을 회피하기 위해 유럽연합은 본국송환지침에 유럽연합기본권헌장과 난민의 자발적 의사를 존중하여 적용한다는 원칙도 설정하였다.[983]

한편 유럽연합은 본국송환지침의 효과적 이행을 위해 난민과 망명자가 집중적으로 배출된 역외국가와의 협력을 병행하여, 22개국에 달하는 난민 유출국과 난민 재수용 내용을 담은 협정을 추진하여 왔다. 이에 따라 2020년 기준 유럽연합은 홍콩과 마카오의 특별행정구, 스리랑카, 러시아, 우크라이나, 몰도바, 조지아, 아르메니아, 아제르바이잔, 터키, 파키스탄, 아프리카의 카보베르데공화국(Cape Verde)과 서발칸지역 국가 등 10여개 국가와 난민재수용을 내용으로한 협정을 체결하였다.[984]

(표) 난민정책 입법

일시	2차 입법	내용
2001	한시적 보호지침 (Temporary Protection Directive 2001/55/EC)	• 대규모의 유입난민에 대한 한시적 보호를 위한 회원국간 최소조건 규정
2003	난민수용조건지침 (Reception Conditions Directive 2003/9/EC)	• 난민신청자에 대한 제네바협약에 근거한 회원국 간 최소한의 심사기준 마련
2013	난민수용조건지침 (Reception Conditions Directive 2013/33/EU) *수정지침	• 난민신청자에 대한 기본적인 생활과 인권 보장
2016	난민수용조건지침 입법제안 (COM(2016) 465 final)	• 유럽연합 전역에서 난민수용에 대한 동등한 조건 과 대우 및 난민의 노동시장 진입 제한적 허용

일시	2차 입법	내용
2004	질적보장지침 (Qualification Directive 2004/83/EC)	• 제 3국 난민 혹은 보호가 필요한 무국적자에 대한 국제적 기준에 부합하는 보호조치 기준
2011	질적보장지침 (Qualification Directive 2011/95/EU) *수정지침	• 난민신청자에 대한 지위와 권리 및 추가적인 보호 조치 및 국내입법 전환시 보다 포괄적 보호조치 허용
2016	질적보장지침 입법제안 (COM(2016) 466 final) * 수정지침	• 회원국간 명명심사와 결정의 조화로 난민의 역내 이동 차단 및 난민지위에 대한 엄격한 기준 적용
2008	본국송환지침 (Return Directive 2008/115/EC)	• 불법 유입 혹은 비자만료 이후 제 3국 체류자에 대한 본국송환에 관한 공동의 절차와 기준

출처) European Union (2018a), Eur-Lex access to European Union law.

■ 난민신청자 할당(application of relocation)

난민정책은 자유안전사법지대에서 회원국의 이해가 가장 첨예하게 대립되는 정책이 되었다. 대외적으로는 난민과 불법이민에 대한 엄격한 조치는 유럽연합의 규범권력(normative power) 퇴색이라는 거센 비판을 야기하였다. 이에 따라 유럽연합은 제한적인 난민수용 등 일정 부분 유화적인 조치도 병행하게 되었다. 그러나 완화된 난민과 망명정책은 회원국간 극단적 갈등이라는 또 다른 부정적 파급을 가져왔다.

2015년 9월 유럽위원회는 유럽으로 유입된 약 120,000명의 난민에 대한 분산수용 내용을 담은 난민쿼터 의제를 채택하여 회원국간 첨예한 논란이 야기되었다. 유럽위원회가 제안한 난민쿼터는 회원국의 인구, 경제규모 및 고용률 등을 종합하여 각 회원국에게 적절한 규모의 난민수용을 권고한 것이다. 난민할당은 특정국가로 과도하게 몰리는 난민신청자를 임시방편적으로 여러 회원국에게 할당(relocation)한 것으로 난민의 재정착(resettlement)과는 다른 정책이다.

본 제안에 독일, 프랑스 및 이탈리아 등 대량 난민이 유입된 회원국은 적극적 지지를 표명하였으나, 중동유럽국가의 강력한 저항으로 결과적으로 동서유럽간 대립을 가져왔다. 특히 2015년 11월 파리테러사건 용의자가 난민신분인 점이 밝혀지면서 헝가리와 폴란드에서는 유럽위원회를 맹비난하여 난민쿼터 수용을 거부하였다.[985]

난민의 할당은 공동망명시스템(CEAS) 운영의 핵심적 사안으로 역내에 최초로 진입한 회원국을 떠나 타 회원국에서 망명신청을 가능케 하는 시스템이다. 유럽연합 회원국에서 난민신청자를 할당하려면 회원국간 공통의 난민 신청절차와 요건이 구축되어야 하므로, 공동망명시스템의 일환으로 시행할 수밖에 없다.[986]

난민할당의 연원은 제네바협정(Geneva Convention)과 2010년 말타에 머물고 있는 수백여 명의 난민을 파일럿 프로젝트의 일환으로 회원국의 자발적 동의하에 각국에 재배치한데서 비롯되었다. 이러한 난민재할당은 2011년에 제정한 질적보장지침(Qualification Directive 2011/95/EU)을 비롯해 여러 난민보호 입법에 근거한다. 또한 2015년 이사회의 긴급대응시스템(emergency response system) 결정(Council Decision 2015/1601)과 수정결정(Council Decision 2016/1754) 역시 정책실행의 제도적 근거이다. 이사회가 제기한 긴급대응시스템은 2015-16년 그리스와 이탈리아에 난민이 집중된 긴급한 상황 타개를 위해 타회원국에서의 난민심사 내용을 담았다.[987]

2015년 5월 유럽위원회는 유럽이민의제(Communication An European Agenda on Migration)를 제안하고 본 의제에 회원국간 난민할당 내용을 담았다. 뒤이어 2017년 2월 유럽이사회에서는 말타 선언(Malta Declaration)을 채택하였다. 본 선언은 이탈리아 등 특정국가에 집중된 난민문제 해결을 위해 난민구조 활동강화, 리비아를 위시해 난민송출국과의 협력 및 역내에서 난민할당 등에 관한 회원국간 협력내용을 담았다.[988]

2015년 이탈리아, 그리스와 헝가리에는 약 2개월 동안 30여만 명의 난민이 일시에 들어와 이중 약 14만 명이 난민신청을 하여 이들 국가에서 감당할 수 없는 상황이 야기되었다.989) 이에 유럽위원회는 긴급하게 이탈리아, 그리스 및 헝가리에 머무는 난민 중 4만여 명의 난민을 타회원국으로의 재배치를 결정하였다. 당시 유럽위원회는 유럽이민의제에 언급된 난민할당 기준을 들어 회원국의 인구(40%), GDP(40%), 직전 4년간 망명신청 건수(10%) 그리고 실업률(10%)을 고려하여 회원국에 난민을 할당하였다. 뒤이어 이사회에서 추가로 12만여 명의 난민할당을 합의하여, 최종적으로 98.255명의 난민할당이 결정되었다.990)

그러나 이러한 이사회의 난민할당 결정은 중동유럽 회원국을 중심으로 거센 반발을 야기하였다. 이사회 표결에서 헝가리, 슬로바키아, 체코, 루마니아는 반대의사를 표명하였고, 핀란드는 기권을 하였다. 그럼에도 이사회는 거부권을 행사한 중동유럽 4개국에 총 6,200여명의 난민을 강제로 할당하였다. 핀란드 역시 2년 뒤 2017년 1,975명의 난민을 수용하였다.991)

2015년 대규모 난민유입 사태에 따른 긴급한 난민할당 계획은 일단락되었지만 이후 본 사안은 유럽연합 난민정책의 논쟁적 사안으로 대두되어 회원국간 갈등을 야기하였다. 일부 회원국은 난민할당이 일국차원의 사회적 안보와 경제적 기반을 해치는 중대한 사안으로 유럽연합의 일방적 조치를 수용할 수 없다는 강경한 입장을 견지하고 있다. 가장 강경한 입장을 취하는 폴란드와 헝가리는 유럽연합의 강제적 조치에도 불구하고 난민을 한명도 수용하지 않았고, 슬로바키아는 사회적 안전을 이유로 여성과 아동만 받아들였다. 또한 난민할당은 임시방편적 수단에 불과해 각국에 배치된 난민들은 난민허가 유무와 관계없이 일자리가 많고 난민이 집중된 특정 회원국으로 재이동하는 현상이 야기되어 정책의 실효성도 제약되었다.992)

난민할당은 회원국간 연대(solidarity)와 책임공유(responsibility sharing) 원칙하에 특정 회원국에 집중되는 난민 유입과 망명신청 부담을 경감하기 위한 조치이다. 난민할당의 또 다른 동인은 난민유입을 강도 높게 차단하고 난민 혹은 망명신청을 엄격하게 유지하는 일부 회원국의 일탈적 행위를 억제한다는데 있다. 이와 같이 난민할당은 일부 국가에 집중된 난민은 일국차원의 문제가 아니라, 회원국간 연대(solidarity)에 기반한 공동의 과제라는 점을 시사한다.993)

망명정책: 공동유럽망명시스템(CEAS)

■ **망명정책의 유럽화**

　망명은 주로 본국에서 정치적 이유로 신체적 구속 등 여러 제약을 피해 제 3국으로의 이주를 의미한다. 국제사회에서는 1951년 UN에서 체결된 제네바협정(Geneva Convention)을 통해 망명자의 지위를 규정하고 모든 유럽연합 회원국은 본 협약에 서명하였다. 제네바협정에는 '사형, 고문, 여타 비인도적 혹은 열악한 대우와 처벌 위험에 놓인 사람은 격리, 추방 및 인도 될 수 없다.'는 조항을 통해 망명자에 대한 원칙적인 보호조치가 명기되어 있다. 또한 본 협정에서는 난민(refugee)의 정의를 '국가권력으로부터 보호받지 못하고 배제되거나 학대받는 그룹'으로 좁게 설정하였다.[994]

　제네바협정은 국제사회에서 이민망명자의 대우와 심사에 대한 유일한 국제적 규약이다. 대부분의 국가에서는 이민자와 망명신청자 처리에 제네바협정을 근거로 제정한 자국기준을 적용하여 왔다. 유럽연합 회원국 역시 제네바협정을 반영하여 본국송환에 따른 사망, 고문 혹은 비인간적 대우가 예상되는 난민에 대한 보호조치와 망명정책을 독립적으로 실행하여 왔다. 이와 같이 유럽연합 27개 회원국은 제네바협약은 물론이고 망명신청자와 난민의 본국송환시 처해야할 인권유린을 고려하여 인도적 차원에서 망명과 난민정책을 취하여 왔다.[995]

　그러나 1990년대 이후 유럽으로 유입된 난민의 상당수는 경제적 난민으로 이들의 망명신청 폭주로 유럽연합 차원에서 보다 엄격하고 통일된 제도적 조치가 요구되었다. 1980년대 까지 유럽에서는 냉전시기 주로 동

유럽과 러시아 내 고급인력이 정치적 자유를 찾아 유입되었는데, 당시 서유럽 국가들은 체제우위를 선전하고, 정보취득 등 여러 긍정적 효과로 망명에 대한 인식이 우호적이었다. 그러나 냉전붕괴 이후 유럽 국가에서 망명신청자들은 대부분 발칸국가, 아프리카, 중동 및 아시아 국가에서 종교 및 민족적 갈등을 피해 유럽으로 이주한 경우로, 해당 국가에서는 문화적 이질성을 들어 이전과 달리 사회적 저항이 야기되었다.[996)

이에 따라 탐페레 유럽이사회에서는 회원국간 통합된 망명시스템이 논의되어 1999년 이후 유럽연합 차원에서 공동유럽망명시스템(CEAS)이 출범하였다. 공동유럽망명시스템은 1951년 7월 UN에서 제정된 난민지위에 관한 제네바협약(Geneva Convention relating to the Status of Refugees)과 1967년 1월에 추가된 부속조항 31조(New York Protocol of 31 January 1967)에 준하여 난민의 기본적 인권을 보호한 가운데 난민보호와 망명신청에 대한 절차를 규정한 것이다.[997)

따라서 공동유럽망명시스템은 난민보호 요청, 망명신청 그리고 난민인정과 거부 등에 있어 제네바협약에서 명시한 내용을 준수하기 위해 유럽연합 차원에서 표준화된 규정과 절차를 의도한 것으로 해석 할 수 있다.[998) 한편으로 공동유럽망명시스템은 높은 수준의 인권보호와 투명한 망명절차를 유지한 가운데 회원국간 제각각의 망명신청 절차와 요건을 통합한 것이다.[999) 이와 같이 공동유럽망명시스템은 유럽연합 27개국에서 동일하게 적용되어 모든 회원국은 책임을 함께하고 회원국 어느 곳에서나 망명신청자에 대하여 인간적 존엄과 공정하고 표준화된 망명절차를 적용한다는 취지에서 출범하였다.

그러나 공동유럽망명시스템의 실질적인 목적은 2000년대 이후 대규모 난민 유입에 따른 급증하는 망명신청을 차단하는 것이다. 2010년 유럽연합 전역의 망명 신청자수는 26만여 명으로 미국과 캐나다 양국에서 망명 신청자수의 3배에 달하였다.[1000) 이후에도 2015년 시리아 내전을 기점으로 난민이 대거 유입되어 망명을 신청하여 각국에서 심각한 정치적 문제로 대두되었다. 따라서 공동유럽망명시스템은 유럽전역에서 신속하고 엄격한 망명절차와 기준을 적용하여 일부 회원국에 집중된 망명신청자 유입을 시정하고, 비자쇼핑(visa shopping)을 봉쇄하여 불법이민자를 차단하는데 목적이 있다.[1001]

유럽연합은 2000년 유럽난민기금(ERF) 설립 이후 2001년 추방된 난민의 한시적 보호지침(Temporary Protection Directive 2001/55/EC)을 필두로 2003년 난민수용조건지침(Reception Condition Directive 2003/9/EC) 그리고 2004년 난민보호를 위한 최소한이 기준을 명시한 질적보장지침(Qualification Directive 2004/83/EC)을 제정하였다.[1002] 이러한 입법들은 표면상 회원국간 최대한 망명절차와 심사기준에 조화를 꾀하되, 회원국의 책임하에 엄격하고 공정한 심사를 유도하는 것이다. 그러나 실제 의도는 제3국인이 역내에서 망명신청에 관한 최소한의 권리를 보장하고, 각 회원국에서 망명신청자에 대한 절차와 심사기준을 단일화하여 2개국 이상에서 중복된 신청을 차단하는 것이다.[1003]

■ 공동유럽망명시스템(CEAS)

▶ 제도적 근거와 내용

유럽연합 차원의 망명정책은 유럽연합운영조약(TFEU) 67조 2항, 78과 80조(TFEU Art. 67.2, 78 & 80) 그리고 유럽연합기본권헌장 18조(Charter Art. 18)에 근거하여 실행된다.[1004] 본 유럽조약과 함께 2000년 이후 제정된 더블린 규정(Dublin Regulation)을 위시한 여러 2차 입법이 망명정책 실행에 법적기반을 형성한다.

한편 망명정책의 대외관계 부분은 유럽연합운영조약 78조 2g항(TFEU

Art 78.2g)에 '유럽연합은 공동유럽망명정책 발전을 위해 망명신청자, 보충적 혹은 한시적 보호가 필요한 사람의 유입에 대해 제 3국과 동반자와 협력관계를 취해야 한다.'는 내용에 근거한다. 또한 유럽연합운영조약 79조 3항(TFEU Art. 79.3)에 명기된 '체류조건을 충족하지 못하는 제 3국인의 재입국에 대하여 해당 제 3국과 협정을 체결할 수 있다.'는 조항 역시 망명과 난민정책의 실행을 위한 법적 근거로 적용된다.[1005]

이외에도 유럽연합은 2003년에 제정된 더블린II규정(Dublin II Regulation (EC) No 343/2003) 그리고 2005년에 망명절차지침(Asylum Procedure Directive 2005/85/EC)을 제정하여 공동유럽망명시스템 운영을 위한 기반을 마련하였다. 1999-2005년 기간 제정된 입법은 두 가지 사안에 초점이 맞추어졌다. 첫째, 회원국간 망명절차에 있어 최소한의 표준화된 공동기준을 마련한다. 둘째, 유럽연합은 인도적 차원에서 부득이 난민을 수용해야 하는 상황에서 회원국간 연대를 통해 재정조달을 꾀한다.[1006]

이후 유럽위원회는 공동유럽망명시스템을 통해 회원국간 제한적 범위에서 국내정책과 조치에서 조화가 이루어지면서 2008년 6월 세 가지의 향후 정책방향을 제기하였다.[1007]

- 회원국간 망명정책 입법시 보다 적극적인 조화
- 회원국간 협력에 효과적이고 체계적인 지원
- 회원국간 그리고 역외국가와의 책임과 연대 고무

이러한 정책기조를 배경으로 유럽연합은 2008년 유럽이민네트워크(European Migration Network)와 2012년 재정착 프로그램(resettlement programme)을 실행하였다. 한편 유럽연합은 2010년 이후 공동유럽망명시스템 운영을 위해 새로운 입법제정을 지양하고 기존 입법을 보다 정교하게 수정하는데 주력하였다. 이에 따라 유럽연합은 기존 난민과 망명 관련 입법을 수정하여 2011년 질적보장지침(Qualification Directive 2011/95/EU), 2013년 난민수용조건지침(Reception Condition Directive 2013/33/EU), 더 블린III 규정(Dublin Regulation (EU) No 604/2013) 그리고 망명절차지침 (Directive 2013/32/EU) 등 일련의 수정입법을 제정하였다.[1008]

2015년 다시 한 번 유럽 전역에 대규모 난민유입사태가 발생하면서 동년 5월 유럽위원회는 난민문제 대응을 위한 유럽의 이민의제(Communication An European Agenda on Migration)를 이사회와 유럽의회에 제출하였다. 유럽위원회는 이민의제 제출에 뒤이어 동년 공동유럽망명시스템의 제도 적 보완을 위한 패키지 입법을 유럽의회와 이사회에 제출하였다.[1009] 유럽위원회는 본 패키지 입법안을 통해 회원국간 책임과 연대를 배경으로 공동유럽망명시스템 강화를 위한 4가지의 우선 사안을 제안하였다.[1010]

첫째, 회원국간 연대를 통해 지속적이며 공정한 절차를 구축하여 난민과 망명신청자의 집단적 할당을 꾀한다. 이러한 목적을 위해 유럽위원회는 2016년 회원국간 난민할당 내용을 담은 더블린VI 규정(Dublin IV Regulation)으로 명명한 새로운 입법을 이사회와 유럽의회에 제출하였다.

둘째, 유럽지문데이터베이스(Eurodac)는 더블린 규정 적용과 불법이민 차단을 위한 가장 효과적인 IT 인프라이다. 유럽연합은 유럽지문데이터베이스를 통해 제3국인의 망명신청시 지문채취를 의무화하였고, 이는 비자 정보시스템(VIS)과 함께 비자쇼핑 차단을 위한 핵심적 시스템이 되었다. 유럽지문데이터베이스의 효과에 고무되어 유럽위원회는 추후 새로운 입법을 통해 본 시스템을 망명정책 지원을 넘어 다양한 분야에서 활용할 수 있는 기술지원시스템으로 발전시킬 계획이다.[1011]

셋째, 공동유럽망명시스템을 통한 회원국간 제도적 조화로 궁극적으로 망명신청자 수를 축소하고, 유럽연합 역내에서 난민의 이동을 차단한다. 이러한 장기 목적을 위해 유럽위원회는 2016년들어 2011년에 제정한 질적보장지침(Qualification Directive 2011/95/EU), 2013년 망명절차지침

(Directive 2013/32/EU) 그리고 2013년 난민수용조건지침(Reception Conditions Directive 2013/33/EU)을 대치한 새로운 입법을 제안하였다.

넷째, 기존에 공동유럽망명시스템을 강화하고 유럽망명지원국(EASO)을 개편하여 기능을 확대한다. 유럽위원회는 추후 새로운 입법을 제정하여 유럽망명지원국의 제도적 지위를 강화하고 충분한 재정지원을 통해 정책실행 범위를 확대한다는 계획이다.

▶ 기술적 시스템: 유럽지문데이터베이스(Eurodac)

유럽지문데이터베이스(Eurodac)는 공동유럽망명시스템 운영을 위한 기술적 기반으로 2003년에 제정된 더블린II 규정의 실행을 위한 핵심 시스템이다. 2013년부터 실행된 유럽지문데이터베이스는 유럽연합 회원국에서 망명신청자의 지문대조를 통해 정확하고 신속한 신원확인과 후속조치를 취할 수 있도록 한 것이다.[1012] 유럽지문데이터베이스를 통해 중앙서버에 지문정보가 저장되어 역내에서 국경을 넘어 여러 회원국에서 중복 망명신청을 하는 난민의 신원을 손쉽게 확인할 수 있다. 또한 본 시스템을 통해 불법적인 역내 진입과 체류자를 판별하고 쉥겐지역 내에서 망명신청자의 이동도 추적할 수 있다.[1013]

2013년 제정한 유럽지문데이터베이스 규정(Eurodac Regulation (EU) No 604/2013)에 따라 유럽연합 역내에 들어온 망명신청자는 출신국과 무관하게 의무적으로 지문을 채취하고 본 정보는 유럽지문데이터베이스의 중앙시스템에 저장된다. 본 규정제정으로 회원국과 유럽경찰국은 지문정보 운영을 위한 기준과 시스템을 구축하여 유럽연합 27개국과 아이슬란드, 리히텐슈타인, 노르웨이 및 스위스 등 총 31개국에서 활용한다.[1014]

유럽지문데이터시스템은 인권침해의 소지가 높기 때문에 지문정보만 담고 여타 개인정보를 담지 않으며, 망명신청자의 신원확인에만 활용되고 유럽위원회를 통해 관리된다. 유럽지문데이터베이스를 통해 망명신청자의 신원을 신속히 확인하여 보호가 필요한 신청자에게 즉각적인 조치를 취할 수 있다는 점에서 인권보호 측면에서 긍정적 기능도 갖는다.[1015]

- 유럽지문데이터베이스는 망명 관련 입법과 조화를 이루고 데이터 보호를 위한 조건을 명시하여 준수해야 한다.
- 모든 회원국은 유럽지문데이터베이스 활용을 법적으로 명시해야 한다.
- 유럽경찰국은 지문정보를 활용하되 살인과 같은 중범죄와 테러의 예방, 억제 및 조사에 한정하며 엄격한 통제와 특별한 보안을 요한다. 특별히 유럽경찰국은 가능한 모든 정보를 먼저 검토하고 마지막으로 지문정보를 활용해야 한다.
- 유럽지문데이터베이스를 활용하는 관계 기관은 정보의 정확성을 위해 비자정보시스템(VIS)과 반드시 대조해야 한다.

2015년 이후 난민과 불법이민자들이 급증하면서 몇몇 회원국에서는 인력부족으로 지문채취에 어려움을 겪게 되었다. 이 결과 지문등록을 하지 않는 불법이민자들이 유럽전역으로 흩어져 공식적인 망명절차 없이 불법체류자로 남아있다. 2016년 5월 유럽위원회는 이러한 문제점을 시정하기 위해 지문채취 연령을 6세까지 낮추고 새롭게 안면인식 및 생체정보 기술 적용을 담은 유럽지문데이터베이스 개편안을 제안하였다.[1016]

▶ 문제점

유럽연합은 공동유럽망명시스템이 망명자격을 갖춘 난민의 한시적 수용과 거주를 제도적으로 보장하는데 목적이 있다는 점을 강조하고 있다. 그러나 본 시스템의 실질적 목적은 역내에서 이른바 망명쇼핑(asylum shopping)을 막기 위해 1개국에서만 망명신청을 규정한 것으로 도입시 두 가지 문제점을 안고 있었다.

첫째, 회원국간 망명허용 유무에 있어 편차가 있다는 것이다. 2007년 기준 유럽연합 회원국에서 1차 망명심사 허용결정은 25% 수준이며, 회원국에 따라 최대 50%까지 큰 편차를 보여 회원국간 정책의 일관성에 문제를 드러냈다.

둘째, 본 시스템의 보다 큰 맹점은 회원국간 망명신청자 수의 격차이다. 지리적 요인으로 그리스와 이탈리아 등 특정 회원국은 망명자들의 1차 귀착지로 망명신청자가 집중되어 해당국이 큰 부담을 갖는다.[1017]

특정국가에 집중된 망명신청자 문제로 회원국간 수년간 갈등이 야기되었는데 2011년 1월 유럽인권재판소(ECHR)의 벨기에와 그리스의 망명신청 판결(M.S.S. v. Belgium and Greece, no. 30696/09)은 이러한 문제점을 상징적으로 보여준다. 본 사례는 아프가니스탄 망명신청자에 대한 그리스 정부의 비인도적이며 적절치 못한 대우로 부득이 벨기에에서 재차 망명신청을 하였으나 벨기에 정부는 더블린규정(Dublin Regulation)을 들어 망명신청자를 다시 그리스로 추방한 사건이다. 이러한 사실을 들어 유럽인권재판소는 본 판결에서 유럽연합 차원의 적절한 조치를 명시하였다.

같은 해 2011년 유럽연합사법재판소(CJEU)는 유럽인권재판소의 판결을 수용하여 더블린규정에 위헌판결을 내려 공동유럽망명시스템(CEAS)의 위기를 가져왔다. 2003년에 제정된 더블린규정에 따르면 난민이 최초로 도착한 회원국에서 망명심사를 취해야 하는데 지리적 요인으로 그리스가 대부분 본 부담을 떠안아야 한다. 이에 대해 사법재판소는 본 규정은 이미 그리스를 떠난 난민에 대한 기본권 침해이며, 그리스에게는 정치, 경제적 부담을 야기하는 조치로 해석하였다.[1018]

결국 유럽연합은 유럽인권재판소와 유럽연합사법재판소의 판결을 수용하여 그리스 정부의 망명 시스템 개선을 위해 긴급기금(emergency funds)을 제공하였다. 나아가 유럽연합은 추후 유사한 사건의 재발을 방지하기 위해 2010년 유럽망명지원국(EASO) 설립을 담은 규정(Regulation (EU) No 439/2010)을 제정하였다. 이러한 설립취지로 유럽망명지원국은 유럽

전역에서 전반적인 망명시스템을 관리하며 관련 기관에 대한 매뉴얼과 교육을 담당하는 규제기구로 출범하였다.[1019]

■ 공동유럽망명시스템(CEAS): 망명자 수용 입법

전략적 측면에서 유럽위원회는 1990년대 전반에 걸쳐 망명정책이 회원국 국내정책에 미치는 영향을 고려하여 유럽연합 차원에서 직접적인 규제부과는 실현가능성이 희박하다고 보았다. 이에 따라 유럽위원회는 망명절차와 조건에 대한 회원국간 최소한의 조정과 정책운용을 위한 재원조달에 주력하였다. 따라서 유럽위원회는 엄밀한 내용을 담은 지침 제정보다는 녹서와 여러 보고서를 통해 회원국간 정책조정을 유도하되, 회원국과의 불필요한 대립을 피하기 위해 국내정책의 실행수준과 범위에 대해 관여하지 않았다. 이와 같이 1990년대까지 유럽연합에서는 통일된 망명시스템 구축을 지양하고, 회원국의 국내법과 독립적인 정책기조를 인정하였다.[1020]

그러나 유럽연합은 지속적인 난민유입과 자유안전사법지대의 출범으로 망명정책의 제도적 기반이 확충되면서 1999년 이후 공동유럽망명시스템 구축을 결정하였다. 이후 유럽연합은 2000-2005년 기간 관련 입법을 연이어 제정하고, 2008년부터는 기존 입법의 보완 수정에 주력하였다. 그러나 2015년을 전후하여 다시 한 번 유럽 전역에 난민이 집중되면서 유럽연합은 이전보다 엄격한 통제내용을 담은 새로운 입법을 다수 제정하였다.

유럽연합의 망명정책은 2001년 9.11 테러와 2004년 마드리드 폭탄테러 사건 이후 테러대응정책과 함께 외부의 위협요인 차단을 의도한 이른바 정책의 안보화(securitizing) 기조가 자리 잡게 되었다, 이에 따라 망명심사 기준과 절차 등이 제도적으로 대폭 강화되었다. 유럽연합 차원에서

는 공동유럽망명시스템(CEAS)을 통해 엄격한 망명심사 기준을 강화하였
고, 각국의 망명심사를 다루는 기관은 쉥겐정보시스템(SIS)과 비자정보시
스템(VIS)을 통한 정보의 교차 확인 등을 통해 망명신청자에 대한 검증을
강화하였다.[1021]

▶ 더블린Ⅱ 규정(Dublin Ⅱ Regulation (EC) No 343/2003)

2003년에 제정된 더블린Ⅱ 규정(Dublin Ⅱ Regulation (EC) No 343/2003)
은 1990년에 체결한 더블린협정(Dublin Convention)을 2차 입법 형태로
대치한 법률이다. 1990년에 체결하여 1997년부터 효력에 들어간 더블린
협정은 일종의 국지적인 국제협약이라는 한계를 가졌다. 이후 유럽연합
차원에서 이민망명정책이 도입되면서 더블린협정의 유럽화가 요청되어 2
차 입법으로 제도화된 것이다.[1022]

더블린Ⅱ 규정은 유럽연합 내 모든 회원국에서 동일한 망명심사 기준
과 절차적용을 명시하여 제 3국 망명신청자가 2개국 이상의 회원국에서
망명신청을 하는 이른바 망명쇼핑(asylum shopping) 혹은 비자쇼핑(visa
shopping)을 원천적으로 차단한 입법이다.[1023] 또한 더블린규정은 공동유
럽망명시스템(CEAS)의 핵심 입법으로 무국적 혹은 제 3국인에 대한 망명
심사에 관한 회원국간 공동의 기준과 절차를 명시하여, 유럽연합 차원에
서 망명정책의 제도적 진척을 가져왔다.[1024]

▶ 더블린Ⅲ 규정(Dublin Ⅲ Regulation (EU) No 604/2013)

2013년 7월부터 효력에 들어간 더블린Ⅲ 규정(Dublin Ⅲ Regulation (EU)
No 604/2013)은 2003년에 제정된 더블린Ⅱ 규정(Dublin Ⅱ Regulation(EC)
(343/2003)의 후속입법으로 망명절차지침과 난민수용조건지침 그리고 유
럽지문시스템설립규정과 더불어 난민과 불법이민에 대한 유럽적 대응을

위한 일련의 패키지입법 중에서도 가장 중요한 의미를 갖는다.1025) 더블린III 규정은 유럽연합 27개국과 유럽자유무역연합(EFTA) 4개국을 포함한 이른바 더블린 국가(Dublin countries)에서 적용된다. 더블린III 규정은 망명신청자에 대한 적절한 보호를 위한 절차와 시스템 개선을 목적으로 무국적 혹은 국제적 보호가 필요한 제 3국인에 대한 회원국 차원의 보호결정 기준을 담았다.1026)

한편으로 더블린III 규정은 회원국 망명시스템이 문제를 갖거나 급속한 난민유입 등의 특별한 상황에서 조기경보를 통한 효과적 대처를 목적으로 한다. 또한 망명신청자에 대한 강압적인 인터뷰 배제, 난민신청이 거부되었을 경우 재심 요청권 보장과 법적 지원 등의 보호조치 내용을 담았다. 특별히 더블린III 규정에는 망명절차는 11개월 이내 완료하며 망명신청이 거부된 경우 구속수감 등의 예외적 상황을 제외하면 9개월 이내에 본국으로 송환한다는 내용 등 회원국간 망명절차의 제도적 명확성에 초점을 맞추었다.1027)

무엇보다도 더블린III 규정은 유럽연합 차원에서 엄격한 망명정책 실행을 원하는 회원국의 의사를 반영한 입법이다. 더블린III 규정에는 특정 회원국에서 망명 허용 혹은 불허 결정을 내리면 해당 망명신청자는 또 다른 회원국에서 동일한 절차를 불허한다는 내용을 담았다.1028) 이러한 규정 내용을 고려하면 더블린III 규정은 사실상 2013년에 제정된 망명절차지침(Directive 2013/32/EU)과 연계되어 망명신청 남발을 막는 장치라고 할 수 있다.

▶ 더블린IV 규정(Dublin IV Regulation)

유럽연합에서는 2013년에 제정된 더블린III 규정에도 불구하고 계속되는 불법이민자와 난민의 유입으로 공동유럽망명시스템(CEAS)의 강화 필요성이 제기되었다. 이러한 회원국의 의사를 반영하여 2016년 5월 유럽위원회는 더블린IV 규정(Dublin IV Regulation)으로 불리는 새로운 입법을 제안하였다.[1029] 더블린IV 규정은 망명신청자의 요구에 보다 적극적으로 부합하며 망명신청자의 가족범위 확대 등의 내용을 담았다. 이외에도 더블린IV 규정에는 회원국간 난민의 집단적 할당과 재정착 지원을 위한 공정한 책임부담과 시스템이 명기되었다.

더블린IV 규정이 이전의 입법과 차별화되는 특징은 망명문제에 있어 회원국간 연대(solidarity)를 사실상 강제하였다는 점이다. 더블린IV 규정은 특정 회원국에 집중된 망명신청과 난민유입 문제를 해결하기 위해 회원국의 경제력과 규모에 따른 망명신청자 할당을 핵심으로 한다. 특정 회원국이 다룰 수 있는 난민과 망명신청자가 통상적 기준보다 150% 이상을 초과하면 이후의 망명신청자는 자동적으로 타 회원국으로 할당된다. 이러한 예외적 상황은 난민과 망명신청자가 집중된 회원국이 다시 정상으로 돌아올 때까지 유지된다. 만약 한시적으로 난민의 집단적 할당에 참여치 않는 회원국은 연대의 원칙에 의해 망명신청자 1명 기준 250,000유로를 분담해야 한다.[1030] 이와 같이 더블린IV 규정은 회원국에게 강력한 구속과 의무를 명시하여 유럽연합 차원의 난민문제에 부정적 시각을 갖는 중동부 유럽국가로부터 강한 반발을 야기하였다.

(표) 망명자 수용 입법

일시	2차 입법	내용
2003	더블린II 규정(Dublin II Regulation (EC) No 343/2003)	· 망명심사에 관한 회원국간 공동의 기준 명시
2013	더블린III 규정(Dublin Regulation (EU) No 604/2013) / 무국적 혹은 제3국인 보호에 관한 규정	· 더블린II 규정(Dublin Regulation (EC) (343/2003) 후속 입법
2016	더블린VI 규정(Dublin IV Regulation) 입법제안(COM/2016/0270 final)	· 회원국간 연대와 공정한 절차에 근거한 난민과 망명신청자의 집단적 할당

출처) European Union (2018a), Eur-Lex access to European Union law.

■ 공동유럽망명시스템(CEAS): 망명자 차단 입법

▶ 망명절차지침(Asylum Procedure Directive 2005/85/EC, 2013/32/EU)

2005년에 제정된 망명절차지침(Asylum Procedure Directive 2005/85/EC)은 망명신청자의 허가 및 불허기준에 대한 회원국간 최소한의 기준을 명시한 것으로 2013년에 내용이 수정되었다.[1031]

2013년에 수정된 망명절차지침(Asylum Procedure Directive 2013/32/EU)은 신속한 망명절차 진행을 위해 모든 회원국에서 공통적으로 적용되는 망명심사제도 구축을 의도한 입법이다. 망명절차지침의 1차 목적은 망명절차의 투명성과 효율성 제고에 있다. 따라서 본 지침에 의해 망명신청자는 어느 회원국에서나 공정한 심사를 받고 행정서류 접수는 6개월 이내에 완료하며, 기각시 항소를 위한 법적 지원을 받는다.[1032] 그러나 정치적 맥락에서 본 망명절차지침의 목적은 회원국간 최소한의 공통 절차를 규정하고, 상호정보교환을 통해 2개국 이상에서 중복된 망명신청을 원천적으로 차단하는데 있다.[1033]

유럽위원회는 2016년 7월 공동유럽망명시스템(CEAS) 개혁을 위하여 망명절차지침 수정입법을 포함한 패키지 입법을 제안하였다. 수정입법에서는 신속한 절차진행으로 망명신청자의 서류작업과 최종 항소단계까지 최대한 시한단축을 기하고, 망명신청자에 대한 법적지원과 정보제공 등 기존 지침이 담고 있는 내용을 보다 명확하게 규정하였다. 무엇보다도 유럽위원회가 제안한 수정입법은 회원국간 완전한 공동절차를 구축하여 유럽공동망명시스템 악용을 차단하는데 있다. 또한 본 입법은 망명심사 결과에 순응치 않는 신청자에 대한 본국 귀환 등 이전보다 엄격한 제재내용도 담았다.[1034]

▶ 유럽지문데이터시스템 설립규정(Eurodac Regulation (EU) No 603/2013)

2013년에 제정된 유럽지문데이터시스템 설립규정(Eurodac Regulation (EU) No 603/2013)은 더블린Ⅲ 규정 이행을 위한 일종의 실행입법으로 망명신청자의 지문정보에 관한 데이터 관리시스템 구축을 의도한 것이다.[1035] 더블린Ⅲ 규정에 따라 망명신청자는 유럽연합 내 최초로 입국한 국가에서 지문을 등록하고 망명신청을 해야 한다. 만약 망명신청자가 역내국가를 경유하여 타 회원국에서 망명신청시 최초의 도착국가 즉 지문등록 회원국으로 송환된다. 유럽지문데이터시스템 역시 망명쇼핑(asylum shopping)을 원천적으로 제어하는 시스템이다.[1036] 2013년에는 유럽지문데이터시스템 설립규정 제정을 앞두고 시스템 관리 주체인 내무사법 IT 시스템운영기구(eu-LISA)의 설립규정(Regulation (EU) No 1077/2011) 내용이 일부 수정되었다.[1037]

(표) 망명차단 입법

일시	2차 입법	내용
2005	망명절차지침 (Asylum Procedure Directive 2005/85/EC)	・망명신청자의 허가 및 불허기준에 대한 회원국간 최소한의 기준 명시
2013	망명절차지침 (Directive 2013/32/EU) *수정지침	・회원국간 망명심사절차 조화 및 투명하고 신속한 의사결정을 통한 공동의 망명절차 구축
2016	망명절차지침 입법제안 (COM(2016) 467 final)	・회원국간 완전한 공동절차를 구축하여 공동 유럽 망명시스템(CEAS) 악용 차단과 엄격한 법 집행
2013	유럽지문데이터시스템 설립규정 (Eurodac Regulation (EU) No 603/2013)	・더블린Ⅲ 규정에 의거해 망명신청자 신원확인을 위한 지문정보 데이터베이스시스템 구축

출처) European Union (2018a), Eur-Lex access to European Union law.

이와 같이 유럽연합은 암스테르담조약 이후 질적보장지침을 비롯해 불법이민 차단과 회원국간 망명절차 통합을 위한 일련의 유럽적 규제를 부과하였다. 그러나 이민망명정책 관련 입법은 대부분 회원국간 최소한의 공동기준과 조건 만을 명기하여 여전히 각 국가의 관련 정책은 상이한 제도적 기반과 정책기조를 통해 운영된다. 또한 특정 회원국은 국내의 정책과 여론을 이유로 유럽적 규제 수용을 최대한 지체하거나, 극단적인 경우 수용을 거부하는 사례도 빈번하게 발생하고 있다. 또한 연이은 입법제정에도 불구하고 여전히 유럽적 규제를 수용한 국내정책 실행에서도 국가 간 편차가 커 제 3국 시민의 망명신청 허용과 거부는 망명복권(asylum lottery)이라고 칭할 정도로 회원국간 객관적이며 통일된 절차 및 기준 준수가 미비하다는 평가가 지배적이다.1038)

참고문헌

단행본

송병준 (2018), 유럽연합의 정책결정, 한국외국어대학교 출판부.

송병준 (2016), 유럽연합 거버넌스II, 서울, 높이깊이.

채형복 옮김 (2010), Treaty of LIsbon 리스본조약, 서울, 국제환경규제 기업지원센터.

Albi, Anneli (2017), "The European Arrest Warrant, Constitutional Rights and the Changing Legal Thinking: Values Once Recognized Lost in Transition to the EU Level?," The European Union as an Area of Freedom, Security and Justice, Maria Fletcher, Ester Herlin-Karnell and Claudio Matera eds., Routledge, pp. 137-175.

Aldrich, Richard J. (2014), "Intelligence and the European Union," The Oxford Handbook of the European Union, Erik Jones, Anand Menon and Stephen Weatherill ed., Oxford University Press, pp. 627-641.

Adler-Nissen, Rebecca (2014), "Through the Revolving Doors of Freedom, Security and Justice," Opting Out of the European Union diplomacy, Sovereignty and European Integration, Cambridge University Press, pp. 114-146.

Bache, Ian, Simen Bulmer, Stephen George and Owen Parker (2015a), "The Institutional Architecture," Politics in the European Union, 4th. ed., Oxford University Press, pp. 199-230.

Bache, Ian, Simen Bulmer, Stephen George and Owen Parker (2015b), "Freedom, Security and Justice," Politics in the European Union, 4rd. ed., Oxford University Press, pp. 451-476.

Best Edward (2016), Understanding EU Decision-Making, Springer.

Bigo, Didier (2014), "Death in the Mediterranean Sea: The Results of the Three Fields of Action of EU Border Controls," The Irregularization of Migration in Contemporary Europe, Detention, Deportation, Drowning, Robin Celikates, Joost de Bloois and Yolande Jansen eds., Rowman & Littlefield International, pp. 55-70.

Boer, Monica den (2014), "Police, Policy and Politics in Brussels: Scenarios for the Shift from Sovereignty to Solidarity," Supranational Governance of Europe's Area of Freedom, Security and Justice, Christian Kaunert, John Occhipinti and Sarah Leonard eds., Taylor & Francis, pp. 10-27.

Bossong, Raphael (2014), "EU Cooperation on Terrorism Prevention and Violent Radicalization: Frustrated Ambitions or New Forms of EU Security Governance?," Supranational Governance of Europe's Area of Freedom, Security and Justice, Christian Kaunert, John Occhipinti and Sarah Leonard eds., Taylor & Francis, pp. 28-44.

Boswell, Christina (2010), "Justice and Home Affairs," Research Agendas in EU Studies: Stalking the Elephant, Egan, Michelle, Neil Nugent and William E. Paterson eds., London, Palgrave, pp. 278-304.

Buonanno, Laurie and Neil Nugent (2013), "The Area of Freedom, Security and Justice," Policies and Policy Processes of the European Union, Palgrave Macmillan, pp. 226-250.

Chari, Raj S. and Sylvia Krtzinger (2006), "Policies of Freedom, Security and Justice: A Limited Role for the EU," Understanding EU Policy Making, Pluto Press, pp. 171-190.

Christian Kaunert, Sarah Léonard and John D. Occhipinti (2015), "Introduction: Agency Governance in the European Union's Area of Freedom, Security and Justice," Justice and Home Affairs Agencies in the European Union, Christian Kaunert, Sarah Léonard and John D. Occhipinti ed., Routledge, pp. 1-12.

Conway, Gerard (2017), "The Future of a European Public Prosecutor in the Area of Freedom, Security and Justice," The European Union as an Area of Freedom, Security and Justice, Maria Fletcher, Ester Herlin-Karnell and Claudio Matera eds., Routledge, pp. 176-200.

Corbett, Richard, Francis Jacobs and Michael Shackleton (2011), "The Parliament and Legislation," The European Parliament, 8th. ed., John Harper, pp. 232-271.

Costello, Rory and Robert Thomson (2013), "The Distribution of Power Among EU Institutions: Who Wins Under Codecision and Why?," Journal of European

Public Policy, Vol. 20, No. 7, pp. 1025-1039.

David Bender (2016), European Parliament Approves EU-U.S. Umbrella Agreement, Covington Inside Privacy.

Dinan, Desmond (2010), "Internal and External Security," Ever Closer Union: An Introduction to European Integration 4th Ed., Colorado, Lynne Rienner Publishers, pp. 529-566.

Edward Best (2016), Understanding EU Decision-Making, Springer.

Fichera, Massimo (2017), "Sketches of Theory of Europe as an Area of Freedom, Security and Justice," The European Union as an Area of Freedom, Security and Justice, Maria Fletcher, Ester Herlin-Karnell and Claudio Matera eds., Routledge, pp. 34-56.

Fletcher, Maria and Ester Herlin-Karnell (2017), "Is There a Transatlantic Security Strategy? Area of Freedom, Security and Justice Law and Its Global Dimension," The European Union as an Area of Freedom, Security and Justice, Maria Fletcher, Ester Herlin-Karnell and Claudio Matera eds., Routledge, pp. 417-438.

Hardacre, Alan and Nadia Andrien (2011), "The Ordinary Legislative Procedure: New Codecision," How the EU Institutions Work and How to Work with the EU Institutions, Alan Hardacre ed., John Harper, pp. 145-178.

Hartley, Traver (2014), "The institutions," The Foundations of European Union Law, 8th. ed., Oxford University Press, pp. 13-48.

Helena Carrapiço and Floriam Trauner (2015), "Europol and Its Influence on EU Policy-making on Organized Crime: Analyzing Governance Dynamics and Opportunities," Justice and Home Affairs Agencies in the European Union, Christian Kaunert, Sarah Léonard and John D. Occhipinti ed., Routledge, pp. 85-99.

Jeandesboz, Julien (2014), "EU Border Control: Violence, Capture and Apparatus," The Irregularization of Migration in Contemporary Europe, Detention, Deportation, Drowning, Robin Celikates, Joost de Bloois and Yolande Jansen eds., Rowman & Littlefield International, pp. 87-102.

Kaunert, Christian and Kamil Zwolski (2013), "The Historical Evolution of the CFSP and JHA," The EU as a global Security Actor a Comprehensive

Analysis Beyond CFSP and JHA, Palgrave, pp. 50-67.

Kaunert, Christian, John Occhipinti and Sarah Leonard (2014), "Introduction," Supranational Governance of Europe's Area of Freedom, Security and Justice, Christian Kaunert, John Occhipinti and Sarah Leonard eds., Taylor & Francis, pp. 1-9.

Kostadinova, Valentina (2017), "Border Controls - Transforming Territorial Borders," The European Commission and the Transformation of EU Borders, Palgrave, pp. 51-88.

Lavenex, Sandra (2015), "Justice and Home Affairs: Institutional Change and Policy Continuity" Policy-Making in the European Union 7th., Helen Wallace, Mark A. Pollack and Alasdair R. Young eds., Oxford University Press, pp. 367-387.

Lelieveldt, Herman and Sebastiaan Princen (2011), "An overview of EU policy-making," The Politics of the European Union, Cambridge University Press, pp. 179-203.

Leonard, Dick and Robert Taylor (2014), "Justice and Home Affairs," The Routledge Guide to the European Union Previously Known as the Economist Guide to the European Union, Routldege, pp. 227-235.

Mackenzie, Alex and Oldrich Bures, Christian Kaunert and Sarah Léonard (2015), "The European Union Counter-terrorism Coordinator and the External Dimension of the European Union Counter-terrorism Policy," Justice and Home Affairs Agencies in the European Union, Christian Kaunert, Sarah Léonard and John D. Occhipinti ed., Routledge, pp. 53-66.

Market, Marat (2014), "Tacit Procedural Politics: Institutional Change and Member States' Strategies in Police and Judicial Cooperation in Criminal Matters," Supranational Governance of Europe's Area of Freedom, Security and Justice, Christian Kaunert, John Occhipinti and Sarah Leonard eds., Taylor & Francis, pp. 68-88.

Martin, Marie (2012), Statewatch Analysis: The Global Approach to Migration and Mobility: the state of play, pp. 1-7.

Masalina Busuio and Mrrtijn Groenleer (2015), "Beyond Design: The Evolution of Europol and Eurojust," Justice and Home Affairs Agencies in the European

Union, Christian Kaunert, Sarah Léonard and John D. Occhipinti ed.,
Routledge, pp. 13-32.

Matera, Claudio (2017), "An External Dimension of the AFSJ? Some Reflections on
the Nature and Scope of the Externalization of the AFSJ Domains," The
European Union as an Area of Freedom, Security and Justice, Maria Fletcher,
Ester Herlin-Karnell and Claudio Matera eds., Routledge, pp. 359-388.

McGiffen, Steven P. (2005), "Citizenship, Justice and Security," The European
Union: A Critical Guide, Pluto Press, pp. 57-67.

McCormick, John (2015), "Justice and Home Affairs," European Union Politics,
John McCormick 2nd. ed., Palgrave Macmillan, pp. 374-390.

Monar, Jörg (2014a), "The EU's Growing External Role in the AFSJ Domain:
Factors, Framework and Forms of Action," Supranational Governance of
Europe's Area of Freedom, Security and Justice, Christian Kaunert, John
Occhipinti and Sarah Leonard eds., Taylor & Francis, pp. 199-128.

Monar, Jörg (2014b), "Justice and Home Affairs," The Oxford Handbook of the
European Union, Erik Jones, Anand Menon and Stephen Weatherill ed.,
Oxford University Press, pp. 613-626.

Monar, Jörg (2015), "Eurojust and the European Public Prosecutor Perspective: From
Cooperation to Integration in EU Criminal Justice? Justice and Home Affairs
Agencies in the European Union, Christian Kaunert, Sarah Léonard and John
D. Occhipinti ed., Routledge, pp. 67-84.

Moses, Jonathon W. (2014), "The Shadow of Schengen," The Oxford Handbook of
the European Union, Erik Jones,, Anand Menon and Stephen Weatherill ed.,
Oxford University Press, pp. 600-612..

Murati, Artan (2015), "The Factual Situation: EP Involvement in International
Agreements in Practice," European Parliament in EU International
Agreements After Lisbon Treaty Beyond the "Power of Consent": Toolbox of
Non-formal Powers, Artan Murati ed., Akademikerverlag, pp. 31-65.

Nugent, Neill (2016), "Internal Policies," The Government and Politics of the
European Union, London, Palgrave, pp. 345-370.

Olsen, Jonathan and John McCormick (2016), "Cohesion, Justice and Home Affairs,
and Other Internal Policy," The European Union Politics and Policies 6th.

ed., The Perseus Books Group, pp. 254-276.

Peers, Steve (2017), "The Rise and Fall of EU Justice and Home Affairs Law," The European Union as an Area of Freedom, Security and Justice, Maria Fletcher, Ester Herlin-Karnell and Claudio Matera eds., Routledge, pp. 11-33.

Poli, Sara (2017), "The EU Anti-Terrorism Policy in Its External AFSJ Dimension: Democratic Accountability and Human Rights Protection in the Post-Lisbon Treaty Era," The European Union as an Area of Freedom, Security and Justice, Maria Fletcher, Ester Herlin-Karnell and Claudio Matera eds., Routledge, pp. 389-416.

Rijpma, Jorrit J. (2012), "Hybrid agencification in the Area of Freedom, Security and Justice and its inherent tensions: the case of Frontex," The Agency Phenomenon in the European Union Emergence, Institutionalisation and Everyday Decision-making, Manchester University Press, pp. 84-102.

Rijpma, Jorrit J. (2017), "Frontex and the European System of Border Guards: The Future of European Border Management," The European Union as an Area of Freedom, Security and Justice, Maria Fletcher, Ester Herlin-Karnell and Claudio Matera eds., Routledge, pp. 217-245.

Sagrera, Räul Hernández (2014), "Exporting EU Integrated Border Management Beyond EU Borders: Modernization and Institutional Transformation in Exchange for More Mobility?," Supranational Governance of Europe's Area of Freedom, Security and Justice, Christian Kaunert, John Occhipinti and Sarah Leonard eds., Taylor & Francis, pp. 129-146.

Servent, Ariadna Ripoll (2015a), "Deciding on Liberty and Security in the European Union," Institutional and Policy Change in the European Parliament Deciding on Freedom. Security and Justice, Palgrave, pp. 59-68.

Servent, Ariadna Ripoll (2015b), "The Data Retention Directive: Sucess at Any Price," Institutional and Pllicy Change in the European Parliament Deciding on Freedom. Security and Justice, Palgrave, pp. 69-86.

Servent, Ariadna Ripoll (2015c), "The SWIFT Agreement: Retaliation of Capitulation?," Institutional and Policy Change in the European Parliament Deciding on Freedom. Security and Justice, Palgrave, pp. 108-131.

Staab, Andreas (2013), "Justice and Home Affairs," The European Union Explained,

3rd. eds., Indiana University Press, pp. 141-150.

Stephen Rozée, Christian kaunert and Sarah Léonard (2015), "Is Europol a Comprehensive Policing Actor?," Justice and Home Affairs Agencies in the European Union, Christian Kaunert, Sarah Léonard and John D. Occhipinti ed., Routledge, pp. 100-115.

Tridimas, Takis (2012), "Competence after Lisbon: the elusive search for bright lines," The European Union After the Treaty of Lisbon, Diamond Ashiagbor, Nicola Countouris and Ioannis Lianos eds., Cambridge University Press, pp. 47-77.

Ucarer, Emek M. (2015), "The Area of Freedom, Security, and Justice," European Union Politics 5th., Michelle Cini and Nieves Perez-Solorzano Borragan eds., Oxford University Press, pp. 281-294.

Vermeulen, G and W. De Bondt (2014), "Schengen," EU Justice and Home Affairs Institutional and Policy Development, Maklu Antwerp/Apeldorn, pp. 15-24.

Versluis, Esther, Mendeltje van Kejlen and Paul Stephenson (2011), Analyzing the European Union Policy Process, Palgrave Macmillan.

Wessels, Wolfgang (2014), "The Area of Freedom, Security and Justice: Pre-Constitutional and Pre-Legislative Functions," The European Council, Palgrave Macmillan, pp. 227-236.

Wolff, Sarah and Adriaan Schout (2015), "Frontex as Agency: More of the Same?," Justice and Home Affairs Agencies in the European Union, Christian Kaunert, Sarah Léonard and John D. Occhipinti ed., Routledge, pp. 33-52.

Wolff, Sarah (2017), "The External Dimension of the European Union's Internal Security," International Relations and the European Union 3nd. ed., Hill, Christopher, Michael Smith and Sophie Vanhoonacker eds., Oxford University Press, pp. 365-387.

논문

Adler-Nissen, Rebecca (2009), "Behind the Scenes of Differentiated Integration: Circumventing National opt-outs in Justice and Home Affairs," Journal of European Public Policy, Vol. 16, No. 1, pp. 62-80.

Allum, Felia and Monica Den Boer (2013), "United We Stand? Conceptual Diversity in the EU Strategy Against Organized Crime," Journal of European Integration, Vol. 35, No. 2, pp. 135-150.

Aoun, Elena (2012), "The European Union and International Criminal Justice: Living Up to Its Normative Preferences?," Journal of Common Market Studies, Vol. 50, Iss. 1, pp. 21-36.

Arena, Pinto and Maria Do Céu (2017), "Islamic Terrorism in the West and International Migrations : The 'Far' or 'Near' Enemy Within? : What Is the Evidence," European University Institute Robert Schuman Centre, Working Paper, pp. 1-38.

Argomaniz, Javier (2009), "When the EU is the 'Norm-taker': The Passenger Name Records Agreement and the EU's Internalization of US Border Security Norms," Journal of European Integration, Vol. 31, No. 1, pp. 119-136.

Avdan, Nazli (2014), "Do Asylum Recognition Rates in Europe Respond to Transnational Terrorism? The Migration-security Nexus Revisited," European Union Politics, Vol. 15, No. 4, pp. 445-471.

Balzaco, Thierry (2008), "The Policy Tools of Securitization: Information Exchange, EU Foreign and Interior Policies," Journal of Common Market Studies, Vol. 46, Iss.1, pp.75-100.

Bossong, Raphael (2008), "The Action Plan on Combating Terrorism: A Flawed Instrument of EU Security Governance," Journal of Common Market Studies, Vol. 46, Iss.1, pp.27-48.

Chamon, Merijn (2012), "EU Agencies between Meroni and Romano or the Devil and The Deep Blue Sea," Common Market Law Review, Vol. 49, Iss. 4, pp. 1055-1075.

Colombeau, Sara Casella (2010), "Border guards as an "alien police": Usages of the Schengen Agreement in France," Cahiers européens de Sciences Po, No. 04/2010, pp. 1-15.

Cooper, Anthony (2015), "Where Are Europe's New Borders? Ontology, Methodology and Framing," Journal of Contemporary European Studies, Vol. 23, No. 4, pp. 447-458.

De Moor, Alexandra and Vermeulen, Gert (2010), "The EUROPOL Council Decision: Transforming EUROPOL into an Agency of the European Union,"

Common Market Law Review, Vol. 47, Iss. 4, pp. 1089-1121.

Den Boer, Monica (2008), "Legitimacy under Pressure: The European Web of Counter-Terrorism Networks*," Journal of Common Market Studies, Vol. 46, Iss.1, pp.101-124.

Di Puppo, Lili (2009), "The Externalization of JHA Policies in Georgia: Partner or Hotbed of Threats?," Journal of European Integration, Vol. 31, No. 1, pp. 103-118.

Dubois, Dorine (2002), "The Attacks of 11 September: EU-US Cooperation Against Terrorism in the Field of Justice and Home Affairs," European Foreign Affairs Review, Vol. 7, No. 3, pp. 317-335.

Ekelund, Helena (2014), "The Establishment of FRONTEX: A New Institutionalist Approach," Journal of European Integration, Vol. 36, No. 2, pp. 99-116.

Foret, Francois and Julia Mourao Permoser (2015), "Between Faith, Expertise and Advocacy: the Role of Religion in European Union Policy-making on Immigration," Journal of European Public Policy, Vol. 22, No. 8, pp. 1089-1108.

Geddes, Andrew and Andrew Taylor (2013), "How EU Capacity Bargains Strengthen States: Migration and Border Security in South-East Europe," West European Politics, Vol. 34, No. 1, pp. 51-70.

Goede, Marieke De (2008), "The Politics of Preemption and the War on Terror in Europe," European Journal of International Relations, Vol. 14, Iss. 1, pp. 161-185.

Goede, Marieke de and Mara Wesseling (2017), "Secrecy and security in transatlantic terrorism finance tracking," Journal of European Integration, Vol. 39, No. 3, pp. 253-269.

Guild, Elspeth (2008), "The Uses and Abuses of Counter-Terrorism Policies in Europe: The Case of the 'Terrorist Lists'," Journal of Common Market Studies, Vol. 46, Iss.1, pp.173-193.

Helgesson, Karin Svedberg and Ulrika Morth (2016), "Involuntary Public Policy-making by For-Profit Professionals: European Lawyers on Anti-Money Laundering and Terrorism Financing," Journal of Common Market Studies, Vol. 54, Iss. 5, pp. 1216-1232.

Joffe, George (2008), "The European Union, Democracy and Counter-Terrorism in the Maghreb," Journal of Common Market Studies, Vol. 46, Iss.1, pp.141-171.

Kentmen-Cin, Cigdem and Cengiz Erisen (2017), "Anti-immigration Attitudes and the Opposition to European Integration: A Critical Assessment," European Union Politics, Vol. 18, Iss. 1, pp. 3-25.

Keohane, Daniel (2008), "The Absent Friend: EU Foreign Policy and Counter-Terrorism," Journal of Common Market Studies, Vol. 46, Iss.1, pp. 125-146.

KomArek, Jan (2007), "European Constitutionalism and the European Arrest Warrant: In Search of the Limits of "Contrapunctual Principles," Common Market law Review, Vol. 44, Issue 1, pp. 9-40.

Kostadinova, Valentina (2013), "The European Commission and the Configuration of Internal European Union Borders: Direct and Indirect Contribution," Journal of Common Market Studies, Vol. 51, Iss. 2, pp. 264-280.

Kuhn, Theresa (2012), "Europa Ante Portas: Border Residence, Transnational Interaction and Euroscepticism in Germany and France," European Union Politics, Vol. 13, No. 1, pp. 94-117.

McNamari, Frank (2017), "Externalised and Privatised Procedures of EU Migration Control and Border Management : A Study of EU Member State Control and Legal Responsibility," European University Institute Robert Schuman Centre, Working Paper, pp. 1-283.

Megie, Antoine (2014), "The Origin of EU Authority in Criminal Matters: a Sociology of Legal Experts in European Policy-making," Journal of European Public Policy, Vol. 21, No. 2, pp. 230-247.

Mitsilegas, Valsamis (2006), "The Constitutional Implications of Mutual Recognition in Criminal Matters in the EU," Common Market Law Review," Vol. 43, Iss. 5, pp. 1277-1311.

Monar, Jörg (2006), "Cooperation in the Justice and Home Affairs Domain: Characteristics, Constraints and Progress," Journal of European Integration, Vol. 28, No. 5, pp. 495-509.

Monar, Jörg (2007), "Common Threat and Common Response? The European

Union's Counter-Terrorism Strategy and its Problems," Government and Opposition, Vol. 42, No. 1, pp. 292-313.

Monar, Jorg (2012), "Justice and Home Affairs: The Treaty of Maastricht as a Decisive Intergovernmental Gate Opener," Journal of European Integration, Vol. 34, No. 7, pp. 717-734.

Neal, Andrew W. (2009), "Securitization and Risk at the EU Border: The Origins of FRONTEX," Journal of Common Market Studies, Vol. 47, Iss. 2, pp. 333-356.

Obokata, Tom (2012), "Key EU Principles to Combat Transnational Organized Crime," Common Market Law Review, Vol. 49, Iss. 3, pp. 801-828.

Pascouau, Yves (2013), "The Schengen Governance Package: The Subtle Balance between Community Method and Intergovernmental Approach, "European Policy Center, Discussion Paper, pp. 1-16.

Paul, Regine :(2017), "Harmonisation by Risk Analysis? Frontex and the Risk-based Governance of European Border Control," Journal of European Integration, Vol. 39, No. 6, pp. 689-706.

Pawlak, Patryk (2009), "The External Dimension of the Area of Freedom, Security and Justice: Hijacker or Hostage of Cross-pillarization," Journal of European Integration, Vol. 31, No. 1, pp. 9-23.

Peers, Steve (2012), "Mission Accomplished? EU Justice and Home Affairs Law After The Treaty of Lisbon," Common Market Law Review, Vol. 49, Iss. 3, pp. 661-693.

Pollak, Johannes and Peter Slominski (2009), "Experimentalist but not Accountable Governance? The Role of Frontex in Managing the EU's External Borders," West European Politics, Vol. 32, No. 5, pp. 904-924.

Rees, Wyn (2008), "Inside Out: the External Face of EU Internal Security Policy," Journal of European Integration, Vol. 30, No. 1, pp. 97-111.

Sanchez, Sara Iglesias (2009), "Free Movement of Third Country Nationals in the European Union? Main Features, Deficiencies and Challenges of the new Mobility Rights in the Area of Freedom, Security and Justice," European Law Journal, Vol. 15, Iss. 6, pp. 791-805.

Schwarz, Michael (2014), "A Memorandum of Misunderstanding – The Doomed

Road of the European Stability Mechanism and a Possible Way out: Enhanced Cooperation," Common Market Law Review, Vol. 51, Iss. 2, pp. 389-423.

Scott, James Wesley and Ilkka Liikanen (2010), "Civil Society and the 'Neighbourhood'? Europeanization through Cross-Border Cooperation?," Journal of European Integration, Vol. 32, No. 5, pp. 423-438.

Servent, Ariadna Ripoll (2014), "The Role of the European Parliament in International Negotiations After Lisbon," Journal of European Public Policy, Vol. 21, No. 4, pp. 568-586.

Schout, Adriaan and Fabian, Pereyra, (2011), "The Institutionalization of EU Agencies: Agencies as 'Mini Commissions," Public Administration, Vol. 89, Iss. 2, pp. 418-432.

Smith, Karen E. (2009), "The Justice and Home Affairs Policy Universe: Some Directions for Further Research," Journal of European Integration, Vol. 31, No. 1, pp. 1-7.

Sousa, Luis De (2013), "Understanding European Cross-border Cooperation: A Framework for Analysis," Journal of European Integration, Vol. 35, No. 6, pp. 669-687.

StojanovskiI, Voislav (2009), "The European Evidence Warrant," Days of Law: The Conference Proceedings. pp. 1-7.

Suda, Yuko (2013), "Transatlantic Politics of Data Transfer: Extraterritoriality, Counter-Extraterritoriality and Counter-Terrorism," Journal of Common Market Studies, Vol. 51, Iss. 4, pp. 772-788.

Šabić, Senada Šelo (2017), "The Relocation of Refugees in the European Union Implementation of Solidarity and Fear," e Friedrich-Ebert-Stiftung Regiona, Analysis, pp. 1-11.

Trauner, Florian (2009), "Deconstructing the EU's Routes of Influence in Justice and Home Affairs in the Western Balkans," Journal of European Integration, Vol. 31, No. 1, pp. 65-82.

Trauner, Florian (2012), "The European Parliament and Agency Control in the Area of Freedom, Security and Justice," West European Politics, Vol. 35, No. 4, pp. 784-802.

Trauner, Florian and Ariadna Ripoll Servent (2016), "The Communitarization of the Area of Freedom, Security and Justice: Why Institutional Change Does not Translate into Policy Change," Journal of Common Market Studies, Vol. 54, Iss. 6, pp. 1417-1432.

Vervaele, John A. E. (2015), "Schengen and Charter-related ne bis in idem protection in the Area of Freedom, Security and Justice: M and Zoran Spasic," Common Market Law Review, Vol. 52, Iss. 5, pp. 1339-1359.

Wichmann, Nicole (2006), "The Participation of the Schengen Associates: Inside or Outside?," European Foreign Affairs Review, Vol. 11, No. 1, pp. 87-107.

Wieczorek, Irene (2017), "Understanding JHA Agencies in Context: Where Does Eurojust Lie in the Constitutional Architecture of the Area of Freedom, Security and Justice?," The European Union as an Area of Freedom, Security and Justice, Maria Fletcher, Ester Herlin-Karnell and Claudio Matera eds., Routledge, pp. 441-458.

Wiener, Antje (2008), "European Responses to International Terrorism: Diversity Awareness as a New Capability?*," Journal of Common Market Studies, Vol. 46, Iss.1, pp.195-218.

Wittendorp, Stef (2016), "Unpacking 'International Terrorism': Discourse, the European Community and Counter-Terrorism, 1975-86," Journal of Common Market Studies, Vol. 54, Iss. 5, pp. 1233-1249.

1차 자료

Accessnow (2015), What the E.U.-U.S. Umbrella Agreement Does ― and Does Not ― Mean for Privacy.

https://www.accessnow.org/what-the-eu-us-umbrella-agreement-does-and-does-not-mean-for-privacy/ (검색일: 2021년 8월 8일)

Communication from the Commission to the Council and the European Parliament of 10 May 2005 ‑ The Hague Programme: ten priorities for the next five years. The Partnership for European renewal in the field of Freedom, Security and Justice (COM(2005) 184 final).

Communication from the Commission to the European Parliament, The Council, The European Economic and Social Committee and the Committee of the

Regions, Preventing Radicalisation to Terrorism and Violent Extremism: Strengthening the EU's Response COM(2013) 941 final.

Communication from the Commission to the European Parliament, The Council, The European Economic and Social Committee and the Committee of the Regions, supporting the prevention of radicalisation leading to violent extremism, COM(2016) 379 final.

Council Act of 29 May 2000 establishing in accordance with Article 34 of the Treaty on European Union the Convention on Mutual Assistance in Criminal Matters between the Member States ofthe European Union.

Council Decision 2001/470/EC of 28 May 2001 establishing a European Judicial Network in civil and commercial matters.

Council Decision 2008/615/JHA of 23 June 2008 on the stepping up of cross-border cooperation, particularly in combating terrorism and cross-border crime.

Council Decision 2008/617/JHA of 23 June 2008 on the improvement of cooperation between the special intervention units of the Member States of the European Union in crisis situations.

Council Decision 2009/426/JHA of 16 December 2008 on the strengthening of Eurojust and amending Decision 2002/187/JHA setting up Eurojust with a view to reinforcing the fight against serious crime.

Council Directive 91/308/EEC of 10 June 1991 on prevention of the use of the financial system for the purpose of money laundering.

Council Directive 2001/55/EC of 20 July 2001 on minimum standards for giving temporary protection in the event of a mass influx of displaced persons and on measures promoting a balance of efforts between Member States in receiving such persons and bearing the consequences thereof.

Council Directive 2001/51/EC of 28 June 2001 supplementing the provisions of Article 26 of the Convention implementing the Schengen Agreement of 14 June 1985.

Council Directive 2002/8/EC of 27 January 2003 to improve access to justice in cross-border disputes by establishing minimum common rules relating to legal aid for such disputes.

Council Directive 2002/90/EC of 28 November 2002 defining the facilitation of unauthorised entry, transit and residence.

Council Directive 2003/8/EC of 27 January 2003 to improve access to justice in cross-border disputes by establishing minimum common rules relating to legal aid for such disputes.

Council Directive 2003/9/EC of 27 January 2003 laying down minimum standards for the reception of asylum seekers.

Council Directive 2004/83/EC of 29 April 2004 on minimum standards for the qualification and status of third country nationals or stateless persons as refugees or as persons who otherwise need international protection and the content of the protection granted.

Council Directive 2003/86/EC of 22 September 2003 on the right to family reunification.

Council Directive 2003/109/EC of 25 November 2003 concerning the status of third-country nationals who are long-term residents.

Council Directive 2004/83/EC of 29 April 2004 on minimum standards for the qualification and status of third country nationals or stateless persons as refugees or as persons who otherwise need international protection and the content of the protection granted.

Council Directive 2004/81/EC of 29 April 2004 on the residence permit issued to third-country nationals who are victims of trafficking in human beings or who have been the subject of an action to facilitate illegal immigration, who cooperate with the competent authorities.

Council Directive 2004/114/EC on the conditions of admission of third-country nationals for the purposes of studies, pupil exchange, unremunerated training or voluntary service.

Council Directive 2005/71/EC of 12 October 2005 on a specific procedure for admitting third-country nationals for the purposes of scientific research.

Council Directive 2005/85/ECof 1 December 2005on minimum standards on procedures in Member States for granting and withdrawing refugee status.

Council Directive 2009/50/EC of 25 May 2009 on the conditions of entry and residence of third-country nationals for the purposes of highly qualified employment.

Council Framework Decision 2008/977/JHA of 27 November 2008 on the protection of personal data processed in the framework of police and judicial cooperation in criminal matters.

Council Framework Decision 2008/978/JHA of 18 December 2008 on the European evidence warrant for the purpose of obtaining objects, documents and data for use in proceedings in criminal matters.

Council of the European Union (2000), Council Acts of 29 May 2000establishing in accordance with Article 34 of the Treaty on European Union the Convention onMutual Assistance in Criminal Matters between the Member States of the European Union.

Council of the European Union (2005), The European Union Counter-Terrorism Strategy.

Council of the European Union (2008), European Pact on Immigration and Asylum, 13189/08 ASIM 68.

Council of the European Union (2009), The Stockholm Programme – An open and secure Europe serving and protecting the citizens, 17024/09, pp. 1-82.

Council of the European Union (2009), resolution on a Roadmap for strengthening procedural rights of suspected or accused persons in criminal proceedings.

Council of the European Union (2012), Council adopts new EU-US agreementon Passenger Name Records (PNR). 9186/12PRESSE 173.

Council of the European Union (2018), Regulating the use of passenger name record (PNR) data.

https://www.consilium.europa.eu/en/policies/fight-against-terrorism/passenger-name-rec ord/ (검색일: 2018년 11월 18일)

Council of the European Union (2019), List of Council preparatory bodies, pp. 1-20.

Council Regulation (EC) No 1346/2000 of 29 May 2000 on insolvency proceedings.

Council Regulation (EC) No 1347/2000 of 29 May 2000 on jurisdiction and the recognition and enforcement of judgments in matrimonial matters and in matters of parental responsibility for children of both spouses

Council regulation (EC) No 1348/2000 of 29 May 2000 on the service in the Member States of judicial and extrajudicial documents in civil or commercial matters.

Council Regulation (EC) No 44/2001 of 22 December 2000 on jurisdiction and the recognition and enforcement of judgments in civil and commercial matters.

Council Regulation (EC) No 539/2001 of 15 March 2001 listing the third countries whose nationals must be in possession of visas when crossing the external borders and those whose nationals are exempt from that requirement.

Council Regulation (EC) No 1206/2001 of 28 May 2001 on cooperation between the courts of the Member States in the taking of evidence in civil or commercial matters.

Council Regulation (EC) No 2201/2003 of 27 November 2003 concerning jurisdiction and the recognition and enforcement of judgments in matrimonial matters and the matters of parental responsibility, repealing Regulation (EC) No 1347/2000.

Council Regulation (EC) No 343/2003 of 18 February 2003 establishing the criteria and mechanisms for determining the Member State responsible for examining an asylum application lodged in one of the Member States by a third-country national.

Council Regulation (EC) No 2201/2003 of 27 November 2003 concerning jurisdiction and the recognition and enforcement of judgments in matrimonial matters and the matters of parental responsibility, repealing Regulation (EC) No 1347/2000.

Council Regulation (EC) No 4/2009 of 18 December 2008 on jurisdiction, applicable law, recognition and enforcement of decisions and cooperation in matters relating to maintenance obligations.

Council Regulation (EU) No 1259/2010 of 20 December 2010 implementing enhanced cooperation in the area of the law applicable to divorce and legal separation.

Council Regulation (EU) 2016/1103 of 24 June 2016 implementing enhanced cooperation in the area of jurisdiction, applicable law and the recognition and enforcement of decisions in matters of matrimonial property regimes.

Directive 95/46/EC of the European Parliament and of the Council of 24 October 1995 on the protection of individuals with regard to the processing of personal data and on the free movement of such data.

Directive 2002/58/EC of the European Parliament and of the Council of 12 July 2002 concerning the processing of personal data and the protection of privacy in the electronic communications sector (Directive on privacy and electronic communications).

Directive 2006/24/EC of the European Parliament and of the Council of 15 March 2006 on the retention of data generated or processed in connection with the provision of publicly available electronic communications services or of public communications networks and amending Directive 2002/58/EC.

Directive 2008/52/EC of the European Parliament and of the Council of 21 May 2008 on certain aspects of mediation in civil and commercial matters.

Directive 2010/64/EU of the European Parliament and of the Council of 20 October 2010 on the right to interpretation and translation in criminal proceedings.

Directive 2009/52/EC of the European Parliament and of the Council of 18 June 2009 providing for minimum standards on sanctions and measures against employers of illegally staying third-country nationals.

Directive 2009/136/EC of the European Parliament and of the Council of 25 November 2009 amending Directive 2002/22/EC on universal service and users' rights relating to electronic communications networks and services, Directive 2002/58/EC concerning the processing of personal data and the protection of privacy in the electronic communications sector and Regulation (EC) No 2006/2004 on cooperation between national authorities responsible for the enforcement of consumer protection laws (Text with EEA relevance)

Directive 2011/36/EU of the European Parliament and of the Council of 5 April 2011 on preventing and combating trafficking in human beings and protecting its victims, and replacing Council Framework Decision 2002/629/JHA (OJ L 101, 1 15.4.2011).

Directive 2011/51/EU amending to extend its scope to beneficiaries of international protection.

Directive 2011/93/EU of the European Parliament and of the Council of 13 December 2011 on combating the sexual abuse and sexual exploitation of children and child pornography, and replacing Council Framework Decision

2004/68/JHA

Directive 2011/95/EU of the European Parliament and of the Council of 13 December 2011 on standards for the qualification of third-country nationals or stateless persons as beneficiaries of international protection, for a uniform status for refugees or for persons eligible for subsidiary protection, and for the content of the protection granted.

Directive 2011/98/EU of the European Parliament and of the Council of 13 December 2011 on a single application procedure for a single permit for third-country nationals to reside and work in the territory of a Member State and on a common set of rights for third-country workers legally residing in a Member State.

Directive 2011/99/EU of the European Parliament and of the Council of 13 December 2011 on the European protection order.

Directive 2012/13/EU of the European Parliament and of the Council of 22 May 2012 on the right to information in criminal proceedings.

Directive 2012/29/EU of the European Parliament and of the Council of 25 October 2012 establishing minimum standards on the rights, support and protection of victims of crime, and replacing Council Framework Decision 2001/220/JHA.

Directive 2013/32/EU of the European Parliament and of the Council of 26 June 2013 on common procedures for granting and withdrawing international protection.

Directive 2013/40/EU of the European Parliament and of the Council of 12 August 2013 on attacks against information systems and replacing Council Framework Decision 2005/222/JHA.

Directive 2013/48/EU of the European Parliament and of the Council of 22 October 2013 on the right of access to a lawyer in criminal proceedings and in European arrest warrant proceedings, and on the right to have a third party informed upon deprivation of liberty and to communicate with third persons and with consular authorities while deprived of liberty.

Directive 2014/36/EU of the European Parliament and of the Council of 26 February 2014 on the conditions of entry and stay of third-country nationals for the purpose of employment as seasonal workers.

Directive 2014/41/EU of the European Parliament and of the Council of 3 April 2014 regarding the European Investigation Order in criminal matters.

Directive 2014/42/EU of the European Parliament and of the Council of 3 April 2014 on the freezing and confiscation of instrumentalities and proceeds of crime in the European Union

Directive 2014/66/EU of the European Parliament and of the Council of 15 May 2014 on the conditions of entry and residence of third-country nationals in the framework of an intra-corporate transfer.

Directive (EU) 2015/849 of the European Parliament and of the Council of 20 May 2015 on the prevention of the use of the financial system for the purposes of money laundering or terrorist financing, amending Regulation (EU) No 648/2012 of the European Parliament and of the Council, and repealing Directive 2005/60/EC of the European Parliament and of the Council and Commission Directive 2006/70/EC (Text with EEA relevance).

Directive (EU) 2016/343 of the European Parliament and of the Council of 9 March 2016 on the strengthening of certain aspects of the presumption of innocence and of the right to be present at the trial in criminal proceedings.

Directive (EU) 2016/680 of the European Parliament and of the Council of 27 April 2016 on the protection of natural persons with regard to the processing of personal data by competent authorities for the purposes of the prevention, investigation, detection or prosecution of criminal offences or the execution of criminal penalties, and on the free movement of such data, and repealing Council Framework Decision 2008/977/JHA.

Directive (EU) 2016/800 of the European Parliament and of the Council of 11 May 2016 on procedural safeguards for children who are suspects or accused persons in criminal proceedings.

Directive (EU) 2016/801 of the European Parliament and of the Council of 11 May 2016 on the conditions of entry and residence of third-country nationals for the purposes of research, studies, training, voluntary service, pupil exchange schemes or educational projects and au pairing.

Directive (EU) 2016/1919 of the European Parliament and of the Council of 26

October 2016 on legal aid for suspects and accused persons in criminal proceedings and for requested persons in European arrest warrant proceedings.

Directive (EU) 2017/541 of the European Parliament and of the Council of 15 March 2017 on combating terrorism and replacing Council Framework Decision 2002/475/JHA and amending Council Decision 2005/671/JHA.

Directive (EU) 2017/1371 of the European Parliament and of the Council of 5 July 2017 on the fight against fraud to the Union's financial interests by means of criminal law.

Directive (EU) 2018/1673 of the European Parliament and of the Council of 23 October 2018 on combating money laundering by criminal law.

Directive (EU) 2016/1919 of the European Parliament and of the Council of 26 October 2016 on legal aid for suspects and accused persons in criminal proceedings and for requested persons in European arrest warrant proceedings.

Directive (EU) 2019/1153 of the European Parliament and of the Council of 20 June 2019 laying down rules facilitating the use of financial and other information for the prevention, detection, investigation or prosecution of certain criminal offences, and repealing Council Decision 2000/642/JHA.

Eapmigrationpanel (2004), European Refugee fund 2005-2010 Community Action (Article 8 of Council Decision 2004/904/EC) Annual Work programme 2005 Including Budgetary Implications and Selection Criteria.

ECDPM (2016), Final Report Evaluation of the Instrument for Stability-Crisis Response Component (2007-2013), pp. 1-62.

ECJ judgements in joined cases Parliament v. Council [C-317/04 and C-318/04].

ECTC (2018), A central hub of expertise working to provide an effective response to terrorism.

https://www.europol.europa.eu/about-europol/european-counter-terrorism-centre-ectc (검색일: 2018년 11월 10일)

EDP1s (2021), The Data Protection Officer team at the EDPS.

https://edps.europa.eu/about/data-protection-within-edps/data-protection-officer-edps_en (검색일: 2021년 8월 17일)

ENISA (2021), About ENISA - The European Union Agency for Cybersecurity. https://www.enisa.europa.eu/about-enis (검색일: 2021년 8월 29일)

EU Agencies Network (2020), Working for you and for your future. https://euagencies.eu/ (검색일: 2020년 8월 17일)

EU Cyber Direct (2019), Regulation 2019/881 on ENISA and ICT Cybersecurity Certification.

EU Monitor (2018a), Framework decision. https://www.eumonitor.eu/9353000/1/j9vvik7m1c3gyxp/vh7dotmxlyyu (검색일: 2018년 11월 18일)

EU Monitor (2018b), Joint position (JHA/CFSP). https://www.eumonitor.eu/9353000/1/j9vvik7m1c3gyxp/vhabjf0u04xw (검색일: 2018년 11월 18일)

EU Monitor (2018c), Decision (JHA/PJC). https://www.eumonitor.eu/9353000/1/j9vvik7m1c3gyxp/vh7dosie9ax0 (검색일: 2018년 11월 18일)

EURAM (2021), Who We Are?. https://eubam.org/who-we-are/ (검색일: 2021년 7월 14일)

Eurojust (2018), Joint Investigation Teams (JITs) General background. http://www.eurojust.europa.eu/Practitioners/JITs/Pages/historical-background.aspx (검색일: 2019년 1월 9일)

Eurojust (2021), EDPS and JSB. https://www.eurojust.europa.eu/about-us/data-protection/edps-and-jsb (검색일: 2021년 1월 7일)

Europol (2018), EU Internet Referral Unit - EU IRU https://www.europol.europa.eu/about-europol/eu-internet-referal-unit-eu-iru (검색일: 2019년 1월 10일)

European Commission (1999), Together Against Trafficking in Human Beings, Tampere Council Conclusions 1999.

European Commission (2001) Green Paper on criminal-law protection of the financial interests of the Community and the establishment of a European Prosecutor, COM (2001) 715 final.

European Commission (2009), Communication on an area of freedom, security and justice serving the citizen (Stockholm Programme). COM (2009) 262 final.

European Commission (2010), Communication form the Commission On the global approach to transfers of Passenger Name Record (PNR) data to third countries, COM/2010/0492 final).

European Commission (2011a), Commission Staff Working Paper SEC(2011) 940 final.

European Commission (2011b), Communication Global Approach on Migration and Mobility, 18 November 2011, COM(2011)743 final.

European Commission (2013), Communication from the Commission to the European Parliament, The Council, The European Economic and Social Committee and the Committee of the Regions, Preventing Radicalisation to Terrorism and Violent Extremism: Strengthening the EU's Response COM(2013) 941 final.

European Commission (2014a), An open and secure Europe: making it happen COM(2014) 154 final.

European Commission (2014b), The EU's Instrument contributing to Stability and Peace (IcSP). https://ec.europa.eu/fpi/eus-instrument-contributing-stability-and-peace-icsp-2014-04-0 3_en (검색일: 2021년 8월 22일)

European Commission (2015a), Communication An European Agenda on Migration COM(2015) 240 final.

European Commission (2015b), Communication From the Commission to the European parliament, The Council, The European Economic and Social Committee and the Committee of the Regions, The European Agenda on Security, COM(2015) 185 final.

European Commission (2016a), Communication from the Commission to the European Parliament and the Council Towards a Reform of the Commo European Asylum and Enhancing Legal Avenues to Europe, COM(2016) 197 final.

European Commission (2016b), Fact Sheet: Questions and Answers on the EU-U.S. Data Protection "Umbrella Agreement".

European Commission (2016c), Communication from the Commission to the

European Parliament, The Council, The European Economic and Social Committee and the Committee of the Regions, supporting the prevention of radicalisation leading to violent extremism, COM(2016) 379 final.

European Commission (2018a), Migration and Home Affairs Schengen Information System.

https://ec.europa.eu/home-affairs/what-we-do/policies/borders-and-visas/schengen-infor mation-system_en (검색일: 2018년 12월 18일)

European Commission (2018b), Migration and Home Affairs Schengen Area.

https://ec.europa.eu/home-affairs/what-we-do/policies/borders-and-visas/schengen_en (검색일: 2018년 12월 21일)

European Commission (2018c), The Schengen Rules Explained.

European Commission (2018d), Migration and Home Affairs Temporary Reintroduction of Border Control.

https://ec.europa.eu/home-affairs/what-we-do/policies/borders-and-visas/schengen/reintr oduction-border-control (검색일: 2018년 12월 21일)

European Commission (2018e), Migration and Home Affairs Visa Information System (VIS).

https://ec.europa.eu/home-affairs/what-we-do/policies/borders-and-visas/schengen/reintr oduction-border-control (검색일: 2018년 12월 22일)

European Commission (2018f), Migration and Home Affairs Eurosar.

https://ec.europa.eu/home-affairs/what-we-do/policies/borders-and-visas/border-crossing/ eurosur_en(검색일: 2018년 12월 22일)

European Commission (2018g), Fiancing, Asylum, Migration, Integration.

https://ec.europa.eu/home-affairs/financing/fundings/migration-asylum-borders_en (검색일: 2018년 9월 17일)

European Commission (2018h), Financing, Return Fund.

https://ec.europa.eu/home-affairs/financing/fundings/migration-asylum-borders/return-f und_en (검색일: 2008년 9월 30일)

European Commission (2018i), Funding, Asylum, Migration and Integration Fund (AMIF).

https://ec.europa.eu/home-affairs/financing/fundings/migration-asylum-borders/asylum- migration-integration-fund_en (검색일: 2008년 9월 30일)

European Commission (2018j), External Border Fund.

https://ec.europa.eu/home-affairs/financing/fundings/migration-asylum-borders/external-borders-fund_en (검색일: 2008년 10월 1일)

European Commission (2018k), Fiancing, Integration Fund.

https://ec.europa.eu/home-affairs/financing/fundings/migration-asylum-borders/integration-fund_en (검색일: 2008년 10월 1일)

European Commission (2018l), Fiancing, Security, Borders, Police. Internal Security Fund - Borders and Visa.

https://ec.europa.eu/home-affairs/financing/fundings/security-and-safeguarding-liberties/internal-security-fund-borders_en (검색일: 2018년 10월 3일)

European Commission (2018m), Fiancing, Security, Borders, Police. Internal Security Fund - Police.

https://ec.europa.eu/home-affairs/financing/fundings/security-and-safeguarding-liberties/internal-security-fund-police_en (검색일: 2018년 10월 3일)

European Commission (2018n), Police Cooperation, Passenger Name Record (PNR).

https://ec.europa.eu/home-affairs/what-we-do/policies/police-cooperation/information-exchange/pnr_en (검색일: 2018년 11월 16일)

European Commission (2018o), Security Union: New rules on EU Passenger Name Record data.

https://ec.europa.eu/home-affairs/news/security-union-new-rules-eu-passenger-name-record-data_en (검색일: 2018년 11월 18일)

European Commission (2018p), Member States' notifications of the temporary reintroduction of border control at internal borders pursuant to Article 25 et seq. of the Schengen Borders Code.

European Commission (2018q), Smart Borders Package.

https://ec.europa.eu/home-affairs/content/smart-borders-package_en (검색일: 2019년 1월 2일)

European Commission (2018r), Departments / Executive agencies.

https://ec.europa.eu/info/departments_en (검색일: 2019년 1월 19일)

European Commission (2018s), Migration and Home Affairs Visa Information System (VIS).

European Commission (2020a), Common European Asylum System.

https://ec.europa.eu/home-affairs/what-we-do/policies/asylum_en (검색일: 2020년 1월
    3일)
European Commission (2020b), Identification of applicants (Eurodac).
https://ec.europa.eu/home-affairs/what-we-do/policies/asylum/identification-of-applicant
    s_en (검색일: 2020년 1월 3일)
European Commission (2020c), Country responsible for asylum application (Dublin).
https://ec.europa.eu/home-affairs/what-we-do/policies/asylum/examination-of-applicants
    _en (검색일: 2020년 1월 4일)
European Commission (2020d), Knowledge for policy Eurodac(European Asylum
    Dactyloscopy Database).
https://ec.europa.eu/knowledge4policy/dataset/ds00008_en (검색일: 2020년 1월 3일)
European Commission (2020e), Asylum procedures.
https://ec.europa.eu/home-affairs/what-we-do/policies/asylum/common-procedures_en
    (검색일: 2020년 1월 6일)
European Commission (2020f), Who qualifies for international protection.
https://ec.europa.eu/home-affairs/what-we-do/policies/asylum/refugee-status_en (검색일:
    2020년 1월 6일)
European Commission (2020g), Temporary protection.
https://ec.europa.eu/home-affairs/what-we-do/policies/asylum/temporary-protection_en
    (검색일: 2020년 1월 7일)
European Commission (2020h), Legal migration and Integration.
https://ec.europa.eu/home-affairs/what-we-do/policies/legal-migration_en (검색일: 2020
    년 1월 7일)
European Commission (2020i), Family reunification.
https://ec.europa.eu/home-affairs/what-we-do/policies/legal-migration/family-reunificatio
    n_en (검색일: 2020년 1월 7일)
European Commission (2020j), Study and Research.
https://ec.europa.eu/home-affairs/what-we-do/policies/legal-migration/study-research-or-
    training_en (검색일: 2020년 1월 8일)
European Commission (2020k), The Action Plan on the integration of third-country
    nationals.
https://ec.europa.eu/home-affairs/what-we-do/policies/legal-migration/integration/action

-plan-integration-third-country-nationals_en (검색일: 2020년 1월 8일)

European Commission (2020l), Irregular Migration & Return.

https://ec.europa.eu/home-affairs/what-we-do/policies/irregular-migration-return-policy_ en (검색일: 2020년 1월 8일)

European Commission (2020m), Border crossing.

https://ec.europa.eu/home-affairs/what-we-do/policies/borders-and-visas/border-crossing _en (검색일: 2020년 1월 8일)

European Commission (2020n), Visa policy.

https://ec.europa.eu/home-affairs/what-we-do/policies/borders-and-visas/visa-policy_en (검색일: 2020년 1월 10일)

European Commission (2020o), Schengen Information System.

https://ec.europa.eu/home-affairs/what-we-do/policies/borders-and-visas/schengen-infor mation-system_en (검색일: 2020년 1월 10일)

European Commission (2020p), Counter Terrorism.

https://ec.europa.eu/home-affairs/what-we-do/policies/counter-terrorism_en (검색일: 2020년 1월 10일)

European Commission (2020q), Fight against the financing of terrorism.

https://ec.europa.eu/home-affairs/what-we-do/policies/counter-terrorism/fight-financing- terrorism_en (검색일: 2020년 1월 14일)

European Commission (2020r), Register of Commission Expert Groups and other Similar Entities. EU Financial Intelligence Units' Platform.

https://ec.europa.eu/transparency/regexpert/index.cfm?do=groupDetail.groupDetail&gro upID=3251 (출처: 2020년 1월 16일)

European Commission (2020s), Organised Crime & Human Trafficking

https://ec.europa.eu/home-affairs/what-we-do/policies/organized-crime-and-human-traffi cking_en (검색일: 2020년 1월 16일)

European Commission (2020t), European Public Prosecutor's Office, Mission.

https://ec.europa.eu/info/law/cross-border-cases/judicial-cooperation/networks-and-bodie s-supporting-judicial-cooperation/european-public-prosecutors-office_en (검 색일: 2020년 4월 6일)

European Commission (2020u), Schengen, Borders & Visas.

https://ec.europa.eu/home-affairs/policies/schengen-borders-and-visa_en (검색일: 2020

년 4월 6일)

European Commission (2020v), Visa Information System (VIS).

https://ec.europa.eu/home-affairs/policies/schengen-borders-and-visa/visa-information-sys
tem_en (검색일: 2020년 4월 6일)

European Commission (2021a), Migration and Home Affairs: Relocation.

https://ec.europa.eu/home-affairs/what-we-do/networks/european_migration_network/gl
ossary_search/relocation_en (검색일: 2021년 7월 15일)

European Commission (2021b), European Solidarity: A Refugee Relocation system,
pp. 1-2.

European Commission (2021c), Schengen Information System (SIS).

European Council (2001), Conclusions and Plan of Action of the Extraordinary
European Council Meeting on 21 September 2001.

European Council (2007), Malta Declaration by the members of the European
Council on the external aspects of migration: addressing the Central
Mediterranean route.

European Council (2021), Preparatory Bodies, Standing Committee on Operational
Cooperation on Internal Security(COSI).

https://www.consilium.europa.eu/en/council-eu/preparatory-bodies/standing-committee-
operational-cooperation-internal-security/ (검색일: 2021년 6월 19일)

European External Action Services (2019), The European Union Border Assistance
Mission to Moldova and Ukraine (EUBAM). http://eubam.org/ (검색일:
2020년 1월 31일)

European Judical Network, (2018), About EJN.

https://www.ejn-crimjust.europa.eu/ejn/EJN_StaticPage.aspx?Bread=2 (검색일: 2019년
1월 5일)

European Parliament (2007), Committee on Civil Liberties, Justice and Home Affairs
working document on a Council Decision on the stepping up of cross-border
cooperation,particularly in combating terrorism and cross-border crime, pp.
1-5.

European Parliament (2014), Legislative powers, Ordinary legislative procedure.

European Parliament (2018a), EU Funds for Migration, Asylum and Integration
Policies, Study Requested by the BUDG Committee.

European Parliament (2018b), Fact Sheets on the European Union, An area of freedom, security and justice.

http://www.europarl.europa.eu/factsheets/en/section/202/an-area-of-freedom-security-and-justice (검색일: 2018년 11월 21일)

European Parliament (2018c), Fact Sheets on the European Union of Migration and Asylum and challenge for Europe.

European Parliament (2018d), Fact Sheets on the European Union, Judical Cooperation in Criminal Matters.

European Parliament (2018e), Fact Sheets Management of the External Border.

European Parliament (2018f), Fact Sheets Judical Cooperaton in Civil Matters.

European Parliament (2018g), Fact Sheets Personal Data Protection.

European Parliament (2018h), Fact Sheets on the European Union, Police Cooperation.

European Parliament (2018i), Legislative Train Schedule: Towards a New Policy on Migration EU- Turkey Statement and Action Plan.

European Public Prosecutor's Office (2021), Background.

https://www.eppo.europa.eu/en/background (검색일: 2021년 6월 30일)

Europol (2020), European Cybercrime Centre - EC3.

https://www.europol.europa.eu/about-europol/european-cybercrime-centre-ec3 (검색일: 2020년 1월 12일)

European Union (2001), Draft programme of measures for implementation of the principle of mutual recognition of decisions in civil and commercial matters Official Journal C 012.

European Union (2004a), European Refugee Fund II: financial solidarity for the benefit of the common asylum policy, IP/04/203Brussels,13 February 2004.

European Union (2014b), Codecision and Conciliation A Guide to How the European Parliament Co-legislates under the Ordinary Legislative Procedure.

European Union (2018a), Eur-Lex access to European Union law.

https://eur-lex.europa.eu/homepage.html (검색일: 2018년 9월 27일)

European Union (2018b), European Judicial Network in civil and commercial matters About the network.

https://e-justice.europa.eu/content_european_judicial_network_in_civil_and_commercia

l_matters-21-en.do (검색일: 2018년 11월 5일)

European Union (2018c), European e-Justice European Arrest Warrant. https://e-justice.europa.eu/content_european_arrest_warrant-90-en.do (검색일: 2019년 1월 4일)

European Union (2021), Cross Border Divorce Applicable Law: Geographical scope of the Rome III Regulation.

Flemish Port Committee (2018), Schengen-agreement / Convention implementing the Schengen Agreement / Schengen-acquis. http://www.serv.be/en/vhc/faq/schengen-agreement-convention-implementing-schengen-agreement-schengen-acquis (2018년 12월 21일)

Frontex (2021), Key Facts. https://frontex.europa.eu/about-frontex/faq/key-facts/ (검색일: 2021년 7월 10일)

Gadermaier, Ursula (2007), The European Refugee Fund A result of intergovernmental decision-making, Paper presented at the1st Cyprus Spring School on the European Union Nicosia and Paphos Cyprus. http://www.oegpw.at/de/fileadmin/pdf/Gefoerderte_Konferenzbeitraege/Gadermaier_Ursula.pdf (검색일: 2018년 10월 1일)

Government of Malta (2016), European Refugee Fund. https://eufunds.gov.mt/en/EU%20Funds%20Programmes/Migration%20Funds/Pages/European-Refugee-Fund.aspx (검색일: 2018년 9월 17일)

Government of UK (2015), European Refugee Fund General Information.

Homeland Security Today (2021), Frontex Deploys European Border Guard Teams to Lithuania and Latvia. https://www.hstoday.us/subject-matter-areas/border-security/frontex-deploys-european-border-guard-teams-to-lithuania-and-latvia/ (검색일: 2021년 7월 6일)

House of Lords (2006), The EU/US Passenger Name Record (PNR) Agreement, European Union Committee 21st Report of Session 2006-07, pp. 1-139.

International Organization for Migration (2021), Relocation. https://eea.iom.int/relocation (검색일: 2021년 7월 15일)

Judgment of the Court of 13 June 1958. Meroni & Co., Industrie Metallurgiche, SpA v High Authority of the European Coal and Steel Community. Case 9-56.

Judgment of the Court (Grand Chamber) of 16 June 2005. Criminal proceedings against Maria Pupino. Reference for a preliminary ruling: Tribunale di Firenze - Italy. Police and judicial cooperation in criminal matters - Articles 34 EU and 35 EU - Framework Decision 2001/220/JHA - Standing of victims in criminal proceedings - Protection of vulnerable persons - Hearing of minors as witnesses - Effects of a framework decision. Case C-105/03.

Judgment of the Court (Grand Chamber) of 18 December 2007. United Kingdom of Great Britain and Northern Ireland v Council of the European Union. Regulation (EC) No 2007/2004 - Establishment of the European Agency for the Management of Operational Cooperation at the External Borders of the Member States of the European Union - Validity. Case C-77/05.

Ministry of Czech Republic (2018), Multi-annual programme for Justice and Home Affairs.
https://www.mvcr.cz/mvcren/article/agenda-of-the-eu-at-the-ministry-of-the-int erior-hague-programme.aspx?q=Y2hudW09Mg%3D%3D (검색일: 2018년 11월 7일)

Office of the Refugee Applications Commissioner (2018), EU Dublin Ⅲ Regulation (Regulation (EU) No 604/2013).
http://www.orac.ie/website/orac/oracwebsite.nsf/page/eudublinⅢregulation-main-en (검색일: 2018년 8월 28일)

Opinion 2/94 Opinion pursuant to Article 228(6) of the EC Treaty (Accession by the Communities to the Convention for the Protection of Human Rights and Fundamental Freedoms).

Oxford Academic (2018), Privacy and data protection versus national security in transnational flights: the EU-Canada PNR agreement.
https://academic.oup.com/idpl/article/8/2/124/4993390 (검색일: 2018년 11월 17일).

Proposal for a Regulation of the European Parliament and of the Council establishing the criteria and mechanisms for determining the Member State responsible for examining an application for international protection lodged in one of the Member States by a third-country national or a stateless person (recast)COM/2016/0270 final.

Proposal for a Directive of the European Parliament and of the Council laying down standards for the reception of applicants for international protection (recast), COM(2016) 465 final.

Proposal for a Regulation of the European Parliament and of the Council on standards for the qualification of third-country nationals or stateless persons as beneficiaries of international protection, for a uniform status for refugees or for persons eligible for subsidiary protection and for the content of the protection granted and amending Council Directive 2003/109/EC of 25 November 2003 concerning the status of third-country nationals who are long-term resident, COM(2016) 466 final.

Proposal for a Regulation of the European Parliament and of the Council establishing a common procedure for international protection in the Union and repealing Directive 2013/32/EU, Brussels, 13.7.2016 COM(2016) 467 final.

PubAffairs Bruxelles (2020), EU Public Prosecutor's Office (EPPO): Council appoints European prosecutors.

Regulation (EC) No 45/2001 of the European Parliament and of the Council of 18 December 2000 on the protection of individuals with regard to the processing of personal data by the Community institutions and bodies and on the free movement of such data.

Regulation (EC) No 805/2004 of the European Parliament and of the Council of 21 April 2004 creating a European Enforcement Order for uncontested claims.

Regulation (EC) No 562/2006 of the European Parliament and of the Council of 15 March 2006 establishing a Community Code on the rules governing the movement of persons across borders (Schengen Borders Code).

Regulation (EC) No 1896/2006 of the European Parliament and of the Council of 12 December 2006 creating a European order for payment procedure.

Regulation (EC) No 1987/2006 of the European Parliament and of the Council of 20 December 2006 on the establishment, operation and use of the second generation Schengen Information System (SIS II).

Regulation (EC) No 1717/2006 of the European Parliament and of the Council of 15 November 2006 establishing an Instrument for Stability.

Regulation (EC) No 861/2007 of the European Parliament and of the Council of 11 July 2007 establishing a European Small Claims Procedure.

Regulation (EC) No 863/2007 of the European Parliament and of the Council of 11 July 2007 establishing a mechanism for the creation of Rapid Border Intervention Teams and amending Council Regulation (EC) No 2007/2004 as regards that mechanism and regulating the tasks and powers of guest officers.

Regulation (EC) No 864/2007 of the European Parliament and of the Council of 11 July 2007 on the law applicable to non-contractual obligations (Rome II).

Regulation (EC) No 863/2007 of the European Parliament and of the Council of 11 July 2007 establishing a mechanism for the creation of Rapid Border Intervention Teams and amending Council Regulation (EC) No 2007/2004 as regards that mechanism and regulating the tasks and powers of guest officers.

Regulation (EC) No 1393/2007 of the European Parliament and of the Council of 13 November 2007 on the service in the Member States of judicial and extrajudicial documents in civil or commercial matters (service of documents), and repealing Council Regulation (EC) No 1348/2000.

Regulation (EC) No 593/2008 of the European Parliament and of the Council of 17 June 2008 on the law applicable to contractual obligations (Rome I).

Regulation (EC) No 810/2009 of the European Parliament and of the Council of 13 July 2009 establishing a Community Code on Visas (Visa Code).

Regulation (EU) No 650/2012 of the European Parliament and of the Council of 4 July 2012 on jurisdiction, applicable law, recognition and enforcement of decisions and acceptance and enforcement of authentic instruments in matters of succession and on the creation of a European Certificate of Succession.

Regulation (EU) No 1215/2012 of the European Parliament and of the Council of 12 December 2012 on jurisdiction and the recognition and enforcement of judgments in civil and commercial matters.

Regulation (EU) No 603/2013 of the European Parliament and of the Council of 26 June 2013 on the establishment of Eurodac.

Regulation (EU) No 604/2013 of the European Parliament and of the Council of 26 June 2013 establishing the criteria and mechanisms for determining the Member State responsible for examining an application for international protection lodged in one of the Member States by a third-country national or a stateless person.

Regulation (EU) No 1052/2013 of the European Parliament and of the Council of 22 October 2013 establishing the European Border Surveillance System (Eurosur).

Regulation (EU) No 514/2014 of the European Parliament and of the Council of 16 April 2014 laying down general provisions on the Asylum, Migration and Integration Fund and on the instrument for financial support for police cooperation, preventing and combating crime, and crisis management.

Regulation (EU) No 514/2014 of the European Parliament and of the Council of 16 April 2014 laying down general provisions on the Asylum, Migration and Integration Fund and on the instrument for financial support for police cooperation, preventing and combating crime, and crisis management.

Regulation (EU) 2015/848 of the European Parliament and of the Council of 20 May 2015 on insolvency proceedings.

Regulation (EU) 2016/399 of the European Parliament and of the Council of 9 March 2016 on a Union Code on the rules governing the movement of persons across borders (Schengen Borders Code).

Regulation (EU) 2016/679 of the European Parliament and of the Council of 27 April 2016 on the protection of natural persons with regard to the processing of personal data and on the free movement of such data, and repealing Directive 95/46/EC (General Data Protection Regulation) (Text with EEA relevance).

Regulation (EU) 2016/794 of the European Parliament and of the Council of 11 May 2016 on the European Union Agency for Law Enforcement Cooperation (Europol) and replacing and repealing Council Decisions 2009/371/JHA, 2009/934/JHA, 2009/935/JHA, 2009/936/J

Regulation (EU) 2016/1624 of the European Parliament and of the Council of 14 September 2016 on the European Border and Coast Guard and amending Regulation (EU) 2016/399 of the European Parliament and of the Council and repealing Regulation (EC) No 863/2007 of the European Parliament and of the Council, Council Regulation (EC) No 2007/2004 and Council

Decision 2005/267/EC.

Regulation (EU) 2016/1953 of the European Parliament and of the Council of 26 October 2016 on the establishment of a European travel document for the return of illegally staying third-country nationals, and repealing the Council Recommendation of 30 November 1994.

Regulation (EU) 2017/2226 of the European Parliament and of the Council of 30 November 2017 establishing an Entry/Exit System (EES) to register entry and exit data and refusal of entry data of third-country nationals crossing the external borders of the Member States and determining the conditions for access to the EES for law enforcement purposes, and amending the Convention implementing the Schengen Agreement and Regulations (EC) No 767/2008 and (EU) No 1077/2011

Regulation (EU) 2018/1725 of the European Parliament and of the Council of 23 October 2018 on the protection of natural persons with regard to the processing of personal data by the Union institutions, bodies, offices and agencies and on the free movement of such data, and repealing Regulation (EC) No 45/2001 and Decision No 1247/2002/EC (Text with EEA relevance.)

Regulation (EU) 2018/1240 of the European Parliament and of the Council of 12 September 2018 establishing a European Travel Information and Authorisation System (ETIAS) and amending Regulations (EU) No 1077/2011, (EU) No 515/2014, (EU) 2016/399, (EU) 2016/1624 and (EU) 2017/2226.

Regulation (EU) 2018/1672 of the European Parliament and of the Council of 23 October 2018 on controls on cash entering or leaving the Union and repealing Regulation (EC) No 1889/2005.

Regulation (EU) 2018/1805 of the European Parliament and of the Council of 14 November 2018 on the mutual recognition of freezing orders and confiscation orders.

Regulation (EU) 2018/1806 of the European Parliament and of the Council of 14 November 2018 listing the third countries whose nationals must be in possession of visas when crossing the external borders and those whose nationals are exempt from that requirement.

Regulation (EU) 2019/880 of the European Parliament and of the Council of 17 April 2019 on the introduction and the import of cultural goods.

UK in a Changing Europe (2021), What is the Lugano Convention?

https://ukandeu.ac.uk/the-facts/what-is-the-lugano-convention/ (검색일: 2021년 8월 1일)

Varodags (2014), The Rome Ⅲ Regulation.

https://vardags.com/family-law/rome-iii-regulation (검색일: 2018년 11월 18일)

2001/220/JHA: Council Framework Decision of 15 March 2001 on the standing of victims in criminal proceedings.

2002/629/JHA: Council Framework Decision of 19 July 2002 on combating trafficking in human beings.

2002/946/JHA: Council framework Decision of 28 November 2002 on the strengthening of the penal framework to prevent the facilitation of unauthorised entry, transit and residence.

용어

accession criteria: 가입충족조건

Adonnino Committee: 아도니노위원회

Adonnino Report: 아도니노보고서

advisory bodies: 자문기구

Advocate-General: (사법재판소) 법무관

Africa Trust Fund: 아프리카신뢰기금

Agreement on Social Policy: 사회정책의정서

Analysis Work Files (AWF): (유럽경찰국) 분석파일

Anti-Money Laundering (AML): 자금세탁방지

Area of Freedom, Security and Justice (AFSJ): 자유안전사법지대

Article 36 Committee: 36조 위원회

Asylum, Migration and Integration Fund (AMIF): 망명이민통합기금

Asylum Support Teams (ASTs): 망명지원팀

association agreement: (제 3국 혹은 기구와의 공식적 협정): 연합협정

Automated Fingerprint Identification System (AFIS): 쉥겐정보시스템 자동지문확인시스템

Blue Card: 청색카드

Caritas: 카리타스

Charter of Fundamental Rights of the European Union (EU): 유럽연합기본권헌장

Charter of Fundamental Social Right for Works: 노동자의 사회적 권리에 관한 기본권헌장

Charter of Paris: 파리헌장

Civil Liberties, Justice and Home Affairs (LIBE): 시민자유내무사법 상임위원회

Club of Berne: 베른클럽

codecision procedure: 공동결정절차

Committee on Civil Liberties Justice and Home Affairs (LIBE) 시민자유사법내무위원회

Common European Asylum System (CEAS): 공동유럽망명시스템

common external tariffs (CET): 공동역외관세

Common Foreign and Security Policy (CFSP): 공동외교안보정책

common market: 공동시장

Common Integrated Risk Analysis Model (CIRAM): (유럽국경관리기구) 통합위험분석모델

Common Security and Defence Policy (CSDP): 공동안보방위정책

Common Travel Area: (아일랜드와 영국간) 공동여행지역

communication: (유럽위원회) 입법예비문서

Community Acquis / Acquis Communautaire: 공동체의 유산

Community method: 공동체 방식

consent procedure: 합의절차

consultation procedure: 자문절차

Convention on Mutual Assistance in Criminal Matters: (유럽평의회) 범죄에 대한 상호지원협약

Coordinating Committee in the Area of Police and Judicial Cooperation in Criminal Matters (CATS): 범죄에 대한 경찰사법협력조정위원회

Copenhagen criteria: 코펜하겐 기준

Council Committees: 이사회위원회

Council configurations: (10개의) 이사회 구성

Council of Europe: 유럽평의회

Counter-Terrorism Coordination (CTC): 테러리즘 조정관

Counter-Terrorism Financing (CTF): 테러리스트 자금차단

Counter Terrorist Group: (CTG): (이사회) 테러리스트대응그룹

Counter-Terrorism Task Force:(CTTF): (유럽경찰국) 테러대응테스크포스

Court of Justice (CoJ) / European Court of Justice (ECJ): 사법재판소

Court of Justice of the European Union (CJEU): 유럽연합사법재판소

Customs Information System (CIS): 관세정보시스템

Date Protection Office (DPO): 데이터보호사무국

decision: (2차 입법) 결정

derogation: 일시적 유예

directive: (2차 입법) 지침

direct effect: 직접 효력

Dooge Committee: 두기위원회

Dublin Convention: 더블린협정

Early Warning Mechanism (EWM): 조기경보시스템

Electronic System for Travel Authorization (ESTA): (미국)전자여행 허가시스템

emergency brake: (사법협력) 긴급유예

enhanced cooperation: 강화된 협력

Entry/Exit System (EES): 입출국시스템

EU Agency for large-scale IT systems(for Home Affairs) (eu-LISA): 내무사법 IT시스템운영기구

EU Financial Intelligence Units' Platform (EU FIUs Platform): (유럽위원회 내) 유럽연합금융정보국

EU Intelligence and Situation Centre (EU IntCen): 유럽연합정보상황센터

EU Internet Referral Unit (EU IRU): 유럽연합 인터넷감독국

EU-US Umbrella Agreement: 유럽연합-미국 개인정보보호협정

Euroceptic / Euroscepticism: 유럽회의론

European Agency for the Management of Operational Cooperation at the External Borders of The Members States of the European Union (Frontex): 유럽국경관리기구

European Agricultural Fund for Rural Development (EAFRD): 유럽농촌발전농업기금

European Anti-fraud Office / Office de Lutte Anti-Fraude (OLAF): 유럽부정방지국

European Area of justice / European Judical Area: 유럽사법지대

European Arrest Warrant (EAW): 유럽구속영장

European Asylum Dactyloscopy Database (Eurodac): 유럽지문데이터베이스

European Asylum Support Office (EASO): 유럽망명지원국

European Border and Coast Guard Agency (EBCGA) 유럽국경해안경비기구

European Border Guard Teams (EBGTs): (유럽국경해안경비기구) 유럽국경경비팀

European Border Surveillance System (Eurosur): 유럽국경감독시스템

European Convention on Extradition: (유럽평의회) 유럽송환협약

European Convention on Mutual Assistance in Criminal Matters: (유럽평의회) 유럽형사사법 공조협약

European Convention on Terrorism: (유럽평의회) 유럽테러리즘협약

European Council on Rogueries and Exiles (ECRE): 유럽난민망명이사회

European Counter-Terrorism Centre (ECTC): 유럽테러대응센터

European Convention on Human Rights / Convention for the Protection of Human Rights and Fundamental Freedoms (ECHR): 유럽인권협약

European Counter Terrorism Centre (ECTC): (유럽경찰국) 유럽테러대응센터

European Court of Human Rights (ECHR): 유럽인권재판소

European Criminal Records Information System (ECRIS): 유럽범죄기록정보시스템

European Cyber Crime Center: (EC3) (유럽경찰국) 유럽사이버범죄센터

European Data Protection Supervisor (EDPS): 유럽데이터보호감독관

European Development Fund (EDF): 유럽대외발전기금

European Drugs Unit: 유럽마약국

European Economic Area (EEA): 유럽경제지역

European Economic Community (EEC): 유럽경제공동체

European Enforcement Order (EEO): 유럽법률집행명령

European Evidence Warrant (EEW): 유럽증거영장

European External Action Services (EEAS): 유럽대외관계청

European Free Trade Association (EFTA): 유럽자유무역연합

European Fund for the Integration of third-country Nationals (EIF): 제 3국인 통합유럽기금

European Higher Education Area (EHEA): 유럽고등교육지역

European Information System (EIS): (유럽경찰국) 정보시스템

European Institute for Gender Equality (EIGE): 유럽양성평등기구

European Investigation Order (EIO): 유럽수사규범

European Judical Network (EJN): 유럽사법네트워크

European Justice Network-Civil (EJN-Civil): 유럽민사사법네트워크

European Maritime and Fisheries Fund (EMFF): 유럽해양어업기금

European Migration Network (EMN): 유럽이민네트워크

European Monitoring Centre on Racism and Xenophobia (EUMC): 유럽인종차별모니터링센터

European National Units (ENUs): 유럽경찰국 연락사무국

European Neighborhood Policy (ENP): 근린외교정책

European Pact on Immigration and Asylum: 유럽이민망명협약

European Police College (CEPOL): 유럽연합법률강화훈련기구 / 유럽경찰대학

European Police Office (Europol): 유럽경찰국

European Police Record Index System (EPRIS): 유럽경찰기록시스템

European Political Cooperation (EPC): 유럽정치협력

European Public Prosecutor's Office (EPPO): 유럽검찰국

European Refuge Fund (ERF): 유럽난민기금

European Regional Development Fund (ERDF): 유럽지역개발기금

European Research Area (ERA): 유럽연구지역

European Return Fund (ERF): 유럽송환기금

European Security and Defence Policy (ESDP): 유럽안보방위정책

European Social Fund (ESF): 유럽사회기금

European Travel Information and Authorisation System (ETIAS): 유럽여행정보 허가시스템

European Treaties: 유럽조약, 설립조약

European Union Agency for Fundamental Rights: (FRA) 유럽연합기본권기구

European Union Agency for Cybersecurity (ENISA): 유럽연합사이버안보기구

European Union's Judical Cooperation Unit (Eurojust): 유럽연합사법기구

Europol Liaison Officers (ELOs): 유럽경찰국 연락사무국 관료

Eurostat: 유럽통계국

Eurozone: 유로존

Expert Groups: (유럽위원회) 전문가그룹

Expert Group on radicalisation (HLCEG-R): 급진화고위급전문가그룹

External Borders Fund (EBF): 외부국경기금

Financial Action Task Force (FATF): 국제자금세탁방지기구

Foreign Affairs Council (FAC): 대외관계이사회

founding treaties: 설립조약

framework decision: 프레임워크 결정

Fund for European Aid to the Most Deprived (FEAD): 유럽빈곤지원기금

General Data Production Regulation (GDPR): 일반데이터보호규정

general principle of EU law: 유럽연합법의 일반원칙

Geneva Convention: 제네바협정

Global Approach to Migration and Mobility (GAMM): 이민과 이주에 대한 글로벌접근

Green Paper: (유럽위원회) 녹서

G6: 유럽연합 6개국(영국, 프랑스, 독일, 이탈리아, 스페인, 폴란드)간 정부간 협력

Hague Programme: 헤이그 프로그램

Hague Summit: 헤이그 정상회담

High Representative for the CFSP: 공동외교안보정책고위대표

High Representative of the Union for Foreign Affairs and Security Policy (HR / HRUFASP): 외교안보정책고위대표

Helsinki Final Act: 헬싱키 최종의정서

Horizon 2020: (과학기술정책) 호라이즌 2020

Hotspots: (난민대응) 핫 스팟

infringement proceedings: (유럽위원회의 2차 입법위반) 제재절차

Instrument contributing to Stability and Peace (IcSP): 안정과 평화 실행조치

Instrument for Stability (IfS): 안정화 실행조치

Integrated Border Management (IBM): 통합국경관리

Intelligence and Security Service (AIVD): (네덜란드) 정보안보버비스

Intergovernmental Conference (IGC): 정부간 회담

intergovernmentalism: 정부간주의

International Organization for Migration (IOM): 국제이주기구

Internal Security Fund (ISF): 역내안보기금

joint actions: (공동외교안보정책 / 내무사법협력) 공동실행

Joint Counterterrorism Center (GTAZ): (독일) 공동대응센터

Joint Customs Operations (JCOs): 공동세관작전팀

Joint Investigation Teams (JITs): (경찰사법) 공동수사팀

joint position: (공동외교안보정책, 내무사법협력) 공동입장

Joint Situation Centre (SitCen): 유럽대외관계청(EEAS) 내 유럽연합정보상황센터

Joint Supervisory Body (JSB): (유럽연합사법기구) 공동데이터감독기구

Joint Terrorism Analysis Centre (JTAC): (영국) 공동테러분석센터

Justice and Home Affairs Council (JHA): 내무사법이사회

Khartoum Process: 카루툼 프로세스

Kurdish Workers's Party (PKK): 쿠르드노동당

Lisbon Strategy: 리스본 전략

Local Border Traffic Regime: 지역국경사무소

Lugano Convention: 루카노협약

Malta Declaration: 말타 선언

Maritime Common Information Sharing Environment (CISE): 해상공동정보공유

Meroni doctrine: 메로니 독트린

minimum rules: 최소성 규칙

Multi-annual Financial Programme (MFF): 다년예산계획

mutual recognition: 상호인증

Naples Convention: 나폴리 협정

National Schengen Information System (N-SIS): 회원국 쉥겐정보시스템

non-exclusive competence: (유럽연합) 비배타적 권한

Nordic Passport Union: 노르딕 여권동맹

official institutions: (유럽연합) 공식기구

open method coordination (OMC): 개방적 조정

opt-in: 선택적 수용

opt-out: 선택적 거부권

orange card: 오렌지카드

ordinary legislative procedure (OLP): 일반입법절차

Passenger Information Units: (승객예약정보) 승객정보처

Passenger Name Record (PNR): (항공기) 승객예약정보

Protection of the union's financial interests directive (PIF Directive): 유럽연합 재정이익 보호지침

Plüm Treaty: 플룸조약

Police and Judicial Co-operation in Criminal Matters (PJCCM): 범죄에 관한 경찰 사법협력

Political and Security Committee (PSC): 정치안보위원회

Pompidou Group: 퐁피두그룹

preliminary ruling: (사법재판소) 선결적 판단

Prevention of and Fight Against Crime (ISEC): 범죄예방대응

Prevention, Preparedness and Consequence Management of Terrorism and other Security-related

  Risks (CIPS): 테러안보위험관리프로그램

principle of proportionality: 비례성(균형성) 원칙

principle of subsidiarity: 보충성 원칙

Prüm Decision: 플룸결정

Plüm Treaty / Convention in Plüm: 플룸조약

Qualified Majority Voting (QMV): 가중다수결 표결

Quadro Group: (이민망명) 쿼드로 그룹

Rapid Border Intervention Teams (RABITs): 신속국경개입팀

Registered Traveller Programme (RTP): 여행자등록 프로그램

regulatory agencies: 규제기구

regulation: (2차 입법) 규정

Saafbrücken Ageement: 사프부뤠겐협정

Salzburg Forum: 짤즈부르그포럼

Schengen acquis: 쉥겐의 유산

Schengen Agreement: 쉥겐협정

Schengen Area / Land: 쉥겐지역

Schengen Borders Code (SBC): 쉥겐국경코드

Schengen Evaluation Committee: 쉥겐평가위원회

Schengen Information System (SIS): 쉥겐정보시스템

Schengen Implementing Convention (SIC): / Convention implementing the Schengen Agreement: 쉥겐이행협정

secondary legislation: 2차 입법

Secretariat-General of the Council: 이사회사무국

shard competence: (유럽연합과 회원국간) 공유권한

simple majority: (유럽의회) 단순다수결

Single European Act (SEA): 단일유럽의정서

single market: 단일시장

Social Protection Committee (SPC): 사회적 보호위원회

Society for Worldwide Interbank Financial Telecommunication Agreement (SWIFT Agreement): 국제은행간 통신협정

Solidarity and Management of Migration Flows (SOLID): 이민유입에 대한 연대와 관리

special legislative procedure (SLP): 특별입법절차

Stabilisation and Association Process (SAP): 발칸안정화과정

Standing Committee on Operational Cooperation on Internal Security (COSI): 역내안보운영협력상임위원회

Stolen and Lost Travel Documents (SLTD): 유럽경찰국(Europol)의 여행객분실도난문서 데이터베이스

Strategic Committee on Immigration, Frontiers and Asylum (SCIFA): 이민국경망명전략위원회

Supplementary Information Request at the National Entry (SIRENE): 회원국 정보 네트워크

supranationalism: 초국가주의

Terrorist Finance Tracking Program (TFTP): (미국) 테러리스트 자금추적프로그램

Terrorisme, radicalisme, extrémisme et violence internationale (TREVI): 트레비(그룹)

The Committee of Experts on the Evaluation of Anti-Money Laundering Measures and the Financing of Terrorism (MONEYVAL): (유럽평의회) 자금세탁과 테러자

금 전문가위원회

The European Union Agency for Law Enforcement Training: (CEPOL): 유럽연합
법률집행교육기구

The European Union Border Assistance Mission to Moldova and Ukraine
(EUBAM): 유럽연합의 몰도바우크라이나 국경임무지원

Third Country Nationals (TCNs): (유럽연합 역내) 제 3국인

Treaty Establishing a Constitution for Europe / Treaty Establishing a Constitutional
Treaty: 유럽헌법설립조약

Treaty Establishing the European Community (TEC): 유럽공동체설립조약

Treaty on the Functioning of the European Union (TFEU): 유럽연합운영조약

TREVI Group Coordinators: 트레비조정관그룹

trialogues / trilogues: 3자 회합

United Nations High Commissioner Refugees (UNHCR): UN 난민기구

variable geometry: 가변적 지역

Visa Information System (VIS): 비자정보시스템

working groups: (이사회) 실무그룹

Working Group on Cyber Security and Cybercrime: (유럽연합-미국) 사이버안보
와 사이버 범죄 실무그룹

yellow card: 황색카드

미주

1) Massimo Fichera (2017), "Sketches of Theory of Europe as an Area of Freedom, Security and Justice," The European Union as an Area of Freedom, Security and Justice, Maria Fletcher, Ester Herlin-Karnell and Claudio Matera eds., Routledge, pp. 34-35.

2) Jörg Monar (2014), "Justice and Home Affairs," The Oxford Handbook of the European Union, Erik Jones, Anand Menon and Stephen Weatherill ed., Oxford University Press, p. 613.

3) Ariadna Ripoll Servent (2015a), "Deciding on Liberty and Security in the European Union," Institutional and Policy Change in the European Parliament Deciding on Freedom. Security and Justice, Palgrave, p. 59.

4) Emek M. Ucarer (2015), "The Area of Freedom, Security, and Justice," European Union Politics 5th., Michelle Cini and Nieves Perez-Solorzano Borragan eds., Oxford University Press, p. 282.

5) Laurie Buonanno and Neil Nugent (2013), "The Area of Freedom, Security and Justice," Policies and Policy Processes of the European Union, Palgrave Macmillan, p. 226.

6) Massimo Fichera, op. cit.,p. 36, 42.

7) Jörg Monar (2014b), op. cit., p. 625.

8) Ibid., p. 625.

9) Karen E. Smith (2009), "The Justice and Home Affairs Policy Universe: Some Directions for Further Research," Journal of European Integration, Vol. 31, No. 1, p. 2.

10) Laurie Buonanno and Neil Nugent, op. cit., pp. 228-229.

11) Christian Kaunert, John Occhipinti and Sarah Leonard (2014), "Introduction," Supranational Governance of Europe's Area of Freedom, Security and Justice, Christian Kaunert, John Occhipinti and Sarah Leonard eds., Taylor & Francis, p. 1.

12) Jörg Monarop. cit., pp. 613-614.

13) John McCormick (2015), "Justice and Home Affairs," European Union Politics, John McCormick 2nd. ed., Palgrave Macmillan, p. 375.

14) Ibid., p. 374.

15) Ibid., p. 374.

16) Karen E. Smith, op. cit., pp. 2-3.

17) Neill Nugent (2016), "Internal Policies," The Government and Politics of the European Union, London, Palgrave, p. 360.

18) Jörg Monar (2014b), op. cit., p. 613.

19) Laurie Buonanno and Neil Nugent, op. cit., p. 230.

20) Jörg Monar (2014b), op. cit., p. 625.

21) Ariadna Ripoll Servent (2015a), op. cit., p. 65.

22) Ian Bache, Simen Bulmer, Stephen George and Owen Parker (2015b), "Freedom, Security and Justice," Politics in the European Union, 4rd. ed., Oxford University Press, p. 469.

23) Massimo Fichera, op. cit.,p. 43.

24) Ibid., pp. 37-38.

25) Laurie Buonanno and Neil Nugent, op. cit., p. 227.

26) Maria Fletcher and Ester Herlin-Karnell (2017), "Is There a Transatlantic Security Strategy? Area of Freedom, Security and Justice Law and Its Global Dimension," The European Union as an Area of Freedom, Security and Justice, Maria Fletcher, Ester Herlin-Karnell and Claudio Matera eds., Routledge, pp. 417-418.

27) European Parliament (2018b), Fact Sheets on the European Union, An area of freedom, security and justice: general aspects, p. 1.

28) Ibid., pp 1-2.

29) 채형복 옮김 (2010), Treaty of LIsbon 리스본조약, 서울, 국제환경규제 기업지원센터, pp. 99-116 참조.

30) Sandra Lavenex (2015), "Justice and Home Affairs: Institutional Change and Policy Continuity" Policy-Making in the European Union 7th., Helen Wallace, Mark A. Pollack and Alasdair R. Young eds., Oxford, Oxford University Press, p. 372.

31) Dick Leonard and Robert Taylor (2014), "Justice and Home Affairs," The Routledge Guide to the European Union Previously Known as the Economist Guide to the European Union, Routldege, p. 227.

32) Ian Bache, Simen Bulmer, Stephen George and Owen Parker (2015b), op. cit., p. 452.

33) Dick Leonard and Robert Taylor, op. cit., p. 227.

34) Andreas Staab (2013), "Justice and Home Affairs," The European Union Explained, 3rd. eds., Bloomington, Indiana University Press, p. 141.

35) John McCormick, op. cit., p. 375.

36) Wolfgang Wessels (2014), "The Area of Freedom, Security and Justice: Pre-Constitutional and Pre-Legislative Functions," The European Council, Palgrave Macmillan, p. 228.

37) John McCormick, op. cit., p. 375.

38) Jorg Monar (2012), "Justice and Home Affairs: The Treaty of Maastricht as a

Decisive Intergovernmental Gate Opener," Journal of European Integration, Vol. 34, No. 7, p. 719.

39) Wolfgang Wessels, op. cit., pp. 228-229.

40) Steve Peers (2017), "The Rise and Fall of EU Justice and Home Affairs Law," The European Union as an Area of Freedom, Security and Justice, Maria Fletcher, Ester Herlin-Karnell and Claudio Matera eds., Routledge, p. 12.

41) Ariadna Ripoll Servent (2015a), op. cit., p. 63.

42) John McCormick, op. cit., p. 375.

43) Andreas Staab, op. cit., p. 142.

44) Neill Nugen, op. cit., p. 358.

45) Jörg Monar (2014b), op. cit., p. 614.

46) Dick Leonard and Robert Taylor, op. cit., p. 228.

47) Jorg Monar (2012), op. cit., p. 728.

48) Ibid., p. 718.

49) Emek M. Ucarer, op. cit., p. 283.

50) Jörg Monar (2014b), op. cit., pp. 614-615.

51) Ibid., pp. 614-615.

52) John McCormick, op. cit., p. 375.

53) Steve Peers, op. cit., p. 12.

54) John McCormick, op. cit., p. 375.

55) Sandra Lavenex, op. cit., pp. 369-370.

56) Jörg Monar (2014b), op. cit., p. 615.

57) Kaunert Christian, Sarah Léonard and John D. Occhipinti (2015), "Introduction: Agency Governance in the European Union's Area of Freedom, Security and Justice," Justice and Home Affairs Agencies in the European Union, Christian Kaunert, Sarah Léonard and John D. Occhipinti ed., Routledge, p. 2.

58) Jorg Monar (2012), op. cit., pp. 721-722.

59) Rebecca Adler-Nissen (2014), "Through the Revolving Doors of Freedom, Security and Justice," Opting Out of the European Union diplomacy, Sovereignty and European Integration, Cambridge University Press, p. 116.

60) Jorg Monar (2012), op. cit., pp. 721-722, 726

61) Sandra Lavenex, op. cit., p. 370.

62) Steven P. McGiffen (2005), "Citizenship, Justice and Security," The European Union: A Critical Guide, London, Pluto Press, p. 62

63) Helena Carrapiço and Floriam Trauner (2015), "Europol and Its Influence on EU Policy-making on Organized Crime: Analyzing Governance Dynamics and

Opportunities," Justice and Home Affairs Agencies in the European Union, Christian Kaunert, Sarah Léonard and John D. Occhipinti ed., Routledge, p. 67.

64) Emek M. Ucarer, op. cit., pp. 284-285.

65) Dick Leonard and Robert Taylor, op. cit., p. 229.

66) Jörg Monar (2006), "Cooperation in the Justice and Home Affairs Domain: Characteristics, Constraints and Progress," Journal of European Integration, Vol. 28, No. 5, p. 499.

67) Neill Nugent, op. cit., p. 358.

68) Sandra Lavenex, op. cit., p. 370.

69) John McCormick, op. cit., p. 376.

70) Sandra Lavenex, op. cit., pp. 370-371.

71) Dick Leonard and Robert Taylor, op. cit., pp. 227-228.

72) Laurie Buonanno and Neil Nugent, op. cit., p. 228.

73) Emek M. Ucare, op. cit., p. 282.

74) Florian Trauner and Ariadna Ripoll Servent (2016), "The Communitarization of the Area of Freedom, Security and Justice: Why Institutional Change Does not Translate into Policy Change," Journal of Common Market Studies, Vol. 54, Iss. 6, p. 1418.

75) Sandra Lavenex, op. cit., p. 371.

76) Jörg Monar (2014b), op. cit., p. 616.

77) Rebecca Adler-Nissen, op. cit., p. 118.

78) Neill Nugent, op. cit., p. 359.

79) Rebecca Adler-Nissen, op. cit., p. 117.

80) John McCormick, op. cit., p. 376.

81) Christian Kaunert and Kamil Zwolski (2013), "The Historical Evolution of the CFSP and JHA," The EU as a global Security Actor a Comprehensive Analysis Beyond CFSP and JHA, Palgrave, p. 57.

82) Steve Peers, op. cit., p. 13.

83) Ian Bache, Simen Bulmer, Stephen George and Owen Parker (2015b), op. cit., p. 457.

84) Dick Leonard and Robert Taylor, op. cit., pp. 229-330.

85) European Parliament (2018d), op. cit., p. 3.

86) Kaunert Christian, Sarah Léonard and John D. Occhipinti, op. cit., p. 1.

87) European Commission (1999), Together Against Trafficking in Human Beings, Tampere Council Conclusions 1999 참조.

88) Emek M. Ucarer, op. cit., p. 289.

89) Jörg Monar (2006), op. cit., p. 497.

90) John McCormick, op. cit., p. 376.

91) Ministry of Czech Republic (2018), Multi-annual programme for Justice and Home Affairs.

92) Communication from the Commission to the Council and the European Parliament of 10 May 2005 – The Hague Programme: ten priorities for the next five years. The Partnership for European renewal in the field of Freedom, Security and Justice (COM(2005) 184 final) 참조.

93) Christian Kaunert, John Occhipinti and Sarah Leonard, op. cit., pp.. 3-4.

94) Jörg Monar (2006), op. cit., p. 496.

95) Neill Nugent, op. cit., pp. 358-359.

96) Jonathan Olsen and John McCormick (2016), "Cohesion, Justice and Home Affairs, and Other Internal Policy," The European Union Politics and Policies 6th. ed., The Perseus Books Group, p. 267.

97) European Parliament (2007), Committee on Civil Liberties, Justice and Home Affairs working document on a Council Decision on the stepping up of cross-border cooperation, particularly in combating terrorism and cross-border crime, p. 2.

98) Emek M. Ucarer, op. cit., p. 292.

99) European Parliament (2007), op. cit., p. 2.

100) Council Decision 2008/615/JHA of 23 June 2008 on the stepping up of cross-border cooperation, particularly in combating terrorism and cross-border crime.

101) Sandra Lavenex, op. cit., p. 373.

102) Jörg Monar (2014b), op. cit., p. 613.

103) Sandra Lavenex, op. cit., p. 371.

104) Neill Nugent, op. cit., p. 359.

105) Christian Kaunert and Kamil Zwolski, op. cit., p. 65.

106) European Parliament (2018d), op, cit., p. 1.

107) Andreas Staab, op. cit., pp. 143-144.

108) Emek M. Ucarer, op. cit., p. 286.

109) Ian Bache, Simen Bulmer, Stephen George and Owen Parker (2015b), op. cit., p. 458.

110) John McCormick, op. cit., p. 377.

111) European Commission (2009), Communication on an area of freedom, security and justice serving the citizen (Stockholm Programme). COM (2009) 262 final 참조.

112) Council of the European Union (2009), The Stockholm Programme – An open and secure Europe serving and protecting the citizens, 17024/09, pp. 3-5.

113) Christian Kaunert, John Occhipinti and Sarah Leonard, op. cit., pp. 4-5.

114) Massimo Fichera, op. cit., p. 42.

115) European Commission (2014a), An open and secure Europe: making it happen COM(2014) 154 final 참조.

116) Andreas Staab, op. cit., pp. 143-144.

117) European Parliament (2018d), op. cit., p. 2 참조.

118) Claudio Matera (2017), "An External Dimension of the AFSJ? Some Reflections on the Nature and Scope of the Externalization of the AFSJ Domains," The European Union as an Area of Freedom, Security and Justice, Maria Fletcher, Ester Herlin-Karnell and Claudio Matera eds., Routledge, p. 369.

119) European Commission (2018g), Fiancing, Asylum, Migration, Integration.

120) 채형복 옮김, op. cit., 106. 참조.

121) European Commission (2018g), op. cit.

122) European Commission (2011a), Commission Staff Working Paper SEC(2011) 940 final, p. 5.

123) Ursula Gadermaier (2007), The European Refugee Fund A result of intergovernmental decision-making, Paper presented at the1st Cyprus Spring School on the European Union Nicosia and Paphos Cyprus.

124) European Union (2004), European Refugee Fund II: financial solidarity for the benefit of the common asylum policy, IP/04/203Brussels,13 February 2004.

125) Eapmigrationpanel (2004), European Refugee fund 2005-2010 Community Action (Article 8 of Council Decision 2004/904/EC) Annual Work programme 2005 Including Budgetary Implications and Selection Criteria.

126) Government of UK (2015), European Refugee Fund General Information, p. 1.

127) European Commission (2018g), op. cit.

128) Ibid.,

129) Government of Malta (2016), European Refugee Fund.

130) European Commission (2018h), Financing, Return Fund.

131) European Commission (2018k), Fiancing, Integration Fund.

132) European Commission (2018), External Border Fund. Migration and Home Affairs

133) Jorrit J. Rijpma (2017), "Frontex and the European System of Border Guards: The Future of European Border Management," The European Union as an Area of Freedom, Security and Justice, Maria Fletcher, Ester Herlin-Karnell and Claudio Matera eds., Routledge, p. 223.

134) European Commission (2018g), op. cit.

135) European Parliament (2018a), EU Funds for Migration, Asylum and Integration Policies, Study Requested by the BUDG Committee, p. 6.

136) European Parliament (2018a), op. cit., pp. 13-14 참조.

137) Thierry Balzaco (2008), "The Policy Tools of Securitization: Information Exchange,

EU Foreign and Interior Policies," Journal of Common Market Studies, Vol. 46, Iss. 1, p. 87.

138) European Parliament (2018), op. cit., pp. 11-15 참조.

139) Ibid., p. 14.

140) Ibid., p. 13.

141) Ibid., p. 9.

142) Ibid., pp. 16-17.

143) Regulation (EU) No 514/2014 of the European Parliament and of the Council of 16 April 2014 laying down general provisions on the Asylum, Migration and Integration Fund and on the instrument for financial support for police cooperation, preventing and combating crime, and crisis management; Regulation (EU) No 514/2014 of the European Parliament and of the Council of 16 April 2014 laying down general provisions on the Asylum, Migration and Integration Fund and on the instrument for financial support for police cooperation, preventing and combating crime, and crisis management 참조.

144) European Parliament (2018a), op. cit., p. 15.

145) European Commission (2018i), Funding, Asylum, Migration and Integration Fund (AMIF).

146) European Parliament (2018a), op. cit., p. 11.

147) Dick Leonard and Robert Taylor, op. cit., pp. 234-235.

148) Ibid., pp. 234-235.

149) European Commission (2018l), Fiancing, Security, Borders, Police. Internal Security Fund - Borders and Visa.

150) Ibid.

151) European Commission (2018m), Fiancing, Security, Borders, Police. Internal Security Fund - Police.

152) Ibid.

153) European Parliament (2018a), op. cit., pp. 7-8.

154) Ibid., pp. 12-13.

155) Ibid., pp. 15-16.

156) Ibid., pp. 15-16.

157) Christian Kaunert and Kamil Zwolski, op. cit., p. 56.

158) Steve Peers, op. cit., p. 15.

159) Edward Best (2016), "EU Decision-Making: An Overview of the System," Understanding EU Decision-Making, Springer, pp. 20-21.

160) Steve Peers (2012), "Mission Accomplished? EU Justice and Home Affairs Law After The Treaty of Lisbon," Common Market Law Review, Vol. 49, Iss. 3, p. 663.

161) Wolfgang Wessels, op. cit., p. 230.

162) Steve Peers, op. cit., p. 662.

163) Steve Peers, op. cit., pp. 14-15.

164) Steve Peers, op. cit., pp. 662-663.

165) EU Monitor (2018b), Joint position (JHA/CFSP).

166) 채형복 옮김, op. cit., pp. 36-37.

167) EU Monitor (2018c), Decision (JHA/PJC).

168) Steve Peers, op. cit., p. 663.

169) EU Monitor (2018)a, Framework decision, p. 231.

170) Steve Peers, op. cit., p. 14.

171) Steve Peers, op. cit., p. 663.

172) Judgment of the Court (Grand Chamber) of 16 June 2005, Case C-105/03.

173) Christian Kaunert and Kamil Zwolski, op. cit., p. 65.

174) Jonathan Olsen and John McCormick, op. cit., p. 268.

175) Corbett, Richard, Francis Jacobs and Michael Shackleton. (2011), "The Parliament and Legislation," The European Parliament, 8th. ed., John Harper, pp. 248-250, 256-257.

176) Steve Peers, op. cit., p. 674.

177) Ian Bache Simen Bulmer, Stephen George and Owen Parker (2015), "The Institutional Architecture," Politics in the European Union, 4rd. ed., Oxford University Press, pp. 217-218.

178) Florian Trauner and Ariadna Ripoll Servent, op. cit., pp. 1419-1420.

179) Alan Hardacre and Nadia Andrien (2011), "The Ordinary Legislative Procedure: New Codecision," How the EU Institutions Work and How to Work with the EU Institutions, Alan Hardacre ed., John Harper, p. 156.

180) Takis Tridimas (2012), "Competence after Lisbon: the elusive search for bright lines," The European Union After the Treaty of Lisbon, Diamond Ashiagbor, Nicola Countouris and Ioannis Lianos eds., Cambridge University Press, p. 54.

181) European Parliament (2018d), op, cit., p. 2.

182) 채형복 옮김, op. cit., p. 23 참조.

183) Ibid., p. 109-111 참조.

184) Steve Peers, op. cit., pp. 665-666.

185) 채형복 옮김, op. cit., pp. 259-263 참조.

186) Edward Best, op. cit., p. 52.

187) Michael Schwarz (2014), "A Memorandum of Misunderstanding – The doomed road of the European Stability Mechanism and a possible way out: Enhanced

cooperation," Common Market Law Review, Vol. 51, Iss. 2, pp. 407-408; Traver Hartley (2014), "The institutions," The Foundations of European Union Law, 8th. ed., Oxford University Press, pp. 44-45.

188) Rebecca Adler-Nissen (2009), "Behind the Scenes of Differentiated Integration: Circumventing National opt-out in Justice and Home Affairs," Journal of European Public Policy, Vol. 16, No. 1, pp. 62-63.

189) Ibid., p. 62, 66.

190) 송병준 (2016), 유럽연합 거버넌스Ⅱ, 서울, 높이깊이, p. 439.

191) Neill Nugent, op. cit., p. 359.

192) European Parliament (2018f), Fact Sheets Judical Cooperaton in Civil Matters, p. 2.

193) Neill Nugent, op. cit., pp. 360-361.

194) Steve Peer, op. cit., p. 169.

195) European Parliament (2018d), op. cit., p. 1.

196) European Parliament (2018f), op. cit., p. 2.

197) Rebecca Adler-Nissen, op. cit., p. 136.

198) Ibid., p. 123.

199) Ibid., p. 115.

200) Ibid., pp. 124-125.

201) Rebecca Adler-Nissen, op. cit., p. 72.

202) Judgment of the Court (Grand Chamber) of 18 December 2007. United Kingdom of Great Britain and Northern Ireland v Council of the European Union. Case C-77/05 참조.

203) Steve Peers, op. cit., p. 15.

204) Herman Lelieveldt and Sebastiaan Princen (2011), "An overview of EU policy-making," The Politics of the European Union, Cambridge University Press, p. 193.

205) Steve Peers, op. cit., p. 666 참조.

206) Sandra Lavenex, op. cit., p. 368.

207) Ibid., p. 376.

208) Ibid., p. 376.

209) Steve Peers, op. cit., p. 11.

210) Laurie Buonanno and Neil Nugent, op. cit., p. 230.

211) Monica den Boer (2014), "Police, Policy and Politics in Brussels: Scenarios for the Shift from Sovereignty to Solidarity," Supranational Governance of Europe's Area of Freedom, Security and Justice, Christian Kaunert, John Occhipinti and Sarah Leonard eds., Taylor & Francis, p. 20.

212) Desmond Dinan (2010), "Internal and External Security," Ever Closer Union: An

Introduction to European Integration 4th Ed., Colorado, Lynne Rienner Publishers, p. 534 참조.

213) Sandra Lavenex, op. cit., p. 374.

214) John McCormick, op. cit., p. 377.

215) European Commission (2018r), Departments / Executive agencies 참조.

216) Laurie Buonanno and Neil Nugent, op. cit., p. 228.

217) Monica den Boer. op. cit., p. 20.

218) European Parliament (2018d), op,.cit., pp. 2-3.

219) Laurie Buonanno and Neil Nugent, op. cit., p. 230.

220) Ibid., p. 231.

221) Sandra Lavenex, op. cit., p. 375.

222) Wolfgang Wessels, op. cit., p. 233.

223) Ibid., p. 234.

224) Jörg Monar (2014a), "The EU's Growing External Role in the AFSJ Domain: Factors, Framework and Forms of Action," Supranational Governance of Europe's Area of Freedom, Security and Justice, Christian Kaunert, John Occhipinti and Sarah Leonard eds., Taylor & Francis, p. 115.

225) Sandra Lavenex, op. cit., p. 374.

226) Christian Kaunert and Kamil Zwolski, op. cit., p. 66 참조.

227) Massimo Fichera, op. cit., p. 47.

228) Sandra Lavenex, op. cit., p. 374.

229) Rebecca Adler-Nissen, op. cit., pp. 120-121.

230) Council of the European Union (2019), List of Council preparatory bodies, p. 4, 12.

231) Jörg Monar (2006), op. cit., p. 499.

232) Sandra Lavenex, op. cit., p. 374.

233) Steve Peers, op. cit., p. 662.

234) European Parliament (2018d), op. cit., p. 4.

235) European Union (2014b), Codecision and Conciliation A guide to how the European Parliament co-legislates under the ordinary legislative procedure, pp. 33-34.

236) Steve Peer, op. cit., p. 677.

237) Richard Corbett, Francis Jacobs and Michael Shackleton, op. cit., p. 257 참조.

238) Rory Costello and Robert Thomson (2013), "The Distribution of Power Among EU Institutions: Who Wins Under Codecision and Why?," Journal of European Public Policy, Vol. 20, No. 7, p. 1026.

239) Steve Peers, op. cit., p. 679.

240) Artan Murati (2015), "The Factual Situation: EP Involvement in International

Agreements in Practice," European Parliament in EU International Agreements After Lisbon Treaty Beyond the "Power of Consent": Toolbox of Non-formal Powers, Akademikerverlag, pp. 48-49.

241) Monica den Boer, op. cit., p. 18.

242) Steve Peers, op. cit., pp. 12-13.

243) European Parliament (2018), Fact Sheets on the European Union, Police Cooperation, p. 2.

244) Massimo Fichera, op. cit., p. 47.

245) Rebecca Adler-Nissen, op. cit., p. 120.

246) Sandra Lavenex, op. cit., p. 368.

247) Jorrit J. Rijpma (2012), "Hybrid agencification in the Area of Freedom, Security and Justice and its inherent tensions: the case of Frontex," The Agency Phenomenon in the European Union Emergence, Institutionalisation and Everyday Decision-making, Manchester University Press, pp. 84-85.

248) Sarah Wolff and Adriaan Schout (2015), "Frontex as Agency: More of the Same?," Justice and Home Affairs Agencies in the European Union, Christian Kaunert, Sarah Léonard and John D. Occhipinti ed., Routledge, pp. 33-34.

249) Ibid., p. 3, 37.

250) Kaunert Christian, Sarah Léonard and John D. Occhipinti, op. cit., p. 2.

251) Jörg Monar (2014b), op. cit., p. 625.

252) Judgment of the Court of 13 June 1958. Meroni & Co., Industrie Metallurgiche, SpA v High Authority of the European Coal and Steel Community. Case 9-56.

253) Adriaan Schout and Fabian, Pereyra, (2011), "The Institutionalization of EU Agencies: Agencies as 'Mini Commissions," Public Administration, Vol. 89, Iss. 2, p. 421; Merijn Chamon (2012), "EU Agencies between Meroni and Romano or the Devil and The Deep Blue Sea," Common Market Law Review, Vol. 49 Iss. 4, p. 1057;

254) Florian Trauner (2012), "The European Parliament and Agency Control in the Area of Freedom, Security and Justice," West European Politics, Vol. 33, No. 4, p. 789.

255) Neill Nugent, op. cit., p. 360 참조.

256) John McCormick, op. cit., p. 377.

257) Kaunert Christian, Sarah Léonard and John D. Occhipinti, op. cit., p. 5.

258) Ibid., p. 5.

259) Christina Boswell (2010), "Justice and Home Affairs," Research Agendas in EU Studies: Stalking the Elephant, Egan, Michelle, Neil Nugent and William E. Paterson eds., London, Palgrave, p. 279.

260) Florian Trauner (2012), op. cit., pp. 785-786.

261) Masalina Busuio and Mrrtijn Groenleer (2015), "Beyond Design: The Evolution of

Europol and Eurojust," Justice and Home Affairs Agencies in the European Union, Christian Kaunert, Sarah Léonard and John D. Occhipinti ed., Routledge, p. 26.

262) Ibid., p. 26.

263) Ibid., pp. 25-26.

264) Ibid., p. 14.

265) Helena Carrapiço and Floriam Trauner, op. cit., p. 86.

266) Jörg Monar (2006), op. cit., p. 501.

267) European Parliament (2018h), Fact Sheets on the European Union, Police Cooperation, p. 2.

268) Sandra Lavenex, op. cit., p. 377.

269) European Parliament (2018)h, op. cit., p. 3

270) European Commission (2020), Agencies 참조.

271) Jörg Monar (2014b), op. cit., p. 622.

272) European Commission (2020), Agencies 참조.

273) Kaunert Christian, Sarah Léonard and John D. Occhipinti, op. cit., p. 9.

274) Dick Leonard and Robert Taylor, op. cit., p. 230.

275) Masalina Busuio and Mrrtijn Groenleer, op. cit., p. 26.

276) Kaunert Christian, Sarah Léonard and John D. Occhipinti, op. cit., p. 9.

277) European Parliament (2018d), op. cit., p. 3.

278) Ibid., p. 3; European Commission (2020), European Public Prosecutor's Office, Mission 참조

279) Jonathon W. Moses (2014), "The Shadow of Schengen," The Oxford Handbook of the European Union, Erik Jones,, Anand Menon and Stephen Weatherill ed., Oxford University Press, p. 606.

280) European Parliament (2018e), Fact Sheets Management of the External Border, p. 3.

281) Florian Trauner (2012), op. cit., p. 796.

282) Jörg Monar (2014b), op. cit., p. 619.

283) Sandra Lavenex, op. cit., p. 377.

284) EU Agencies Network (2020), Working for you and for your future.

285) Council of the European Union (2019), op. cit., p. 4.

286) Jorrit J. Rijpma (2012), op. cit., p. 86.

287) European Council (2021), Preparatory Bodies, Standing Committee on Operational Cooperation on Internal Security(COSI); European Parliament (2018h), op. cit., p. 4.

288) Council of the European Union (2019), op. cit., p. 4.

289) Laurie Buonanno and Neil Nugent, op. cit., p. 232.

290) Richard J. Aldrich (2014), "Intelligence and the European Union," The Oxford
Handbook of the European Union, Erik Jones, Anand Menon and Stephen
Weatherill ed., Oxford University Press, p. 631; European Parliament (2018h), op.
cit., p. 3.

291) Daniel Keohane (2008), "The Absent Friend: EU Foreign Policy and Counter-Terrorism,"
Journal of Common Market Studies, Vol. 46, Iss. 1, pp. 128-129.

292) Richard J. Aldrich, op. cit., p. 631.

293) Luis De Sousa (2013), "Understanding European Cross-border Cooperation: A
Framework for Analysis," Journal of European Integration, Vol. 35, No. 6, p. 672
참조.

294) Theresa Kuhn (2012), "Europa Ante Portas: Border Residence, Transnational
Interaction and Euroscepticism in Germany and France," European Union Politics,
Vol. 13, No. 1, p. 95.

295) Laurie Buonanno and Neil Nugent, op. cit., p. 233.

296) Jonathon W. Moses, op. cit., p. 600.

297) Dick Leonard and Robert Taylor, op. cit., p. 229.

298) Valentina Kostadinova (2017), "Border Controls - Transforming Territorial Borders,"
The European Commission and the Transformation of EU Borders, Palgrave, p. 52.

299) Jonathon W. Moses, op. cit., p. 601.

300) Christian Kaunert and Kamil Zwolski, op. cit., p. 53.

301) Steve Peers, op. cit., p. 18.

302) G. Vermeulen and W. De Bondt (2014), "Schengen," EU Justice and Home Affairs
Institutional and Policy Development, Maklu Antwerp/Apeldorn, p. 18.

303) Ibid., p. 21.

304) European Parliament (2018e), op. cit., p. 1; Sara Casella Colombeau (2010),
"Border guards as an "alien police": Usages of the Schengen Agreement in France,"
Cahiers européens de Sciences Po, No. 04/2010, p. 8.

305) Laurie Buonanno and Neil Nugent, op. cit., p. 233.

306) Flemish Port Committee (2018), Schengen-agreement / Convention implementing
the Schengen Agreement / Schengen-acquis 참조.

307) Desmond Dinan, op. cit., pp. 531-532.

308) Jorg Monar (2012), op. cit., pp. 719-720.

309) Emek M. Ucare, op. cit., p. 283; European Commission (2020u), Schengen,
Borders & Visas.

310) G. Vermeulen and W. De Bondt, op. cit., p. 16.

311) Emek M. Ucarer, op. cit., p.. 283.

312) Jonathon W. Moses, op. cit., p. 601.

313) G. Vermeulen and W. De Bondt, op. cit., p. 16.

314) Ian Bache, Simen Bulmer, Stephen George and Owen Parker (2015b), op. cit., p. 453.

315) Yves Pascouau (2013), "The Schengen Governance Package: The Subtle Balance between Community Method and Intergovernmental Approach, "European Policy Center, Discussion Paper, p. 5.

316) Jorrit J. Rijpma, op. cit., p. 226.

317) Yves Pascouau, op. cit., p. 1.

318) Jorrit J. Rijpma, op. cit., pp. 224-225.

319) Regine, Paul (2017), "Harmonisation by Risk Analysis? Frontex and the Risk-based Governance of European Border Control," Journal of European Integration, Vol. 39, No. 6, pp. 690-691.

320) European Commission (2018b), Migration and Home Affairs Schengen Area; Valentina Kostadinova, op. cit., pp. 54-55.

321) Christina Boswell, op. cit., p. 283.

322) European Commission (2018b), op. cit. 참조.

323) Ibid.,, 참조.

324) Emek M. Ucarer, op. cit., p. 286.

325) G. Vermeulen and W. De Bondt, op. cit., p. 20.

326) Ian Bache, Simen Bulmer, Stephen George and Owen Parker (2015b), op. cit., p. 456.

327) Laurie Buonanno and Neil Nugent, op. cit., p. 233.

328) G. Vermeulen and W. De Bondt, op. cit., p. 23.

329) Rebecca Adler-Nissen, op. cit., p. 116.

330) Ibid., p. 118.

331) G. Vermeulen and W. De Bondt, op. cit., pp. 19-20.

332) G. Vermeulen and W. De Bondt, op. cit., p. 20.

333) Andreas Staab, op. cit., p. 142.

334) European Commission (2018d), Migration and Home Affairs Temporary Reintroduction of Border Control.

335) European Commission (2018c), The Schengen Rules Explained.

336) European Commission (2018c), op. cit., 참조.

337) Emek M. Ucarer, op. cit., p. 290.

338) G. Vermeulen and W. De Bondt, op. cit., p. 17.

339) Monica den Boer, op. cit., p. 17.

340) European Commission (2020u), op. cit.

341) European Commission (2020o), Schengen Information System.

342) European Commission (2020o), op. cit.,

343) European Parliament (2018e), op. cit., p. 2.

344) Christian Kaunert and Kamil Zwolski, op. cit., p. 53.

345) Neill Nugent, op. cit., p. 358.

346) European Commission (2018a), Migration and Home Affairs Schengen Information System 참조.

347) European Commission (2021c), Schengen Information System (SIS) 참조.

348) Regulation (EC) No 1987/2006 of the European Parliament and of the Council of 20 December 2006 on the establishment, operation and use of the second generation Schengen Information System (SIS II) 참조.

349) G. Vermeulen and W. De Bondt, op. cit., p. 17.

350) Steven P. McGiffen, op. cit., pp. 65-66.

351) European Commission (2020), op. cit.,

352) European Commssion (2018a), op. cit., 참조.

353) European Parliament (2018e), op. cit., p. 2.

354) European Commssion (2018a), op. cit., 참조.

355) Ibid., 참조.

356) European Commission (2020o), op. cit.,

357) European Commission (2020o), op. cit.,

358) Jörg Monar (2006), op. cit., p. 501.

359) Jörg Monar (2014b), op. cit., p. 621.

360) European Commission (2020u), op. cit.

361) Regulation (EU) 2016/399 of the European Parliament and of the Council of 9 March 2016 on a Union Code on the rules governing the movement of persons across borders (Schengen Borders Code) 참조.

362) European Commission (2020u), op. cit.

363) Council Regulation (EC) No 539/2001 of 15 March 2001 listing the third countries whose nationals must be in possession of visas when crossing the external borders and those whose nationals are exempt from that requirement; Regulation (EC) No 810/2009 of the European Parliament and of the Council of 13 July 2009 establishing a Community Code on Visas (Visa Code) 참조.

364) Regulation (EU) 2018/1806 of the European Parliament and of the Council of 14 November 2018 listing the third countries whose nationals must be in possession of visas when crossing the external borders and those whose nationals are exempt from that requirement.

365) European Commission (2020n), Visa policy.

366) Julien Jeandesboz (2014), "EU Border Control: Violence, Capture and Apparatus," The Irregularization of Migration in Contemporary Europe, Detention, Deportation, Drowning, Robin Celikates, Joost de Bloois and Yolande Jansen eds., Rowman & Littlefield International, p. 94.

367) European Commission (2020v), Visa Information System (VIS).

368) European Commission (2018e), Migration and Home Affairs Visa Information System (VIS) 참조.

369) European Parliament (2018e), op. cit., p. 3.

370) Ibid., p. 3.

371) European Commission (2020m), Border crossing.

372) Laurie Buonanno and Neil Nugent, op. cit., p. 236.

373) Sandra Lavenex, op. cit., p. 379.

374) Jorrit J. Rijpma, op. cit., p. 222.

375) Regulation (EU) No 1052/2013 of the European Parliament and of the Council of 22 October 2013 establishing the European Border Surveillance System (Eurosur) 참조.

376) Ibid., 참조.

377) Laurie Buonanno and Neil Nugent, op. cit., p. 236.

378) Regulation (EU) 2017/2226 of the European Parliament and of the Council of 30 November 2017 establishing an Entry/Exit System (EES) to register entry and exit data and refusal of entry data of third-country nationals crossing the external borders of the Member States and determining the conditions for access to the EES for law enforcement purposes, and amending the Convention implementing the Schengen Agreement and Regulations (EC) No 767/2008 and (EU) No 1077/2011.

379) European Commission (2018), Smart Borders Package.

380) Christina Boswell, op. cit., p. 284.

381) Regulation (EU) 2018/1240 of the European Parliament and of the Council of 12 September 2018 establishing a European Travel Information and Authorisation System (ETIAS) and amending Regulations (EU) No 1077/2011, (EU) No 515/2014, (EU) 2016/399, (EU) 2016/1624 and (EU) 2017/2226; Regulation (EU) 2018/1241 of the European Parliament and of the Council of 12 September 2018 amending Regulation (EU) 2016/794 for the purpose of establishing a European Travel Information and Authorisation System (ETIAS) 참조.

382) European Parliament (2018e), op. cit., p. 5.

383) Valentina Kostadinova, op. cit., pp. 65-66.

384) Laurie Buonanno and Neil Nugent, op. cit., pp. 234-235.

385) Ibid., p. 235.

386) Desmond Dinan, op. cit., p. 543

387) Räul Hernández Sagrera (2014), "Exporting EU Integrated Border Management

Beyond EU Borders: Modernization and Institutional Transformation in Exchange for More Mobility?," Supranational Governance of Europe's Area of Freedom, Security and Justice, Christian Kaunert, John Occhipinti and Sarah Leonard eds., Taylor & Francis, p. 130.

388) Jorrit J. Rijpma, op. cit., p. 226.

389) Anthony Cooper (2015), "Where Are Europe's New Borders? Ontology, Methodology and Framing," Journal of Contemporary European Studies, Vol. 23, No. 4, p. 452.

390) Ibid., p. 453.

391) Julien Jeandesboz, op. cit., p. 94.

392) Didier Bigo (2014), "Death in the Meditteranean Sea: The Results of the Three Fields of Action of EU Border Controls," The Irregularization of Migration in Contemporary Europe, Detention, Deportation, Drowning, Robin Celikates, Joost de Bloois and Yolande Jansen eds., Rowman & Littlefield International, p. 68.

393) Florian Trauner and Ariadna Ripoll Servent, op. cit., pp. 1421-1422.

394) Laurie Buonanno and Neil Nugent, op. cit., p. 233.

395) Jörg Monar (2014b), op. cit., . 620.

396) Ibid., p. 621.

397) Jörg Monar (2006), op. cit., p. 497.

398) Julien Jeandesboz, op. cit., p. 92.

399) European Parliament (2018e), op. cit., pp. 1-2.

400) Regine, Paul, op. cit., p. 692.

401) 채형복 옮김, op. cit., p. 103.

402) 송병준 (2018), 유럽연합 정책결정시스템, 서울, 높이깊이, p. 300.

403) Räul Hernández Sagrera, op. cit., pp. 132-133, p. 139.

404) Andrew Geddes and Andrew Taylor (2013), "How EU Capacity Bargains Strengthen States: Migration and Border Security in South-East Europe," West European Politics, Vol. 34, No. 1, p. 54.

405) Räul Hernández Sagrera, op. cit., p. 130.

406) Christian Kaunert, John Occhipinti and Sarah Leonard, op. cit., p. 6.

407) EURAM (2021), Who We Are?; European External Action Services (2019), The European Union Border Assistance Mission to Moldova and Ukraine (EUBAM).

408) Räul Hernández Sagrera, op. cit., p. 136.

409) Regulation (EU) 2016/1624 of the European Parliament and of the Council of 14 September 2016 on the European Border and Coast Guard and amending Regulation (EU) 2016/399 of the European Parliament and of the Council and repealing Regulation (EC) No 863/2007 of the European Parliament and of the Council, Council Regulation (EC) No 2007/2004 and Council Decision

2005/267/EC 참조.

410) Sandra Lavenex, op. cit., p. 380.

411) Andrew Geddes and Andrew Taylor, op. cit., p. 61.

412) European Parliament (2018)e), op. cit., p. 3.

413) Steve Peers, op. cit., p. 20.

414) Anthony Cooper, op. cit., p. 448.

415) European Parliament (2018e), op. cit., p. 3.

416) Anthony Cooper, op. cit., pp. 448-449;

417) Valentina Kostadinova, op. cit., p. 66.

418) Didier Bigo, op. cit., p. 65.

419) James Wesley Scott and Ilkka Liikanen (2010), "Civil Society and the 'Neighbourhood'? Europeanization through Cross-Border Cooperation?," Journal of European Integration, Vol. 32, No. 5, pp. 424-425 참조.

420) Sarah Wolff and Adriaan Schout, op. cit., p. 38.

421) Ibid., p. 39.

422) Jorrit J. Rijpma (2012), op. cit., pp. 87-88.

423) Helena Ekelund (2014), "The Establishment of FRONTEX: A New Institutionalist Approach," Journal of European Integration, Vol. 36, No. 2, p. 105.

424) Jorrit J. Rijpma, op. cit., pp. 218-219.

425) Andrew W. Neal (2009), "Securitization and Risk at the EU Border: The Origins of FRONTEX," Journal of Common Market Studies, Vol. 47, Iss. 2, p. 341.

426) Jorrit J. Rijpma (2012), op. cit., p. 88, 91.

427) Sarah Wolff and Adriaan Schout, op. cit., p. 47.

428) Helena Ekelund, op. cit., p. 100.

429) Sarah Wolff and Adriaan Schout, op. cit., p. 41.

430) Johannes Pollak and Peter Slominski (2009), "Experimentalist but not Accountable Governance? The Role of Frontex in Managing the EU's External Borders," West European Politics, Vol. 32, No. 5, p. 905..

431) Räul Hernández Sagrera, op. cit., p. 131, pp. 134-135.

432) Regine, Paul, op. cit., p. 697.

433) Jorrit J. Rijpma, op. cit., p. 225.

434) Regine, Paul, op. cit., p. 692.

435) Florian Trauner (2012), op. cit., p. 793.

436) Jorrit J. Rijpma (2012), op. cit., p. 90.

437) Ibid., p. 91.

438) Andrew W. Neal, op. cit., p. 347.

439) Jorrit J. Rijpma, op. cit., p. 220.

440) Johannes Pollak and Peter Slominski, op. cit., p. 909.

441) Jorrit J. Rijpma, op. cit., p. 221.

442) Jorrit J. Rijpma (2012),, op. cit., p. 85.

443) Jorrit J. Rijpma, op. cit., p. 217.

444) Helena Ekelund, op. cit., p. 101.

445) Sarah Wolff and Adriaan Schout, op. cit., p. 44.

446) Sarah Wolff (2017), "The External Dimension of the European Union's Internal Security," International Relations and the European Union 3nd. ed., Hill, Christopher, Michael Smith and Sophie Vanhoonacker eds., Oxford University Press, p. 374.

447) Johannes Pollak and Peter Slominski, op. cit., p. 910; Frontex (2021), Key Facts.

448) Jorrit J. Rijpma, op. cit., p. 229.

449) Räul Hernández Sagrera, op. cit., p. 132.

450) Jorrit J. Rijpma, op. cit., pp. 228-231.

451) Jorrit J. Rijpma (2012),, op. cit., pp. 88-89.

452) Andrew W. Neal, op. cit., p. 343.

453) Regine, Paul, op. cit., pp. 692-693.

454) Jorrit J. Rijpma, op. cit., p. 219.

455) Jorrit J. Rijpma (2012), op. cit., p. 89.

456) Ibid., p. 89.

457) Helena Ekelund, op. cit., pp. 107-108.

458) Regulation (EC) No 863/2007 of the European Parliament and of the Council of 11 July 2007 establishing a mechanism for the creation of Rapid Border Intervention Teams and amending Council Regulation (EC) No 2007/2004 as regards that mechanism and regulating the tasks and powers of guest officers.

459) Sandra Lavenex, op. cit., p. 378.

460) Jorrit J. Rijpma (2012), op. cit., p. 97.

461) Helena Ekelund, op. cit., p. 100.

462) Jorrit J. Rijpma, op. cit., p. 228.

463) Jonathan Olsen and John McCormick, op. cit., p. 268-269.

464) Homeland Security Today (2021), Frontex Deploys European Border Guard Teams to Lithuania and Latvia.

465) Ian Bache, Simen Bulmer, Stephen George and Owen Parker (2015)b), op. cit., pp. 454-455.

466) Dorine Dubois (2002), "The Attacks of 11 September: EU-US Cooperation Against Terrorism in the Field of Justice and Home Affairs," European Foreign Affairs Review, Vol. 7, No. 3, p. 318.

467) Felia Allum and Monica Den Boer (2013), "United We Stand? Conceptual Diversity in the EU Strategy Against Organized Crime," Journal of European Integration, Vol. 35, No. 2, p. 141.

468) Antje Wiener (2008), "European Responses to International Terrorism: Diversity Awareness as a New Capability?*," Journal of Common Market Studies, Vol. 46, Iss.1, p. 212

469) Anneli Albi (2017), "The European Arrest Warrant, Constitutional Rights and the Changing Legal Thinking: Values Once Recognized Lost in Transition to the EU Level?," The European Union as an Area of Freedom, Security and Justice, Maria Fletcher, Ester Herlin-Karnell and Claudio Matera eds., Routledge, pp. 168-169.

470) Ian Bache, Simen Bulmer, Stephen George and Owen Parker (2015b), op. cit., p. 471.

471) Felia Allum and Monica Den Boer, op. cit., pp. 135-136, 141.

472) George Joffe (2008), "The European Union, Democracy and Counter-Terrorism in the Maghreb," Journal of Common Market Studies, Vol. 46, Iss. 1, p. 152, 158.

473) Elena Aoun (2012), "The European Union and International Criminal Justice: Living Up to Its Normative Preferences?," Journal of Common Market Studies, Vol. 50, Iss. 1, p. 21.

474) George Joffe, op. cit., p. 152, 158.

475) Sara Poli (2017), "The EU Anti-Terrorism Policy in Its External AFSJ Dimension: Democratic Accountability and Human Rights Protection in the Post-Lisbon Treaty Era," The European Union as an Area of Freedom, Security and Justice, Maria Fletcher, Ester Herlin-Karnell and Claudio Matera eds., Routledge, pp. 390-391.

476) 채형복 옮김, op. cit., p. 102. 196 참조.

477) Sara Poli, op. cit., p. 391.

478) 채형복 옮김, op. cit., p. 50, 100, 115 참조.

479) Maria Fletcher and Ester Herlin-Karnell, op. cit., p. 420.

480) 채형복 옮김, op. cit., p. 17, 34 참조.

481) Sarah Wolff, op. cit., p. 372.

482) European Commission (2020r), Register of Commission Expert Groups and other Similar Entities. EU Financial Intelligence Units' Platform.

483) European Commission (2020q), Fight against the financing of terrorism.

484) Sarah Wolff, op. cit., p. 378.

485) John McCormick, op. cit., p. 388.

486) Jörg Monar (2014a), op. cit., p. 116.

487) Daniel Keohane, op. cit., p. 127.

488) Ibid., pp. 129-130.

489) Ibid., p. 128.

490) Richard J. Aldrich, op. cit., pp. 632-633.

491) Ibid., p. 633; Daniel Keohane, op. cit., p. 128.

492) Ibid.,, p. 128.

493) Patryk Pawlak (2009), "The External Dimension of the Area of Freedom, Security and Justice: Hijacker or Hostage of Cross-pillarization," Journal of European Integration, Vol. 31, No. 1, p. 9 참조.

494) Wyn Rees (2008), "Inside Out: the External Face of EU Internal Security Policy," Journal of European Integration, Vol. 30, No. 1, p. 98.

495) Jörg Monar (2014a), op. cit., p. 109.

496) Florian Trauner (2009), "Deconstructing the EU's Routes of Influence in Justice and Home Affairs in the Western Balkans," Journal of European Integration, Vol. 31, No. 1, p. 66, 69.

497) Sara Poli, op. cit., p. 397; Regulation (EC) No 1717/2006 of the European Parliament and of the Council of 15 November 2006 establishing an Instrument for Stability 참조,

498) European Commission (2020p), Counter Terrorism.

499) Sarah Wolff, op. cit., p. 377.

500) Lili Di Puppo (2009), "The Externalization of JHA Policies in Georgia: Partner or Hotbed of Threats?," Journal of European Integration, Vol. 31, No. 1, p. 105.

501) ECDPM (2016), Final Report Evaluation of the Instrument for Stability-Crisis Response Component (2007-2013), p. 2.

502) Alex Mackenzie and Oldrich Bures, Christian Kaunert and Sarah Léonard (2015), "The European Union Counter-terrorism Coordinator and the External Dimension of the European Union Counter-terrorism Policy," Justice and Home Affairs Agencies in the European Union, Christian Kaunert, Sarah Léonard and John D. Occhipinti ed., Routledge, p. 62.

503) European Commission (2014b), The EU's Instrument contributing to Stability and Peace (IcSP).

504) Jörg Monar (2014a), op. cit., p. 112.

505) Maria Fletcher and Ester Herlin-Karnell, op. cit., p. 427.

506) Marieke De Goede (2008), "The Politics of Preemption and the War on Terror in Europe," European Journal of International Relations, Vol. 14, Iss. 1, p. 173.

507) Guild, Elspeth (2008), "The Uses and Abuses of Counter-Terrorism Policies in Europe: The Case of the 'Terrorist Lists'," Journal of Common Market Studies, Vol. 46, Iss. 1, p. 174.

508) John McCormick, op. cit., p. 386.

509) Christian Kaunert and Kamil Zwolski (2013), "The EU and Counter-Terrorism," The EU as a global Security Actor a Comprehensive Analysis Beyond CFSP and JHA, Palgrave, p. 89.

510) Richard J. Aldrich, op. cit., p. 629.

511) Stef Wittendorp (2016), "Unpacking 'International Terrorism': Discourse, the European Community and Counter-Terrorism, 1975-86," Journal of Common Market Studies, Vol. 54, Iss. 5, pp. 1241-1243 참조.

512) Raphael Bossong (2014), "EU Cooperation on Terrorism Prevention and Violent Radicalization: Frustrated Ambitions or New Forms of EU Security Governance?," Supranational Governance of Europe's Area of Freedom, Security and Justice, Christian Kaunert, John Occhipinti and Sarah Leonard eds., Taylor & Francis, p. 29.

513) Claudio Matera, op. cit., p. 362, 364.

514) Raphael Bossong, op. cit., p. 29.

515) Christian Kaunert and Kamil Zwolski, op. cit., p. 88.

516) European Council (2001), Conclusions and Plan of Action of the Extraordinary European Council Meeting on 21 September 2001.

517) Maria Fletcher and Ester Herlin-Karnell, op. cit., pp. 417-418.

518) Desmond Dinan, op. cit., p. 535.

519) Anneli Albi, op. cit., p. 169.

520) Jörg Monar (2007), "Common Threat and Common Response? The European Union's Counter-Terrorism Strategy and its Problems," Government and Opposition, Vol. 42, No. 1, pp. 293-294.

521) Ibid., p. 295.

522) Ibid., pp. 295-296.

523) Claudio Matera, op. cit., pp. 367-268.

524) Monica Den Boer (2008), "Legitimacy under Pressure: The European Web of Counter-Terrorism Networks*," Journal of Common Market Studies, Vol. 46, Iss.1, pp. 102-103.

525) Raphael Bossong (2008), "The Action Plan on Combating Terrorism: A Flawed Instrument of EU Security Governance," Journal of Common Market Studies, Vol. 46, Iss. 1, p. 29.

526) John McCormick, op. cit., p. 388.

527) Council of the European Union (2005), The European Union Counter-Terrorism Strategy, pp. 3-7.

528) Christian Kaunert and Kamil Zwolski, op. cit., p. 90.

529) Ibid., pp. 90-91.

530) European Commission (2015b), Communication From the Commission to the European parliament, The Council, The European Economic and Social Committee and the Committee of the Regions, The European Agenda on Security, COM(2015) 185 final, pp. 5-8.

531) Ibid., pp. 8-11.

532) Ibid., pp. 20-12.

533) Dick Leonard and Robert Taylor, op. cit., p. 234.

534) Claudio Matera, op. cit., pp. 36-333. .

535) Sandra Lavenex, op. cit., p. 383.

536) Thierry Balzaco, op. cit., p. 76.

537) Karin Svedberg Helgesson and Ulrika Morth (2016), "Involuntary Public Policy-making by For-Profit Professionals: European Lawyers on Anti-Money Laundering and Terrorism Financing," Journal of Common Market Studies, Vol. 54, Iss. 5, p. 1219, 1228.

538) Jörg Monar (2006), op. cit., pp. 500-501.

539) Richard J. Aldrichop. cit., p. 627, 629.

540) Ibid., p. 637.

541) Sandra Lavenex, op. cit., p. 383.

542) European Parliament (2018), Fact Sheets Personal Data Protection, p. 2.

543) Sara Poli, op. cit., p. 404.

544) European Parliament (2018g), Fact Sheets Personal Data Protection, p. 4.

545) Sarah Wolff, op. cit., p. 371.

546) European Commission (2018n), Police Cooperation, Passenger Name Record (PNR).

547) European Commission (2018o), Security Union: New rules on EU Passenger Name Record data.

548) Council of the European Union (2018), Regulating the use of passenger name record (PNR) data 참조.

549) Council Directive 91/308/EEC of 10 June 1991 on prevention of the use of the financial system for the purpose of money laundering 참조.

550) Maria Fletcher and Ester Herlin-Karnell, op. cit., pp. 422-423.

551) Karin Svedberg Helgesson and Ulrika Morth, op. cit., p. 1217.

552) European Commission (2020q), op. cit.

553) Directive (EU) 2015/849 of the European Parliament and of the Council of 20 May 2015 on the prevention of the use of the financial system for the purposes of money laundering or terrorist financing, amending Regulation (EU) No 648/2012 of the European Parliament and of the Council, and repealing Directive 2005/60/EC of the European Parliament and of the Council and Commission Directive

2006/70/EC (Text with EEA relevance) 참조.

554) Regulation (EU) 2018/1672 of the European Parliament and of the Council of 23 October 2018 on controls on cash entering or leaving the Union and repealing Regulation (EC) No 1889/2005 참조.

555) Directive (EU) 2018/1673 of the European Parliament and of the Council of 23 October 2018 on combating money laundering by criminal law 참조.

556) European Commission (2020p), op. cit.

557) Directive (EU) 2017/541 of the European Parliament and of the Council of 15 March 2017 on combating terrorism and replacing Council Framework Decision 2002/475/JHA and amending Council Decision 2005/671/JHA 참조.

558) Regulation (EU) 2018/1805 of the European Parliament and of the Council of 14 November 2018 on the mutual recognition of freezing orders and confiscation orders 참조.

559) Directive (EU) 2019/1153 of the European Parliament and of the Council of 20 June 2019 laying down rules facilitating the use of financial and other information for the prevention, detection, investigation or prosecution of certain criminal offences, and repealing Council Decision 2000/642/JHA.

560) Regulation (EU) 2019/880 of the European Parliament and of the Council of 17 April 2019 on the introduction and the import of cultural goods 참조.

561) Jörg Monar (2014), op. cit., p. 110.

562) Raphael Bossong, op. cit., p. 30.

563) Ibid., p. 30.

564) Ibid., pp. 30-31.

565) Ibid., p. 32.

566) Communication from the Commission to the European Parliament, The Council, The European Economic and Social Committee and the Committee of the Regions, Preventing Radicalisation to Terrorism and Violent Extremism: Strengthening the EU's Response COM(2013) 941 final: Communication from the Commission to the European Parliament, The Council, The European Economic and Social Committee and the Committee of the Regions, supporting the prevention of radicalisation leading to violent extremism, COM(2016) 379 final.

567) European Commission (2020p), op. cit.,

568) Sarah Wolff, op. cit., p. 381-383.

569) Directive 2011/93/EU of the European Parliament and of the Council of 13 December 2011 on combating the sexual abuse and sexual exploitation of children and child pornography, and replacing Council Framework Decision 2004/68/JHA 참조.

570) Maria Fletcher and Ester Herlin-Karnell, op. cit., pp. 420-421; Directive 2013/40/EU of the European Parliament and of the Council of 12 August 2013

on attacks against information systems and replacing Council Framework Decision 2005/222/JHA 참조.

571) ENISA (2021), About ENISA - The European Union Agency for Cybersecurity.

572) EU Cyber Direct (2019), Regulation 2019/881 on ENISA and ICT Cybersecurity Certification 참조.

573) Javier Argomaniz (2009), "When the EU is the 'Norm-taker': The Passenger Name Records Agreement and the EU's Internalization of US Border Security Norms," Journal of European Integration, Vol. 31, No. 1, p. 120.

574) European Commission (2018n), Police Cooperation, Passenger Name Record (PNR) 참조.

575) House of Lords (2006), The EU/US Passenger Name Record (PNR) Agreement, European Union Committee 21st Report of Session 2006–07, p. 6.

576) Richard J. Aldrichop. cit., pp. 638-639.

577) Ibid., p. 638.

578) Christian Kaunert and Kamil Zwolski, op. cit., Palgrave, p. 98.

579) Javier Argomaniz, op. cit., p. 123.

580) House of Lords, op. cit., p. 6,

581) Laurie Buonanno and Neil Nugent, op. cit., p. 244.

582) ECJ judgements in joined cases Parliament v. Council [C-317/04 and C-318/04].

583) House of Lords, op. cit., pp. 20-21.

584) Richard J. Aldrich, op. cit., p. 639.

585) European Commission (2010), Communication form the Commission On the global approach to transfers of Passenger Name Record (PNR) data to third countries, COM/2010/0492 final) 참조.

586) Council of the European Union (2012), Council adopts new EU-US agreementon Passenger Name Records (PNR). 9186/12PRESSE 173.

587) Sara Poli, op. cit., p. 394.

588) Oxford Academic (2018), Privacy and data protection versus national security in transnational flights: the EU–Canada PNR agreement 참조.

589) Javier Argomaniz, op. cit., p. 124.

590) Ibid., p. 122.

591) Ariadna Ripoll Servent (2015c), "The SWIFT Agreement: Retaliation of Capitulation?," Institutional and Policy Change in the European Parliament Deciding on Freedom. Security and Justice, Palgrave, p. 131.

592) Sara Poli, op. cit., p. 394.

593) Laurie Buonanno and Neil Nugent, op. cit., p. 244.

594) Ariadna Ripoll Servent (2015c), op. cit., p. 109.

595) Maria Fletcher and Ester Herlin-Karnell, op. cit., p. 425.

596) Laurie Buonanno and Neil Nugent, op. cit., pp. 244-245.

597) Marieke de Goede and Mara Wesseling (2017), "Secrecy and security in transatlantic terrorism finance tracking," Journal of European Integration, Vol. 39, No. 3, p. 260.

598) Ariadna Ripoll Servent (2015c), op. cit., p. 124

599) Sara Poli, op. cit., p. 394.

600) Sara Poli, op. cit., p. 401.

601) Ariadna Ripoll Servent (2015c), op. cit., pp. 110-111.

602) Ibid., p. 108, 113.

603) Laurie Buonanno and Neil Nugent, op. cit., p. 245.

604) Yuko Suda (2013), "Transatlantic Politics of Data Transfer: Extraterritoriality, Counter-Extraterritoriality and Counter-Terrorism," Journal of Common Market Studies, Vol. 51, Iss. 4, pp 772-773.

605) Christian Kaunert and Kamil Zwolski, op. cit., algrave, p. 97, 101.

606) Sarah Wolf, op. cit., p. 373.

607) Karen E. Smith, op. cit., p. 5.

608) Irene Wieczorek (2017), "Understanding JHA Agencies in Context: Where Does Eurojust Lie in the Constitutional Architecture of the Area of Freedom, Security and Justice?," The European Union as an Area of Freedom, Security and Justice, Maria Fletcher, Ester Herlin-Karnell and Claudio Matera eds., Routledge, p. 441.

609) Antoine Megie (2014), "The Origin of EU Authority in Criminal Matters: a Sociology of Legal Experts in European Policy-making," Journal of European Public Policy, Vol. 21, No. 2, p. 234.

610) Laurie Buonanno and Neil Nugent, op. cit., pp. 241-242.

611) Marat Market (2014), "Tacit Procedural Politics: Institutional Change and Member States' Strategies in Police and Judicial Cooperation in Criminal Matters," Supranational Governance of Europe's Area of Freedom, Security and Justice, Christian Kaunert, John Occhipinti and Sarah Leonard eds., Taylor & Francis, p. 74.

612) Ibid., p. 69.

613) European Parliament (2018h), op. cit., p. 1.

614) G. Vermeulen and W. De Bondt, op. cit., pp. 23-24.

615) European Parliament (2018h), op. cit., p. 2.

616) UK in a Changing Europe (2021), What is the Lugano Convention?.

617) Claudio Matera, op. cit., pp. 373-374.

618) European Parliament (2007), op. cit., p. 2.

619) Nicole Wichmann (2006), "The Participation of the Schengen Associates: Inside or Outside?," European Foreign Affairs Review, Vol. 11, No. 1, pp. 91-92.

620) Monica den Boer, op. cit., p. 12.

621) Nicole Wichmann, op. cit., p. 87.

622) Ibid., pp. 92-93; Council Act of 29 May 2000 establishing in accordance with Article 34 of the Treaty on European Union the Convention on Mutual Assistance in Criminal Matters between the Member States ofthe European Union 참조.

623) Nicole Wichmann, op. cit., p. 92.

624) Monica den Boer, op. cit., p. 12.

625) Andreas Staab, op. cit., p. 148.

626) Jörg Monar (2015), "Eurojust and the European Public Prosecutor Perspective: From Cooperation to Integration in EU Criminal Justice? Justice and Home Affairs Agencies in the European Union, Christian Kaunert, Sarah Léonard and John D. Occhipinti ed., Routledge, p. 68.

627) 채형복 옮김, op. cit., pp. 114-116.

628) European Parliament (2018h), op. cit., p. 2.

629) European Parliament (2018d), op. cit., p. 2.

630) 채형복 옮김, op. cit., p. 108.

631) Jörg Monar (2014b), op. cit., p. 622.

632) Tom Obokata (2012), "Key EU Principles to Combat Transnational Organized Crime," Common Market Law Review, Vol. 49, Iss. 3, p. 803.

633) Jörg Monar (2014b), op. cit., p. 622.

634) European Parliament (2018d), op. cit., p. 3.

635) John McCormick, op. cit., p. 385.

636) European Parliament (2018d), op. cit., p. 1.

637) Corbett, Richard, Francis Jacobs and Michael Shackleton, op. cit., pp. 248-250.

638) Laurie Buonanno and Neil Nugent, op. cit., p. 243.

639) Alan Hardacre and Nadia Andrien, op. cit., p. 150.

640) European Parliament (2018d), op. cit., p. 1.

641) European Parliament (2014), Legislative powers, Ordinary legislative procedure 참조.

642) Steve Peers, op. cit., p. 669.

643) Steve Peers, op. cit., p. 29.

644) Christina Boswell, op. cit., p. 285.

645) Ibid., p. 286.

646) Kaunert Christian, Sarah Léonard and John D. Occhipinti, op. cit., p. 9.

647) Valsamis Mitsilegas (2006), "The Constitutional Implications of Mutual Recognition

in Criminal Matters in the EU," Common Market Law Review," Vol. 43, Iss. 5, pp. 1277-1278, 1280.

648) Nicole Wichmann, op. cit., p. 94.

649) Jörg Monar (2015), op. cit., pp. 68-70.

650) Ibid., p. 68.

651) Ibid., p. 69.

652) Ibid., p. 69.

653) Nicole Wichmann, op. cit., p. 96.

654) Jörg Monar (2015), op. cit., p. 70.

655) European Parliament (2018d), op. cit., p. 2.

656) Council of the European Union (2000), Council Acts of 29 May 2000establishing in accordance with Article 34 of the Treaty on European Union the Convention onMutual Assistance in Criminal Matters between the Member States of the European Union 참조.

657) Directive 2014/41/EU of the European Parliament and of the Council of 3 April 2014 regarding the European Investigation Order in criminal matters.

658) Directive 2014/42/EU of the European Parliament and of the Council of 3 April 2014 on the freezing and confiscation of instrumentalities and proceeds of crime in the European Union.

659) Council Decision 2008/615/JHAof 23 June 2008on the stepping up of cross-border cooperation, particularly in combating terrorism and cross-border crime 참조.

660) Council Decision 2008/617/JHA of 23 June 2008 on the improvement of cooperation between the special intervention units of the Member States of the European Union in crisis situations 참조.

661) Jörg Monar (2015), op. cit., p. 69.

662) Council of the European Union (2009), resolution on a Roadmap for strengthening procedural rights of suspected or accused persons in criminal proceedings.

663) European Parliament (2018d), op. cit., p. 4.

664) Ibid., p. 4.

665) Directive 2010/64/EU of the European Parliament and of the Council of 20 October 2010 on the right to interpretation and translation in criminal proceedings.

666) Sandra Lavenex, op. cit., p. 384.

667) Directive 2012/13/EU of the European Parliament and of the Council of 22 May 2012 on the right to information in criminal proceedings.

668) Directive 2013/48/EU of the European Parliament and of the Council of 22 October 2013 on the right of access to a lawyer in criminal proceedings and in European arrest warrant proceedings, and on the right to have a third party informed upon deprivation of liberty and to communicate with third persons and

with consular authorities while deprived of liberty.

669) Directive (EU) 2016/343 of the European Parliament and of the Council of 9 March 2016 on the strengthening of certain aspects of the presumption of innocence and of the right to be present at the trial in criminal proceedings.

670) Directive (EU) 2016/800 of the European Parliament and of the Council of 11 May 2016 on procedural safeguards for children who are suspects or accused persons in criminal proceedings.

671) Directive (EU) 2016/1919 of the European Parliament and of the Council of 26 October 2016 on legal aid for suspects and accused persons in criminal proceedings and for requested persons in European arrest warrant proceedings.

672) 2001/220/JHA: Council Framework Decision of 15 March 2001 on the standing of victims in criminal proceedings.

673) Directive 2011/99/EU of the European Parliament and of the Council of 13 December 2011 on the European protection order; Directive 2012/29/EU of the European Parliament and of the Council of 25 October 2012 establishing minimum standards on the rights, support and protection of victims of crime, and replacing Council Framework Decision 2001/220/JHA.

674) Dick Leonard and Robert Taylor, op. cit., p. 230.

675) Christian Kaunert and Kamil Zwolski, op. cit., Palgrave, p. 92.

676) Anneli Albi, op. cit., p. 158.

677) Esther Versluis, Mendeltje van Kejlen and Paul Stephenson (2011), "Agenda-Setting," Analyzing the European Union Policy Process, Palgrave Macmillan, pp. 128-129.

678) Christian Kaunert and Kamil Zwolski, op. cit., p. 94.

679) Jan KomArek (2007), "European Constitutionalism and the European Arrest Warrant: In Search of the Limits of "Contrapunctual Principles," CMLR, Vol. 44, Issue 1, pp. 9-10.

680) Anneli Albi, op. cit., pp. 144-145.

681) Ibid., p. 143.

682) Jonathan Olsen and John McCormick, op. cit., p. 268.

683) Laurie Buonanno and Neil Nugent, op. cit., p. 242.

684) Laurie Buonanno and Neil Nugent, op. cit., p. 242.

685) European Parliament (2018d), op. cit., p. 2.

686) John McCormick, op. cit., p. 386.

687) European Union (2018c), European e-Justice European Arrest Warrant.

688) Florian Trauner and Ariadna Ripoll Servent, op. cit., p. 1421, 1425.

689) Tom Obokata, op. cit., p. 811.

690) Valsamis Mitsilegas, op. cit., p. 1283.

691) Laurie Buonanno and Neil Nugent, op. cit., p. 243.

692) Ibid., pp. 243-244.

693) Council Framework Decision 2008/978/JHA of 18 December 2008 on the European evidence warrant for the purpose of obtaining objects, documents and data for use in proceedings in criminal matters 참조.

694) Nicole Wichmann, op. cit., p. 97.

695) John McCormick, op. cit., p. 386.

696) European Parliament (2018d), op. cit., p. 2.

697) European Judical Network, (2018), About EJN 참조.

698) Jörg Monar (2015), op. cit., p. 69.

699) Jörg Monar (2006), op. cit., pp. 500-501.

700) Monica den Boe, op. cit., pp. 11-12.

701) Helena Carrapiço and Floriam Trauner, op. cit., pp. 88-89.

702) Masalina Busuio and Mrrtijn Groenleer, op. cit., p. 17.

703) 1) Monica den Boer, op. cit., p. 12.

704) Kaunert Christian, Sarah Léonard and John D. Occhipinti, op. cit., p. 1.

705) Florian Trauner (2012), op. cit., p. 789.

706) Masalina Busuio and Mrrtijn Groenleer, op. cit., p. 19.

707) Masalina Busuio and Mrrtijn Groenleer, op. cit., p. 17, 19.

708) Alexandra De Moor and Vermeulen, Gert (2010), "The EUROPOL Council Decision: Transforming EUROPOL into an Agency of the European Union," Common Market Law Review, Vol. 47, Iss. 4, p. 1089.

709) European Parliament (2018h), op. cit., p. 1.

710) Stephen Rozée, Christian kaunert and Sarah Léonard (2015), "Is Europol a Comprehensive Policing Actor?," Justice and Home Affairs Agencies in the European Union, Christian Kaunert, Sarah Léonard and John D. Occhipinti ed., Routledge, p. 102.

711) Regulation (EU) 2016/794 of the European Parliament and of the Council of 11 May 2016 on the European Union Agency for Law Enforcement Cooperation (Europol) and replacing and repealing Council Decisions 2009/371/JHA, 2009/934/JHA, 2009/935/JHA, 2009/936/J 참조.

712) Ibid., 참조.

713) Stephen Rozée, Christian kaunert and Sarah Léonard, op. cit., pp. 107-108.

714) Ibid., pp. 110-111.

715) Ibid., p. 106.

716) Masalina Busuio and Mrrtijn Groenleer, op. cit., p. 22.

717) Stephen Rozée, Christian kaunert and Sarah Léonard, op. cit., p. 106.

718) Ibid., p. 106.

719) John McCormick, op. cit., p. 385.

720) Masalina Busuio and Mrrtijn Groenleer, op. cit., p. 23.

721) Ibid., p. 18.

722) Ibid., p. 23.

723) Alexandra De Moor and Vermeulen, Gert, op. cit., pp. 1090.

724) Jörg Monar (2006), op. cit., p. 501.

725) Alexandra De Moor and Vermeulen, Gert, op. cit., pp. 1100.

726) European Parliament (2018d), op. cit., p. 3.

727) Eurojust (2018), Joint Investigation Teams (JITs) General background.

728) Jörg Monar (2015), op. cit., pp. 72-73.

729) Monica den Boer, op. cit., p. 14.

730) Jörg Monar (2006), op. cit., p. 502; Masalina Busuio and Mrrtijn Groenleer, op. cit., pp. 17-18, p. 23.

731) Stephen Rozée, Christian kaunert and Sarah Léonard, op. cit., p. 103.

732) Helena Carrapiço and Floriam Trauner, op. cit., p. 90.

733) Alexandra De Moor and Vermeulen, Gert, op. cit., p. 1109.

734) Europol (2020), European Cybercrime Centre - EC3.

735) European Parliament (2018h), op. cit., p. 3.

736) Stephen Rozée, Christian kaunert and Sarah Léonard, op. cit., p. 102.

737) European Parliament (2018h), op. cit., p. 3.

738) Richard J. Aldrich, op. cit., p. 632.

739) ECTC (2018), A central hub of expertise working to provide an effective response to terrorism.

740) Sarah Wolff, op. cit., p. 386; Europol (2018), EU Internet Referral Unit - EU IRU.

741) Helena Carrapiço and Floriam Trauner, op. cit., pp. 86-87.

742) Ibid., p. 67.

743) Ibid., p. 67.

744) Ibid., p. 91.

745) Florian Trauner (2012), op. cit., p. 792.

746) Alexandra De Moor and Vermeulen, Gert, op. cit., 1096.

747) Ibid., pp. 1096.

748) Florian Trauner and Ariadna Ripoll Servent, op. cit., p. 1422.

749) Alexandra De Moor and Vermeulen, Gert, op. cit., pp. 1096-1097.

750) Irene Wieczorek, op. cit., p. 442.

751) Jörg Monar (2015), op. cit., 70.

752) 채형복 옮김, op. cit., pp. 111-112.

753) Jörg Monar (2015), op. cit., pp. 76-77.

754) Council Decision 2009/426/JHA of 16 December 2008 on the strengthening of Eurojust and amending Decision 2002/187/JHA setting up Eurojust with a view to reinforcing the fight against serious crime 참조.

755) Jörg Monar (2015), op. cit., p. 72.

756) Irene Wieczorek, op. cit., p. 446.

757) Jörg Monar (2015), op. cit., p. 75.

758) Masalina Busuio and Mrrtijn Groenleer, op. cit., pp. 22-23.

759) Irene Wieczorek, op. cit., pp. 448-449.

760) Ibid., p. 447.

761) Jörg Monar (2015), op. cit., pp. 72-73.

762) Irene Wieczorek, op. cit., p. 449.

763) Ian Bache, Simen Bulmer, Stephen George and Owen Parker (2015b), op. cit., p. 469; Jörg Monar (2015), op. cit., p. 13.

764) Jörg Monar (2015), op. cit., p. 72.

765) Masalina Busuio and Mrrtijn Groenleer, op. cit., p. 17.

766) Ibid., pp. 18-19.

767) Irene Wieczorek, op. cit., p. 443.

768) Masalina Busuio and Mrrtijn Groenleer, op. cit., p. 20.

769) Irene Wieczorek, op. cit., p. 445.

770) Gerard Conway (2017), "The Future of a European Public Prosecutor in the Area of Freedom, Security and Justice," The European Union as an Area of Freedom, Security and Justice, Maria Fletcher, Ester Herlin-Karnell and Claudio Matera eds., Routledge, p. 176.

771) European Commission (2001) Green Paper on criminal-law protection of the financial interests of the Community and the establishment of a European Prosecutor, COM (2001) 715 final 참조.

772) Jörg Monar (2015), op. cit., p. 68.

773) 채형복 옮김, op. cit., pp. 111-112.

774) European Public Prosecutor's Office (2021), Background.

775) PubAffairs Bruxelles (2020), EU Public Prosecutor's Office (EPPO): Council appoints European prosecutors.

776) Monica den Boer, op. cit., p. 14; Irene Wieczorek, op. cit., p. 457.

777) Directive (EU) 2017/1371 of the European Parliament and of the Council of 5 July 2017 on the fight against fraud to the Union's financial interests by means of criminal law.

778) Gerard Conway, op. cit., p. 199.

779) Jörg Monar (2015), op. cit., p. 78.

780) Irene Wieczorek, op. cit., pp. 455-456.

781) Jörg Monar (2015), op. cit., p. 68, 78.

782) Ibid., pp. 78-79.

783) Steven P. McGiffen, op. cit., pp. 57-58.

784) European Parliament (2018f), op. cit., p. 2.

785) Laurie Buonanno and Neil Nugent, op. cit., p. 240.

786) Jörg Monar (2014b), op. cit., pp. 624.

787) European Parliament (2018)f), op. cit., p. 1.

788) 채형복 옮김, op. cit., p. 107.

789) Laurie Buonanno and Neil Nugent, op. cit., pp. 246-247.

790) Ibid., p. 247.

791) Ibid., p. 247.

792) Opinion 2/94 Opinion pursuant to Article 228(6) of the EC Treaty (Accession by the Communities to the Convention for the Protection of Human Rights and Fundamental Freedoms).

793) Laurie Buonanno and Neil Nugent, op. cit., pp. 247-248.

794) Ian Bache, Simen Bulmer, Stephen George and Owen Parker (2015b), op. cit., p. 463.

795) John A. E. Vervaele (2015), "Schengen and Charter-related ne bis in idem protection in the Area of Freedom, Security and Justice: M and Zoran Spasic," Common Market Law Review, Vol. 52, Iss. 5, p. 1359.

796) Frank McNamari (2017), "Externalised and Privatised Procedures of EU Migration Control and Border Management : A Study of EU Member State Control and Legal Responsibility," European University Institute Robert Schuman Centre, Working Paper, p. 80.

797) Council Regulation (EC) No 1346/2000 of 29 May 2000 on insolvency proceedings 참조.

798) Regulation (EU) 2015/848 of the European Parliament and of the Council of 20 May 2015 on insolvency proceedings.

799) Regulation (EC) No 805/2004 of the European Parliament and of the Council of 21 April 2004 creating a European Enforcement Order for uncontested claims 참조.

800) Regulation (EU) No 1215/2012 of the European Parliament and of the Council of 12 December 2012 on jurisdiction and the recognition and enforcement of judgments in civil and commercial matters.

801) Council regulation (EC) No 1348/2000 of 29 May 2000 on the service in the Member States of judicial and extrajudicial documents in civil or commercial matters; Regulation (EC) No 1393/2007 of the European Parliament and of the Council of 13 November 2007 on the service in the Member States of judicial and extrajudicial documents in civil or commercial matters (service of documents), and repealing Council Regulation (EC) No 1348/2000 참조.

802) European Union (2001), Draft programme of measures for implementation of the principle of mutual recognition of decisions in civil and commercial matters Official Journal C 012 참조.

803) Council Regulation (EC) No 44/2001 of 22 December 2000 on jurisdiction and the recognition and enforcement of judgments in civil and commercial matters 참조.

804) Council Regulation (EC) No 1206/2001 of 28 May 2001 on cooperation between the courts of the Member States in the taking of evidence in civil or commercial matters.

805) Council Decision 2001/470/EC of 28 May 2001 establishing a European Judicial Network in civil and commercial matters 참조.

806) Ibid., 참조.

807) Council Directive 2003/8/EC of 27 January 2003 to improve access to justice in cross-border disputes by establishing minimum common rules relating to legal aid for such disputes.

808) Ibid.

809) Regulation (EC) No 1896/2006 of the European Parliament and of the Council of 12 December 2006 creating a European order for payment procedure; Regulation (EC) No 861/2007 of the European Parliament and of the Council of 11 July 2007 establishing a European Small Claims Procedure.

810) Directive 2008/52/EC of the European Parliament and of the Council of 21 May 2008 on certain aspects of mediation in civil and commercial matters.

811) Regulation (EC) No 864/2007 of the European Parliament and of the Council of 11 July 2007 on the law applicable to non-contractual obligations (Rome II); Regulation (EC) No 593/2008 of the European Parliament and of the Council of 17 June 2008 on the law applicable to contractual obligations (Rome I) 참조.

812) Laurie Buonanno and Neil Nugent, op. cit., p. 241.

813) Council Regulation (EC) No 2201/2003 of 27 November 2003 concerning jurisdiction and the recognition and enforcement of judgments in matrimonial matters and the matters of parental responsibility, repealing Regulation (EC) No 1347/2000 참조.

814) Ibid., 참조.

815) Council Regulation (EC) No 4/2009 of 18 December 2008 on jurisdiction, applicable law, recognition and enforcement of decisions and cooperation in matters relating to maintenance obligations 참조.

816) Regulation (EU) No 650/2012 of the European Parliament and of the Council of 4 July 2012 on jurisdiction, applicable law, recognition and enforcement of decisions and acceptance and enforcement of authentic instruments in matters of succession and on the creation of a European Certificate of Succession.

817) Laurie Buonanno and Neil Nugent, op. cit., p. 241.

818) Council Regulation (EU) No 1259/2010 of 20 December 2010 implementing enhanced cooperation in the area of the law applicable to divorce and legal separation 참조.

819) 송병준 (2018), op, cit., p. 376.

820) Laurie Buonanno and Neil Nugent, op. cit., p. 241.

821) Steve Peers, op. cit., p. 670.

822) Michael Schwarz, op. cit., pp. 407-408.

823) Council Regulation (EU) No 1259/2010 implementing enhanced cooperation in the area of the law applicable to divorce and legal separation.

824) Varodags (2014), The Rome III Regulation.

825) European Union (2021), Cross Border Divorce Applicable Law: Geographical scope of the Rome III Regulation.

826) Council Regulation (EU) 2016/1103 of 24 June 2016 implementing enhanced cooperation in the area of jurisdiction, applicable law and the recognition and nforcement of decisions in matters of matrimonial property regimes.

827) Claudio Matera, op. cit., p. 362.

828) Florian Trauner and Ariadna Ripoll Servent, op. cit., p. 1422.

829) Maria Fletcher and Ester Herlin-Karnell, op. cit., p. 427.

830) Ariadna Ripoll Servent (2015c), op. cit., p. 131.

831) European Parliament (2018), Fact Sheets Personal Data Protection, p. 1.

832) 채형복 옮김, op. cit., p. 75 참조.

833) Maria Fletcher and Ester Herlin-Karnell, op. cit., p. 428.

834) Directive 95/46/EC of the European Parliament and of the Council of 24 October 1995 on the protection of individuals with regard to the processing of personal data and on the free movement of such data.

835) Ariadna Ripoll Servent, (2015b), "The Data Retention Directive: Sucess at Any Price," Institutional and Pllicy Change in the European Parliament Deciding on Freedom. Security and Justice, Palgrave, p. 69.

836) Florian Trauner and Ariadna Ripoll Servent, op. cit., p. 1422.

837) European Parliament (2018g),op. cit., p. 3.

838) Regulation (EU) 2016/679 of the European Parliament and of the Council of 27 April 2016 on the protection of natural persons with regard to the processing of personal data and on the free movement of such data, and repealing Directive 95/46/EC (General Data Protection Regulation) (Text with EEA relevance).

839) Regulation (EC) No 45/2001 of the European Parliament and of the Council of 18 December 2000 on the protection of individuals with regard to the processing of personal data by the Community institutions and bodies and on the free movement of such data.

840) Council Framework Decision 2008/977/JHA of 27 November 2008 on the protection of personal data processed in the framework of police and judicial cooperation in criminal matters.

841) Directive 2009/136/EC of the European Parliament and of the Council of 25 November 2009 amending Directive 2002/22/EC on universal service and users' rights relating to electronic communications networks and services, Directive 2002/58/EC concerning the processing of personal data and the protection of privacy in the electronic communications sector and Regulation (EC) No 2006/2004 on cooperation between national authorities responsible for the enforcement of consumer protection laws (Text with EEA relevance)

842) Directive (EU) 2016/680 of the European Parliament and of the Council of 27 April 2016 on the protection of natural persons with regard to the processing of personal data by competent authorities for the purposes of the prevention, investigation, detection or prosecution of criminal offences or the execution of criminal penalties, and on the free movement of such data, and repealing Council Framework Decision 2008/977/JHA.

843) Directive 2002/58/EC of the European Parliament and of the Council of 12 July 2002 concerning the processing of personal data and the protection of privacy in the electronic communications sector (Directive on privacy and electronic communications); Directive 2006/24/EC of the European Parliament and of the Council of 15 March 2006 on the retention of data generated or processed in connection with the provision of publicly available electronic communications services or of public communications networks and amending Directive 2002/58/EC.

844) Maria Fletcher and Ester Herlin-Karnell, op. cit., p. 426.

845) Marieke De Goede, op. cit., p. 171.

846) Ibid., p. 171.

847) European Parliament (2018g), p. 2.

848) Irene Wieczorek, op. cit., pp. 451-452.

849) Regulation (EU) 2018/1725 of the European Parliament and of the Council of 23 October 2018 on the protection of natural persons with regard to the processing of

personal data by the Union institutions, bodies, offices and agencies and on the free movement of such data, and repealing Regulation (EC) No 45/2001 and Decision No 1247/2002/EC (Text with EEA relevance.)

850) Eurojust (2021), EDPS and JSB.

851) EDP1s (2021), The Data Protection Officer team at the EDPS.

852) David Bender (2016), European Parliament Approves EU-U.S. Umbrella Agreement, Covington Inside Privacy.

853) European Commission (2016b), Fact Sheet: Questions and Answers on the EU-U.S. Data Protection "Umbrella Agreement", p. 1 참조.

854) Maria Fletcher and Ester Herlin-Karnell, op. cit., p. 435.

855) Accessnow (2015), What the E.U.-U.S. Umbrella Agreement Does ─ and Does Not ─ Mean for Privacy.

856) Laurie Buonanno and Neil Nugent, op. cit., pp. 239-240.

857) Desmond Dinan, op. cit., p. 538.

858) Laurie Buonanno and Neil Nugent, op. cit., p. 236.

859) Chari, Raj S. and Sylvia Krtzinger (2006), "Policies of Freedom, Security and Justice: A Limited Role for the EU," Understanding EU Policy Making, Pluto Press, p. 172, John McCormick, op. cit., p. 379.

860) Dick Leonard and Robert Taylor, op. cit., p. 231.

861) Ibid., p. 231.

862) Christina Boswell, op. cit., p. 280-281.

863) 채형복 옮김, op. cit., pp. 105-106.

864) European Commission (2018s), Migration and Home Affairs Visa Information System (VIS).

865) European Parliament (2018b), op. cit., pp. 1-2.

866) 채형복 옮김, op. cit., p. 106.

867) Chari, Raj S. and Sylvia Krtzinger, op. cit., p. 182, 187.

868) Dick Leonard and Robert Taylor, op. cit., p. 232.

869) Neill Nugent, op. cit., p. 360.

870) Steve Peers, op. cit., p. 673.

871) Francois Foret and Julia Mourao Permoser (2015), "Between Faith, Expertise and Advocacy: the Role of Religion in European Union Policy-making on Immigration," Journal of European Public Policy, Vol. 22, No. 8, p. 1090.

872) Jonathon W. Moses, op. cit., p. 606.

873) Sarah Wolff, op. cit., pp. 379-380.

874) Steve Peers, op. cit., p. 20.

875) Christina Boswell, op. cit., p. 283.

876) European Parliament (2018i), Towards a New Policy on Migration EU- Turkey Statement and Action Plan 참조.

877) European Parliament (2018i), op. cit., 참조.

878) Jorrit J. Rijpma (2012), op. cit., p. 84.

879) Steve Peers, op. cit., p. 12.

880) European Parliament (2018c), Fact Sheets on the European Union of Migration and Asylum and challenge for Europe, p. 3.

881) Ibid., p. 3.

882) John McCormick, op. cit., p. 379, 383.

883) European Parliament (2018c), op. cit., p. 4.

884) Andreas Staab, op. cit., p. 146.

885) European Parliament (2018a), op. cit., p. 15.

886) Andreas Staab, op. cit., p. 147.

887) European Parliament (2018c), op. cit., p. 4.

888) Andreas Staab, op. cit., p. 147.

889) Dick Leonard and Robert Taylor, op. cit., p. 233.

890) European Parliament (2018c), op. cit., pp. 4-5.

891) Council of the European Union (2008), European Pact on Immigration and Asylum, 13189/08 ASIM 68, p.2 참조.

892) Ibid., p. 4.

893) John McCormick, op. cit., p. 384.

894) European Parliament (2018c), op. cit., p. 5.

895) Christina Boswell, op. cit., p. 283.

896) European Commission (2011b), Communication Global Approach on Migration and Mobility, 18 November 2011, COM(2011)743 final, pp. 12-19.

897) European Parliament (2018c), op. cit., pp. 6-7.

898) Sarah Wolff, op. cit., p. 380.

899) Sandra Lavenex, op. cit., pp. 362-383.

900) Claudio Matera, op. cit., p. 382.

901) Marie Martin (2012), Statewatch Analysis: The Global Approach to Migration and Mobility: the state of play, p. 1.

902) European Commission (2015a), Communication An European Agenda on Migration COM(2015) 240 final, pp. 4-5.

903) Senada Šelo Šabić (2017), "The Relocation of Refugees in the European Union Implementation of Solidarity and Fear," e Friedrich-Ebert-Stiftung Regiona,

Analysis, p. 4.

904) European Parliament (2018b), op. cit., p. 3.

905) European Parliament (2018e), op. cit., p. 4.

906) Florian Trauner and Ariadna Ripoll Servent, op. cit., p. 1426.

907) European Commission (2020k), The Action Plan on the integration of third-country nationals.

908) Sarah Wolff, op. cit., pp. 380-381.

909) Cigdem Kentmen-Cin and Cengiz Erisen (2017), "Anti-immigration Attitudes and the Opposition to European Integration: A Critical Assessment," European Union Politics, Vol. 18, Iss. 1, p. 4.

910) Ariadna Ripoll Servent (2015a), op. cit., pp. 59-59.

911) Council of the European Union (2008), op. cit., 8, p.3.

912) Jörg Monar (2014b), op. cit., p. 620.

913) Steve Peers, op. cit., pp. 26-27.

914) Chari, Raj S. and Sylvia Krtzinger, op. cit., p. 182.

915) Steve Peers, op. cit., pp. 24-25.

916) Jörg Monar (2014b), op. cit., p. 620.

917) Chari, Raj S. and Sylvia Krtzinger, op. cit., p. 184.

918) European Commission (2020i), Family reunification.

919) Chari, Raj S. and Sylvia Krtzinger, op. cit., pp. 182-183.

920) European Commission (2020i), op. cit.

921) Council Directive 2003/86/EC of 22 September 2003 on the right to family reunification.

922) Sandra Lavenex, op. cit., p. 380.

923) Chari, Raj S. and Sylvia Krtzinger, op. cit., p. 177.

924) Council Directive 2003/109/EC of 25 November 2003 concerning the status of third-country nationals who are long-term residents; Council Directive 2011/51/EU amending to extend its scope to beneficiaries of international protection.

925) European Commission (2020j), Study and Research.

926) Council Directive 2004/114/EC on the conditions of admission of third-country nationals for the purposes of studies, pupil exchange, unremunerated training or voluntary service; Council Directive 2005/71/EC of 12 October 2005 on a specific procedure for admitting third-country nationals for the purposes of scientific research.

927) Directive (EU) 2016/801 of the European Parliament and of the Council of 11 May 2016 on the conditions of entry and residence of third-country nationals for the purposes of research, studies, training, voluntary service, pupil exchange schemes

or educational projects and au pairing.

928) Council Directive 2009/50/EC of 25 May 2009 on the conditions of entry and residence of third-country nationals for the purposes of highly qualified employment. 참조.

929) Valentina Kostadinova (2013), "The European Commission and the Configuration of Internal European Union Borders: Direct and Indirect Contribution," Journal of Common Market Studies, Vol. 51, Iss. 2, p. 273.

930) Dick Leonard and Robert Taylor, op. cit., p. 231.

931) Sandra Lavenex, op. cit., p. 382.

932) European Parliament (2018b), op. cit., p. 4.

933) Sara Sanchez Iglesias (2009), "Free Movement of Third Country Nationals in the European Union? Main Features, Deficiencies and Challenges of the new Mobility Rights in the Area of Freedom, Security and Justice," European Law Journal, Vol. 15, Iss. 6, pp. 793-794.

934) Valentina Kostadinova, op. cit., p. 59.

935) Sara Sanchez Iglesias, op. cit., p. 794.

936) Valentina Kostadinova, op. cit., p. 270.

937) Sara Sanchez Iglesias, op. cit., p. 796.

938) Directive 2011/98/EU of the European Parliament and of the Council of 13 December 2011 on a single application procedure for a single permit for third-country nationals to reside and work in the territory of a Member State and on a common set of rights for third-country workers legally residing in a Member State.

939) Sara Sanchez Iglesias, op. cit., pp. 798-799.

940) Valentina Kostadinova, op. cit., p. 60.

941) Directive 2014/36/EU of the European Parliament and of the Council of 26 February 2014 on the conditions of entry and stay of third-country nationals for the purpose of employment as seasonal workers; Directive 2014/66/EU of the European Parliament and of the Council of 15 May 2014 on the conditions of entry and residence of third-country nationals in the framework of an intra-corporate transfer.

942) European Commission (2020h), Legal migration and Integration.

943) Council Directive 2001/51/EC of 28 June 2001 supplementing the provisions of Article 26 of the Convention implementing the Schengen Agreement of 14 June 1985 참조.

944) Regulation (EC) No 562/2006 of the European Parliament and of the Council of 15 March 2006 establishing a Community Code on the rules governing the movement of persons across borders (Schengen Borders Code).

945) 2002/629/JHA: Council Framework Decision of 19 July 2002 on combating trafficking in human beings 참조.

946) Council Directive 2004/81/EC of 29 April 2004 on the residence permit issued to third-country nationals who are victims of trafficking in human beings or who have been the subject of an action to facilitate illegal immigration, who cooperate with the competent authorities; Directive 2011/36/EU of the European Parliament and of the Council of 5 April 2011 on preventing and combating trafficking in human beings and protecting its victims, and replacing Council Framework Decision 2002/629/JHA.

947) Council Directive 2002/90/EC of 28 November 2002 defining the facilitation of unauthorised entry, transit and residence.

948) 2002/946/JHA: Council framework Decision of 28 November 2002 on the strengthening of the penal framework to prevent the facilitation of unauthorised entry, transit and residence.

949) Directive 2009/52/EC of the European Parliament and of the Council of 18 June 2009 providing for minimum standards on sanctions and measures against employers of illegally staying third-country nationals.

950) Regulation (EU) 2016/1953 of the European Parliament and of the Council of 26 October 2016 on the establishment of a European travel document for the return of illegally staying third-country nationals, and repealing the Council Recommendation of 30 November 1994.

951) John McCormick, op. cit., p. 379.

952) Nazli Avdan (2014), "Do Asylum Recognition Rates in Europe Respond to Transnational Terrorism? The Migration-security Nexus Revisited," European Union Politics, Vol. 15, No. 4, p. 446 참조.

953) Jonathon W. Moses, op. cit., p. 605.

954) John McCormick, op. cit., p. 377.

955) Desmond Dina, op. cit., p. 539.

956) Dick Leonard and Robert Taylor, op. cit., p. 233.

957) Anthony Cooper, op. cit., p. 448.

958) Laurie Buonanno and Neil Nugent, op. cit., p. 236.

959) John McCormick, op. cit., p. 382.

960) Nazli Avdan, op. cit., p. 449.

961) Dick Leonard and Robert Taylor, op. cit., p. 232.

962) Jörg Monar (2014b), op. cit., p. 618.

963) Jörg Monar (2006), op. cit., p. 496.

964) Christina Boswell, op. cit., p. 282.

965) Pinto Arena and Maria Do Céu (2017), "Islamic Terrorism in the West and

International Migrations : The 'Far' or 'Near' Enemy Within? : What Is the Evidence," European University Institute Robert Schuman Centre, Working Paper, p. 1.

966) Ibid., p. 7.

967) Ibid., p. 7, 9.

968) Andrew Geddes and Andrew Taylor, op. cit., p. 14.

969) Chari, Raj S. and Sylvia Krtzinger, op. cit., p. 181.

970) Ibid., p. 181.

971) Council Directive 2001/55/EC of 20 July 2001 on minimum standards for giving temporary protection in the event of a mass influx of displaced persons and on measures promoting a balance of efforts between Member States in receiving such persons and bearing the consequences thereof.

972) Laurie Buonanno and Neil Nugent, op. cit., p. 237.

973) Council Directive 2001/55/EC of 20 July 2001 on minimum standards for giving temporary protection in the event of a mass influx of displaced persons and on measures promoting a balance of efforts between Member States in receiving such persons and bearing the consequences thereof 참조.

974) European Commission (2020g), Temporary protection.

975) Dick Leonard and Robert Taylor, op. cit., p. 232.

976) Council Directive 2003/9/EC of 27 January 2003 laying down minimum standards for the reception of asylum seekers 참조.

977) Proposal for a Directive of the European Parliament and of the Council laying down standards for the reception of applicants for international protection (recast), COM(2016) 465 final 참조.

978) Council Directive 2004/83/EC of 29 April 2004 on minimum standards for the qualification and status of third country nationals or stateless persons as refugees or as persons who otherwise need international protection and the content of the protection granted.

979) Directive 2011/95/EU of the European Parliament and of the Council of 13 December 2011 on standards for the qualification of third-country nationals or stateless persons as beneficiaries of international protection, for a uniform status for refugees or for persons eligible for subsidiary protection, and for the content of the protection granted 참조.

980) European Commission (2016a), Communication from the Commission to the European Parliament and the Council Towards a Reform of the Commo European Asylum and Enhancing Legal Avenues to Europe, COM(2016) 197 final 참조.

981) Proposal for a Regulation of the European Parliament and of the Council on standards for the qualification of third-country nationals or stateless persons as beneficiaries of international protection, for a uniform status for refugees or for persons eligible for subsidiary protection and for the content of the protection

granted and amending Council Directive 2003/109/EC of 25 November 2003 concerning the status of third-country nationals who are long-term resident, COM(2016) 466 final.

982) European Parliament (2018c), op. cit., p. 5.

983) Dick Leonard and Robert Taylor, op. cit., p. 232.

984) European Commission (2020l), Irregular Migration & Return.

985) Jonathan Olsen and John McCormick, op. cit., p. 270.

986) International Organization for Migration (2021), Relocation.

987) European Commission (2021a), Migration and Home Affairs: Relocation.

988) European Council (2007), Malta Declaration by the members of the European Council on the external aspects of migration: addressing the Central Mediterranean route.

989) European Commission (2021b), European Solidarity: A Refugee Relocation system, pp. 1-2; Valentina Kostadinova, op. cit., p. 63.

990) Ibid., p. 63.; European Commission (2021b), op. cit., pp. 1-2;

991) Senada Šelo Šabić, op, cit., pp. 5-8.

992) Ibid., p. 10.

993) Valentina Kostadinova, op. cit., p. 63.

994) Andreas Staab, op. cit., pp. 145-146.

995) Steven P. McGiffen, op. cit., pp. 63-64.

996) John McCormick, op. cit., p. 378.

997) Council Directive 2004/83/EC of 29 April 2004 on minimum standards for the qualification and status of third country nationals or stateless persons as refugees or as persons who otherwise need international protection and the content of the protection granted 참조.

998) Emek M. Ucarer, op. cit., p. 289.

999) Jörg Monar (2014b), op. cit., p. 619.

1000) Jörg Monar (2014a), op. cit., p. 110.

1001) Jonathon W. Moses, op. cit., p. 606.

1002) Laurie Buonanno and Neil Nugent, op. cit., p. 238.

1003) Valentina Kostadinova, op. cit., p. 61.

1004) European Parliament (2018c), op. cit., p. 3.

1005) Sarah Wolff, op. cit., p. 371; 채형복 옮김 (2010), op. cit., p. 106.

1006) European Commission (2020a), Common European Asylum System.

1007) Ibid.

1008) Ibid.

1009) European Commission (2020f), Who qualifies for international protection.

1010) European Commission (2016a), op. cit., pp. 5-6.

1011) Valentina Kostadinova, op. cit., p. 60.

1012) European Commission (2019b), Identification of applicants (Eurodac).

1013) European Commission (2020d), Knowledge for policy Eurodac(European Asylum Dactyloscopy Database).

1014) Regulation (EU) No 603/2013 of the European Parliament and of the Council of 26 June 2013 on the establishment of Eurodac 참조.

1015) European Commission (2020b), op. cit.

1016) Ibid.

1017) Laurie Buonanno and Neil Nugent, op. cit., p. 238.

1018) Sandra Lavenex, op. cit., pp. 380-381.

1019) Laurie Buonanno and Neil Nugent, op. cit., pp. 238-239.

1020) Valentina Kostadinov, op. cit., p. 267, p 270.

1021) Wyn Rees, op. cit., p. 100.

1022) Emek M. Ucarer, op. cit., p. 288.

1023) Ian Bache, Simen Bulmer, Stephen George and Owen Parker (2015b), op. cit., pp. 453-454.

1024) Sandra Lavenex, op. cit., p. 381.

1025) Office of the Refugee Applications Commissioner (2018), EU Dublin Ⅲ Regulation (Regulation (EU) No 604/2013).

1026) Regulation (EU) No 604/2013 of the European Parliament and of the Council of 26 June 2013 establishing the criteria and mechanisms for determining the Member State responsible for examining an application for international protection lodged in one of the Member States by a third-country national or a stateless person 참조.

1027) European Commission (2020c), Country responsible for asylum application (Dublin).

1028) Jörg Monar (2014b), op. cit., p. 619.

1029) Proposal for a Regulation of the European Parliament and of the Council establishing the criteria and mechanisms for determining the Member State responsible for examining an application for international protection lodged in one of the Member States by a third-country national or a stateless person (recast)COM/2016/0270 final - 2016/0133 (COD).

1030) European Commission (2020c), op. cit.

1031) Council Directive 2005/85/ECof 1 December 2005on minimum standards on procedures in Member States for granting and withdrawing refugee status.

1032) European Commission (2020a), Asylum procedures.

1033) Directive 2013/32/EU of the European Parliament and of the Council of 26 June 2013 on common procedures for granting and withdrawing international protection 참조.

1034) Proposal for a Regulation of the European Parliament and of the Council establishing a common procedure for international protection in the Union and repealing Directive 2013/32/EU, COM(2016) 467 final 참조.

1035) Chari, Raj S. and Sylvia Krtzinger, op. cit., p. 179.

1036) Dick Leonard and Robert Taylor, op. cit., pp. 232-233.

1037) Regulation (EU) No 603/2013 of the European Parliament and of the Council of 26 June 2013 on the establishment of Eurodac 참조.

1038) Jörg Monar (2014b), op. cit., p. 619.

송병준

한국외국어대학교 국제관계학과 박사
한국외국어대학교 국제지역연구센터 HK+ 연구교수

▶ 주요 저서

· 『유럽연합 거버넌스 2』, 2016, 높이깊이
· 『유럽연합 정책결정시스템』, 2018, 한국외국어대학교 지식출판콘텐츠원
· 『조약으로 보는 유럽통합사』, 2016, 통합유럽연구회, 높이깊이 (공저)
· 『통합과 갈등의 유럽연합』, 2017, 높이깊이 (공저)
· 『유럽 언론에 나타난 한국의 이미지』, 2017, 한국학중앙연구원 (공저)
· 『한-EU 관계론』, 2019, 한국외국어대학교 지식출판콘텐츠원 (공저)
· 『중소기업의 중동부유럽 진출을 위한 거시환경 분석』, 2019, 대외경제정책연구원 (공저)
· 『동유럽 공산정권의 붕괴와 체제전환』, 2021, 동유럽발칸연구소, 인문과 교양 (공저)
· 『유럽통합이론』, 2021, 한국학술정보

유럽연합의 자유안전사법지대: 거버넌스와 정책
Area of Freedom, Security and Justice (AFSJ) of
the European Union: Governance and Policies

초판인쇄 2022년 04월 29일
초판발행 2022년 04월 29일

지은이 송병준
펴낸이 채종준
펴낸곳 한국학술정보㈜
주   소 경기도 파주시 회동길 230(문발동)
전   화 031) 908-3181(대표)
팩   스 031) 908-3189
홈페이지 http://ebook.kstudy.com
E-mail 출판사업부 publish@kstudy.com
출판신고 2003년 9월 25일 제406-2003-000012호

ISBN 979-11-6801-393-3 93340